重庆海关年鉴

2022

《重庆海关年鉴（2022）》编纂委员会——编著

中国海关出版社有限公司
·北京·

图书在版编目（CIP）数据

重庆海关年鉴．2022/《重庆海关年鉴（2022）》编纂委员会编著．—北京：中国海关出版社有限公司，2023.3

（中国海关史料丛书）

ISBN 978－7－5175－0678－2

Ⅰ．①重…　Ⅱ．①重…　Ⅲ．①海关—重庆—2022—年鉴　Ⅳ．①F752.55－54

中国国家版本馆 CIP 数据核字（2023）第 048132 号

重庆海关年鉴（2022）

CHONGQING HAIGUAN NIANJIAN（2022）

作　　者：《重庆海关年鉴（2022）》编纂委员会
责任编辑：孙　倩
出版发行：中国海关出版社有限公司
社　　址：北京市朝阳区东四环南路甲 1 号　　邮政编码：100023
编 辑 部：01065194242－7534（电话）
发 行 部：01065194221/4238/4246/5127（电话）
社办书店：01065195616（电话）
https：//weidian.com/？userid＝319526934（网址）
印　　刷：北京盛通印刷股份有限公司　　经　　销：新华书店
开　　本：889mm×1194mm　1/16
印　　张：24　　字　　数：456 千字
版　　次：2023 年 3 月第 1 版
印　　次：2023 年 3 月第 1 次印刷
书　　号：ISBN 978－7－5175－0678－2
定　　价：240.00 元

《重庆海关年鉴（2022）》 编纂委员会

《重庆海关年鉴（2022）》 编辑部

编辑说明

由重庆海关组织编纂的《重庆海关年鉴》，是全面、客观、系统记载重庆海关发展历程的编年史书，是集综合性、史存性、实用性、资料性为一体的工具书，每年出版一卷。《重庆海关年鉴（2022）》为首卷。

一、《重庆海关年鉴（2022）》编纂原则

坚持以习近平新时代中国特色社会主义思想为指导，认真贯彻落实习近平总书记关于党史学习教育和修志用志等重要讲话和重要指示批示精神，充分发挥年鉴存史、育人、资政作用，坚持依法依规编纂，全面、客观、准确、真实记录重庆海关2021年度改革发展过程，旨在传承重庆海关历史、沉淀重庆海关文化，为续修海关志、开展海关史研究奠定坚实基础，为建设社会主义现代化海关提供强大的精神动力和史实支撑。

二、《重庆海关年鉴（2022）》编纂特点

本年鉴采用分类编辑法，设类目、分目、条目3个层级，采取条块结合的记述方式。全书有特载、专记、政治建设、业务建设、政务及后勤保障、隶属海关、事业单位、大事记、人物荣誉、附录10个类目，根据工作职能细分分目，以条目为基本记述单元。

三、《重庆海关年鉴（2022）》编纂内容

本年鉴载录重庆海关2021年度履行职能的基本情况，发生的重大事件及其背景、社会影响，海关改革发展的重要举措、新业绩、新成就等，包括内设部门和所属隶属海关单位、直属事业单位的发展情况。

四、《重庆海关年鉴（2022）》编纂有关技术性说明

（一）根据年鉴因承相袭的惯例，本年度反映上一年度内容，本卷年鉴记述时限为2021年1月1日至12月31日。

（二）鉴于《重庆海关年鉴》属首次编纂，特设“前言”，简要介绍重庆海关发展历史，内容适当上溯后延。

（三）《重庆海关年鉴（2022）》记述范围为重庆海关及内设部门、所属隶属海关单位、直属事业单位管辖事务。

（四）本年鉴中的数据来源于重庆海关各供稿部门单位。有必要指出的是，因不同文献的统计口径不同，采用时请予注意。

（五）本年鉴中的单位名称以及标点符号均按国家有关规定执行，计量单位采用国家法定计量单位和国际单位，技术术语、专业名词从规范要求。

本年鉴的组稿编纂工作得到重庆海关党委的大力支持，以及各内设部门、各隶属海关单位、各直属事业单位的通力协作，全体组稿人员付出艰辛劳动，在此深表谢意。另外，编辑出版重庆海关综合性年鉴是一项系统工程，涉及方方面面，因时间紧、内容多、稿源广，加之编辑水平有限，本年鉴存在疏漏在所难免，热忱希望得到读者的指正。

前　言

重庆海关作为长江上游第一关，植根巴渝大地，历史悠久。1891 年，重庆对外开埠并设关，抗战时期系海关总税务司署所在地。1950 年，国家撤销重庆海关。1980 年 5 月，国务院批准恢复重庆海关，关区范围覆盖四川全省，下设成都分关。1997 年，重庆直辖后，关区范围调整为重庆市行政区划，覆盖 38 个区县（自治县），面积 8.24 万平方千米。2018 年 4 月，根据国务院机构改革方案，出入境检验检疫管理职责和队伍划入海关。2011 年，重庆海关成为海关系统内第一个获评“全国文明单位”的直属海关。2020 年，重庆海关通过“全国文明单位”复评。

机构改革以来，重庆海关深入学习贯彻习近平新时代中国特色社会主义思想，全面落实习近平总书记重要讲话和重要指示批示精神，发挥海关职能，坚持从全局谋划一域、以一域服务全局，精诚团结、同舟共济，担当作为、锐意进取，不断开创海关建设崭新局面。

这几年来，一批重大改革成功落地。走好“两个维护”第一方阵，严格落实“第一议题”制度，高效推动党中央、国务院重大决策部署落地落实。携手成都海关共同在支持成渝地区双城经济圈建设上贡献海关力量，严禁“洋垃圾”进境、高压打击濒危物种及其制品走私，顺利完成对口帮扶，充分体现了做到“两个维护”的思想自觉和行动自觉。顺应机构改革历史机遇，以推进“五统一”为抓手，部署实施“查检合一”等系列关检业务融合改革，实现了机构改革从“物理反应”向“化学反应”的转变。面对百年不遇的新冠肺炎疫情冲击，闻令而动、尽锐出战，生动诠释了家国情怀和渝关精神。

这几年来，一批创新举措陆续出台。累计实施 79 项监管创新举措。其中，海关特殊监管区域“四自一简”监管创新、货物贸易“一保多用”管理模式 2 项创新制度被国务院纳入自贸试验区改革试点经验在全国复制推广，唱响了“以改革创新为根本动力”的主旋律。不断优化口岸营商环境，积极承接海关总署的“两步申报”“两段准入”等系列重大改革，联合上海海关推出“江海联运离港确认”监管模式，推动水运进口标准品边境合规时间压缩75%以上，超额完成国务院关于2021年年底整体通关时间比2017年压缩一半的目标任务，企业获得感显著增强。

这几年来，一批好事喜事加快办成。在促进外贸回稳增长上多措并举、持续用力，以提升开放平台和开放通道功能为突破口，围绕东西南北四个方向，统筹铁公水空四式联运，牵头推进“13+2”区域海关合作，不断深化中新（重庆）关际合作，打造长江黄金水道的“沪渝快线”，推动形成“1个自贸试验区+6个综合保税区+4个保税物流中心”的开放平台体系，助力西部陆海新通道建设上升为国家战略，中欧班列（成渝）运营水平保持全国领先，促进重庆外贸连续每年两位数的增长态势。

关山万千重，山高人为峰。2021年，重庆海关以“十四五”开局为崭新起点，保持清零心态再出发，在继承中创新、在创新中发展，交出了一份令人满意的优秀答卷。

2021年，全关上下致力于对党忠诚、步调一致，擦亮了“捍卫‘两个确立’、践行‘两个维护’”的鲜明底色。召开关区形势分析及工作督查例会12次，立项督办议定事项104个。扎实推进党史学习教育，创新打造理论学习、红色教育、典型榜样、知行合一“4个课堂”。发挥政治巡察利剑作用，分两轮对17个部门单位开展常规巡察及巡察“回头看”。深入开展“让党中央放心、让人民群众满意的模范机关”创建工作，获重庆市直“模范机关”荣誉，所属西永海关获评重庆市直机关创建模范机关先进集体。

2021年，全关上下致力于前沿铸闸、接续战斗，兑现了“守一道门、护一座城”的庄严承诺。实行“重点航班关领导监督指挥、常规航班总关指定处级领导监督指挥、所有航班现场带班处级领导监督指挥”的全时段指挥机制，全年检疫出入境人员6.4万余人次，常态化疫情防控体系不断织密织牢。圆满完成“纪念中国—东盟建立对话关系30周年特别外长会和澜湄合作第六次外长会”外事活动保障。

2021年，全关上下致力于区域一体、互动并进，开拓了“相知互信、共建共享、互利共赢”的生动局面。携同成都海关推出“关银一KEY通”川渝一体化模式并获海关总署备案，被海关总署评为“‘我为群众办实事’百佳项目”。承接海关总署“关铁通”项目实施，与乌鲁木齐海关签订合作备忘录，合力助提中欧班列集结中心的产业集聚效能。深化中新海关合作，推动形成重庆—新加坡物流数据互联互通的“数字边境”，入选全国8个“三智”落地示范项目，并作为4个典型案例之一入选APEC（亚太经济合作组织）互联互通案例。

2021年，全关上下致力于锐意进取、开拓创新，取得了“人无我有、人有我优”的可喜成果。贯彻落实海关总署党委“制度+科技”工作部署，牵头做好进境农产品预检工作模式改革。牵头15个直属海关共同签署合作备忘录，构建共同支持西部陆海新通道建设合作机制，深化区域海关范围内全业务领域一体化改革，推动西部陆海新通道增线扩能。探索“保税+暂时进出境”业务模式，推动“高端奢侈品首次在西部地区保税进境展示交流活动”顺利完成。

2021年，全关上下致力于培育优势、增添动能，回应了“展现新作为、实现新突破”的殷切期待。持续优化口岸营商环境，助推重庆市在2021年中国营商环境评价中“跨境贸易指标”提升超60个百分点，跻身全国80个参评城市前10名。全面推广“提前申报”，非布控查验货物抵达口岸后即可放行提离。深化“两步申报”通关模式改革。引入全国首套“双能、双视角、双加速器”快速检查系统，次第推进“提前申报”+“智能理货”+“抵港确认”改革。获批万州综合保税区、永川综合保税区，设立璧山区、秀山县、江北区凯尔国际3个公用型保税仓库。2021年，重庆外贸进出口总值8,000.6亿元，进出口值同比增长22.8%。

2021年，全关上下致力于依法把关、从严把关，履行了“监管是海关最基本、最重要的职责”的天然使命。落实关区安全生产专项整治3年行动，排查整改各类安全隐患161个。加强综合治税，2021年关区税则税政研究工作完成度贡献度首次进入全国海关前十序列。打击治理跨境赌博和电信网络诈骗，相关工作经验被海关总署作为典型在全国海关通报推广。持续深挖扩线“2023”走私水果案，获批海关总署缉私局一级挂牌督办案件。

千秋伟业，催人乘势而上；征途漫漫，唯有笃行不怠。这是重庆海关的第一部年鉴，镌刻了重庆海关人走过的历程和奋斗的足迹，必将激励全关上下百尺竿头更进一步，把梦想和辉煌印记在新的年轮。

目 录

第四篇　业务建设

第五篇　政务及后勤保障

第六篇　隶属海关

第七篇　事业单位

第八篇　大事记

第九篇　人物荣誉

附 录

“中国海关史料丛书”编委会

海关专题图片

领导活动

▲2021年2月1日，重庆海关关长山巍（左四）、缉私局局长张黎明（右三）、政治部主任孙伟（左三）、副关长王忠文（右二）、副关长曹少雄（左二）、党委纪检组组长赖伟忠（右一）、副关长刘浩宇（左一）参加2021年重庆海关工作会议、全面从严治党工作会议

▲2021年8月2日，重庆海关关长山巍（前排左二）、缉私局局长张黎明（前排右二）、政治部主任孙伟（前排左一）、副关长王忠文（前排右一）、副关长曹少雄（二排左二）、党委纪检组组长赖伟忠（二排右二）、副关长王宏翰（二排左一）、副关长刘浩宇（二排右一）参加重庆海关安排部署新冠肺炎疫情防控和个人防护相关工作专题会议

▲2021年8月4日，重庆海关关长山巍（中）主持召开关区疫情防控工作电视电话会议

▲2021年10月21日，重庆海关关长山巍（左三）到秀山县调研并开展乡村振兴对接工作

▲2021年1月11日，重庆海关关长山巍（左六）参加重庆市科技局、重庆海关合作备忘录签署仪式

▲2021年9月15日，重庆海关缉私局局长张黎明（右一）到西永海关调研

▲2021年7月6日，重庆海关政治部主任孙伟（右三）为党龄50年以上老党员颁发“光荣在党50年”纪念章

▲2021年5月12日，重庆海关副关长王忠文（右二）到邮局海关调研入境有害生物防控工作

▲2021年2月21日，重庆海关副关长曹少雄（右一）到重庆江北机场海关检查指导疫情防控工作

▲2021年7月1日，重庆海关党委纪检组组长赖伟忠（中）到西永海关开展“现场监管与外勤执法权力寻租”专项整治实地检查

2021年7月19日，重庆海关副关长王宏翰（左一）参加重庆市外贸进出口情况新闻发布会 ▶

◀2021年12月31日，重庆海关副关长刘浩宇（右一）参加万州综合保税区一期验收工作

党的建设

2021年4月12日，重庆海关举行“缅怀革命英烈 弘扬红岩精神”活动 ▶

▲2021年6月2日，重庆海关举办党史知识竞赛暨党史故事分享会活动

▲2021年5月14日，重庆海关派员参加重庆市妇联组织的川渝最美家庭代表党史学习教育活动

▲2021年6月22日，重庆海关选送情景剧《战疫情》参演“重庆市直属机关庆祝中国共产党成立100周年暨第十四届‘公仆杯’职工文艺汇演”

▲2021年7月1日，重庆海关举办庆祝建党100周年活动

▲2021年7月1日，重庆海关办公室党支部在建党100周年之际组织支部全体党员重温入党誓词

2021年7月27日，重庆海关缉私局开展党史学习教育现场教学

2021年7月28日，重庆海关政工办、西永海关联合开展“深化准军建设暨庆祝建军94周年”国防教育主题活动

业务建设

▲2021年8月26日，重庆江北机场海关关员现场查验华夏航空租赁进口的空客A320客机

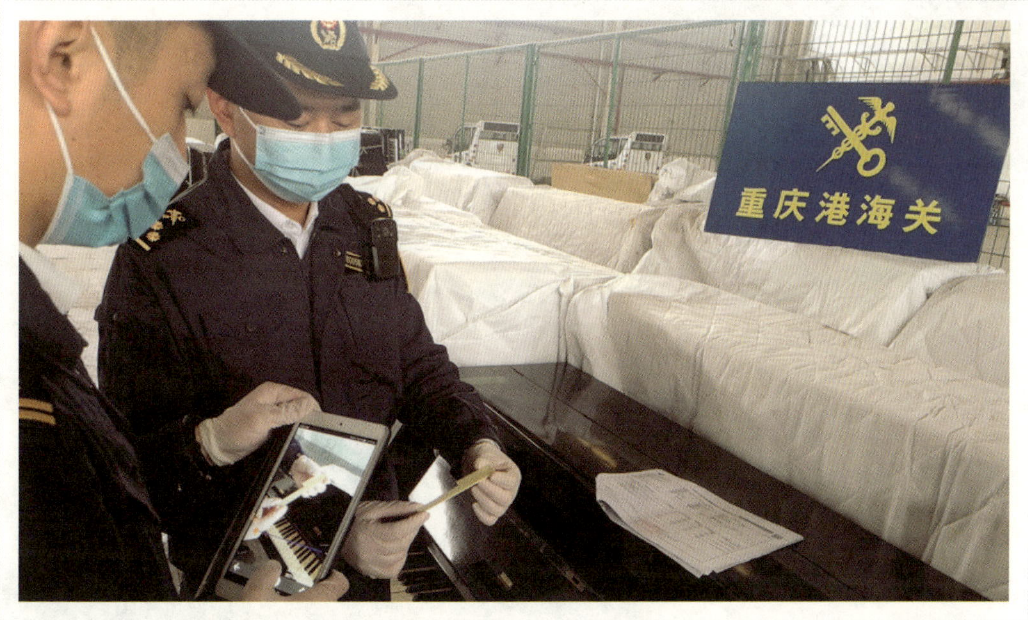

▲2021年4月30日，重庆港海关在货运进口渠道查获象牙制品（重庆海关首次）

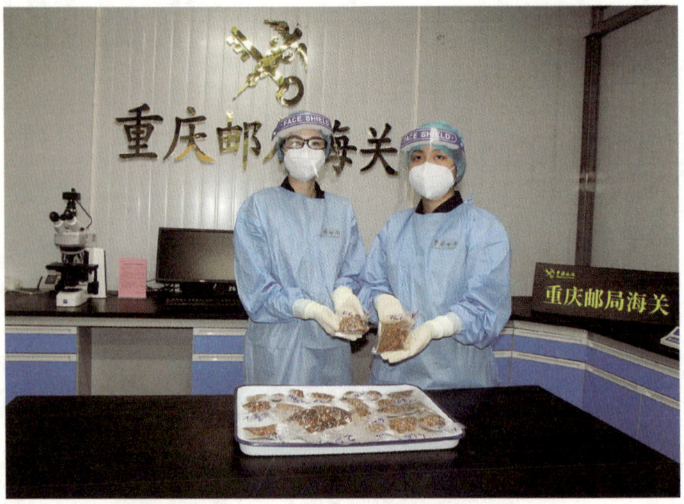

2021年9月16日，邮局海关在进境邮件中查获“牛结石”——天然牛黄1.2千克 ▶

◀2021年9月3日，两路寸滩海关对中国航空油料重庆机场结转型出口监管仓和中航油重庆机场专用型保税仓库开展核查

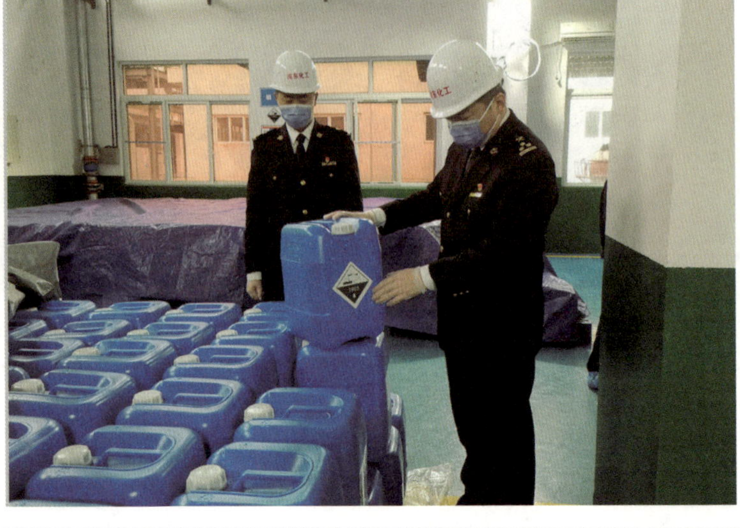

2021年3月9日，两江海关开展危化品检查 ▶

◀2021年12月29日，西永海关监管验放保税整车进区

2021年3月19日，渝州海关监管中欧班列（渝新欧）十周年纪念专列在重庆团结村中心站发出 ▶

◀2021年12月28日，永川海关、渝州海关助力西部陆海新通道进口集装箱成功接驳永川港

2021 年 9 月 14 日，涪陵海关 ▶
在进境粮食生产、加工、存放企
业开展有害杂草监测

◀2021 年 4 月 7 日，万州海关
查验放行首批出口中山杉

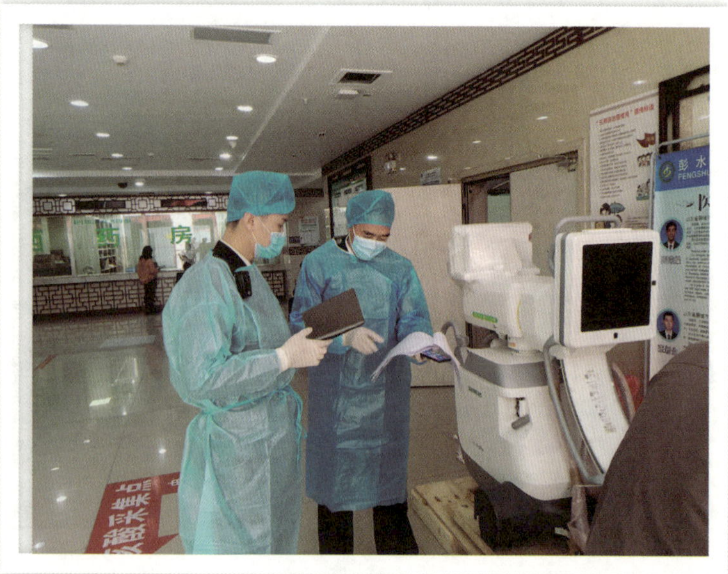

2021 年 5 月 11 日，黔江海关快 ▶
速验放辖区某医院首批进口移动式
C 形臂 X 射线机

疫情防控

◀2021年2月4日，重庆海关举办“战疫情 庆团圆 渝关奋楫再扬帆”——2020年度线上先进表彰活动

2021年2月8日，重庆海关所属重庆港海关开展进口冷链食品新冠肺炎疫情突发事件应急处置演练 ▶

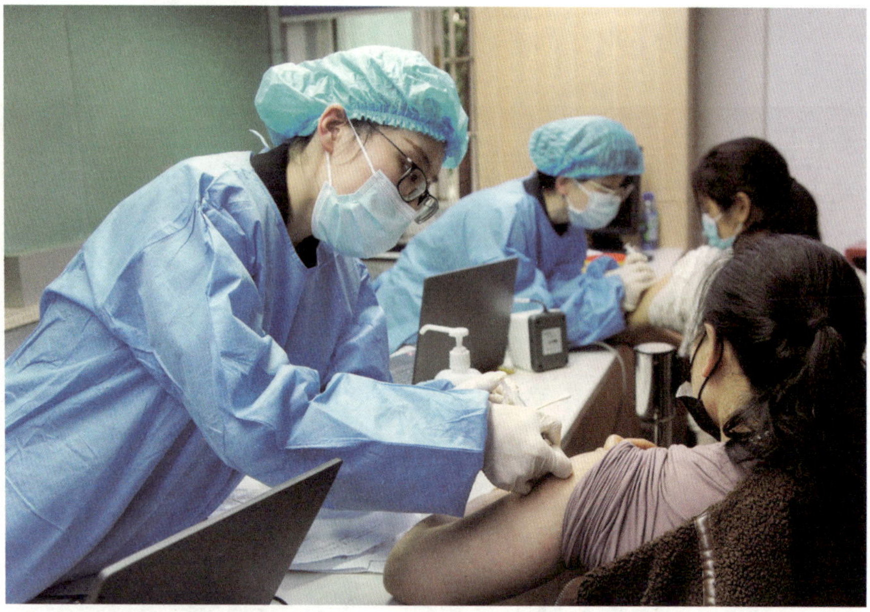

2021年4月1日，▶重庆海关保健中心首次开展新冠病毒疫苗接种工作

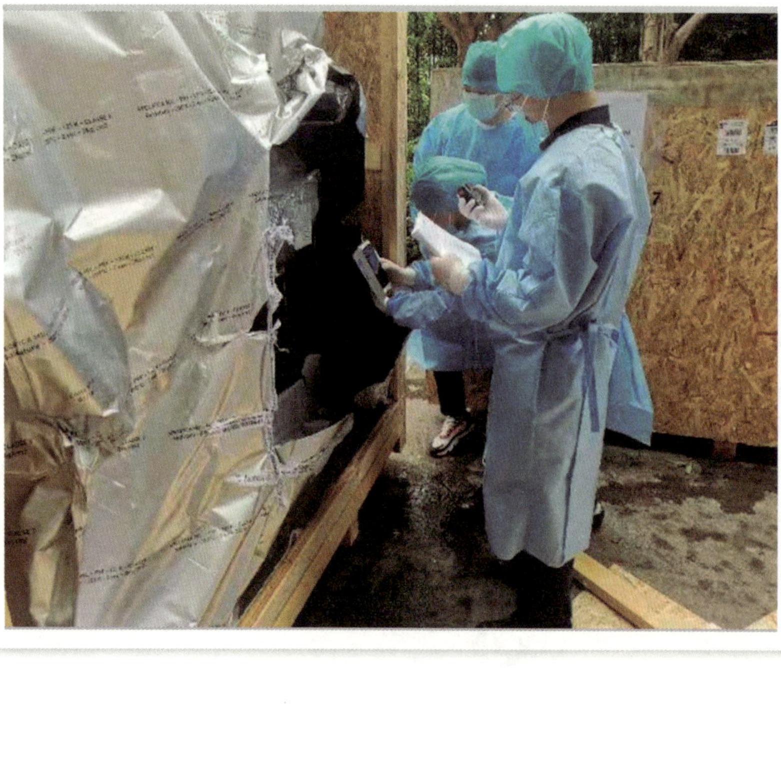

◀2021年6月24日，重庆海关所属机场海关对防疫物资生产设备进行“门到门”查验

2021年6月29日，重庆海关开展“七一”前食品安全和疫情防控专项检查 ▶

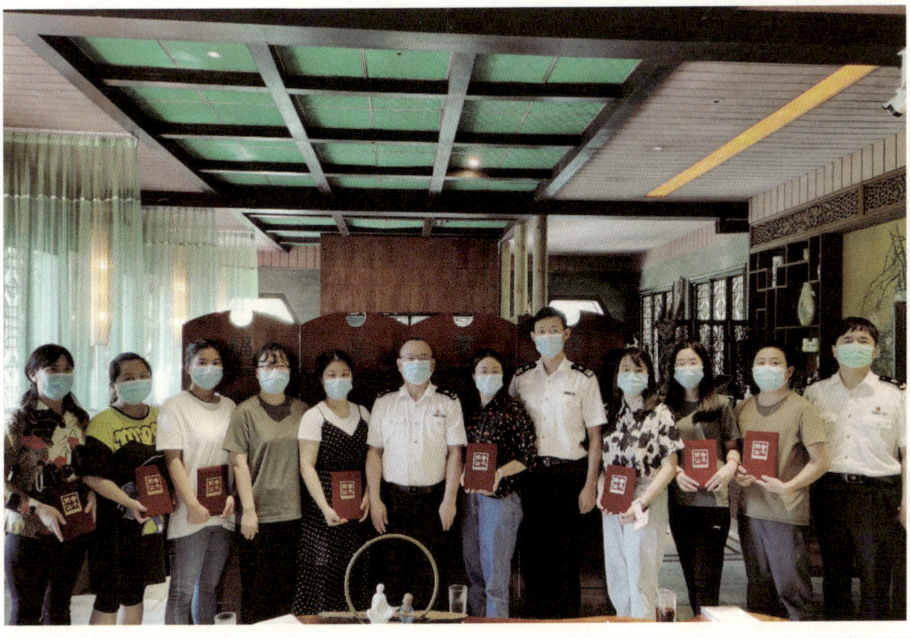

◀2021年9月23日，重庆海关为地方参与海关口岸疫情防控的工作人员颁发荣誉证书

▶2021年12月29日，重庆海关所属渝州海关联合地方政府组织开展铁路口岸进口非冷链货物疫情防控联合应急演练

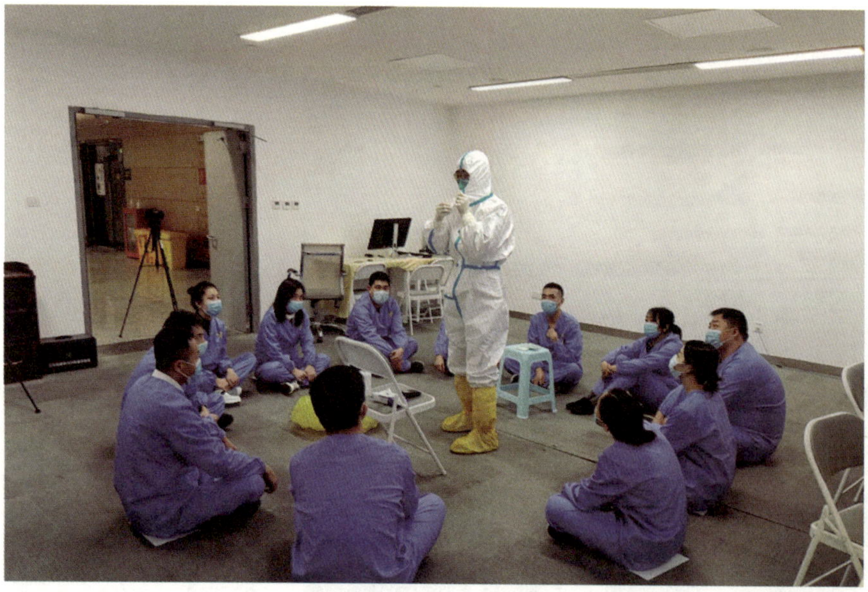

◀2021年12月27日，重庆海关针对奥密克戎病毒开展针对性加强防护培训

队伍风采

◀2021年1月6日，重庆海关举行升旗仪式

2021年6月30日，▶重庆海关获“重庆市直机关创建模范机关先进集体”称号

◀2021年8月20日，重庆海关举行新提任领导干部宪法宣誓仪式

2021年8月18日，重庆海关高温天气下开展现场查验 ▶

▲2021年5月21日，重庆海关参加重庆万名党员无偿献血活动

2021年4月28-29日，重庆海关与成都海关联合开展“青春心向党 携手共奋进”主题团日活动 ▶

2021年9月24日，重庆海关选派参赛选手晋级全国海关科普讲解比赛决赛，一人获得全国海关科普讲解十佳选手殊荣 ▶

◀2021年3月5日，重庆海关志愿者走进渝北区笃信实验学校开展“折红梅花儿 听红色故事”党史义务宣讲活动

第一篇

特载

重庆海关概况、主要职能、组织架构

概况

重庆海关是受海关总署直接领导，负责指定口岸及相关区域范围内海关工作运行管理、监督监控的正厅级直属海关。关区范围为重庆市行政区划，面积8.24万平方千米。

经国家批准，重庆市辖区内设有江北国际机场、重庆港（寸滩港区、果园港区）2个正式对外开放口岸和重庆团结村铁路口岸、重庆万州机场2个临时开放口岸；设有重庆两路果园港综合保税区、西永综合保税区、江津综合保税区、涪陵综合保税区、万州综合保税区、永川综合保税区等6个综合保税区。

2021年，重庆海关有各类机构（组织）42个。其中，正处级机构18个及缉私局（副厅级机构）1个，正处级隶属海关单位12个，派驻纪检组6个，设有5个事业单位。在职人员1,008人（含海关编制人员830人，缉私编制人员68人，事业编制人员110人），中共党员808人（其中海关编制在职人员党员669人、缉私编制在职人员党员60人、事业编制在职人员党员79人），占比80.2%。离退休人员278人、离退休党员169人。

主要职能

重庆海关管辖范围为重庆市的各项海关管理工作。其主要职责是：

（一）负责本关区贯彻落实党中央、国务院关于海关工作的方针政策和决策部署，在履行职责过程中坚持和加强党对海关工作的集中统一领导，履行全面从严治党主体责任。

（二）负责贯彻执行与海关管理相关的法律、法规、规章、规范性文件和相关技术规范，负责本关区征税、监管、缉私、出入境检验检疫、统计等工作。

（三）监控研判本关区各类执法风险、管理风险和廉政风险并组织防范和化解，负责本关区基层党组织建设、队伍建设和日常管理工作。

（四）完成海关总署交办的其他工作。

组织架构

重庆海关下设15个正处级内设机构：办公室（党委办公室）、法规和综合业务处、自贸区和特殊区域发展处、关税处、卫生检疫处、动植物检疫处、进出口食品安全处、商品检验处、口岸监管处、统计分析处、企业管理和稽查处、财务处、科技处、督察内审处、人事教育处（党委组织部）。

另设立机关党委（思想政治工作办公室、党委宣传部、党委巡察工作办公室）、监察室（党委纪检组）、离退休干部办公室等3个正处级机构和缉私局。

重庆海关党委向隶属海关共派驻6个纪检组。

重庆海关下设12个正处级隶属海关单位：重庆江北机场海关、重庆港海关、重庆邮局海关、两路寸滩海关、两江海关、西永海关、渝州海关、永川海关、涪陵海关、万州海关、黔江海关、重庆海关风险防控分局。

重庆海关下设4个事业单位：重庆海关后勤管理中心、重庆海关技术中心、重庆国际旅行卫生保健中心（重庆海关口岸门诊部）、中国质量认证中心重庆海关评审中心。

重庆海关受委托管理事业单位1个：中国电子口岸数据中心重庆分中心。

缉私局下设6个正处级内设机构：办公室、政治处、法制处、侦查处、情报技术处、查私处；1个副处级内设机构：刑事技术处（加挂“重庆海关缉私局司法鉴定中心”牌子）。

缉私局下设2个正处级隶属缉私分局：重庆江北机场海关缉私分局、两路寸滩海关缉私分局。

“十四五”海关发展规划重庆海关实施方案

（2021 年 11 月）

根据海关总署《“十四五”海关发展规划》，结合重庆海关实际，特制订“十四五”海关发展规划重庆海关实施方案。

一、指导思想、原则及目标

（一）指导思想。

高举中国特色社会主义伟大旗帜，深入贯彻党的十九大和十九届二中、三中、四中、五中全会精神，坚持以马克思列宁主义、毛泽东思想、邓小平理论、“三个代表”重要思想、科学发展观、习近平新时代中国特色社会主义思想为指导，全面贯彻党的基本理论、基本路线、基本方略，深入贯彻习近平总书记的重要指示批示精神，统筹推进“五位一体”总体布局，协调推进“四个全面”战略布局，完整、准确、全面贯彻新发展理念，坚持稳中求进工作总基调，以推动高质量发展为主题，以深化供给侧结构性改革为主线，以改革创新为根本动力，以满足人民日益增长的美好生活需要为根本目的，紧紧围绕社会主义现代化海关建设，全面落实“十四五”海关发展规划，不断提升重庆海关制度创新和治理能力建设水平，为加快形成与全面建设社会主义现代化国家相适应的海关监管体制机制贡献重庆海关力量，为加快构建以国内大循环为主体、国内国际双循环相互促进的新发展格局发挥海关作用，更好服务经济社会高质量发展。

（二）遵循原则。

——坚持党的全面领导。以政治建设为统领，把加强党的全面领导贯穿始终，在推进重庆海关改革发展中充分体现党的政治优势和制度优势。

——坚持以人民为中心。始终做到发展为了人民、发展依靠人民，公正执法，精准履职，高效服务，不断提升人民群众的获得感、幸福感、安全感。

——坚持新发展理念。将创新、协调、绿色、开放、共享的新发展理念融入海关改革发展，体现在重庆海关工作全过程和全领域，全力服务构建新发展格局。

——坚持深化改革开放。坚定不移推

进海关改革，加强基层首创性、差异化改革探索，持续增强重庆海关发展动力和经济社会发展活力。

——坚持系统观念。强化全局意识和辩证思维，从全局谋划一域，以一域服务全局，把重庆海关工作放到国家改革开放发展大战略和全国海关工作“大棋盘”中去谋篇布局。

（三）发展目标。

按照“十四五”海关发展规划的指导思想和工作原则，锚定2035年海关发展远景目标，聚焦服务高质量发展、推动高水平开放、保障高标准安全、提升高效能治理，锲而不舍、一以贯之深化“五关”建设，践行“关通千里，心致广大”渝关文化理念，强化监管、优化服务，努力推动重庆海关在全面建设社会主义现代化海关的新发展阶段中不断取得新突破。今后五年要努力实现以下主要目标：

——政治建关达到新境界。政治信仰更加坚定，政治领导更加坚强有力，政治判断力、政治领悟力、政治执行力显著提高，政治生态更加风清气正。走好“两个维护”第一方阵的思想和行动更加坚定自觉，维护国家安全和利益更加坚决有力，服务国家重大发展战略更加积极有为，落实总署党委部署更加行之有效，建设让党中央放心、让人民群众满意的模范机关成效更加明显。

——改革强关开创新局面。关区改革创新系统性、协同性持续提升，制度创新成果不断推出，“放管服”改革纵深推进。业务联动融合更加深入，落实全国通关一体化改革成效更加明显，更宽领域、更高水平的机构改革“化学反应”充分呈现，国门安全防线更加牢固，口岸营商环境更加优化，海关监管体制机制更加完善。

——依法把关彰显新作为。关区制度规范体系更加系统完备，权责清单更加清晰明确，执法统一性、规范性进一步增强，逐步形成更加规范有序、公平高效的执法环境。把关服务职责履行更加高效，行政权力监督制约更加严密有效。法治实施保障更加协同有力，法治固根本、稳预期、利长远的保障作用得到充分发挥，关区法治建设取得更大进展。

——科技兴关实现新突破。创新驱动导向作用更加明显，科技发展机制制度更加完善，业务科技一体化有力推进，大数据、人工智能等新技术应用更加广泛深入，国门安全防控技术及应用水平进一步提升。科技资源配置更加集约高效，口岸监管装备应用效果更加突出，实验室检验检测能力明显提升，科技创新活力不断增强，智慧海关建设持续推进。

——从严治关取得新成效。全面加强党的建设，从严治党治关更加深入，党建工作机制更加健全，组织体系建设更加科学，清廉海关建设取得明显成效，准军事化海关纪律部队建设深入推进，干部队伍结构更加合理，各级领导班子不断优化，忠诚干净担当的高素质专业化人才队伍更

专栏 1 “十四五”重庆海关发展主要指标

指标	2020 年	2025 年	属性	责任部门
1. 海关税收预测目标完成率（%）	≥100	≥100	约束性	关税处
2. 国际卫生港口岸创建数量（个）	0	1	预期性	卫生处
3. 进口食品监督抽检合格率（%）	98%	>99%	预期性	食品处
4. 全面精准收集、监测进出口商品质量安全风险信息（条）	6, 000	≥8, 000	预期性	商检处
5. 海关缉私部门移诉案件起诉率（%）	—	>98	约束性	缉私局
6. 货物人工分析查获率（%）	12	16	约束性	风控分局
7. 实验室法检项目自检率（%）	84. 6	≥98	预期性	技术中心
8. 保税仓库数量（个）	5	12	预期性	自贸处
9. 关区指定监管场所数量（个）	5	10	预期性	监管处
10. 出口种苗、水果等农产品注册登记企业数量（家）	26	>40	预期性	动植处
11. 高级认证企业数量（家）	66	110	预期性	企管处
12. 海关技术规范制修订（次）	2	≥10	预期性	法综处
13. 海关骨干网络连通率（%）	—	≥99. 9	预期性	科技处
14. 海关评定的专家型人才规模（人）	—	50	预期性	人教处
15. 关区党建示范和培育品牌（个）	—	20	预期性	政工办

具活力，队伍激励约束机制进一步完善，干部队伍凝聚力、战斗力、执行力持续提升。

二、坚决维护国家安全

全面落实总体国家安全观，坚持底线思维，强化政治担当，忠诚履职尽责，推动构建以风险管理为主线的国门安全防控体系，坚决维护国家安全和人民群众利益。

（四）加强进出境环节实货监管。（监管处牵头）

提升口岸监管能力，完善联防联控机制，优化作业机制和流程，提高监管作业的规范性和科学性，落实安全生产责任制，持续深入推进重点领域安全生产专项整治，筑牢口岸安全防线。强化口岸监管和物流监控，加强核生化爆监测和口岸查缉力度，提升关区反恐处置能力。加强重点商品管控，有效落实贸易管制措施，认真履行《蒙特利尔议定书》国际公约，强化禁限管理政策宣传贯彻和职能监控，对进出境禁限管制物项实施有效监管。推进行李物品、免税品、邮递物品监管智能化、规范化建设。提升监管智能化水平，加强联网监管，应用智能审图等新技术强化实货监管快速监测探测，提升监管的精准性和威慑力。

专栏2　实货监管效能提升

（一）提升货物查验便利化水平。

加大非侵入式查验设备应用力度，增强货物查验效能。

（二）提升非贸领域智能化监管水平。

持续推进优化先期机检、智能审图工作，探索人脸识别等信息化手段应用。

（三）保障进出境监管安全。

规范对进出境运输工具和货运舱单的监管，提升信息化作业水平。

（四）提升关区反恐应急处置能力。

强化核生化有害因子监测，定期开展关区反恐应急演练和培训。

（五）巩固安全生产管理成效。

加强安全生产知识培训，筑牢安全生产底线意识。完善安全生产管理联防联控机制，加强对重点商品和重要区域的安全生产隐患排查及整治，强化安全防护装备配置，提升一线人员安全应急处置能力。

（五）确保税收安全。（关税处牵头）

严格履行税收征管主体责任，完善海关税收征管流程，优化税收征管模式，推进属地纳税人管理，提高税收征管质量。加强进口商品价格水平综合分析研判，打击价格低报瞒报、不实贸易等各类逃税涉税违法活动。聚焦国家政策重点关注、企业反映集中、对行业具有整体影响力、产业链上下游不同企业诉求等领域，深入开展税政调研，积极参与总署进出口税收政策调整及非贸渠道税收征管机制改革试点，逐步推进征管智能化、作业信息化、缴税便利化。加强原产地数据监控核查，深入开展出口原产地签证质量检查。建立健全制度体系，全面提升关区减免税业务水平和防风险能力。开展享惠情况分析，帮助企业用好进口税收优惠政策，服务地方经济高质量发展。

专栏3　税收风险防控能力提升工程

（一）完善税收风险协同防控工作。

配合税管局聚焦重点企业、重点商品以及税收政策执行风险防控，规范排查处置税收风险，有效落实税管局各类税收风险防控指令，统一税收征管执法，推进税收风险源头治理。持续优化研判机制，加强各部门的协作配合，充分发挥综合治税效能。

（二）深化属地纳税人管理。

按照“保障税收安全，促进贸易便利”的理念，坚持源头规范、分类管理，建立属地纳税企业底账和“双特”价格台账，做好企业合规申报、纳税遵从度评估工作，持续推广税政调研、预裁定等措施，引导企业守法自律。

续表

（三）提升大数据分析研判能力。 运用云擎、新海廉等信息化系统，探索建立税收数据分析、税收风险防控等数据模型，强化科技应用，丰富数据统计手段，持续提升关税大数据研判能力，提升税收风险智能化防控水平。

（六）维护口岸公共卫生安全。（卫生处牵头）

坚持科学精准、关地协同、口岸联动，持续健全重庆口岸传染病联防联控工作机制，推动完善口岸公共卫生治理体系。积极推进源头管控，推进境外传染病监测网络建设，多渠道收集发布境外传染病疫情信息，加强重庆口岸传染病监测分析，深入开展风险研判评估，推动境外传染病疫情监测，实现境外传染病疫情早研判、早预警、早准备，做到“关口前移”。持续推进口岸核心能力建设，推进国际卫生机场创建，争取成为总署重大疫情指定口岸。积极参与制定口岸核心能力建设强制性国家标准，创新口岸公共卫生制度，优化口岸卫生监督工作模式。加强口岸病媒生物监测，深入开展长江中上游口岸病媒生物联合监测。强化口岸公共卫生应急体系建设，实施应急队伍三级管理，健全应急物资储备、应急响应处置等机制。完善国际旅行卫生安全保障机制，推动国际旅行健康服务智能化，提升预防接种服务能力。

专栏4　口岸公共卫生安全体系建设工程

（一）口岸新冠肺炎疫情常态化防控体系建设。 总结固化防控经验和成果，持续健全完善重庆口岸新冠肺炎疫情常态化防控机制，以新冠肺炎疫情防控为契机，持续丰富完善重庆口岸传染病联防联控工作内容和机制。 （二）全球传染病疫情监测能力建设。 大力推进与重庆口岸直接通航国家（地区）的传染病信息收集、疫情监测，建成重大传染病疫情风险评估体系，积极参与总署全球传染病疫情监测系统和境外传染病疫情监测建设。 （三）口岸公共卫生治理体系建设。 积极参与制定口岸核心能力建设强制性国家标准，支持和推动万州临时机场口岸正式开放。加快推进江北国际机场创建国际卫生机场，推动江北国际机场口岸成为总署重大疫情指定口岸。推进长江中上游口岸病媒生物联合监测深入开展，配合总署“一带一路”口岸病媒生物联合监测项目和西部陆海新通道等重大工作项目实施，参与国际和关际合作。 （四）口岸应急处置体系建设。 大力推进三级应急队伍能力建设，健全应急物资储备制度，推动完善应急响应指挥体系和工作机制，建成现代化口岸突发公共卫生事件应急处置指挥体系。

续表

（五）智慧国际旅行健康服务工程建设。 大力提升保健中心国际旅行健康和预防接种服务能力，积极参与“国际旅行健康服务网”建设，进一步扩大预防接种种类和范围。

（七）严格进出境动植物检疫监管和外来入侵物种口岸防控。（动植处牵头）

持续完善关区动植物检疫监管机制制度，优化动植物检疫作业监管模式。健全动植物疫情监测和安全风险监控体系，加强疫情监测、安全风险监控及结果分析利用，提高检疫查验和监管工作的科学性、针对性和有效性。健全进出境动植物检疫风险防控体系，强化境外动植物疫情和外来入侵物种监测预警信息搜集，加强与口岸海关业务衔接和信息共享，有效运用企业稽查核查、认证和信用管理制度，完善动植物及产品全链条监管机制，为检验检疫监管提供基础支撑。健全动植物疫情应急处置体系，落实防控责任，完善防控方案，强化应急演练，提升应对能力。健全动植物检疫技术支撑体系，开展动植检能力提升工程，推进口岸初筛实验室建设。构建合作共赢的多元共治体系，密切市级部门合作，建立联防联控机制，广泛开展国门生物安全宣传教育，协同防控动植物疫情疫病和外来入侵物种。

专栏5　动植物检疫和外来入侵物种口岸防控能力提升工程

（一）强化动植物疫情和外来入侵物种监测与预警。 搜集境内外动植物疫情信息和检疫法规政策不少于800条。加强口岸及周边外来物种和植物有害生物监测，逐步实现疫情及时预警，监测点数量不少于400个。严格落实进出口食用农产品和饲料安全风险监控计划，完成率100%。 （二）动植物检疫监管能力建设。 实施动植物检疫能力提升工程，加强口岸查验设施设备配备，智能化监测、监管设备配备不少于100台（套）。加强旅客携带物、寄递物等非贸渠道监管，防范外来物种入侵。推进口岸初筛鉴定室建设，在航空、水路、铁路等口岸建设初筛鉴定室不少于2个。 （三）持续推进农产品“优进优出”。 在保障安全的前提下支持扩大优良动植物种质资源引进，服务重庆种业振兴。优化进口粮食、水果、皮张等检疫审批流程，扩大重庆市场需要的农产品进口。优化出口农产品企业注册登记程序，积极推动重庆出口农产品企业对外注册，促成重庆出口种苗、水果等农产品注册登记企业数量不低于40家。指导企业提高国际技术性贸易措施应对能力，服务重庆优势农产品扩大出口。 （四）多元共治能力建设。 落实各级粮食安全行政首长责任制考核要求，严格进境粮食加工、储备监管，保障进境粮食安

续表

全。加强与重庆市农业农村、林业等部门合作，建立红火蚁、沙漠蝗、非洲猪瘟等重大动植物疫病疫情和外来物种联防联控机制。严格落实推进农业高水平开放高质量发展合作备忘录内容，扩大重庆优势农产品出口，服务乡村振兴。

（八）强化进出口食品安全监管。（食品处牵头）

严格落实食品安全“四个最严”要求，持续完善进出口食品源头治理、口岸监管、后续监管等制度。严格进境动植物源性食品检疫审批，保障进口食品安全。严格执行进出口食品监督抽检和风险监测计划，提升口岸快速反应能力，更加有效处置进出口食品安全风险事件。参与做好输华食品准入国家/地区（国际组织）食品安全管理体系回顾性审查，严格落实不合格食品信息通报制度。强化重庆关区出口食品管理，加强主要贸易国家/地区（国际组织）食品安全监管体系研究，严格落实出口食品境外通报核查制度。

专栏6　食品安全管理能力提升工程

（一）提升进口食品安全源头管控能力。 积极完成总署安排的对输华食品国家/地区（国际组织）食品安全监管体系评估和境外生产企业注册，严格产品准入管理等工作，促进关区进口食品准入管理能力整体增强。 （二）加强进出口食品安全风险监测预警。 严格开展重庆关区进出口食品安全年度监督抽检和风险监测计划，优化重庆关区风险预警机制，提升应急指挥和决策处置能力。 （三）强化出口食品安全管理及研究。 加强重庆出口食品主要贸易国家/地区（国际组织）的食品安全监管体系研究，建立和完善对相关国家/地区（国际组织）进出口食品标准法规信息的收集、分析、研判和应用机制，保障关区出口食品安全。

（九）保障进出口商品质量安全。（商检处牵头）

完善进出口商品质量安全监管制度，优化进出口商品质量安全监管机制，提升进出口商品质量安全监管能力。全面实施风险监测，强化风险监测信息管理，探索实施联合预警，充分发挥国家级进出口商品质量安全风险评估中心（重庆）和一级风险监测点作用，及时发布风险预警，开展科学高效的风险评估。强化进出口危险货物及其包装检验，坚决禁止“洋垃圾”进境，严厉打击进出口商品领域贸易欺诈和进出口商品假冒伪劣行为，切实防范化解公共安全风险、生态安全风险、经济安全风险、消费者健康安全风险，维护国门安全。

专栏7　进出口商品质量安全风险预警监管体系效能提升工程

持续完善进出口商品质量安全风险预警监管体系，进一步畅通风险信息交流共享渠道，健全风险预警和快速反应机制和进出口商品质量安全监管制度。实现进出口商品质量安全风险信息全方位采集、智能模型分析、自动化结果输出。

（十）强化监管业务领域风险整体防控。（风控分局牵头）

加强进出境人员、货物、物品、物流、运输工具的系统化风险防控，将检验检疫监管全面纳入海关风险防控体系，全面提升海关监管通关业务全领域、全渠道、全过程风控防控水平。探索建立供应链风险防控机制，共同建设西部陆海新通道、长江经济带区域等风险防控协作机制和进出境管控机制，构建更为科学高效的风险分析研判体系和处置体系。强化风险情报驱动，配合总署探索构建海关风险情报工作机制。巩固海关内外部风险联合防控机制，深化风险研判、稽核查、打击走私的协同联动，优化重大查发现场快速响应机制。

（十一）严厉打击走私违法行为。（缉私局牵头）

保持打击走私犯罪活动高压态势，持续开展“国门利剑”“蓝天”等专项打击行动。加大走私态势掌控力度，强化情报先导、主导、制导，拓展情报来源渠道，加强情报合作交流，强化秘密力量布建，深化情报中心建设，构建涵盖各维度的数据分析模型，着力实现对重点渠道、重点商品、重点领域走私态势的有效掌控。坚持以“审判为中心”，全面实施“统一审核、统一出口”工作机制，确保办案质量。推进案管系统建设，完善执法质量考评，加强执法管理监督。建立警务保障新体系，执行缉私部门经费、装备、信息网络建设等公安机关标准，加快推进缉私业务技术用房、执法办案场所规范化建设和智能化升级改造，加大公务用车和警服保障力度。探索建立联合打私机制，深化反走私综合治理，加强反走私宣传教育，推动地方政府落实主体责任。健全挂牌整治办法，开展随案同步整治，完善成效评价体系。

三、全力服务构建开放新格局

立足新发展阶段，紧抓西部大开发、成渝地区双城经济圈建设等战略机遇，充分发挥海关国内国际双循环相互促进重要交汇节点作用，助推高水平开放高质量发展。

（十二）推动共建“一带一路”高质量发展。（法综处、企管处、监管处、商检处、食品处、动植处按职责分工）

全面融入共建“一带一路”，持续提升贸易安全与便利化水平。探索推进与相关国家/地区（国际组织）进出口货物强制性技术标准的共享和交流，加强“一带一路”国际技术性贸易措施的研究和应对。统筹关区资源，强化 AEO 信用培育的针对性，让更多优质外贸企业享受 AEO 通关便利。根据总署统一部署，积极落实中新（重庆）关际合作备忘录，深化与新加坡关税局的合作机制，建立落实中新两国 AEO 互认安排的协调和绩效评估机制，推进互认安排落地见效。拓展中欧“安智贸”合作，加大“关铁通”项目推广力度。积极参与总署中东欧国家农食产品输华准入评估，加快推进准入进程。扩大食品农产品等重点商品快速通关“绿色通道”范围，优化进境农产品检疫审批流程，促进优进优出。

专栏 8　推动共建“一带一路”高质量发展措施

（一）优化检疫流程，提升通关效率。

支持重庆进境肉类、冰鲜水产品等指定监管场地建设。优化进境农产品检疫审批流程，保障进境粮食、水果等农产品快速通关。加强技术指导，促进农产品优进优出。

（二）支持中欧班列（成渝）高质量发展。

持续优化中欧班列海关监管，大力创新实施推广“铁路快通”等系列新模式，提升口岸信息化、智能化、便利化水平。

（十三）推进“智慧海关、智能边境、智享联通”合作。（办公室、科技处按职责分工）

以“三智”合作为引领，助力海关国际合作，推动共享共建，促进互联互通，提升监管服务效能。提高“互联网 + 海关”应用质量，丰富线上业务办理模式和功能，提升智慧通关水平。以“纳税遵从”为目标，强化税收风险信息服务与共享，优化税收征管和风险协同防控体系，实现“智慧”纳税。加强新手段、新设备、新技术利用，推动国门生物安全监测预警、口岸检疫、检测鉴定、后续处置等环节“智慧”监管。积极参与同“一带一路”沿线国家和地区开展检验检测技术法规、标准、合格评定程序等交流合作，提升联防联控水平。研究探索新业态、新模式统计方法，为总署开展跨境贸易统计国际合作提供支撑。探索运用国家（地区）间的货物贸易统计交换数据和信息，对特定商品统计差异开展研究，促进跨境贸易监管治理能力提升。深化 AEO 国际互认合作，强化企业信用分类监管，持续构建新型海关与商界合作伙伴关系，让更多企业享受“三智”成果。

专栏9　推进“智慧海关”建设措施

持续推进进境旅客行李物品100%先期机检，提升进出境旅客现场检疫通关智能化水平，优化旅客通关体验。推广实施智能审图，推进口岸基础设施的智能化、海关监管的智能化。

（十四）推动产业链供应链优化升级。（自贸处、法综处、动植处、卫生处按职责分工）

全力支持企业创新发展，促进产业链供应链安全稳定和优化升级。积极推进高端制造全产业链保税模式，大力推广企业集团加工贸易监管模式，争取开展加工贸易残次品管理改革等试点，释放保税政策红利。加强政策宣传，支持综合保税区内企业结合市场需求拓展供应链业务范围，在区内设立全球供应仓与分拨中心，促进企业深度融入全球供应链。应用总署金关二期系统继续支持区内外保税料件自由流转。加强知识产权海关保护，培塑自主知识产权企业，深入开展知识产权保护专项行动，打击侵犯进出口货物知识产权违法行为，维护企业合法权益。支持动植物种质资源引进，服务重庆种业发展。在确保风险可控的前提下，推动低风险特殊物品进出境监管机制创新，助力重庆市生物医药产业健康发展。加强关地和跨关区协作，共建包含地方专家的跨关区特殊物品风险评估专家库，探索创新关区交叉开展特殊物品风险评估工作。

专栏10　知识产权海关保护能力提升工程

（一）开展知识产权保护专项行动。 结合关区业务实际，制定重庆海关知识产权保护专项行动方案及量化考核表，每年确定专项行动工作重点，部署打击侵权工作。 （二）强化侵权风险研判。 提高风险研判布控准确性，加强与知识产权权利人、行业协会、知识产权主管机构的信息交流，依托“进出口报关数据库+专家智慧”，从商品、航线等多角度优化、调整、新增涉及知识产权查验内容的布控规则。 （三）推动构建大保护工作格局。 加强与知识产权主管部门、兄弟海关的执法协作，形成知识产权侵权立体防控体系。加强知识产权宣传，引导企业树立自主品牌意识，增强全社会尊重和保护知识产权的意识。结合重庆优势产业、特色产品，注重对自主知识产权优势企业的培塑和保护工作。

续表

（四）探索中新知识产权海关保护合作。 加强知识产权边境保护合作交流意识，协助总署开展中新知识产权合作，按要求与新加坡关税局开展案件信息交换等工作。

（十五）推动外贸创新发展。（法综处、自贸处、监管处按职责分工）

推动货物贸易和服务贸易协调发展，支持服务业扩大开放综合试点，助推重庆打造内陆现代服务业发展先行区。促进新型国际贸易发展，全面落实总署贸易新业态通关便利化等支持政策，大力推广跨境电商零售进口退货中心仓模式，巩固跨境电商 B2B 出口监管试点成效，按照包容审慎原则，主动探索创新适应跨境电商、外贸综合服务企业、海外仓等新业态发展的通关便利化措施。支持打造加工贸易转型升级示范区，推动企业提升加工贸易技术含量和附加值，促进产业链由加工组装向技术、品牌、营销等环节延伸。

（十六）推动内外贸一体化。（法综处、关税处、自贸处、动植处、食品处、商检处按职责分工）

支持企业用好两个市场，统筹两种资源，促进供给多元化，实现可持续发展。做好新签和升级自贸协定的实施工作，积极支持关区自贸协定利用率提升，增加国内紧缺和满足消费升级需求的粮食、水果等重点农产品及优质食品进口。落实税收优惠政策，支持重庆地区集成电路、新型显示器件等国家战略性重点产业发展。探索对海关特殊监管区域内生产的内销商品实施特殊质量安全检验监管便利化措施。严格落实总署技术性贸易措施工作机制，强化特别贸易关注议题研究及 TBT/SPS 通报评议等对外交涉应对工作，提高关区技贸措施工作质效。

专栏 11　技术性贸易措施服务能力提升工程

（一）技术性贸易措施服务平台建设。 完善技术性贸易措施工作机制，持续加强与地方政府相关部门、行业协会商会联合应对，收集重庆重点进出口商品和主要贸易伙伴的技术性贸易措施，强化技贸措施咨询服务，持续打造“渝关技贸之声”工作品牌，依托成渝地区双城经济圈和西部陆海新通道建设，强化技术性贸易措施评议、预警、研究、应对。 （二）技术性贸易措施对企精准帮扶。 围绕重庆重点出口商品开展技贸帮扶服务，针对性建立国外技术壁垒交涉应对重点企业名录，着力培养企业运用规则维护自身合法权益的意识和能力，引导企业通过吸收国外技术性贸易措施的先进技术，提升合规意识和技术创新能力，促进转型升级。

续表

（三）技术性贸易措施队伍能力建设。 加强技术性贸易措施人才培养，着力将技贸措施服务工作与其他海关业务相结合，吸引各条线人才共同参与，建立一支涵盖多业务领域、多层次的技术性贸易措施骨干队伍。

（十七）支持区域协调发展。（法综处、自贸处、食品处、动植处按职责分工）

全面贯彻区域协调发展战略，落实海关支持成渝地区双城经济圈建设重点举措，持续优化成渝地区口岸营商环境，助推成渝地区双城经济圈协同发展。充分发挥“13+2”区域海关合作牵头作用，深入推进西部陆海新通道建设，持续推动通道沿线贸易安全和通关便利化。引导重庆各综合保税区差异化发展，助力产业优化升级和新项目入区，更好发挥平台作用。支持优势食品农产品出口，助推重庆实现巩固脱贫攻坚成果同乡村振兴有效衔接。

（十八）促进跨境贸易便利化。（法综处、关税处、财务处、办公室、企管处按职责分工）

严格落实依法削减进出口环节审批事项的要求，精简进出口环节单证及证明材料，简化企业注册备案流程，取消不必要的监管要求。优化通关流程，推动进出口环节监管证件和通关物流类单据单证电子化，实现网上申请、网上办理，增强企业获得感。综合应用提前申报等通关便利化措施，稳固整体通关时间压缩成效在合理区间，提高通关效率。清理规范口岸收费，完善口岸收费目录清单公示制度，放开口岸服务准入，引入竞争机制，降低通关成本。推进多元化税收担保改革，降低企业税收担保成本。积极参与同境外口岸查验管理部门合作，推动联合实施对等通关便利化措施。

四、持续深化海关改革

推进落实海关各领域改革，紧扣系统集成、协同高效，坚持在“巩固、完善、深化、提高”上下功夫，推进海关制度创新和治理能力现代化。

（十九）深化“放管服”改革。（法综处、企管处按职责分工）

持续推进简政放权，编制公布两级海关权责清单，准确界定海关法定职责，厘清权力边界，规范权力运行。拓展“多证合一”“双随机、一公开”改革，在总署的统一部署下，开展双随机抽查结果部门间共享交换和互认互用。落实精简行政许可事项决定，持续推进“证照分离”改革。优化关区集中审批机制，强化职能指导监督，深化审批与主管海关联系配合，夯实主管海关行政审批责任，完善事中事后监管。进一步推进行政许可改备案、“注销便利化”等改革。推广应用海关行政相对人统一管理平台。加强惠企政策宣传贯彻，畅通问题反馈渠道，及时解决企业急难愁盼，建立“亲”“清”政商关系。

（二十）推进通关一体化改革深化进程。（法综处牵头）

推进海关全业务领域一体化改革，以服务区域经济发展战略为切入点，在西部陆海新通道和成渝地区双城经济圈等区域率先推进风险防控、属地纳税人管理等领域的一体化改革，从全国海关通关一体化改革逐步延伸至海关全业务领域一体化改革。深化关检业务全面融合，提升“合格入市”环节监管效能，强化业务结合部协调联动，提高系统集成水平，实现更深程度的“化学反应”。加强与“两中心”协调配合，强化业务运行监控，积极参与报关单运行监控系统的持续优化完善，用好海廉监控平台，有效开展业务监控和内控管理。持续推广应用“两步申报”“提前申报”，不断提升企业获得感。

（二十一）创新事中事后监管。（企管处、监管处、自贸处按职责分工）

推动构建以信用管理为基础的新型海关监管机制，将信用管理嵌入海关监管全过程，推进《海关认证企业管理措施目录》各项措施落地，加强内外协作，加大守信企业联合激励力度，严格落实失信违法惩戒要求，强化企业信用管理。创新稽核查工作模式，依托总署“互联网+稽核查”系统及各种远程方式对企业开展远程稽核查。落实分类分级核查制度，探索建立第三方结果采信等制度，提高稽核查工作效率，降低企业经营成本。加强涉检业务领域风险分析，统筹开展涉检专项稽查，拓展稽查广度深度。落实主动披露制度，促进企业规范经营、守法自律。

专栏12　稽核查专业能力提升工程

（一）加大对重点企业的信用培育。

持续加大信用培育力度，引导企业强化自律合规意识、优化内控管理、提高诚信守法水平，重点对国家和地方重点扶持企业、与“一带一路”沿线国家和地区有贸易往来企业、海关特殊监管区域内企业等开展信用培育，提高红利覆盖面。

（二）推进AEO认证企业便利化措施落地。

加强与职能部门协调配合，推动《海关认证企业管理措施目录》各项措施落地，丰富现有便利化措施，提升措施的含金量和企业获得感，鼓励高级认证企业继续“领跑”，确保惠企措施落到实处。

（三）推动联合奖惩落地。

积极配合重庆市商务委推进重庆市AEO企业联合激励相关工作，推动建立重庆市认证企业联合激励框架，进一步充实AEO企业政策红利篮子。对列入严重失信主体名单企业实施联合惩戒，引导越来越多的企业自觉守法、规范经营。

续表

（四）提升后续监管查获效能。 丰富远程稽核查方式方法，大力推广应用总署“互联网＋稽核查”系统，结合事前事中监管改革方向提高远程稽核查比例，减少实地检查对企业影响，降低企业成本。将稽核查范围进一步向检验检疫领域延伸，开展涉检领域专项稽核查，促进后续监管环节整体效能提升。 （五）优化稽核查工作机制。 推动主动披露制度扩展应用，规范主动披露制度在特殊监管区域内和检验检疫业务领域内适用范围、适用情形和环节，进一步发挥主动披露政策红利。综合企业信用等级等多种因素开展核查分级分类，聚焦高风险企业，提高核查精准度，选取高资信企业试点“采信第三方报告”后续监管模式。

（二十二）推动自由贸易试验区和特殊监管区域发展。（自贸处牵头）

进一步发挥自由贸易试验区改革创新试验田作用，加强在海关管理机制、管理方式、监管模式和科技手段等方面的改革创新，因地制宜、实事求是推动成熟经验的复制推广。支持综合保税区不断完善政策，拓展功能，推动综合保税区差异化协同发展，强化综合保税区事中事后监督管理。对标高质量发展要求，创新监管，培育综合保税区产业配套、营商环境等综合竞争新优势，加快综合保税区创新升级，打造对外开放新高地。推动海关特殊监管区域与自由贸易试验区统筹发展，发挥政策叠加效能，合理安排区内外产业布局。

专栏13　推动自由贸易试验区和海关特殊监管区域发展措施

（一）发挥自由贸易试验区改革创新试验田作用。 服务“一带一路”、长江经济带、西部大开发、成渝地区双城经济圈建设等国家战略，将改革项目优先在自由贸易试验区先行先试，并支持各自由贸易试验区片区开展差异化创新。按总署部署安排做好成熟经验的复制推广，做到因地制宜、实事求是，成熟一项复制一项。 （二）支持川渝自贸试验区协同开放示范区建设。 深入推动协同创新，共同探索更高水平的对外开放，完善与成都海关的协同创新工作机制，在企业最急、群众最盼、地方发展最需的地方下功夫，积极探索一批跨区域、跨部门、跨层级的海关监管集成创新制度。 （三）推动综合保税区高水平开放高质量发展。 配合重庆市政府做好综合保税区科学合理布局及申请、建设、验收等工作。按照《综合保税区发展绩效评估办法（试行）》有关要求，督促引导重庆市综合保税区牵头主管部门、综合保税区管委会等切实落实主体责任，强化安全监管，加强管理，优化服务，不断促进各综合保税区高水平开放高质量发展，保持两路寸滩综合保税区、西永综合保税区绩效评估排名为A类。

续表

推动综合保税区发展成为具有全球影响力和竞争力的加工制造中心、研发设计中心、物流分拨中心、检测维修中心、销售服务中心。结合重庆综合保税区发展现状，在做大做强已有笔电生产加工的基础上，支持综合保税区内企业开展高技术、高附加值、符合环保要求的保税检测和全球维修业务，支持综合保税区内企业开展高技术含量、高附加值的航空航天、工程机械、数控机床等再制造业务，不断延伸产业链条，形成对外贸易新的增长极。 （四）推动海关特殊监管区域与自由贸易试验区统筹发展。 发挥政策叠加效能，合理安排区内外产业布局。大力开展集成创新，进一步延伸产业链，提升价值链，做强创新链。

（二十三）全面提升服务决策水平。（统计处牵头）

坚决扛起做好统计工作政治责任的要求，牢固树立统计数据质量管控责任意识，进一步压实数据质量管控主体责任。充分发挥质量管控和统计监督职能，加强内外协作配合，形成关区数据质量管控合力，提升服务海关监管和宏观决策水平。持续跟进总署统计作业流程再造，开展完善统计制度方法、新型业务统计指标设计的研究工作。高质量完成总署各项调查调研工作，并结合关区业务变化情况，自主开展具有关区特色的调查，拓展统计数据源。加强海关业务数据安全管理，完善数据安全管理配套制度，推进数据分类分级实践，优化统计服务，守护数据安全底线。坚持系统观念，深入开展调查研究及宏观经济分析，深化贸易数据、业务数据和其他数据的融合分析研究，积极为国家宏观经济治理提供高质量决策建议，增强服务决策能力。加强基础性政策研究，探索开展前瞻性、战略性政策研究，深化分析研究队伍建设，探索建立关区政策研究人才资源库，增强关区政策研究合力。持续做好重庆外贸数据发布、外贸监测预警等服务外贸发展工作。

专栏 14　政策研究及统计分析人才智库建设工程

（一）筑牢理论根基，提高政治站位。 放眼国际国内经贸形势，以立足新发展阶段、贯彻新发展理念、构建新发展格局为指引，深化关区政策研究工作。切实提高政治站位，把政策研究和外贸分析工作与党和国家的重大决策部署紧密结合，更好地服务于国家宏观决策和地方经济发展。 （二）加强人才培育，提升关区分析研究水平。 围绕海关智库建设目标，探索制订关区 5 年内政策研究及统计分析人才智库建设计划。结合关区工作实际和分析研究队伍成长需求，加大交流培训力度，加强与外部智库交流合作，邀请外部专家授课指导，提升关区整体分析研究水平。鼓励各部门单位积极参与，强化专业人才储备，5 年内

续表

形成30—50名有经验的政策研究及统计分析人才资源库。 （三）拓宽研究视野，推动服务决策提质增效。 加强外贸调研，密切跟踪产业链、供应链动向，及时了解外贸企业经营状况。注重宏观经济数据、行业数据、国际组织机构数据等在分析研究工作中的综合运用，提升分析研究的深度与广度。加强内外协作和交流，促进信息资源共享、外贸形势联合研判，提升关区服务决策质效。

专栏15　重庆海关业务数据管理与安全体系建设工程

（一）完善关区业务数据安全管理制度。 进一步健全关区业务数据安全管理制度，压紧压实业务数据安全与管理责任，充实业务数据安全与管理力量，强化数据安全红线意识和责任意识，保障数据安全管理工作常态化、长效化。 （二）开展关区业务数据安全分类分级。 立足业务数据安全管理职责，持续开展关级系统业务数据资源清理，建立完善关级系统数据资源清单，组织推动关级系统业务数据分类分级实践。做好新建业务数据应用系统前置审核、在用系统数据安全审核、对外提供数据事项合规审核及系统授权的规范审查等工作。 （三）加强统计数据质量管控。 以确保数据质量为立足点，强化统计数据质量审核机制建设，加强统计数据的复核、监测分析、联合研判、统计监督核查和处置处罚力度，进一步提升统计数据质量管控效能。 （四）规范对外数据服务，确保数据安全可控。 以“分级开放、需求审批、定向提供”的方式，做好数据“出口”评估和治理，推动实现数据共享安全化、规范化和便利化。

（二十四）深化财务管理改革。（财务处牵头）

持续健全完善财务管理制度。做好滚动预算规划和预算编制，推进预算绩效一体化管理，以项目绩效管理为抓手，实现绩效管理与预算管理深度融合。坚决落实“过紧日子”要求，压缩公用经费支出，严控一般性支出，积极推动节约型机关创建。规范涉案财物管理，聚焦重点环节，对标管理要求，严格节点控制。提高采购管理时效性和精细化水平，高效完成关区中央集中采购项目预算执行工作。强化资产管理，建立年度盘点机制，推进闲置资产整合，规范报废资产处置，提高资产利用效率。

五、全面推进法治海关建设

深入学习贯彻习近平法治思想，强化法治意识，弘扬法治精神，完善关区制度规范体系。坚持依法行政，全面加强依法把关，努力营造更加规范有序、公平高效的执法环境，为推动关区高质量发展提供有力法治保障。

（二十五）完善关区业务制度规范体系。（法综处牵头）

积极参与《中华人民共和国海关法》、《中华人民共和国国境卫生检疫法》及其实施细则、《中华人民共和国进出境动植物检疫法》及其实施条例、《中华人民共和国关税法》等法律法规以及总署规章的制修订工作，配合总署做好立法项目评估调研、项目论证、立法后评估工作。加强关区规范性文件和业务制度的合法性审查，推进业务制度“立改废释”工作。编制并动态调整关区业务执行岗位标准化规范，提升关区业务执法统一性。严格落实总署技术规范相关工作要求，积极参与海关技术规范制修订工作，提高技术规范在执法领域中的应用质效。

（二十六）严格规范公正文明执法。（法综处牵头）

坚持权责法定、依法行政，落实落细行政执法公示、执法全过程记录、重大执法决定法制审核等制度，进一步规范行政执法统计年报。严格落实总署海关行政执法裁量基准制度，规范行政执法自由裁量权，从源头上规范权力运行。进一步提高行政复议能力，及时纠正违法和不当执法行为，妥善化解行政纠纷和执法争议。落实重大行政诉讼案件挂牌督办制度，提高行政诉讼应诉水平。坚持和发展新时代“枫桥经验”，探索建立多元行政争议化解机制，努力实现政治效果、法律效果和社会效果相统一。深入推行行政执法案例指导制度，及时上报关区行政执法典型案例。

（二十七）强化法治保障作用。（法综处牵头）

健全对关区重大业务改革方案、配套制度、文件的合法性审查机制，加强对直属海关规范性文件的合法性审查。运用法治思维和法治方式推动关区业务改革，做好相关改革方案的法律论证，确保重大改革于法有据，及时将成熟的业务改革举措和成果固化为制度规范。强化对关区各项合作备忘录的合法性审查，确保与外部门合作规范有效。

（二十八）营造良好法治环境。（法综处牵头）

强化主要负责人履行推进法治建设第一责任人职责，落实党委理论学习中心组集体学法制度和领导干部任前考法制度，推动领导干部做尊法学法守法用法的模范。创新公职律师工作方式，完善公职律师管理机制，探索在公职律师中培养海关法律专家。全面落实“谁执法谁普法”普法责任制，大力实施“八五”普法规划，利用国家宪法日、全民国家安全教育日、海关法治宣传日等重要节点，大力推动海关法治文化建设，提升海关法治文化产品供给质效。

专栏16　完善公职律师使用管理机制

（一）强化公职律师任用培养。

鼓励关员参加法律职业资格考试，完善公职律师“准入准出”，任用公职律师坚持质量优先，合理控制关区公职律师人数，保持公职律师工作积极性和队伍活力。加强公职律师知识培训和实战训练，探索在公职律师中培养海关法律专家。扎实推进关区法律顾问工作，在公职律师和其他具备法律职业资格并专门从事法律事务的公职人员中选任第一批关区内部法律顾问，形成内外法律顾问兼具的法律顾问队伍。

（二）充分发挥公职律师作用。

将公职律师充实到关区“普法讲师团”队伍中，充分发挥公职律师专业优势，要求每个公职律师每年参与不少于三次的普法活动，不断强化普法质效。结合公职律师自身工作岗位和专业特点，提高公职律师在解决执法疑难问题、复议诉讼、辅助决策、理论研究等关区法制工作中的参与度。探索隶属海关公职律师承担或参与本单位法制审核工作的实现路径，进一步提高隶属海关执法规范性和有效性。

六、全面提升科技创新应用水平

围绕科技兴关建设，强化科技支撑引领，聚焦全面建成智慧海关目标，力争科技水平处于中西部前列。推动实现以大数据、人工智能等为代表的先进技术得到充分应用，科技创新能力不断增强，科技资源配置更加合理，实验室布局、科技装备、基础设施更加集约高效，一批系统内外优秀科技人才脱颖而出。

（二十九）强化国门安全科技保障。（科技处牵头）

围绕国门安全科技保障，加强技术储备和基础性、共性技术研究。面向重点应用需求，结合重庆口岸实际，积极组织参加署市科研项目，深入开展疫情综合防控、食品安全风险监控、商品质量检验检测等技术研究。通过风险信息收集和风险评估方法研究，提高进出口商品质量安全的风险研判和评估能力。建立完善科技成果评定及科技成果转化应用管理工作机制，加大科研成果评定和应用推广力度，为建设国门安全现代化科技创新体系贡献力量。

专栏17　强化国门安全科技保障措施

（一）加强跨关区合作。

与广州技术中心合作研究饰品中镍释放量的快速检测技术手段。

续表

（二）与海科中心和各直属关技术中心加强科研合作和交流。 开展牛结节性皮肤病检测技术研究及标准物质储备，开展动物疫病综合防控技术研究。开展冷冻畜禽肉冻龄标志性指示物筛查研究，探索畜禽肉中多种农兽药残留同时检测的技术方法。 （三）推广运用智能化设备。 在口岸监管环节加大单兵设备的应用，推动一线执法作业更加智能高效。积极推广应用人脸识别、智能审图技术，提升精准监管和隐形监管水平。 （四）增加检测实验室设备投入，增强执法保障能力。

（三十）增强海关信息化支撑能力。（科技处牵头）

加强信息系统建设，全面推广应用H2018新一代通关管理系统，加快关级信息系统整合优化。提升关区信息化应用服务器虚拟化率，加速基础设施“云化”进程，加强新一代智慧海关技术支撑平台建设。全面落实网络安全管理要求，完善网络安全管理制度，做好数据安全管控，保障关区业务运行及数据安全。

专栏18　信息化与网络安全工程建设

（一）强化海关信息化建设，提高智能监管水平。 着力做好万州综合保税区、永川综合保税区、果园港等海关信息化建设。积极支持地方政府打造以多式联运为核心的内陆国际物流枢纽，推进重庆关区智慧场站、智慧综保区、智慧口岸等信息化建设。继续深化国际贸易“单一窗口”建设，推动西部陆海新通道平台建设和数据共享，实现通关物流作业动态监控。加强智能化审图、智能化卡口、区块链技术、5G组网等技术在智慧监管中的应用，提升智能监管水平。 （二）升级完善各类信息化应用，加强信息系统管理。 加强信息系统准入准出管理，建立健全海关信息化质量安全保障与评价体系，推动实现海关数字化、智能化运维。优化整合电子政务内网基础设施，实现集约化管理，提升政务办公、党建队伍、财务管理、廉政监督等信息化应用效能，实现统一规范的智慧管理。加快国产软硬件推广应用，推动关级信息化系统的适配改造，提升自主可控能力。 （三）完善海关网络安全技术体系，保障海关业务运行安全。 以“零风险、零泄漏”为目标，全面落实网络安全等级保护、海关大数据安全、关键信息基础设施安全等要求。从注重内网网络安全逐步向内外网网络安全并重方向转变，在做好内网网络安全的基础上，探索建立重庆海关业务数据安全交换平台，研究运用“云安全”技术做好互联网应用安全防护，提高海关网络安全感知、监测、防护、响应、恢复水平，保障海关业务安全运行。 （四）加大科技创新项目投入，探索新技术的推广应用。 探索海关数据中台建设，搭建关区统一数据资源平台和对外交换平台，强化海关数据管控。推

续表

进关区大数据建设，探索打造关区风险分析模型，提升风险防控能力。探索打造重庆海关互联网智慧云安全监控体系。

（三十一）深化海关大数据应用。（科技处、风控分局按职责分工）

建立完善关区大数据资源池，整合关区本地部署的系统数据资源，运用统一的数据中台，实现关区数据整合和“一口对外”。加快推进大数据安全体系建设，形成大数据智能应用生态，提升辅助治理能力。建立并推广数据应用模型体系，提供数模应用培训，实现数据分析智能化、自动化。

（三十二）加强海关实验室整体规划和协同建设。（科技处牵头）

优化关区实验室规划布局。积极申请建设纺织品检测国家重点实验室，主动参与署级中心实验室建设遴选工作，加快推进国家牛病检测重点实验室（重庆）国际化进程，高质量加快推动已批建的重点实验室建设。积极推进“互联网＋实验室”建设，不断提高实验室信息化管理水平。

（三十三）强化口岸监管装备应用。（监管处、科技处按职责分工）

加强与兄弟海关、科研院校的协作，积极引进先进技术装备。推进关区货物查验、机场旅检、邮寄物品检查等领域监管设备的联网工作，建立相关问题的收集反馈和有效处置机制。推动关区辐射探测设备、CT 机、X 光机等监管设备的联网集成、数据共享和综合应用。持续优化 H986、CT 机等设备审图功能，提升应用效能。

七、持续推进准军事化海关纪律部队建设

持续加强政治机关建设，坚定走好“两个维护”第一方阵，深化全面从严治党，锻造“政治坚定、业务精通、令行禁止、担当奉献”的准军事化海关纪律部队。

（三十四）加强党的建设。（政工办牵头）

把深入学习贯彻习近平新时代中国特色社会主义思想作为首要政治任务，引领党员干部不断提高政治判断力、政治领悟力、政治执行力，持续增强“四个意识”、坚定“四个自信”、做到“两个维护”。推动两级党委健全完善党建工作领导机制、意识形态工作机制、配合巡视巡察工作机制，修订完善党建述职评议考核制度、党委理论学习中心组学习制度、基层联系点制度。完善关区基层党组织架构、“四强”支部和党建品牌逐级争创机制，建立“四强”支部示范点，积极培树海关党建工作先进典型。建立健全群团组织架构，持续做好工会经费的使用和管理工作。用好红色资源，宣传推广海关红色基因，开展党

支部书记和党务干部培训，教育广大党员干部坚定理想信念，做对党绝对忠诚的国门卫士。

（三十五）加强领导班子建设。（政工办、人教处按职责分工）

发挥党委理论学习中心组的示范引领作用，完善海关两级党委理论学习中心组学习细则，健全党委理论学习中心组学习情况报备、巡听旁听等机制，切实提高党委理论学习中心组学习质量。严格执行《关于新形势下党内政治生活的若干准则》《海关总署党组关于进一步提高海关系统党组（党委）民主生活会质量的意见》，把讲政治的要求贯穿全过程。坚定理想信念，不断提高政治判断力、政治领悟力、政治执行力，用伟大建党精神等中国共产党人精神谱系滋养党性修养，胸怀“国之大者”。突出政治思想建设，全面提高综合能力。将习近平新时代中国特色社会主义思想作为干部教育培训的中心内容，持续跟进开展学习重大重要会议精神集中轮训，持续强化党性教育，持续加强领导干部综合素能提升和年轻干部培养力度。选优配强领导班子、优化队伍结构，把握好干部选拔的节奏和批次，用好各年龄段的干部，全面落实总署关于执法一线科长队伍建设的要求，拓宽人员交流渠道。坚持双向优化，树立到吃劲岗位和艰苦边远地区锻炼干部导向，统筹开展竞争性选调至机关工作。精准评价干部，汇总信息数据形成干部综合评价，同等条件下优先提拔表现突出人员。发挥考核指挥棒作用，加大关区目标管理绩效在考核中的运用力度，动态调整考核指标，坚持激励与惩戒并重，实行分级分类考核，推广使用总署队伍综合管理平台，强化年度考核、平时考核、专项考核结果的运用。

（三十六）加强人才队伍建设。（人教处牵头）

加强关区人才梯队建设，完善专业技术人才培育体系，培塑干部队伍综合素质，提升关区人才队伍建设水平。健全人才激励机制，优化关区奖励制度，加大专项考核的奖励运用，建立及时奖励机制，开展优秀执法一线科长表彰，积极探索建立竞聘上岗制度及聘期考核制度，充分发挥事业单位绩效工资制度的正向激励作用，促进人才队伍发展活力。

专栏 19　人才队伍建设工程

（一）健全关区海关专家制度。

发展各层级专家队伍，建立 50 人左右的覆盖 16 个业务条线的海关三级专家人才库，大力培养通用型人才，积极培养同时担任两个专业的海关专家。

（二）加强专业化人才培养力度。

实施党政人才培养工程，各单位领导班子成员每 2 到 3 年接受 1 次系统理论教育和严格党性教

续表

育，每年举办不少于1期处级领导干部专业化能力专题培训班。实施专业技术人才培养工程，每年安排一定数量的海关专家开展集中调训。实施青年英才培养工程，每年举办不少于1期年轻干部综合素能提升培训。推进专业岗位执法人才补充工程，建立急需紧缺人才目录调整机制，畅通人才补充渠道，开展实操培训和岗位能手评选，逐步完善双向带班跟班学习机制。 （三）促进事业单位人才队伍建设高质量发展。 利用专业技术职称评审制度，提高中级职称评审委员会评审工作质量和水平，畅通优化专业技术人才成长路径，以高级专业技术人才为引领，搭建起数量充足、结构合理、形成梯队的专业技术人才队伍。发挥事业单位岗位设置及聘用工作特点，引导事业单位人才队伍发展更加多元化、专业化，增强对其综合管理人才的培养，畅通管理人才发展渠道。加大事业单位预算经费保障和技术型人才投入，优化人员梯队。

（三十七）加强干部教育培训。（人教处牵头）

将学习贯彻习近平新时代中国特色社会主义思想作为首要任务，贯穿始终、覆盖全面，大力加强政治、业务、执法训练。以综合素能提升为重点，构建精准务实的培训内容体系，建立分级分类培训对象体系，完善协同高效的培训方式体系，健全科学规范的培训制度体系，建设坚强有力的培训保障体系，着力推进关区干部教育培训改革创新和高质量发展，提高干部教育培训的针对性、精准性、有效性。

专栏20　教育培训水平提升工程

（一）深入开展习近平新时代中国特色社会主义思想教育培训。 关区各主体班次将习近平新时代中国特色社会主义思想课程作为主课、必修课。开展习近平总书记关于安全生产的重要论述、习近平法治思想专题培训。处级以上领导班子成员每2至3年到党校、干部学院和经干部教育培训主管部门认可的培训机构至少接受1次系统理论教育，5年内累计不少于2个月。 （二）构建精准务实的培训内容体系。 加强政治训练，在关区主体班次中党性教育课程不低于总学时20%。强化专业训练，逐步建立实训教材库，及时开展岗位资质培训，每年开展至少1批次“双向跟班教学”。深化执法训练，开展海关法、关税法专题培训。 （三）建立分类分级培训计划。 落实“领导干部政治训练计划”“年轻干部理想信念宗旨教育计划”，每年组织开展处级领导干部培训、衔级晋升培训、专业技术岗位培训、兼职教师培训、执法一线科长等培训班次。 （四）丰富干部教育培训方式。 构建以关区干部教育培训管理办法统领的“1＋N”制度体系，推广互动式教学方法，建立关区兼职教师队伍，完善关区课程教材库，并积极向总署推荐“好课程”“好教材”。

（三十八）加强文化建设。（政工办、办公室按职责分工）

强化政治机关意识教育，落实海关准军事化纪律部队建设要求，深化“内涵学军”，定期举办升旗仪式，提升职业使命感。大力弘扬海关抗疫精神，加强先进典型的培树宣传，激发干部职工荣誉感和自豪感。持续做好关区重要节日的主题文体活动，着力打造“学思社”“乐跑团”“渝关新语”等关区文体品牌，加强关区文体协会日常管理，丰富干部职工8小时以外的文化生活，定期开展思想动态分析，了解干部职工实际困难，提升队伍凝聚力。持续开展“全国文明单位”“市直模范机关”等创建工作，做好“工人先锋号”“巾帼文明岗”等推荐工作，全方位推进关区精神文明创建。深入推进与媒体的良性合作，充分运用系统内外媒体展示重庆海关工作成效，着力推进网评员队伍建设，提升舆论引导凝聚共识能力。充分利用互联网门户网站、12360热线和重庆海关发布微信公众号等渠道回应外界关注，进一步增强舆情监测、引导及处置应对能力，提高政策解读的有效性，提升群众对海关工作的满意度。围绕整合自有媒体资源、推进融合发展的思路，充分学习借鉴兄弟海关融媒体建设内容、舆情监测、人员配备等先进经验，探索关区融媒体发展路径，深入推进新闻舆论工作。持续做好重大活动、重大事件和重大项目的专项档案工作。

（三十九）加强党风廉政建设。（政工办、督审处、巡察办、监察室按职责分工）

坚持严的主基调，履行全面从严治党主体责任、监督责任，认真落实与主体责任清单配套的检查考核机制。实行定性评价与定量评价相结合、自查自评与抽查检查相结合、考核党委领导班子与考核个人相结合，突出政治监督、做深日常监督，充分发挥全面从严治党引领保障作用。强化“制度+科技”成果运用，抓好廉政风险源头防控，强化跨系统、跨部门数据分析，严厉查处“效率寻租”、吃拿卡要借报、打招呼干扰执法办案等侵害群众利益问题。从严规范领导干部配偶、子女及其配偶从业行为，及时纠正处理违规情况。深化以案促改，查找监督漏洞，补齐制度短板。加强廉政警示教育和廉政文化创建，完善基层党组织常态化开展廉政教育机制。创新督察形式，深入推进督察项目清单式管理，实现督察成果共享，提升督察覆盖范围和效果。坚持任中审计与离任审计相结合，落实审计全覆盖要求，围绕关党委重点工作开展专项审计。健全完善内控机制，推广内控节点岗位清单制管理，压实岗位内控主体责任，以内控评价抓好风险日常防控。加强“内部控制与监督”子系统的推广，提升应用质效，防范化解风险。对标对表巡视工作要求，严格落实巡视巡察上下联动工作部署，探索巡视巡察联动新路径，细化完善巡察工作机制制度，稳步推进巡察工作全覆盖，不断增强巡察成果运用实效。坚持无禁区、全覆盖、零容忍，扎实推动纪律监督、派驻监督、巡察监督有机衔接，一体推进不敢腐、不能腐、不想腐，深入推进清廉海关建设。

八、实施保障

全关上下必须提高政治站位，统一思想认识，在关党委的领导下，切实增强推进落实《实施方案》的责任感和紧迫感，最大限度地激发关区各部门单位和广大干部职工的积极性、主动性、创造性，紧紧围绕目标任务，凝心聚力，精心组织，统筹开展，扎实推进，确保方案落实到位。

（四十）加强组织安排。

关党委加强组织领导，各牵头部门要严格落实主体责任，靠前站位，主动担当，切实抓好所承担工作任务的落地落细，各部门单位要结合自身职能职责，积极融入，主动配合，共同高质量高标准高效率完成《实施方案》明确的各项目标任务。

（四十一）统筹协调推进。

聚焦上下联动，推动内外协同，各部门单位要切实增强“一盘棋”思想，以《实施方案》指导关区“十四五”期间各项工作，要将《实施方案》与其他各相关规划有机结合，统筹推进，要加强与地方单位的沟通协作，发挥社会组织作用，畅通公众参与渠道，共同推动《实施方案》的落地实施。

（四十二）狠抓督导落实。

坚持目标导向，细化任务分解，注重过程管理，各相关部门要将“十四五”实施情况列入关区巡察、审计及重大专项监督检查内容，纳入绩效考核体系，加强跟踪问效。要及时开展实施情况的中期评估和总结评估，统筹采用各种督导方式，保障《实施方案》顺利实施。

（四十三）强化支持保障。

各相关部门要加强组织人事与方案实施的衔接协调，强化对重大项目的实施管理，要统筹《实施方案》落实与关区财政预算的衔接，提高资金使用效益，要积极争取总署和地方的政策和资金支持，推动“十四五”时期关区重点建设项目的落实，要加大《实施方案》宣传贯彻力度，在关区内营造规划落实的浓厚氛围。

2021年重庆海关工作会议、全面从严治党工作会议文件专辑

永葆初心接续奋斗 牢记使命更上层楼 推动重庆海关事业在新起点上取得新突破

——在2021年重庆海关工作会议上的讲话

关长、党委书记 山 巍

（2021年2月1日）

本次会议的主要任务是：全面贯彻全国海关工作会议、全国海关全面从严治党工作会议精神，深入落实重庆市两会精神，回顾总结工作，分析研判形势，安排部署2021年任务。下面，我代表关党委讲三点意见。

一、勠力同心，奋发有为，2020年和“十三五”工作回顾

2020年，是中华人民共和国历史上极不平凡的一年，也是重庆海关发展历程中留下浓墨重彩的一年。我们坚决贯彻习近平总书记重要指示批示精神和党中央决策部署，认真落实总署党委和重庆市委市政府工作安排，聚焦“五关”建设，实施“六大提升行动”，以众志成城的精神气概，唯干唯实的奋斗姿态，逆行而上的铿锵步伐，在艰苦卓绝的大战大考中，奋力书写了重庆海关事业改革发展的新篇章。

过去的2020年，是扎实推进政治建关的重要之年。在践行“两个维护”的政治大考中，我们不忘初心、牢记使命，锲而不舍、一以贯之，用实干实绩充分诠释对党忠诚的政治本色。统筹推进疫情防控和促进外贸稳增长取得重要战果；巡视整改工作得到总署党委高度肯定；新增信访、

问题线索数量连续两年明显下降；一名同志被提任为署管领导干部，体现了总署党委对重庆海关党委工作成效的充分认可。全关干部职工心齐气顺、斗志昂扬，干事创业、创先争优，新时代新担当新作为愈发成为推动渝关事业发展的主旋律。

过去的2020年，是不畏艰险英勇抗疫的非常之年。面对百年不遇的新冠肺炎疫情冲击，我们不惧生死、日夜坚守，闻令而动、尽锐出战，筑起了一道坚固的国门检疫防线。坚持“人防”“物防”并重，“监测”“消杀”并举，全面封堵疫情传入传出途径，主动为口岸疫情防控“三查三排一转运”做法贡献了重庆经验，入境人员阳性检出率达到近千分之一，疫情防控物资在重庆口岸快验快放“零延时”，17个单位和个人获得署市表彰，全关上下团结、拼搏、奉献，生动诠释了家国情怀和渝关精神。

过去的2020年，是高效贯彻重大部署的非凡之年。面临成渝地区双城经济圈、西部陆海新通道建设等重大历史机遇，我们乘势而上、顺势而为，主动谋划、全力以赴，落实重大决策部署亮点纷呈。推动与成都海关签署新一轮合作备忘录；与新方签订跨年度合作计划，成为海关系统推进落实RCEP的先行者；扎实推进“13+2”区域海关合作，得到署领导的高度肯定。举区域海关之力共同打造对外开放新格局、开创区域协调发展新气象。

过去的2020年，是坚决落实依法把关的深化之年。在履行维护国门安全的使命职责中，我们综合施策、科学监管，严格执法、严防风险。成功破获“3·11”涉嫌走私珍贵动物制品案，现场查获走私入境穿山甲鳞片440.58千克，为疫情期间全国同类案件之最。先后多次在全国首次检出重大动植物疫情，牛结节性皮肤病研究国内领先。以突出的工作成效有力践行了总体国家安全观。

过去的2020年，是重点改革屡获突破的丰收之年。在深入推进海关业务改革的奋斗历程中，我们敢闯敢试、大胆探索，敢为人先、屡获佳绩。“一保多用”管理模式等“重庆经验”被国务院纳入第六批改革试点经验复制推广。支持在全国首个开出整车出口专列、跨境电商B2B出口专列，率先推动开通全国首趟“中国邮政号”班列。“以改革创新为根本动力”的时代旋律在重庆海关得到充分彰显。

过去的2020年，是千方百计稳定外贸的关键之年。在促进外贸回稳增长的重要关口，我们感同身受、为企着想，多措并举、激发动能。全力畅通双循环，支持两路寸滩保税港区提档升级、万州综保区成功获批，永川综保区申报取得实质性突破，综保区引擎作用持续发挥。报送的外贸专题分析报告获得陈敏尔书记等市委、市政府领导批示23次，有效提供了决策参考。促进重庆外贸在逆境中创造历史新高，达到6,513.4亿元这个前所未有的佳绩。

过去的2020年，是殚精竭虑优化环境的提速之年。在促进跨境贸易便利化专项行动中，我们对标先进、强化协同，扬长避短、突破瓶颈。在总署的支持指导下，联合上海海关在全国率先开展江海联运“离港确认”模式试点。推动水运进口标准品边境合规时间压缩75%以上。通过AEO认证企业数增长66倍。国际化法治化便利化的口岸营商环境加快形成，企业获得感显著增强。

过去的2020年，是持续擦亮渝关名片的有为之年。在海关“统筹推进疫情防控和促进经济社会发展”的行动中，我们用心用情讲述渝关好故事、传递战“疫”好声音、树立了人民海关为人民的好形象。央视《新闻联播》、《人民日报》、新华社等媒体先后700余次为重庆海关点赞。有力应对有损抗疫大局的谣言，获两位署领导批示肯定。团队组队参与科普讲解比赛，先后获全国科普讲解大赛二等奖、全国海关十佳科普讲解员等多项殊荣。重庆新海关、新作为、新形象进一步深入人心。

一年来，圆满完成上述任务的同时，我们围绕上级部署，把制度创新和治理能力建设融入到各方面、各领域，咬定青山不放松，一张蓝图干到底，各项工作取得长足进步。

（一）高站位推进党的政治建设，旗帜更加鲜明。

始终把讲政治作为各项工作的生命线。班子带头走好“第一方阵”。坚持深入学习贯彻习近平新时代中国特色社会主义思想，关党委开展集中学习42次。始终把贯彻习近平总书记重要指示批示精神作为“第一议题”，聚焦落实党中央、国务院重大决策部署等下达287项督办任务，完成率100%。坚决落实扶贫政治责任，帮助3个村实现脱贫摘帽。以实际行动践行为民宗旨、诠释对党忠诚。从严从实落实巡视整改“第一责任”。围绕“三个结合”，全面部署推进4大类、84项整改计划，既“抓铁有痕”又“落地生根”。总署党委巡视“回头看”反馈意见肯定我关“重庆海关政治生态明显向好，队伍士气大为提升，营造了良好的干事创业氛围”。标本兼治用好巡察“第一利剑”。综合运用“常规+专项+回头看”巡察方式，针对10个部门单位巡察发现的95个问题，督促制定整改措施423条，问题整改率达到100%。通过毫不懈怠推进政治建关，广大干部职工保持政治清醒，提升政治定力，落实政治责任，推动上级重大决策部署在关区落地生根、取得实效。

（二）高标准筑牢国门安全屏障，把关更加严格。

始终把严守国门安全作为天职。全力以赴抓好疫情防控。关党委靠前指挥，迅速搭建“1+10”领导机制，严格执行“7个100%”等防控措施。不断完善进口冷链食品和高风险非冷链集装箱货物监管机制，落实落细内部防控，工作多次受到总署肯定以及国务院联防联控机制督查组的高度评价。全力以赴抓好实际监管。织牢风险防控网络，人工分析布控查获率进入全国前五，非贸安全准入查获数同比增长16%。全年监管货运量718.6万吨，增长13%，货值808.7亿美元、增长11.5%。结关报关单超83.5万份。监管进出境人员35.4万人次，监管进出境快件301.4万件（票），监管行邮物品1,160万件。保持了安全生产“零事故”。全力以赴抓好打击走私。坚决贯彻缉私管理体制调整部署，扎实推进“国门利剑2020”等打私专项行动。立案侦办走私犯罪27起，查获涉及固体废物类行政案件2起，刑事立案侦办走私疫区冻品、活牛案件3起；成功侦破穿山甲等3类全新领域大要案件，2起案件被列为总署缉私局一级挂牌督办案件，对外移交线索16条，创历年新高。全力以赴抓好检验检疫。先后检出34例口岸重点关注传染病，严防“疫情叠加”。严防重大动植物疫情疫病传入传出，全国首次检出庭园象甲等4种有害生物。国家级进出口商品质量安全风险评估中心（重庆）成功获批。没有发生任何区域性、系统性的质量安全事故。全力以赴抓好税收征管。累计完成税收入库137.16亿元。积极探索高效有序的涉税化验方式，关区化验命中率91.2%，位居全国海关第三。税号出具率90.2%，位居全国海关第一。全力以赴抓好企业管理。大力引导主动披露，优化关企联络协调机制，开展重点领域专项稽核查。全力以赴抓好法治建设。在系统内率先与地方公安建立两法衔接机制，围绕重点业务领域，强化合法性审查，编写形成160万字的业务执行岗位标准化规范。通过毫不懈怠依法把关，广大干部职工时刻做到守土有责、守土担责、守土尽责，真正当好了新时代国门安全的守护人。

（三）高质量推动重庆开放发展，效果更加突出。

始终以服务地方发展作为抓手。支持建设“大平台”，聚焦推动自贸试验区、综保区提质增效，创新“整车保税仓储‘三个一’监管模式”等3项举措成功获总署备案，全年重庆特殊监管区域进出口4,521.5亿元，增长16.1%，为重庆深度融入“一带一路”注入新动力。支持拓展“大口岸”，成功争取总署批准在重庆江北机场口岸等增设指定监管场地。创新开展进口货物“船边直提”、出口货物“抵港直装”，助推水运口岸效率提升，货物停留时间压缩三分之二以上。支持采取互换舱位等举措促进“沪渝快线”发展，开行班次同比增长1.85倍；推行航班云备案，力助15条航线“客改货”，货机航班量增长40%以上。支持提升“大通道”，出台支持中欧班列发展的18条措施，拓展中欧班列新业态、优化整体进口监管模式等被选入“总署支持中欧班列的优秀城市”案例。推动中欧班列多点到发，实现与西部陆海新通道和长江黄金水道无缝衔接。中欧班列（重庆）、西部陆海新通道铁海联运班列、东盟班车开行数量分别增长

72%、40%和1.28倍。支持优化“大环境”，编发的“出口防疫物资技贸指南”被总署推广，服务特色农产品出口的技贸咨询工作获总署点名表扬，推动关区水果及坚果出口额同比增长2.9倍。发挥“数据+研究”优势，4篇“外贸监测预警分析”被总署采用。通过毫不懈怠服务地方发展，广大干部职工身在重庆、心在重庆、干在重庆，助力地方和企业危中寻机、化危为机，推动重庆外贸取得历史最好成绩。

（四）高水平推进海关改革创新，成绩更加喜人。

始终把深化改革作为主线。以推动“两步申报”“两段准入”为驱动，持续释放红利。积极推进改革试点，“两步申报”占比达到29%，远超全国平均数。依托区域海关探索进口货物“两段准入”协同监管方式，促进优质农产品进口。以推动跨境电商发展为抓手，持续提质增效。制定支持跨境电商发展14项重点举措，依托“中欧班列+跨境电商B2B+海外仓”开展全链条业务，优化跨境电商零售进口退货措施，跨境电商进出口订单、货值同比分别增长23.3%、14.4%。以支持重点产业发展为切口，持续强链扩链。因企施策推动加工贸易由“两头在外”向“两种资源、两个市场”转变。“一企一策”助力笔电出口量、值均居全国第一。探索推行集团保税监管新模式，帮助重点企业通关综合成本降低约50%。以落实“放管服”改革为载体，持续纾困暖企。大力推行海关业务“网上办”“邮寄办”等一系列措施，进出口整体通关时间比2017年分别压缩达71.46%、97.41%。落实增值税降税、暂定税率调整等政策，减征税款28.4亿元。审核减免税货值5.46亿美元，减免税款3.41亿元。选择性征税政策试点成效居全国第一。通过毫不懈怠推进改革强关，广大干部职工有胆有识、有勇有谋、有为有位，让改革成果更好惠及社会大众。

（五）高效率推进科技创新应用，支撑更加有力。

始终把发挥科技先导作用作为基石。在智能装备上下功夫。深入推行旅客通关先期机检，在内陆海关率先推动邮政企业实现智能分拣。在系统运用上求效率。完成隶属海关监管场所机检设备改造升级。在西部海关中率先建成可直接接入海关业务网络的无线局域网。在安全防范上出实招。成为内陆首个具有关键信息基础设施三级保护的海关，内网计算机病毒感染率从年初的28.9%下降到0.74%。在检测能力上使长劲。保健中心完成2.3万余份疫情防控检测任务，确保24小时即送即检，技术中心新增检测能力参数774项，为关区执法把关提供有力支撑。在成果转化上见实效。在7大领域获得4项总署科研项目、10项技术规范。申请实用专利共15项，获批实用新型专利8项。通过毫不懈怠推进科技兴关，广大干部职工敢于创新、勇于创新、善于创新，智慧海关建设的系统性、协同性、便捷性不断提升。

（六）高起点推进从严治党治关，队伍更加过硬。

始终把层层传导压力作为关键。持续推动“两个责任”落实不停步。分层细化两级党委79项全面从严治党主体责任清单，落实下基层调研“四必一听”机制，组织全覆盖开展党建述职评议考核，推动责任落实“水流到头”。持续建强党委领导班子不停步。第一时间制修订党委工作规则等19项党建制度。组织召开28次党委会，把民主集中制的优势转化为工作优势。及时调整党委委员基层党支部、基层科室联系点。党委委员深入基层调研136次。把方向、管大局、保落实的作用持续增强。持续推进基层党的建设不停步。大力推进强基提质工程，接续开展“三帮”“四小”活动，统筹组织主题活动630余次。培育年度“四强”支部17个，6个支部先后获评全国海关基层党建示范和培育品牌。持续优化选人用人不停步。实施“交替交叉”，打破天花板效应，推行“小步快跑”，锻造干部梯队。共计开展45批次干部选拔任用和职级晋升，以及26批次领导干部调整，累计涉及603人次。高级职称通过人数创历史新高。创新培训方式，队伍素能持续提升。持续保持正风肃纪不停步。严肃查处涉及违反中央八项规定精神领导干部2名，通报典型案例3起；对1名党员领导干部开展问责，对1名党员领导干部建议所在单位运用监督执纪“第一种形态”，督促提醒纠正，始终保持惩处震慑威力。持续加强“四风”整治不停步。统筹构建涵盖六方面168项规章制度的制度体系。在全关范围内开展“九个一”准军建设专项整治取得实效，会议和下行文数量同比分别降低31.9%、40.2%。持续深化清廉海关建设不停步。在全国海关率先实施“外聘+内审”联合审计。应用新海廉补税、补证同比分别提升1.66倍、33倍。内控节点应用绩效位居全国第6位。拓展清廉海关建设“六廉”框架，创新廉政情景教育模式，组织警示教育70余批次，廉政教育春风化雨、入脑入心。通过毫不懈怠推进从严治关，广大干部职工知敬畏、存戒惧、守底线，不敢腐、不能腐、不想腐局面得到持续巩固。

与此同时，我们强化财务保障，得到中央和地方财政支持力度创历史新高。探索推行机关后勤服务改革，积极创建节约型机关。工青妇、离退休工作进一步加强，海关学会政策理论研究成果丰硕，企事业单位发展迈上新的台阶，干部职工收入稳步增长，成功通过“全国文明单位”复评。全体干部职工的归属感、荣誉感、幸福感持续增强。

同志们，2020年是“十三五”收官之年，5年来，历届领导班子团结率领全体干部职工众志成城、砥砺奋进，一步一个脚印，开创了重庆海关事业发展的崭新局面。关区政治生态持续向好，党建引领充分彰显，把关服务成效卓著，干部队伍精神提振，清廉海关纵深推进，助推“十三五”期间重庆外贸达到2.62万亿，增长31%。同志们，以上成绩的取得，离不开总署党委的坚强领导和重庆市委市政府的鼎力支持，也离不开全体同志的努力拼搏奉献，奋力奔跑向前，我们都是历史的见证者、历史的亲历者和历史的创造者！有的同志在抗疫工作中，临危受命，主动请战，涌现出一大批表现突出、感人奋进的先进典型，展现了“疫情不退，我们不退”的海关担当！有的同志在巡视巡察纪检等工作中，站位高远，担当有为，克服任务重、人员少等实际困难高质量完成任务，展现了“对党忠诚、求真务实”的政治底色！有的同志在助力脱贫攻坚的重大任务中，不辞辛劳、不计得失，远离家人深入田间地头帮扶特色农产品出口，展现了“以民为本、为民服务”的初心使命！有的同志在服务重庆开放发展的工作中，主动作为，大胆探索，助力开辟非常时期的国际运邮“绿色通道”，展现了“开拓进取、敢为人先”的优秀品质！有的同志在落实海关业务改革的工作中，勇担重任，躬身而为，推动“两步申报”等改革成效后来居上，展现了“精益求精、勤勉于行”的实践品格！有的同志在严把国门安全的工作中，闻令而动，主动出击，参与侦办重大走私案件，展现了“业务精湛、敢打硬仗”的顽强作风！有的同志在综合保障的工作中，迎难而上，加班加点，有力服务了政务业务工作高效运转，展现了“甘为人梯、任劳任怨”的实干精神！有的同志在系统内外的各项竞赛中，唯旗必夺，全力以赴，屡获佳绩，展现了“沉着冷静、自信从容”的青春风采！这些政治底色、实践品格、顽强作风等，与我们的渝关文化、渝关精神一同，持续塑造、淬炼形成了我们重庆海关人的气质禀赋，它体现了“心气相连、命运与共”的团队向心力，印证了“涓涓细流、汇聚成海”的团队凝聚力，见证了“聚是一团火、散是满天星”的团队战斗力，鼓舞我们凝心聚力、拼搏奉献，激励我们乘风破浪、勇往直前。在此，我代表关党委，向这个无可替代的重庆海关集体表示崇高的敬意！向身处其间的每一份子表示衷心的感谢！

二、沉心静气，深入研判，切实提升时不我待的使命感

同志们，站在“两个一百年”奋斗目标的历史交汇点上，我们要坚持以习近平新时代中国特色社会主义思想为指导，深入学习贯彻习近平总书记重要指示批示精神，立足职能职责，找准工作方位，更好服务高水平开放、高质量发展。

第一，适应新发展阶段，对我们高质量推进政治建关提出新要求。习近平总书记强调，各级党委和领导干部要自觉讲政治，对“国之大者”一定要心中有数。海关作为践行“两个维护”的第一方阵，要积极适应国内外环境的深刻变化，在危机中育新机、于变局中开新局，对于我们锲而不舍推进政治建关，从而以实际行动增强“四个意识”、坚定“四个自信”、做到“两个维护”提出了新的要求。

第二，贯彻新发展理念，对我们高质量推进改革发展提出新要求。习近平总书记强调，全党必须完整、准确、全面贯彻新发展理念。海关作为站在改革开放的前沿阵地的政治机关，要以自身改革助推更大范围、更宽领域、更深层次的对外开放，这对于我们学深、悟透、用活“新发展理念”这个指导原则和治本之策，从而实现更高质量、更有效率、更加公平、更可持续、更为安全的发展提出了新的要求。

第三，构建新发展格局，对我们高质量筑牢国门防线提出新要求。习近平总书记强调，越是开放越要重视安全，着力增强自身竞争能力、开放监管能力、风险防控能力。海关作为双循环的交汇枢纽，要为畅通双循环提供坚实的安全保障，这对于我们履行好监管这项最基本、最重要的职责，不折不扣贯彻落实总署关于安全监管的“规定动作”，从而推动形成“统筹发展和安全”与构建新发展格局彼此呼应、相互支撑的良好局面提出了新的要求。

第四，积蓄新发展动能，对我们高质量强化科技支撑提出新要求。习近平总书记强调，要突破自身发展瓶颈、解决深层次矛盾问题，根本出路在创新，关键要靠科技力量。海关作为机构改革后技术执法特点更加鲜明的部门，要在职责更多、范围更广、链条更长的情况下实现强化监管、优化服务，这对于我们依托科技创新的重要支撑作用提升履职水平，从而做到“管得住、放得开”提出了新的要求。

第五，担当新发展使命，对我们高质量推进党的建设提出新要求。习近平总书记强调，必须坚持党的全面领导，确保党中央决策部署有效落实。海关作为准军事化纪律部队，要不折不扣贯彻习近平总书记重要指示批示精神，这对于我们充分发挥党建引领，打造忠诚干净担当的干部队伍，从而更好承载时代赋予我们的历史使命提出了新的要求。

与此同时，我们要清醒认识到当前存在的一些短板弱项。有的党员领导干部政治判断力、政治领悟力、政治执行力还需要持续提高；改革创新成果还没有从一枝独秀向百花齐放转变；个别领域的安全监管水平距离真正实现“化学反应”尚有距离；前瞻性的科技创新成果对监管服务的支撑作用发挥还不明显；基层党建质量参差不齐，“支部强在科上”任重道远，“四风”隐形变异问题还未彻底根除。针对这些问题，面对新的要求，我们要在过去几年“夯基垒台、立柱架梁”取得初步成效的基础上，围绕“建设社会主义现代化海关”这个目标，统筹发展与安全，坚定不移推进“五关”建设，聚焦强化监管、优化服务，补短板、强弱项，推动重庆海关事业在新起点上取得新突破。

一是要努力实现政治机关建设更有作为。对标“三个表率”要求，牢固树立政治机关意识，不断提升用政治眼光观察、分析和解决问题的能力。对于习近平总书记重要指示批示精神，党中央、国务院重大决策部署，以及总署党委工作要求，真正做到眼睛亮、见事早、行动快、措施实，落实的效果更突出。

二是要努力实现开放监管机制更为科学。牢记严格监管是本职，放松监管就是失职渎职。坚持底线思维，统筹发展和安全，大力推进监管能力水平提升工程，努力推动实现各环节、各条线、各领域国门安全风险防控的严丝合缝、融为一体，把守的防线更坚固。

三是要努力实现海关改革创新更具动能。强化全局意识和系统观念，主动把重庆海关改革工作放到全国海关改革的“大棋盘”、成渝地区双城经济圈建设等“大战略”中去谋篇布局，找准我们落实改革的方向在哪里，重点是什么，措施有哪些，真正做到系统集成、协同高效，激发的动能更充沛。

四是要努力实现治理能力提升更见成效。聚焦推动海关制度创新和治理能力建设，不断夯实制度体系对于治理能力提升的重要基础作用。坚持业务、管理和科技一体化发展，依托科技创新手段促进监管服务以及内部管理效能不断提高，治理的体系更完善。

五是要努力实现党建引领作用更加彰显。始终把坚持党的全面领导作为首要原则，全面推进关区党的建设高质量发展，促使“抓好党建是最大政绩”在党员领导干部中入脑入心，“建设政治功能突出的战斗堡垒”成为每个支部的明确目标，“发挥先锋模范作用”深入每位党员中灵魂，坚定走好“两个维护”第一方阵。

同志们，要实现“五个更加”的新突破，不仅要有坚毅奋进的“精气神”，更要有履行使命的“宽肩膀”。重庆海关事业的改革发展没有局外人，全关上下都要坚持对标对表习近平总书记提出的“增强八种本领”“提高七种能力”的重要指示精神，不断提高履职尽责的能力本领。同时，要善于抓学习，组织好各个领域、各种形式的学习，学党的创新理论、学海关业务内容、学综合领域知识，不断提升干部职工的政治素养、专业素质和综合素能；要善于抓团结，始终谨记团结才能出成绩、团结才能出干部，积极营造人抬人、人让人的良好氛围，坚决杜绝人挤人、人踩人的不良风气，打造顾全大局、事业为重、崇尚风格的和谐集体；要善于抓落实，将雷厉风行和久久为功有机结合，充分发扬钉钉子精神，一个问题一个问题地解决，一件事项一件事项地落实，切实做到积极主动、实干担当。要继续坚持以“关通千里、心致广大”的渝关文化理念凝聚人、感召人、鼓舞人，使“争做出彩渝关人”的时代强音更加响亮，推动重庆海关事业在新征程中谱写更加精彩的新篇章。

三、乘势而上，砥砺前行，全力以赴做好2021年工作

2021年是实施“十四五”规划、开启全面建设社会主义现代化国家新征程的开局之年。今年关区工作的总体思路是：以习近平新时代中国特色社会主义思想为指导，深入贯彻党的十九大和十九届二中、三中、四中、五中全会精神，全面落实习近平总书记对重庆提出的重要指示要求，认真落实全国海关工作会议、全面从严治党工作会议精神，坚持系统观念，统筹发展和安全，锲而不舍、一以贯之深化“五关”建设，围绕“五个更加”的目标，强化监管、优化服务，努力推动重庆海关在全面建设社会主义现代化海关的新征程上迈好第一步、取得新突破，更好服务重庆高水平开放高质量发展。

（一）聚力增强政治意识，在坚决做到“两个维护”中践行新使命。

坚定坚决强化思想理论武装。持续真学、真懂、真信、真用习近平新时代中国特色社会主义思想。将学习贯彻党的十九届五中全会精神等纳入各级党组织及青年理论学习小组学习计划，丰富完善学习方式，加强学习过程管理和效果评价，学出绝对忠诚、学出坚定自信、学出使命担当、学出能力水平，努力做到学思用贯通、知信行统一。坚定坚决走好“两个维护”第一方阵。时刻关注习近平总书记强调什么、要求什么，健全完善落实“第一议题”制度的闭环链条，强化上下贯通、执行有力的组织制度，细化重点任务跟踪评价体系。聚焦口岸疫情防控、禁止“洋垃圾”入境、打击象牙等濒危物种及其制品走私等重要工作，以高度的政治责任感、坚定坚决的态度、严谨务实的作风，迅速有力的行动，扭住不放、狠抓落实，确保习近平总书记重要指示批示精神在关区落地生根、见到实效。坚定坚决加强政治机关建设。加快完善两级党委领导制度体系，深化党的优良传统和作风教育，持续提升干部职工政治判断力、政治领悟力和政治执行力。抓实巡视整改和巡察，提高党内政治生活质量，善于抓早抓小化解突出矛盾。按照总署统一部署，组织开展“党旗在基层一线高高飘扬——以实际行动庆祝中国共产党成立100周年”“我为群众办实事”活动。维护风清气正的政治生态。巩固脱贫攻坚工作成效，助力乡村振兴。以实际行动切实做到“三个表率”。

（二）聚力防范重大风险，在全力护航安全发展中彰显新担当。

紧盯口岸疫情防控。坚持外防输入、做好“人”“物”同防，持续优化作业流程，强化联防联控闭环管理，加强高风险货物风险监测，监督夯实各方在口岸环节预防性消毒主体责任。积极开展疫情风险研判，严防疫情叠加。完善生物安全风险防控体系，加强外来入侵物种口岸防控，防止疫情疫病从重庆口岸传出传入。提升

口岸核心能力建设水平，提高国际旅行健康服务水平。紧盯整体风险防控。深化各领域风险统一研判机制，提升布控精准度，确保“两率”达标有质有效。建立大数据分析体系，开展趋势性风险研判，健全风险分析方法策略，加强现场作业与风险布控间双向衔接反馈，在案件查发上争取新突破。推进业务数据安全专项行动，确保业务数据安全，高效服务海关工作。紧盯税收征管质量。深化综合治税，加强监控分析，提升征管效能，确保完成总署下达税收预算目标。强化原产地管理，落实税收政策，加强税政调研。紧盯进出口检验工作。落实“四个最严”要求，加强进口食品化妆品风险监测，接力实施进口食品“国门守护”行动。提升国家级进出口商品质量安全风险评估中心（重庆）和监测点建设水平。强化进出口商品质量风险管控，依法依规严格进出口危险货物及其包装检验监管。紧盯监管领域风险。持续规范、优化现场查验作业，提升查检合一工作质效。毫不放松加强敏感货物查缉，推动非贸智能化监管。探索专业化监控指挥体系建设，持续开展重点领域安全生产专项整治。加强保税监管场所管理，严格准入退出。深入开展知识产权海关保护，推广“互联网＋稽核查”监管，提升稽查作业各环节衔接度，开展涉税、涉检等重点领域专项稽核查，扩大主动披露适用范围。深化企业信用分类管理。紧盯走私犯罪风险。落实加强打击走私工作“1＋6”项制度，严格各隶属海关主要负责人关区打私“第一责任”。认真开展“国门利剑2021”等专项行动，针对重点领域实施专项打击，抓好重点案件侦破。明确全员打私职责定位，做好缉私工作保障。完善线索移交反馈机制，构建防控、监管、打击一体化的海关打私体系，提高线索成案率、成大案率。

（三）聚力培育发展新机，在助力重庆扩大开放中迈上新台阶。

推动口岸营商环境更优。深化“放管服”改革，扎实开展跨境贸易便利化专项行动，紧盯标准品边境合规时间，强化口岸各环节衔接，提升总署各项改革落地效果，持续压缩口岸整体通关时间，助力重庆打造优化营商环境样本城市。推动外资外贸发展更稳。开展技贸措施监测和应对指导，支持重庆优势产业持续扩大出口。支持引进动植物良种资源，扩大优质农产品进口，满足国内消费提档升级需求。强化统计分析和监测预警，更好服务决策。推广归类预裁定和税收便利化措施，增强企业获得感。推动口岸通道运行更畅。主动融入“一带一路”建设，优化多式联运、过境中转等监管模式，提升通道运行效能。助推口岸新设监管场地和中欧班列集结中心建设，支持团结村口岸正式开放。推动开放平台名片更靓。助推万州综保区封关验收，跟进永川综保区申报审批。推动各综保区错位协同发展，巩固综保区传统产业基础，推动新业态发展。推广企业集团加工贸易监管，深化一般纳税人资格和内销选择性征税试点，助力企业更好融入双循环，拓展双市场。推动产业链、供应链更全。研究制定新的惠企政策，支持芯片等关键零部件进口。探索产业链集群保税管理，促进产业链全要素自由流动。进一步释放科技创新税收优惠政策红利，建立专项帮扶机制，助力科研院所、企业提升创新实力。推动区域务实合作更广。落实中新海关2021年合作事项，深度参与“关铁通”工作试点。围绕进一步推动西部陆海新通道建设，发挥“13＋2”区域海关协作“领头羊”作用，深入凝聚合力，争取在协同创新和风险联防、便捷通关等领域取得新突破。推动成渝协同发展脚步更齐。围绕《成渝地区双城经济圈建设规划纲要》，争取总署出台支持举措，深化两级海关协作机制，推行跨关区流转货物、邮件等便捷监管，推动中欧班列（成渝）协调运行，助力两地外向型经济一体化快速发展。

（四）聚力提升治理能力，在推动海关改革创新中贡献新智慧。

提升监管创新的协同性。细化任务分解，推动“十四五”规划落地落实。坚持系统观念，统筹西部陆海新通道、成渝地区双城经济圈建设等国家战略，实行制度创新一体谋划、一体推动，争取在国家层面获得更多复制推广。提升改革攻坚的纵深性。总结推广口岸疫情防控业务融合经验，努力破解各领域业务融合的难点，实现更深程度的“化学反应”。继续深入推进“两步申报”“两段准入”等业务改革，提升监管系统集成水平。提升制度执行的有效性。健全执法岗位标准化作业指引。开展执法过程记录回查，推进行政执法公示，健全容错机制，确保制度执行落到底，见成效。提升内部管理的规范性。加大普法宣讲力度，提升全员法制素养。持续推进建章立制，进一步厘清职责边界，强化职责衔接，用内部管理的规范推动实现监管服务的高效。

（五）聚力强化运行保障，在持续提高管理质效中增强新动能。

加快构建完备便捷的科技支撑体系。完善科技委及专业委工作评价机制，以需求导向推进科研立项，加速科研成果转化，力争科研项目量、质双提升。推进两中心实验室改造，推动关地实验室共享共建，提高检测技术实力。加快信息化系统整合，探索大数据应用，提升网络安全防护能力。提速智慧海关建设，提高机检审图智能化水平。加快构建规范高效的政务运行体系。严格公文办理和审核，加大新闻宣传和舆论引导，提高信息报送质效，持续精文简会，坚持做好值班应急、机要保密、提案办理、政务公开和信访等工作。优化督查检查考核方式，精细化开展专项审计，推动工作检查从重形重痕向重效重绩转变。加快构建保障有力的财务管理体系。落实“过紧日子”要求，积极争取资金支持，严控一般性支出，规范政府采购、涉案财物管理，防范项目、资金使用风险。加强后勤保障，推进闲置资产整合，深化节约型机关建设。

（六）聚力加强党的建设，在全面提振队伍风貌中展现新形象。

切实加强党的全面领导。压紧两级党委管党治党主体责任，督促各级领导班子完善党建制度、履行“一岗双责”，加强监督检查，倒逼责任上肩、工作到位。切实加强基层党的建设。以突出政治功能、提升组织力为重点，全面推进“支部建在科上”。深化两级党委委员蹲点帮建机制，完善支部品牌逐级争创机制，搭建支部建设经验库，实现支部建设“百花齐放”。破解“两张皮”问题，深化“灯下黑”整治，以党建引领业务工作高质量发展。切实加强准军事化纪律部队建设。深化内涵学军，完善准军建设责任制度和督查机制，提升基层单位创先争优能力，推进文化建设，落实关心关爱措施，发挥群团组织作用，激发队伍活力。切实加强干部队伍建设。严格政治标准，突出“有为有位”，优化干部队伍结构，强化干部交流，提升执法一线科长队伍建设水平。推进公务员分类管理，优化专业技术岗位设置。加强关区专家队伍建设，推进“三级素能提升工程”，开展岗位练兵及岗位能手评选。从严管理干部，抓好个人事项申报等日常管理，推动不实申报率见底清零。

（七）聚力强化执纪监督，在推进清廉海关建设中开创新局面。

从严从实压紧责任。坚持严的主基调不松劲，紧扣管党治党责任这个根本，紧抓各级党员领导干部这个关键，完善两级党委落实全面从严治党主体责任检查考核机制，健全党建述职评议制度和履责提醒机制，确保主体责任、监督责任有效落实。从严从实改进作风。坚持以“作风建设永远在路上”的思想和行动自觉，抓好中央八项规定精神落实。健全基层减负机制，落实解决形式主义、官僚主义等“四风”突出问题的具体措施，抓住治理重点，坚决防止问题反弹回潮。从严从实强化监督。完善监督体系，统筹监督力量，加强“制度+科技”反腐成果运用，有效落实打私反腐“一案双查”工作机制，坚决查处各类腐败案件，持续整治群众身边腐败和作风问题，一体推进不敢腐、不能腐、不想腐。从严从实防范风险。深化内控机制建设。加强警示教育，提升以案促改质量。充分运用“四种形态”，尤其是“第一种形态”，强化提醒谈话、约谈和问责通报力度，惩前毖后、治病救人。不断把清廉海关建设推向深入。

会后，各部门单位要结合总署工作部署和关区安排，主动认领任务，细化工作措施，一以贯之抓好落实。

同志们，莫道君行早，更有早行人；唯有奋斗，不负光阴！让我们在总署党委的坚强领导下，深入践行“五关”建设要求，大力弘扬“关通千里、心致广大”渝关文化理念，不断提高贯彻新发展理念、构建新发展格局的能力水平，为促进重庆高水平开放高质量发展作出更大的贡献，以优异成绩庆祝建党100周年！

危机中育先机　变局中开新局　深入推进全面从严治党高质量发展

——在2021年重庆海关全面从严治党工作会议上的讲话

党委书记、关长　山　巍

（2021年2月1日）

这次会议的主题是，以习近平新时代中国特色社会主义思想为指导，深入学习十九届中央纪委五次全会精神，认真贯彻落实全国海关工作会议和全国海关全面从严治党工作会议部署，回顾总结2020年工作，分析研判形势，安排部署2021年重点任务。下面，我代表关党委，讲三个方面内容。

一、2020年工作回顾

2020年是极不平凡的一年。在抗击新冠肺炎疫情这场惊心动魄、艰苦卓绝的政治大考中，关区紧紧围绕党中央决策部署，认真落实总署党委指示要求，恪守初心、众志成城，履职担当、奋发有为，一手抓疫情阻击，一手抓主体责任落实，充分发挥了全面从严治党在关区治理中的引领保障作用，成效显著。一年来，我们在形与势的审视中把握变局，始终保持“赶考”的清醒和坚定，找准“后疫情时代”国际国内双循环的发力点和突破口，在内陆开放上布好局、在清廉海关上落好子，两级党委主体责任紧紧扛在肩上；一年来，我们在危与机的转化中谋划大局，把疫情危机转化为推动党建高质量发展的契机，用法治思想、系统思维聚合力，坚决守好“六稳”“六保”的基本盘和基本面，“严”的主基调落实到了每级党组织、每个党支部、每名党员群众；一年来，我们在供与需的重构中开创新局，以“永远在路上”的韧劲，着力深化全面从严治党制度“供给侧改革”，提高统筹党的建设与中心工作发展水平，党的领导贯穿到了“渝关之治”各领域、各方面、各环节；一年来，我们在稳与进的平衡中提升格局，坚持把防范化解重大风险放在更加突出的位置，精准实施口岸防控措施，进一步压缩口岸整体通关时间，全力以赴营造市场化、法治化、国际化的营商环境，为促进外贸稳增长提供了坚强保证。

具体来看，全面从严治党工作主要有以下六个方面特点：一是践行“两个维护”更加自觉。把贯彻落实习近平总书记关于疫情防控等重要指示批示精神作为两级党委理论学习中心组学习的“第一议题”，持续学懂弄通做实党的十九届五中全会精神；各级党组织书记带头讲“走好第一方阵”党课70余次，组织“国门卫士传承红色基因”主题活动630余次；围绕“防范化解重大风险”60项任务开展意识形态领域风险排查，“两个作用”在抗疫一线全面彰显，各级党组织和党员干部“两个维护”坚定坚决。二是压力传导更加有力。出台两级党委全面从严治党主体责任清单，党委班子、党委书记、党委委员57项重点任务“挂图作战”；制定政治监督项目清单46项，分层级对70个党（总）支部按照合格支部“负面清单”进行量化考评；开展疫情期间主体责任专项调研，严肃通报常态化疫情防控中“责任分解不实不细”“廉政风险底数不清”等突出问题；把“问责、谈话提醒”纳入绩效考核党风廉政建设主体责任关键指标，“关党委总抓、机关党委专抓、基层党支部主抓、科级班子实抓”的一体化整体格局基本形成。三是巡视巡察整改更加务实。全力以赴抓好巡视整改以及配合巡视“回头看”，持续推动4个类别84项整改任务“不贰过”，“立行立改”“限时整改”类任务全部完成；同步分2轮对6个基层党组织开展政治巡察，整改成效得到总署党委第十二巡视组和天津特派办“认识到位、机制到位、措施到位、整改到位”的充分肯定。四是教育预防先导作用更加凸显。推动“以学修廉、以看育廉、以讲话廉、以谈问廉、以督促廉、以评树廉”的“六廉”建设方案制订与实施，“书记晒廉政”“微漫说‘廉’”等形式载体多点开花；准军建设“9个1”专项整治严在经常，隶属海关主要领导带队视频检查“每月一查”，廉政品牌系列“小读本”成为廉政“记事本”“成绩单”，渝关“廉能量”进一步充盈。五是干部管理监督更加严格。编制两级党委委员谈话提醒提示卡，将17条选人用人反向测评指标扩展到评先评优、奖励表彰范畴，配偶、子女及其配偶从业情况申报延伸到科级以下，实现“全覆盖”。年内推动各级党组织主动运用“第一种形态”谈话70余人次；以“一案双查”为突破口，对4个单位部门、1名党员领导干部责任落实不到位进行绩效扣分和问责，给予党纪处分2人。六是“四风”纠治更加精准。扎实开展机关“灯下黑”等专项整治，规范“好差评”运用以及“交叉式”征询两级海关特约监督员意见；聚焦“四风‘微腐败’”“自由裁量权过大”等领域，拉网式排查

130余批次，重点解决“办事程序不严谨”等“最后一公里”问题40余个；现场处理“重点航班”“一企一策”等诉求120余批次，圆满处置政风行风投诉2起，架设了“体制内、系统外”廉政风险“防火墙”。

回顾一年工作，我们深刻感受到，驰而不息把全面从严治党引向深入，必须不断加强政治建关，深入学习领会习近平新时代中国特色社会主义思想，牢固树立政治机关意识，强化政治统领，提高政治能力，始终增强走好“两个维护”第一方阵的自觉性和坚定性，才能保持关区工作正确的政治方向；必须坚持和加强党的全面领导，充分发挥两级党委组织优势，把“党管一切”贯穿到关区治理全方位、全过程，始终压紧压实全面从严治党主体责任，才能引领和推动关区各项建设同向发力、同频共振；必须严守政治纪律和政治规矩，严肃党内政治生活，认真执行民主集中制，深入开展批评与自我批评，立足“三点”“三心”加强党内监督，时刻牢记自己是党的干部、组织的人，才能维护好山清水秀的良好政治生态家园；必须锲而不舍落实中央八项规定及其实施细则，坚决反对形式主义、官僚主义，持续修正模范机关建设和服务人民群众根本利益方面的“低级红”和“高级黑”，综合运用监督执纪“四种形态”，始终激扬广大党员干部担当作为的精气神，才能汇聚落实全面从严治党的强大动能。

二、深刻把握关区当前全面从严治党形势

1月22日，习近平总书记在中央纪委第五次全会上强调指出，“各级领导干部特别是主要负责同志必须切实担负起管党治党政治责任，始终保持‘赶考’的清醒，保持对‘腐败’、‘围猎’的警觉，把严的主基调长期坚持下去”。同时，总书记还用两个“存在”、三个“交织”作了形势判断。这为我们深入推进海关全面从严治党提供了根本遵循。“击鼓催征稳驭舟”，“十三五”圆满收官，“十四五”蓝图擘画，海关全面从严治党肩负新任务、承接新挑战，我们必须深入研判形势，厘清工作思路，在新发展格局下因事而化、因时而进、因势而新地回应好干部职工对全面从严治党的新要求新期待。当前，从外部环境看，当今世界正经历百年未有之大变局，世界经济陷入衰退，经济全球化遭遇逆流。从国内环境看，我国经济稳步复苏凸显发展韧性，但疫情变化和外部环境仍存在诸多不确定性，各种风险挑战叠加。从海关自身来看，统筹推进常态化疫情防控、促进外贸发展稳中提质和服务构建新发展格局任务更重、挑战更多。

在刚刚召开的全国海关全面从严治党工作会议上，倪岳峰书记强调指出，要立足新发展阶段，贯彻新发展理念，推动构建新发展格局，深入贯彻全面从严治党方针，充分发挥全面从严治党引领保障作用，把严的主基调长期坚持下去。对标看

齐落实总署党委要求，关区全面从严治党工作，仍然存在一些瓶颈和短板。刚才伟忠组长已经指出了一些问题，这里我对下一步需要重点纠治的现象再进行强调：有的单位、部门压力传导还不到位，班子成员自觉履行“一岗双责”还不够主动，横向紧固“一岗双责”的责任链条还需加钢淬火；有的统筹兼顾还不平衡，以“全局谋划一域”的多，以“一域服务全局”的少，特别是一些“科室”党建的旗帜还没有实现“高高飘扬”；有的“准军”思想时紧时松，着装不统一、执法执勤用车审批不规范等问题仍有发生，准军从形似到神似的“硬核”担当还需进一步提振；有的运用“第一种形态”挖深度、扩广度、提温度还需再下功夫；有的在“亲”“清”政商关系上还有畏难情绪，最先一公里的“机关病”、最后一公里的“肠梗阻”还有表现，政策、服务、改革在执法一线的务实见效还需用心用情。

形势逼人，不进则退。去年我们根据关区工作实际，在全面从严治党工作会议上，提出了在抓好全面从严治党面上“规定动作”的基础上，要立足“一破、两立、三建设”这个基本思路，去落细落小落实治党工作的“全面”和“从严”。这个思路，是一个系统工程、也是一个阶段我们全面从严治党治关工作的基本走向。今年，我们要在“一破、两立、三建设”的大框架下，围绕深入推进全面从严治党高质量发展，在“六个着力”上下功夫、使长劲。

——着力培育政治生态的“软环境”。关于政治生态，去年以前，我们讲得更多的是“涵养风清气正的政治生态”，在政治机关意识、模范机关创建、“第一方阵”教育引领等领域，关区“涵养”方面已经做了大量工作、取得了积极成果。今年，我们要立足实际上台阶，从“培育”入手，也就是要着力“培育”风清气正的政治生态。

——着力提升全面从严治党制度的“执行力”。去年以来我们紧跟总署党委要求，建立健全了全面从严治党“一揽子”制度规定，基本实现了治党工作有规可依、有规可循。今年，我们要在“执行力”上见真章，靶向聚焦“关键少数”，加强思想淬炼、政治历练、实践锻炼，切实提高各级领导干部制度执行能力，坚决维护制度权威。

——着力强化党内政治生活的“覆盖面”。将严肃党的组织生活延伸到谈心谈话、谈话提醒等具体事，从抓好上班时间的工作纪律、工作作风扩展到 8 小时以外“两个作用”发挥的细微处，刀口向内，由点到线到面、于无声处防微杜渐，让党员干部在严格又有仪式感的党内政治生活中接受政治“体检”，增强政治“免疫力”。

——着力抓好主体责任的“牛鼻子”。持续推动全面从严治党主体责任清单“责任到人”，通过健全体制“明责”、明确职权“履责”、严格标准“考责”、常态监督

"问责"，从而实现"四责"联动、闭环运作，以钉钉子精神推动主体责任一贯到底、水流到头。

——着力拓展"六廉"教育的"学讲谈"。立体多维地用好用活"学、讲、谈"教育形态，大力推动"廉人廉事廉语""身边的廉政"与时事、政治和纪律规矩和谐共生，逐步带动"渝关廉线"工作由"一点红"到"片片红"，不断增强"六廉"系列教育的辐射力和感召力。

——着力坚持依法用权依法办事的"硬规矩"。发挥法治在关区治理体系和治理能力现代化中的基础性作用，强化在党的领导下依法行政意识，严肃查处踩"红线"、越"底线"、闯"雷区"的行为，确保执纪执法权受监督、有约束，以依法用权、依法办事的新成效，保障改革发展行稳致远。

三、2021 年的主要任务目标

2021 年，我国进入"十四五"时期，全面建设社会主义现代化国家、向第二个百年奋斗目标进军的新征程已然开启，我们党也将迎来建党 100 周年，在我国发展进程中具有里程碑意义。新年启明，万象更新。今年重庆海关全面从严治党工作的总体要求是：以习近平新时代中国特色社会主义思想为指导，深入贯彻党的十九大和十九届二中、三中、四中、五中全会精神，认真落实全国海关全面从严治党工作会议精神，增强"四个意识"、坚定"四个自信"、做到"两个维护"，矢志不移全面从严治党，矢志不移稳外贸稳外资，矢志不移推进海关制度创新和治理能力建设，矢志不移打造过硬干部队伍，一体推进不敢腐、不能腐、不想腐，为开启"十四五"时期新海关新征程提供坚强保证。我们要重点抓好以下六个方面的工作。

（一）讲政治，坚持和加强党的全面领导。

党的十九届五中全会把坚持党的全面领导作为首要原则加以强调。倪书记在直属海关单位党委书记党建述职评议暨海关党建工作高质量发展推进会上指出，任务越重、越要加强党的领导，挑战越大、越要提高党的建设质量。我们海关作为政治机关，坚持和加强党的全面领导，是统筹推进海关改革发展各项工作的"定海神针"。我们首先要做到"两个维护"。倪书记在全国海关全面从严治党工作会议上再次强调，"全面从严治党首先要从政治上看，不断提高政治判断力、政治领悟力、政治执行力"。关区要把学习贯彻习近平总书记重要指示批示精神作为两级党委理论学习中心组和各级党组织政治学习的"第一议题"，建立完善学习台账，健全督查问责机制；突出对贯彻新发展理念、构建新发展格局、服务高质量发展等决策部署落实情况的监督检查，确保"思想统一"又"步调一致"。二是要强化思想建党。要全面学习领会党的十九届五中全会精神，巩固深化"不忘初心、牢记使命"

主题教育成果；围绕对海关各项工作背后所蕴含的政治考量“认得清”“把得准”，常态化组织政治机关意识教育，大力开展“严守党章”学习交流，引领“讲政治、守纪律、负责任、有效率”落到实处。三是要严格支部政治属性。发挥支部管到人头的特点，落实好“三会一课”等制度，切实提高民主生活会、组织生活会的质量，严肃开展批评与自我批评；把党的意识和党员意识融入党组织日常，深化党委委员基层调研“四必一听”工作机制，搭建“支部建设经验库”，常态组织“四强”支部示范点开放日，为推动建党100周年、重庆海关设立130周年“忆关史、看未来、创新功”鲜亮底色。

（二）重担当，扛起全面从严治党主体责任。

习近平总书记深刻指出，权力就是责任，责任就要担当。去年我们建立了党委全面从严治党主体责任清单，搭建了两级党委、党委书记、党委委员“纵向到底横向到边”的责任框架体系。我们两级党委、各级党组织一定要牢记，全面从严治党工作党委和各级党组织是主体责任，必须发挥好牵头抓总作用；书记是第一责任人是关键要素，必须发挥好“头雁”引领效应；纪检监察机构是监督职责，必须擦亮追责问责利器。我们一是要紧紧扣住管党治党主体责任这个根本。通过层层分解全面从严治党年度重点工作任务，拉条挂账列明整改任务清单。严格按程序决策、按规矩办事，把管党治党主体责任的落实和成效层层摆出来、件件亮出来，接受组织、党员、群众的评议和检验，更好地动员和激励广大党员在管党治关中把握主动权、发挥新优势。二是要牢牢抓住“一把手”这个关键。倪书记在会上特别指出，要“推动上级‘一把手’抓好下级‘一把手’。”我们各级“一把手”一定要回归本位，打好“四个亲自”的主动仗，把管党治党政治责任压实到科级领导干部这个“最后一百米”。围绕“亲自部署”，压茬推进主体责任清单57项任务“一杆到底”；围绕“亲自过问”，拉网排查筑牢“国门检疫”防线、助推打造引领性开放平台、支持构建内陆国际物流枢纽等方面的风险隐患；围绕“亲自协调”，抓住共建“一带一路”、成渝地区双城经济圈建设等重大机遇，推动与地方信息互通、优势互补、经验互享、业务互促；围绕“亲自督办”，严格绩效考核和问责，常研究、常部署，抓领导、领导抓，抓具体、具体抓，种好自己的“责任田”。三是要紧紧盯住“考核数据化”这个指挥棒。认真执行总署即将下发的《全面从严治党主体责任检查考核办法》《党风廉政建设责任制实施办法》，探索采取定性评价与定量评价相结合、自查自评与抽查检查相结合的方式，通过“三表一报告”的“记事本”“成绩单”，让班子8项、党委书记6项、其他党委委员5项主体责任自查项目落实情况可视、可查、可考。

（三）用常态，把“四种形态”严的主基调长期坚持下去。

倪书记在多次会议中强调，要“精准规范运用‘四种形态’特别是‘第一种形态’”“持续深化清廉海关建设”。近年来关区政治生态向上向好，全面从严治党和党风廉政建设未发生重大问题，但也要避免“第一种形态”一谈了之，“第二、三、四种形态”一降了之。同时，我在前不久的廉政形势分析会上也讲过，巩固来之不易的良好政治生态，需要我们突出在“第一种形态”上下更大功夫。一是要体现预防先导作用。拓展“学看讲谈督评”的“六廉”教育外延，按照每季度一个“廉主题”，组织开展“书记晒廉”、廉政法规“百秒问答”，做大做强“廉政真人漫画”“江团廉政日记”这些深受广大干部职工喜爱和欢迎的栏目，邀请更多的普通党员干部参与其中；同时，坚持落实准军“9个1”中窗口人员、环境等的管理整治，鼓励大家把廉政讲出来、把作风晒出来，唱响渝关“廉声音”。二是要突出“治未病”功能。做好各级党组织谈话提醒审批、谈话、记录、归档等各个环节工作；加大谈话函询问题抽查核实力度和教育回访工作，落实隶属海关班子成员与执法一线科长每月谈心谈话机制；加强“留痕管理”，以“谈”的形式和痕迹，引导党员干部事事讲“预防”、时时防“风险”。三是要严密日常监督机制。整合督审、人事、监察、财务等多方面力量，加强对习近平总书记重要指示批示精神贯彻落实，做好口岸疫情防控和稳外贸稳外资等重大政治责任、政治任务的监督；突出抓好权力、资金、资源集中的重点部门和关键岗位的监督，靶向聚焦“水运进口通关时效”“危化品进出口监管”“进口冷链食品、高风险非冷链集装箱货物”等环节的“望闻问切”，为改革发展稳定守住“基本盘”、护好“基本面”。

（四）树导向，打造忠诚干净担当干部队伍。

习近平总书记深刻指出，光有思路和部署，没有优秀的人来干，那也难以成事。倪书记也强调，要高质量践行新时代好干部标准。政治路线确定以后，干部就是决定因素。去年以来，关区通过竞争性选调、“交替交叉”“小步快跑”等途径，持续拓宽队伍发展空间，干部考察更加精准、结构更加优化、导向更加鲜明，团结干事氛围持续浓厚。下一步，关区要继续围绕“五大体系”建设，紧紧围绕倪书记提出的“既用监督加压、又用信任加力，突出实干实绩选人用人，以正确用人导向引领干事创业导向”。一是要把好选人用人政治关。将政治表现考察贯穿于动议、推荐、考察等选拔工作的“全过程”，认真梳理干部谈话、平时考核、年度述职中的“活素材”，通过反向测评全面了解干部政治表现，让干部的政治“画像”鲜活起来、具体起来，对政治上不合格的“一票否决”。二是要坚持德才兼备原则。统筹抓好不担当不作为、“小圈子”“地下组织部”等问题的常态化治理，重点关注干部标准、执行政策、遵守纪律、用人风气等方面情况，严格个人事项报告和配偶、子女及其配偶经商办企业行为申报的查核验证，始终保持整治选人用人不正之风的高压态势，起到用好一个人激励一大片的作用。三是要加强廉政审查意见反馈。这里我要重点提醒一下隶属海关，部分干部人事权限下放后，关区第一时间制发了《隶属海关党委干部人事工作程序指引》，希望你们认真学习研究，要严格坚持“凡提四必”，细化分析研判和动议环节，提前向机关党委和监察部门了解廉政情况，对廉政审查不过关的一律暂停选拔使用。

（五）抓整改，做好巡视巡察“后半篇文章”。

巡视巡察是全面从严治党的利剑。习近平总书记多次强调，巡视发现问题的目的是解决问题，发现问题不解决，比不巡视的效果还坏。做好“后半篇文章”，关键要在整改上发力。去年以来，关区统筹开展中央巡视整改“回头看”，以及对基层党组织进行政治巡察，并组织全面自查评估，确保了问题整改“四个到位”。下一步，我们要严格遵循倪书记提出的“健全完善巡视巡察上下联动工作格局”，突出强化巡视巡察整改落实，扎扎实实写好巡视巡察“后半篇文章”。一是要以重点问题整改带动全面深化整改。围绕“高质量发展”主题，统筹抓好巡视巡察整改和学习宣传贯彻五中全会精神，对已完成的整改要复查整改实效，对限时完成类整改任务要复查时间节点，突出对24项“长期坚持”类任务的经验固化和建章立制，实现强基提质、固本培元。二是要确保真正整改到位改出成效。凸显工作导向，强化“伸只脚到群众中去”抓落实，结合落实基层党支部和基层联系点制度等，发动干部群众共同关注整改、共同参与整改、共同监督整改，从基层视野、群众视角来评估整改是否真正产生了效果、解决了问题、提升了获得感。三是要推动整改工作持续走深走实。一体推进实时督办、日常监督、专责监督，将整改落实情况纳入队伍建设考核重要内容和绩效考核重要指标，与年度党建述职评议考核和“四强”支部创建等工作挂钩，特别是针对“提升收发文质效”“准军建设工作专项整治活动”等具有时间延续性、过程持续性的工作，要做好梳理评估，确保各项任务时清、责清、效清。

（六）治顽疾，持续铲除“四风”隐形变异牛皮癣。

中央八项规定精神出台8年有余，激浊扬清的作风变革，让我们实实在在感受到了党风政风民风日益清朗的新气象。从海关系统来看，落实中央八项规定精神、正风肃纪持之以恒，“作风问题无小事”“遵规守纪莫逾矩”早已成为党员干部的共识。但同时，“四风”问题具有顽固性反复性，不收敛不收手行为仍时有发生，纠治“四风”任重道远。倪书记在会上也着重指出，“作风建设既是攻坚战也是持久战，必须马不离鞍、缰不松手，全面从严、一严到底”。我们一是要坚持在“点”上发力，深挖细查“四风”突出问题。按照总署安排，当前重点是整治“机械落实中央决策部署”“打着从严的旗号搞极端”“指尖上的形式主义”等“低级红”问题。下一步，我们要着力整治群众身边腐败和作风问题，持续纠治形式主义、官僚主义，防止享乐主义、奢靡之风反弹回潮，使正风肃纪反腐释放更大治理效能。二是要注重在“线”上延伸，让通报曝光有痛点。用好海关政务服务“好差评”系统，利用关区“违反中央八项规定精神举报及曝光专栏”，对漠视侵害群众利益、餐饮浪费、酒驾醉驾等苗头性问题露头就打，并使之作为专题民主生活会、组织生活会和述职述廉的重要内容，“解剖式”追根溯源，“接地气”强基固本，不断激励干部忠诚履职、服务为民。三是要着力在“面”上推进，多维度织密联动监督网。充分凝聚群众力量，完善建立特约监督员意见办理反馈机制，固化外出执法廉政监督告知单使用，规范礼品礼金登记上交管理流程，畅通“关声联线”、廉政举报、12360热线等意见反映渠道，打出一体纠治“四风”问题的“组合拳”，以反复抓、抓反复的韧劲，交出关区作风建设的满意答卷。

同志们，全面从严治党永远在路上。2021年，让我们更加紧密地团结在以习近平同志为核心的党中央周围，以永不懈怠的精神状态和一往无前的奋斗姿态，预防为先、挺纪在前，百折不挠、从严从实，共同书写新时代新海关全面从严治党高质量发展的新篇章，以优异成绩迎接中国共产党成立100周年！

在2021年重庆海关工作会议、全面从严治党工作会议上的小结讲话

缉私局局长、党委委员　张黎明

（2021年2月1日）

今天，我们利用一天时间召开了2021年重庆海关工作会议、全面从严治党工作会议。受关党委委托，下面由我对会议作小结。

一、关于本次会议的主要收获

通过一天的会议，取得了较大的收获，主要体现在四个方面：

（一）把“讲政治”贯穿始终。

本次会议充分体现了海关作为政治机关的鲜明特色，把学习贯彻习近平新时代中国特色社会主义思想，党的十九大和十九届二中、三中、四中、五中全会精神贯穿始终，把认真落实习近平总书记重要指示批示精神摆在更加突出的位置，引导全关上下“对国之大者心中有数”，不断提升政治判断力、政治领悟力、政治执行力，切实把增强“四个意识”、坚定“四个自信”、做到“两个维护”落实到行动中，确保把习近平总书记殷殷嘱托全面落实到重庆海关事业发展中来。

（二）把“明方向”贯穿始终。

本次会议坚持系统观念，统筹关区短期和中长期发展目标，锲而不舍、一以贯之推进“五关”建设，工作会议从7个方面对全年重点工作作出的部署，全面从严治党工作会议从6个方面对全面从严治党治关提出的要求，紧扣国家战略导向、对标总署工作部署、紧贴地方发展需求、符合关区自身实际，目标清楚、任务明确、措施有力，必将推动全关上下大力弘扬“马上就办、真抓实干”的务实作风，马不离鞍、缰不松手，奋力开创重庆海关建设发展新局面。

（三）把“求实效”贯穿始终。

本次会议在全面总结成绩的基础上，坚持问题导向、过程导向、结果导向，指出了关区工作、全面从严治党方面存在的不足，关区工作会分析了5个方面的形势，提出了“5个更加”的工作要求，全面从严治党会议提出“六个着力”的工作安排。这一系列工作部署将引导全关上下“胸怀两个大局”，深刻认清当前的形势，切实担负新时代职责任务，起而行之、攻坚克难，不负期望、不辱使命。

（四）把“鼓士气”贯穿始终。

本次会议全面总结了过去极不平凡的一年，在大战大考中重庆海关交出的优秀答卷，展示了“人民海关为人民”的政治担当，展示了“统筹推进疫情防控和促进外贸稳增长”的卓越成效，展示了“人无我有、人有我优、人优我多”的渝关经验，展示了“百花齐放春满园”的崭新局面，全关上下广泛认同、深受激励、备受鼓舞，对事业充满了希望、增强了信心、鼓足了干劲。

二、全面抓好会议精神的贯彻落实

（一）认真做好会议精神的再学习。

本次关区两会采取视频会议形式，减少了人员聚集和来往奔波，虽形式简朴，但主题深刻、内涵丰富，贯彻落实要更严格更有力。各部门单位要结合学习贯彻全国海关工作会议和全面从严治党会议精神，采取集中学习、专题研讨、线上讨论等形式，引导广大党员干部对会议精神进行消化吸收，确保会议精神落地落实、见行见效。

（二）认真做好工作谋划的再研究。

各部门单位要紧扣讲政治、强监管、

优服务这条逻辑主线，围绕总署和关区两会精神，结合自身实际，做好工作谋划落实。要深刻领会党和人民赋予的职责使命，牢记严格监管这一天职，不折不扣落实总署关于监管的“规定动作”。要制定有针对性、操作性强的工作措施，同时要树立精品意识，每个部门单位要着力打造几个叫得响的品牌，以小切口带动大成效，确保各项工作开好局、起好步。

（三）认真做好任务落实的再加压。

要加强对习近平总书记重要指示批示精神的督办，真正做到党中央提倡的坚决响应、党中央决定的坚决执行、党中央禁止的坚决不做；要加强对总署重点部署任务的督办，结合巡视“回头看”整改成效的巩固，抓重点、补短板、强弱项，确保各项措施不走样、不变形；要细化关区两会部署工作任务分解，全程跟踪问效，推动更多工作再创佳绩。

（四）认真做好节前工作的再提醒。

要毫不放松抓好疫情常态化防控，全面封堵疫情传入传出途径，筑牢国门检疫防线，坚决维护人民生命安全和身体健康。要以“零容忍”的标准抓好中央八项规定精神的落实，加强节日廉政教育提醒，督促执行廉政纪律各项要求，紧盯“四风”隐形变异问题，坚决杜绝酒驾醉驾等违法违纪行为。要以“零延迟”的标准做好节日期间通关服务保障工作，切实落实值班制度，做好7×24小时通关服务，确保通关顺畅。各部门单位要以高度负责的态度抓好安全生产各项工作，要认真开展安全隐患排查，坚决防范各类事故灾害，确保关区春节安全稳定。节前，关区还将召开专题会议对安全生产有关工作进行部署，确保关区平安过年、廉洁过年。

同志们，近期全国局部地区聚集性疫情和零星散发病例不断出现，总署专门下发了《关于认真做好干部职工就地过年有关工作的通知》，山巍关长第一时间作出批示，提出了明确要求，办公室后续将出台细化工作措施，全关各部门单位要强化政治机关意识，原汁原味传达到每位干部职工，引导大家积极响应总署倡议，落实就地过年有关工作要求，坚持非必要不出行，切实减少聚集。

牢牢把握政治定位 始终心怀国之大者 坚定不移推进全面从严治党向纵深发展

——在2021年重庆海关全面从严治党工作会议上的讲话

党委委员、党委纪检组组长 赖伟忠

（2021年2月1日）

受关党委委托，代表重庆海关党委纪检组总结新海关成立以来，关区全面从严治党、党风廉政建设和反腐败工作的亮点和经验，2021今年工作提出要求。

一、新海关以来关区全面从严治党工作回顾

2019年以来，关党委坚决践行“两个维护”，围绕推进海关制度创新和治理能力建设，把握海关系统党的领导体制改革重要契机，落实“三转三重三提”工作要求，接力实施“六大提升行动计划”，全面履行管党治党政治责任。研究制定党委全面从严治党主体责任清单等10余项制度规范。把抓好党建作为最大的政绩，出台《重庆海关党委关于进一步加强基层党支部建设的实施意见（试行）》等7项基层党建制度，传导责任压力。务实推进巡视整改落实落地。突出政治体检，推进4轮次巡察，覆盖16个单位部门，发现问题270个。各级党组织认真履责尽责、有效发挥作用，积极探索党风廉政建设工作新思路新举措。关区政治生态持续净化，干部职工的组织归属感、集体荣誉感、职业自豪感普遍增强。

在关党委的坚强领导下，党委纪检组认真落实总署党委、驻署纪检监察组部署要求，坚持稳中求进主基调，依规依纪依法行使职权，充分运用“四种形态”提供的政策策略，通过有效处置化解存量、强化监督遏制增量，努力实现“三个效果”有机统一。具体来看，主要有以下五个方面：

一是在落实政治监督具体化、常态化上下真功见实效。建立政治监督“两清单”，明确46项监督任务，持续推进落实。2020年，更是把疫情防控监督作为重中之重，从防控初期的“战时状态”到常态化防控阶段，先后开展专项监督8次。抓紧抓实巡视整改和“回头看”专项监督。围绕纠治形式主义官僚主义、落实为基层减负等重大问题，加强纪律约束。派驻纪检组“探头”作用明显，制发监督建议书74份，推动解决问题130余个。

二是在贯通监督力量、强化协同推进上下真功见实效。实现对11个隶属海关派驻监督全覆盖，指导派驻纪检组与驻在单位建立会商等机制23个。与督察审计、人事政工、巡察等监督力量建立联系协调配合机制3项，接收移交，协调信访举报、问题线索4件次。与重庆市直机关纪工委移送外部审理案件2件次，推动驻署纪检监察组与重庆市纪委监委制定监督执纪审查协作配合机制，有效填补监察监督空白，打通了纪法衔接的“无障碍通道”。

三是在加强制度供给、国家提升治理能力上下真功见实效。围绕推进国家治理体系和治理能力现代化，建立健全纪检监察业务制度23个，涵盖实体和程序两个领域，囊括信访受理、问题线索处置，到处分决定执行、廉洁意见回复、问责程序启动等具体事项。强化自身建设，制定《关于纪检干部打探干预监督执纪问责工作的报告备案及责任追究办法》等内部管理和权力制约机制5个、《重庆海关党委对派驻纪检组工作考核实施办法》等考核激励机制2个。

四是在强力正风、肃纪、反腐上下真功见实效。受理信访举报件28件次，处置问题线索22件，开展问题线索集体排查15次。精准量纪处理，立案4起，党纪政务处分4人，问责1人。深化打私反腐“一案双查”，缉私部门移交问题线索2件，立案1起。试点并落实驻署纪检监察组“三为主一报告”改革，按规定报告问题线索处置情况4件。开展反“围猎”专题调研，深化“贴着海关发财”问题线索专项清查。加强以案促改，开展“情景式”“走读式”警示教育5次，通报典型案例6起。

五是在实现政治效果、纪法效果、社会效果有机统一上下真功见实效。坚持以人为本，始终将思想政治工作贯穿始终。在执纪审查中，注重释纪释法、传道传情，不但把案子办下来，更强调让审查对象心悦诚服、认错悔错，进而现身说法，让更多的党员干部真心认同、支持、配合纪检监察工作，在组织政策的感召下，共有3名同志主动交代问题、自愿上缴违纪所得、主动交代尚未掌握的违纪问题等。精准“四种形态”政策策略，运用“第一种形态”更加经常，共28人次，占87.5%。出台《规范信访举报秩序严查诬告陷害行为澄清保护党员干部16项措施》、对1起错告问题线索予以澄清等，在保护干部、激励干事上下功夫。做好执纪审查“后半篇”文章，开展教育回访12人次。

两年来的经验弥足珍贵，两年来的成效有目共睹。我们始终坚持政治统领，把“两个维护”融入血脉、铸入灵魂，这是引领关区全面从严治党、党风廉政建设行稳致远的根本保证；我们始终坚持习近平法治思想，吃透基本精神、把握核心要义、明确工作要求，这是推动纪检监察工作高质量发展的行动指南；我们始终坚持担当作为，坚持在其位、干其事、求其效，这是应对挑战、完成重任、赢得信任、实现发展的关键；我们始终坚持功在平时，把心思精力用在平时工作上、把纠偏纠错机制建在平时监督上、把识人辨人视野放在平时表现上，这是落实“惩前毖后治病救人”党纪工作原则的管理精髓；我们始终坚持问题导向，抓住本质、抓住关键、抓住要害，选准切入点、着力点和突破点，这是实现“减存量、遏增量”、修复净化政治生态的有效手段；我们始终坚持全面从严，用严管催生责任、凝聚力量、约束行为，以铁的纪律打造清廉海关，这是确保队伍纯洁、关区稳定安全的根本保障。

在总结经验、把握规律，充分肯定成绩的同时，综合信访举报、执纪审查、巡视巡察等情况来看，当前关区全面从严治党、党风廉政建设和反腐败工作还存在一些问题，必须引起高度重视。主要有：

一是落实管党治党的责任仍需强化。个别党组织、党员领导干部“一岗双责”的意识还不够强，不想抓、不真抓、不会抓的问题不同程度存在。日常教育管理存在缺失，抓管理带队伍不够严、不够实，大胆监督的狠劲不足，存在护犊子、捂盖子的现象。

二是顶风违纪现象依然存在。近两年查处的2起违纪案件，其违纪行为连续反复，均发生在党的十八大之后，甚至持续到十九大之后，属于典型的不收手、不收敛，反映出个别人员仍然心存侥幸、不知敬畏。

三是“四风”隐形变异问题仍需关注。与工作对象拉拉扯扯，违规接受工作对象宴请、收受年货节礼“红包”、吃拿卡要等问题时有反映，基层执法一线被“围猎”的风险不可掉以轻心。涉及党员行为作风、道德修养等方面的反映凸显。公车使用管理不规范、个别事业单位私车公养等问题纠而未绝。

四是机构改革伴生风险不容忽视。个别基层科室权力集中、风险集中，缺乏有效制约，涉及查验放行等执法环节的自由裁量权过大，“顺水人情”以及效率寻租等问题不同程度存在；“靠山吃山”“贴着海关发财”的腐败风险需要持续保持高度警惕。信息化建设、财务、基建和招标采购等非执法领域风险不容忽视。

二、2021年工作任务

2021年，是中国共产党成立100周年，是“十四五”规划开局之年、起步之年。也是重庆海关抢抓机遇、攻坚克难，开创新局面、谋划新发展、实现新作为的关键一年，做好今年的党风廉政和反腐败工作意义重大。我们要以习近平新时代中国特色社会主义思想为指导，坚决贯彻党的十九届五中全会精神和十九届中央纪委五次全会精神，全面落实总署党委、驻署纪检监察组任务部署，心怀“国之大者”，聚焦高质量发展主题主线，充分发挥监督保障执行、促进发展完善的作用，不换频道、不变节奏、不停步子，坚定不移推进全面从严治党向纵深发展，为关区迈上“十四五”新征程、融入新发展格局提供坚强政治和纪律保证。

（一）围绕落实党和国家重大决策部署，不断增强“两个维护”的自觉性坚定性。

近期，习近平总书记在多个场合、反复叮嘱、一再告诫，各地区各部门各方面对国之大者要心中有数，强化责任担当，不折不扣抓好中央决策部署和政策措施落实。作为垂直管理单位，我们必须把抓落实作为重要政治责任、领导责任、工作责任，坚决按照“最初一公里”的各项决策部署，在“最后一公里”不折不扣抓好执行落实。

一要强化政治责任。无论什么时候，对党忠诚都是对党员干部的首要政治要求，这是我们的根脉本色，在新时代新阶段，必须传承好、巩固好、发扬好。对习近平新时代中国特色社会主义思想要持续学、深入学、跟进学，领会“国之大者”，在把握精神实质、促进知行合一上用心用力，时刻关注党中央在关心什么、强调什么，主动融入大局大势，在增强“四个意识”、坚定“四个自信”、践行“两个维护”中忠诚担当、履职尽责。

二要做实政治监督。政治监督具有重要的保障和纠偏功能，要紧紧围绕“党中央决策部署到哪里，监督检查就跟进到哪里”这一重要要求，加强对习近平总书记重要讲话和指示批示精神贯彻落实情况的监督检查。继续紧盯落实“六稳”“六保”任务、常态化口岸疫情防控、打击象牙等濒危物种走私、禁止“洋垃圾”进境等重要工作，把事关广大人民群众福祉、事关国家生态文明建设、事关维护我负责任大国形象的重大政治任务保障好。纪检监察机构要把政治监督作为第一位的监督，建立动态的政治监督台账，紧盯贯彻落实中表态多调门高、行动少落实差、打折扣搞变通等形式主义官僚主义问题，严明政治纪律和政治规矩，伸长耳朵、瞪大眼睛，及时发现问题、校正偏差。

三要服务中心大局。按照总署党委确立的建设社会主义现代化新海关的奋斗目标，关党委继往开来，对落实“十四五”规划、助推自贸试验区建设、长江经济带发展等重点工作作出了部署安排。纪检监察机构要提高站位，跟上节奏，在打基础、管长远、惠民生的大事上强化监督执纪问责，为关区各项建设保驾护航。要把纪律和规矩挺在最前面，建立防范和整治匿名诬告等问题的长效机制，开展个人有关事项报告、重大事项请示报告等制度执行情况监督检查，坚决遏制眼里只有一己私利、一心围着“帽子”“票子”转的歪风邪气，营造求真务实、干事创业的新风正气。

（二）围绕贯通联动“两个责任”，不断提升监督的质量和效能。

《中国共产党党内监督条例》规定，要建立健全党委（党组）全面监督、纪检监察机关专责监督、党的工作部门职能监督、党的基层组织日常监督、党员民主监督的党内监督体系。把管理和监督寓于领导全过程，“两个责任”都不能“置身事外”。

一要担当有为扛好主体责任。做到“三个不推卸”：各级领导班子不向监督部门推卸责任，职能部门不向隶属海关单位推卸责任，主要负责人不向其他班子成员推卸责任。对照《党委（党组）落实全面从严治党主体责任规定》，要制定可操作能落地的主体责任清单，定期分析研判本单位本部门党风廉政建设状况，及时抓早抓小，关注解决突出问题。要会用、善用、常用监督执纪“四种形态”特别是“第一种形态”，把功夫用在平时，严格对党员干部的日常教育管理，筑牢“第一道防线”。要对中央释放的全面从严治党越往后越严的信号有敏感性，从思想上筑牢纪律这根“红线”。

二要精准定位落实监督责任。纪检监察机构要发挥专责监督作用，牵头研究建立同级监督的制度机制，协助党委加强对全面监督工作的领导。要坚持问题导向，立足“监督的再监督、检查的再检查”定位，做到“三个不替代”：不替代领导班子，不替代职能监督，不替代人事、政工等主管部门，督促推动各监督主体抓好自身和条线监督。要进一步理顺与缉私部门纪检监察机构的工作关系，深化“一案双查”实质性、常态化运行。党委派驻纪检组要建立健全与驻在单位部门的定期会商、查看重大事项记录等工作机制。

三是同频共振筑牢协同责任。党的十九届五中全会要求“推动各类监督贯通融合，充分发挥监督治理效能”。纪检监察机构要积极作为、主动靠前，强化大监督意识，进一步健全与派驻监督、督察审计监督、巡察监督统筹衔接制度。进一步探索有效方法和路径，运用好海关风险预警处置和审计监督平台、查验异常结果处置系统、稽查作业系统等信息化手段，推动跨部门数据共享，利用大数据加强对廉政风险的高效识别，推进各项监督统筹力量、相互借力、深度融合。

（三）围绕持续发力纠治“四风”，不断把作风建设引向深入。

习近平总书记强调，“四风”问题具有顽固性复杂性，纠正“四风”不能止步，作风建设永远在路上。目前，关区面上的“四风”问题总体得到遏制，但陈规陋习的惯性犹存，必须保持恒心韧劲，持续抓、抓到底，推动党风政风进一步好转。

一要坚决破除形式主义、官僚主义。要精准查找形式主义、官僚主义隐形变异问题在我关的具体表现，既要关注那些隐藏在文山会海、留痕作秀中的典型表现，也要注意防范政出多门、系统林立、层层加码、“上有政策、下有对策”等存在于海关管理中的特性问题，真正把干部干事创业的手脚从形式主义、官僚主义的桎梏、套路中解脱出来。要落实好党委关于进一步激励关爱疫情防控一线、党员干部职工担当作为的25条措施，保护那些敢干事、能干事的干部，营造求真务实、干事创业的新风正气。

二要严查享乐主义、奢靡问题。习近平总书记强调，中央八项规定精神不是五年、十年的规定，而是长期有效的铁规矩、硬杠杠。要以钉钉子精神持续落实中央八项规定精神，在整治公车私用、私车公养等老问题的同时，及时发现隐形变异问题，露头就打，抓住典型一律曝光。纪检监察机构要把监督节约粮食、坚决制止餐饮浪费等行为作为长期监督，坚决遏制公款消费中的违规违纪现象。

三要精准施策、化风成俗。各级党组织和党员领导干部要切实扛起责任，保持恒心、韧劲和定力，扭住不放、寸步不让，管出习惯、化风成俗。要健全作风建设长效机制，合规合理完善“人”“财”“物”等方面的规定。纪检监察机构要加大监督力度，把“四风”问题作为问题线索处置和纪律审查工作重点，作为纪律处分的重要内容，对规避监督、顶风违纪的，一律严惩重处、不留情面，持续形成压力和震慑。

（四）围绕一体推进“三不腐”机制，不断巩固拓展综合治理成效。

党的十九届五中全会明确要求，坚持无禁区、全覆盖、零容忍，一体推进不敢腐、不能腐、不想腐，营造风清气正的良好政治生态。纪检监察机构要深刻把握不敢、不能、不想的内在联系，把惩治震慑、制度约束、提高觉悟结合起来，做到同向发力、同时发力、标本兼治。

一要高压正风肃纪。要强化问题线索综合分析，深入推进打私反腐“一案双查”，充分发挥“撒手锏”作用。既要盯住自由裁量权大的基层单位、一线执法科室等执法部门、岗位，也要盯住政府采购、基建工程、资产管理等非执法领域，对严重阻碍党的路线方针政策、党中央决策部署贯彻落实的行为重点查处，对信访举报集中、影响政治生态健康的问题重点核实，对以权谋私、充当“保护伞”、甘于被“围猎”的腐败分子坚决清除。要聚焦群众身边的不正之风和腐败问题，对“贴着海关发财”，在通关监管中优亲厚友、暗箱操作、吃拿卡要等群众反映强烈的问题绝不手软，对问题背后的管理漏洞、责任漏洞严肃倒查追责。

二要抓好以案促改。做实案件总结、深化标本兼治，对典型案件，善于用解剖麻雀的方式深入分析，追查漏洞，完善机制，防止“牛栏关猫，进出自如”。比如，对反复发生的违反中央八项规定精神的问题，既要严肃查处，也要督促财务、后勤管理中心等相关职能部门进一步把“用餐”“用车”“用钱”等方面的相关制度规范细化、具体化，列出正面、负面清单，哪些可以、哪些不可以，都清清楚楚，形成抓长管总的制度机制，防止同类问题反复发生，达到查处一起、警示一片、治理一域的综合效应。

三要深化思想教育。纪检监察工作涉及对人的评价和处理，但执纪办案不是目的，仅靠惩治也非治本之策。只有把执纪办案和思想教育联系起来，把典型案例、身边案例作为生动教材，让“有病的吃药治病、没病的也打打预防针”，才能使“大多数”筑牢不想腐的思想根基，让代价不白付、覆辙不重蹈，尤其要让那些犯错误的同志真正感受到治病救人的温度，心有触动、有所警醒，让将犯错误的同志不犯错误、初犯错误的同志改正错误、犯小错误的同志不演变成犯大错误，才能实现对政治生态的深层次净化。

（五）围绕深化纪检监察体制改革，不断夯实高质量发展的基础。

海关系统纪检监察体制改革是党中央派驻机构改革的延伸和拓展，是部门层面、操作层面的深度改革，需要“两个责任”同向发力，形成“一盘棋”。

一要切实把制度优势转化为治理效能。纪检监察机构要在更深层次更高水平上转职能、转方式、转作风，提升依规依纪依法履职水平，做实“三为主、一报告”。要进一步健全完善与地方纪委监委的协作配合机制，推动实现审查调查、执纪执法有效贯通。执纪审查是纪检监察机构的重要职责和使命，必须在改革中抓实抓牢并不断强化，提升腐败治理的精度、深度、力度。特别需要强调的是，在全面从严治党“时”与“势”的要求下，海关系统反腐败工作的力度也更大、尺度也更严。2020 年，全国海关纪检监察机构共立案 185 件，处分 185 人，其中厅局级干部 15 人。在受理信访举报、处置问题线索的整体数量均下降的情况下，成案率提升了近 5 个百分点。驻署纪检监察组立案 12 件，创十八大以来最高；还有 3 个直属关实现了十九大以来“零”立案的突破，这都说明执纪、办案的力度在不断加强。

二要提升派驻监督全覆盖质量。各派驻纪检组要以问题为导向，用心履职，紧盯重点人、重点事、重点问题，提高发现问题和解决问题能力，使监督的“探头”真正灵起来、强起来、硬起来。各派驻单位领导班子要积极支持派驻纪检组履行职责，“一把手”要主动加强与派驻纪检组长的工作交流，主动接受监督，密切联系协作。今年，关党委还将推进对后勤管理中心、技术中心、保健中心“三中心”的派驻监督，进一步拓展派驻监督全覆盖范围。

三要加强纪检监察队伍自身建设。善禁者，先禁其身而后人。作为党内监督专责机关，纪检监察机构不是“保险箱”，纪检监察队伍没有天然的“免疫力”，必须完善自身权力运行机制和管理制约体系，建立健全执纪审查监督等制度。同时，要强化激励与约束并重，优化纪检监察干部队伍结构，探索建立“优进优出”的良性循环机制，为新时代纪检监察工作高质量发展储备人才基础。

同志们！凡是过往，皆为序章。全面从严治党，是攻坚战也是持久战。取得成果不容易，巩固和发展成果更重要。希望大家在习近平新时代中国特色社会主义思想引领下，以时不我待的紧迫感、以舍我其谁的担当、以坚如磐石的信心、以打铁必须自身硬的要求，不断开创新时代新阶段全面从严治党新局面！

第二篇

专记

重庆海关庆祝建党100周年活动和党史学习教育

一、庆祝建党100周年活动

重庆海关按照总署关于“党旗在基层一线高高飘扬——以实际行动庆祝中国共产党成立100周年”的工作要求，结合重庆市文明办、重庆市委直属机关工委指导意见，围绕“念党恩、颂党情、听党话、跟党走”主线，筹划组织了庆祝建党100周年“八个一”系列活动。

（一）选送一个节目。

根据重庆市委直属机关工委年度工作安排，在关区选送机场海关创作的情景剧《战疫情》，参演了重庆市直属机关庆祝建党100周年晚会。

（二）参加一场比赛。

根据重庆市直机关工会联合会有关要求，在关区选拔推荐1名选手参加“‘中国梦劳动美’重庆市首届职工文艺展演（电视歌唱大赛）”，获二等奖。

（三）组织一次论文征集。

开展庆祝中国共产党成立100周年理论文章征集，向总署推荐5篇高质量论文。

（四）组织一场知识竞赛。

5月底，设置党史党章党规知识题库，通过线上“100秒问答”测试答题，在关区组织开展“学党史、践初心”线上知识竞赛活动，“七一”前夕，组织西永海关、涪陵海关、技术中心承办3场线下党史知识竞赛活动。组队参加西南文化协作区“学党史、颂党恩、跟党走”党史知识竞赛活动，获二等奖。

（五）开展一次主题展示活动。

由直属机关工会联合妇委会在“六一”前夕面向关区14周岁以下职工子女开展一次“童心向党”主题展示活动，征集展示儿童作品143幅，培育关区职工良好家风，推动形成爱党爱国、爱关爱家、相亲相爱、向上向善、共建共享的社会主义家庭文明新风尚。

（六）举办一场书画摄影联展。

由书画协会和摄影协会联合举办“翰墨丹青镜像海关”书画摄影展87幅进行展出。向关区干部职工（含离退休干部）征集书画摄影作品，通过多种方式讴歌对党的无限深情。通过线上投票方式选拔出优秀作品并集中展示、评奖。

（七）开展一次主题党日。

组织各基层党组织开展主题党日活动，深入重庆红色革命历史旧址、红岩联线等红色教育基地，开展清明祭英烈、重温入党誓词、党员干部话初心等活动。指导涪陵海关、两路寸滩海关和技术中心牵头举办3场党史故事分享活动，组织关区各部门单位共同参与、同台呈现。

（八）举办一场歌咏大会。

“七一”前夕开展了“颂歌献给党”群众性歌咏大会。将全关分为8个片区，采用合唱方式抒发党员干部爱国爱党情怀。

二、党史学习教育

2021年2月26日，重庆海关全面启动党史学习教育以来，关党委坚持将党史学习教育作为贯穿全年的重大政治任务，严格落实总署党委“组织到位、人员到位、工作到位、责任到位”的工作要求和总署党委第三巡回指导组指导意见，持续盯住党委、党总支、党支部“3个主体”，传导第一责任、主体责任、督导责任“3个压力”，第一时间建立以党委书记山巍同志为组长的关区党史学习教育领导小组，成立“综合协调＋教育培训”2个专项小组，构建“党史学习教育专班＋4个指导组”的双重督导机制，做到责任链条上下联动、责任压力一贯到底。同时，围绕党史学习教育“三个阶段”总体安排，迅速制订党史学习教育实施方案，配套“一清单三计划表”一体施工，重点打造理论学习、红色教育、典型榜样、知行合一“4个课堂”，推动学习教育融入日常、比学竞学氛围浓厚、学思践悟转化落地，工作成效得到《政治工作简报》《中国国门时报》等署级载体宣传30余次。

（一）夯实理论学习“主课堂”，掀起学史明理“大热潮”。

围绕延展学习教育“覆盖面”。一是以上率下“示范学”。为避免“以处级以上领导干部为重点”在落实中走偏走样，充分发挥两级党委“头雁”作用，围绕“三个阶段”总体安排重点细化14条党委理论学习中心组学习计划，创新推进关党委委员列席隶属海关党委理论学习中心组学习，与重庆市直机关党建协作组兄弟单位开展党委理论学习中心组联学、定期实践教学，着力打造一批党委理论学习中心组学习“学思用”示范课，推动两级党委切实走好“学党史”第一方阵。二是全员覆盖“分类学”。区分党员干部、团员青年和离退休干部等不同层次，分类打造有温度、有深度、有厚度的学研品牌，全力推动理论学习内容与形式融合、说理与交流并重、走新与走心共促。其中对党员干部，重点打造“红岩讲习所”平台，开展学习贯彻习近平总书记“七一”重要讲话精神、六中全会精神“进地方、进企业、进基层、进群众、进小区、进云区”的“六进”宣讲；对团员青年，开展“学党史、强信念、跟党走”学习教育，开辟“学党史·共奋进”线上专栏，开办“渝关新声·党史故事汇”有声栏目，邀请青年干部共述“生如夏花向警予”等30余期“有声党史故事”；对离退休干部，创新搭建“1（1个网格）+5（1个片区+4个支部）+12（12个小组）+N（云端线上学、沉浸体验学等N种学研方式）”学研管理网格阵地，组织“忆党史、感党恩、谈感言”等专题研讨。三是延展载体“随时学”。在牢牢把握夯实理论武装、强化党性修养这根主线的基础上，突出因事而化、因时而进、因势而新，积极探索创新理论学习新路径，创设“百年大党·风华正茂”党史专题展厅，大力推广“午读一刻”“班车党史小课堂”“拍拍你，我们来接龙”等学习形式，把“随时学”变为“系统学”的有益补充。

（二）拓展红色教育“分课堂”，锻造学史增信“忠诚度”。

围绕锤炼党性修养“受洗礼”。一是重寻红色记忆。着眼推动海关准军内涵与重庆“红岩文化”深度对接融合，自主制作重庆红色地图，开展“党员初心、支部本色、海关使命”系列党团活动，组织“清明祭英烈”、观看“民族脊梁巴渝丰碑”专题展览等融入式、体验式主题活动，把党史课堂搬到歌乐山烈士陵园、重庆档案馆等23个红色教育基地，沉浸感受民族精神和红色力量。二是弘扬红色文化。围绕在党史学习教育唱响爱党爱国爱海关的主旋律，突出“永远跟党走”主题，创新组织“一轮论文征集悟初心”“一番画影联展抒豪情”“一波歌咏大会弘文化”等庆祝建党100周年“八个一”系列活动，次第开展4个“比学”片区党史知识竞赛、党史故事分享会，推动红色初心教育热在基层深入基层。三是传承红色基因。立足重庆海关青年干部占比60%的队伍实际，把讲好红色故事作为“学史·铸魂”的重要方法，自主开展“重温狱中八条”等专题“学讲谈”活动，组织“行走的微党课”，编排创作《战疫情》《816核工程建设》等舞台剧，以“大家讲、大家谈、大家演”引导青年干部在红色教育中“学出画面感”。

（三）培树典型榜样“活课堂”，增强学史崇德“向心力”。

围绕推动比学赶超“立标杆”。一是联建共建“学先进”。持续实施机关与基层、内陆与延边、海关与地方党支部的结对联学联建，以“信息互通、优势互补、经验互享、业务互促”的“四互”方式不断释放干事新动能。比较典型的是，与成都海关团委联合组织“青春心向党 携手共奋进”主题团日，青年关员们在一起以“成渝地区双城经济圈建设”为主题共话党史故事、共谋成长发展，比学赶超氛围浓厚。二是荣誉表彰“争先进”。以关区整体获评“重庆市直机关模范机关”、隶属西永海关获评“重庆市直机关创建模范机关先进集体”为契机，完成关税、动植检、商检3个条线10名岗位能手评选表彰，向业务改革创新、“我为群众办实事”等专项工作表现突出的5个集体和107名个人予以表扬奖励，激励先进典型在关区各领域、各条线上成为“发热体”。三是传承精神“比先进”。突出“忆关史、看未来、创新功”主题组织庆祝建关130周年系列活动，深挖关史陈列馆“关史话你知”“时光胶囊”“关与我们”等荣誉素材展示，并创新开辟“身边的党史”学习教育专栏重点宣讲“离退休战斗英雄”“高原好门巴”等先进故事，用身边人讲身边事传身边情、用小事例展现大风采、用小平凡感悟不平凡。

（四）强调知行合一“实课堂”，踩下学史力行“加速度”。

围绕推进学思践悟“办实事”。一是彰显调查研究“进行时”。立足“走进地方政府促发展、走进服务对象解难题、走进基层一线找短板”，组织开展“兴调研、转作风、促落实”行动，两级党委带头调整基层党支部和科室联系点，机关职能部门领导班子建立至少1个基层联系点，结合“帮支部、帮党员”系列活动开门问计，推动实行职能部门和基层单位现场联动办公，实现调研基层与服务基层相衔接。二是锻造岗位建功“宽肩膀”。统筹“党旗在基层一线高高飘扬”活动，立足西部内陆海关“支部建在科上”后支部小、人数少的实际，创新开展新建支部“小而精、小而实、小而暖、小而亮”的“开门一件事”；广泛开展党员干部“进园区、进小区、进云区”报到，服务群众、服务企业、服务基层”等“三进三服务”工作，组织“讲理论、讲政策、讲法律、讲科技、讲健康、讲典型”等党员先锋岗“六讲”活动，鲜明“两个作用”走出理论、走向实践的担当作为导向。三是聚焦为民服务“解难题”。在认真推动两级党委“49＋107”项重点民生任务清单落地落实的基础上，建立重点项目动态管理机制，搭建关区“我为群众办实事十佳项目展播”比学展示平台，在“亮清单、晒实事”中营造互促互鉴、比学赶超的“办实事”氛围，有效推动关区“‘一KEY’破解‘蜀道难’”办实事举措成功入选总署“‘我为群众办实事’百佳项目”，为支持重庆外贸连续15个月正增长等作出了海关贡献，展现了“小关也能勇扛旗”的身体力行劲头。

重庆海关学习宣传贯彻党的十九届六中全会精神

2021年11月12日，重庆海关党委召开党委会第一时间传达党的十九届六中全会精神，重点学习党的十九届六中全会公报，安排部署贯彻落实工作。强调要把学习党的十九届六中全会精神同深化党史学习教育、贯彻落实习近平总书记“七一”重要讲话精神结合起来，持续强化党的创新理论武装，以鲜明态度、实际行动、工作成效把这次全会精神学习好、宣传好、贯彻好、落实好。

关区各隶属海关党委均第一时间组织学习党的十九届六中全会精神，全体干部职工以电视、网络、报纸等多种形式灵活收听收看中共中央举行的新闻发布会，融会学习公报内容，细致研读新华社、《人民日报》相关解读文章，深刻领悟其主旨精神，并在学习强国App、微信公众号等载体对全会精神进行深入学习讨论，深入体悟会议主要内容和主旨精神。离退休老干部“离岗不离党、退休不褪色”，提前谋划并第一时间通过支部微信群开展专题学习研讨，交流心得体会；集中封闭管理临时党支部采取线上领学、线下自学相结合，通读原文深悟思想，激励在守卫国门第一道防线站在前、作表率；青年团员积极用好青年理论学习小组、“渝关新语”专栏、红岩魂智慧党建“进云区”等载体拓展学习全会精神，主动担当作为。

2021年11月22日，重庆海关下发关于迅速组织学习贯彻党的十九届六中全会精神的通知，从坚持学原文、悟原理、办实事，坚持以上率下、上下联动，营造浓厚学习氛围三个方面对迅速组织党的十九届六中全会精神学习贯彻工作提出要求。为深入推进学习宣传贯彻党的十九届六中全会精神，引导广大党员干部切实把思想和行动统一到全会精神上来，根据总署党委有关要求，12月9日，重庆海关制定了《重庆海关学习宣传贯彻党的十九届六中全会精神重点工作安排》，从迅速部署学习、开展党委理论学习中心组专题学习、抓好全员培训、开展集中宣讲、各基层党组织融会贯通学、深化党史学习教育成果、持续浓厚学习宣传氛围等方面组织策划31项具体措施。11月25日—12月3日，关党委举办重庆海关党委理论学习中心组（扩大）学习暨党的十九届六中全会精神专题学习班，学习党的十九届六中全会有关精神、习近平总书记关于统计工作的重要论述、习近平总书记在中共中央政治局第三十四次集体学习时的重要讲话精神等，邀请重庆市委宣讲团成员作专题宣讲，组织观看《习近平〈论中国共产党历史〉导读》和《焦点访谈》百年奋斗启新程系列节目（4期），收听收看中央学习贯彻全会精神宣讲团成员黄一兵宣讲报告。根据总署党委书记、署长倪岳峰在总署党委理论学习中心组（扩大）学习暨党的十九届六中全会精神专题学习班上的动员和总结讲话精神，结合关区实际，开展分组讨论。法综处、稽查处、人教处、重庆江北机场海关、渝州海关、保健中心6个部门单位主要负责同志作交流发言；党委书记、关长山巍作总结讲话。重庆海关政治部印发《重庆海关学习贯彻党的十九届六中全会精神集中轮训方案》，通过集中轮训、网上培训等方式组织全关干部职工原原本本、全面系统地学习党的十九届六中全会精神。

关区各级基层党组织坚持将学习贯彻党的十九届六中全会精神作为重大政治任务，从思想到行动，掀起了一场理论大学习、思想大洗礼、工作大落实的热潮。党史学习教育领导小组办公室在《党史学习教育专刊》开辟“我学六中全会精神”专栏，刊载关区党员干部学习心得体会和理论文章，以点带面推动学习贯彻党的十九届六中全会精神走新走心。

通过学习，同志们一致认为，在新的历史起点上，党中央召开十九届六中全会，全面总结党百年奋斗的重大成就和历史经验，是郑重的战略性决策，充分体现了我们党重视和善于运用历史规律的高度政治自觉。通过学习习近平总书记在全会上的重要讲话精神和《中共中央关于党的百年奋斗重大成就和历史经验的决议》，进一步统一了思想、凝聚了意志，深刻感受到《中共中央关于党的百年奋斗重大成就和历史经验的决议》中体现的党牢记初心使命、永葆生机活力的坚强意志和坚定决心。

通过学习，同志们一致认为，“两个确立”，是深刻总结党的百年奋斗、深刻总结党的十八大以来伟大实践得出的重大历史结论，是党的十八大以来最重要的政治成果。学习宣传贯彻党的十九届六中全会精神，必须深刻把握这一关乎党和国家前途命运、党和人民事业成败的根本性问题，领会好“两个确立”的决定性意义，自觉走好“两个维护”第一方阵，把“十个坚持”自觉运用到坚持和加强海关党的领导、强化监管优化服务、推进海关制度创新和治理能力建设、深化全面从严治党的具体实践中，不断提高各项工作水平。

大家一致表示，将积极响应党中央为实现第二个百年奋斗目标、实现中华民族伟大复兴的中国梦而不懈奋斗的号召，更加紧密团结在以习近平同志为核心的党中央周围，不忘初心、牢记使命，把党中央决策部署不折不扣落实到海关工作中，为实现党的第二个百年奋斗目标作出海关新贡献。

重庆海关口岸新冠肺炎疫情防控

2021年新冠肺炎疫情全球大流行仍处于发展阶段，不少国家大幅放松疫情防控措施，外防输入压力有增无减。同时，国内疫情呈多点散发局部暴发态势，疫情防控形势不容乐观。重庆海关坚持“外防输入，内防反弹”总体策略，强化科学精准防控措施，按照“监测预警、人物同防、多病同防、严格检疫、强化应急、注重防护、保障有力、联防联控”的原则，进一步强化组织领导，进一步狠抓工作落实，尽最大可能将疫情输入风险降至最低。

一、持续加强疫情防控的组织领导

重庆海关党委高度重视新冠肺炎疫情防控工作，始终把疫情防控作为政治任务和各项工作的重中之重，及时召开关党委会，传达学习研究贯彻习近平总书记重要指示批示精神，第一时间将“第一议题”不折不扣迅速落实到位；及时传达学习全国海关疫情防控会议精神，对口岸疫情防控进行全面动员、全面部署、全面加强；定期召开指挥部会议，随时研判、随时指挥、随时调度，研究解决重大事项和重要工作，确保党中央、国务院重大部署，以及总署有关要求落地落实。严格落实总署党委“打好疫情防控阻击战，安全防护攻坚战”“规定动作必须100%做到位，做到99%就是不及格”的要求，不断筑牢疫情防控思想基础。

二、从严从实落实各项防控措施

（一）持续加强疫情监测评估及应对。

坚决贯彻落实习近平总书记“建立智慧化预警多点触发机制，健全多渠道监测预警机制”重要指示精神，有针对性地收集相关信息。安排专人每日监测全球新冠肺炎疫情信息，重点跟踪世界卫生组织（WHO）、高中风险国家或地区的疫情信息，强化与卫生健康、外事、民航监管等部门的信息沟通，及时跟踪、多渠道获取国内新冠肺炎疫情信息，编制境外传染病疫情信息月报12期，编发成渝疫情信息50期，编制重点国家疫情专报64篇。紧密跟踪国外疫情，尤其是主要通航国家疫情发展趋势，梳理重点敏感地区和商品；加强与重庆市市场监管局、口岸物流办等单位的沟通配合，及时获取跟踪国内进口冷链商品、进口高风险非冷链集装箱货物新冠肺炎疫情信息。为新冠肺炎疫情发展趋势的分析研判提供有力的数据支撑。

（二）持续加强口岸检疫监管。

1. 加强出入境人员检疫。加强远端防控和途中的健康管理。要求交通工具运营者落实主体责任，做好远端防控工作，提前开展检疫须知宣传，积极引导旅客采用电子方式在入境前填报健康申明卡并提示不如实填报的法律责任。在交通工具抵达口岸前，通过问询旅客、主动巡查、测温等方式，尽早发现有症状旅客并将信息向海关报告，突出科学防控、精准防控，严格按照总署印发的技术方案、操作指南及相关文件要求，在“三查三排一转运”基础上，严格实施健康申明卡核验、两道测温、采样检测、信息通报和移交处置。做好对有国内高中风险地区旅居史或健康申报异常出境人员的排查处置，及时将相关人员情况通报联防联控机制和交通工具运营方。持续大力推进健康申报，达到总署要求的健康申明卡电子化率标准。2021年，重庆海关检疫出入境人员6万余人次，采样1万余人份，检出率同比上升11.97倍。法定传染病监测11,890人次，检出传染病79例（病毒性肝炎40例，梅毒30例，艾滋病9例）。

2. 严防疫情发生叠加。密切关注境外重大传染病和动植物疫情发展态势，严格按照疫情防控技术方案、疫情禁令和警示通报要求，抓紧抓实口岸疫情防控。在做好新冠肺炎疫情防控同时，加大对其他传染病布控、排查和实验室检测筛查力度，采取有力措施严防埃博拉病毒病、中东呼吸综合征、黄热病、拉沙热等重大传染病；强化动植物疫情口岸检疫监管，严防非洲猪瘟、高致病性禽流感、非洲马瘟、沙漠蝗、草地贪夜蛾等重大动植物疫情经口岸传入。

3. 严格进境交通工具检疫。严格按照风险布控指令和有关文件要求，有针对性加强进境交通工具检疫，做好高风险和检疫有异常的入境客运航空器终末消毒监督工作。

（三）持续加强进口冷链食品、高风险非冷链集装箱货物监管。

进一步强化源头管控。定期汇总研判总署发布的冷链食品暂停进口企业名单及地方通报的进口冷链食品阳性检出情况，及时与现场共享信息。指导督促有关进口企业通过商业合同约定、商业磋商等方式，要求出口方采取切实有效的安全防护措施。进一步强化风险监测。按照总署统一部署和布控指令，开展进口冷链食品风险监测，按要求做好抽采样及实验室检测工作，及时上报系统并向指定人员报告核酸监测结果。进一步强化进口高风险非冷链集装箱货物口岸环节抽样检测和预防性消毒监督工作。按照有关布控指令和操作要求，科学实施进口高风险非冷链集装箱货物口岸环节的抽样检测和预防性消毒监督工作。进一步做好工作衔接，按照不同产品的管理要求，在通关单证上增加口岸环节的消毒作业信息。做好检出新冠病毒核酸阳性进口货物的处置工作，按照规定程序及时上报检出阳性的情况，防止错报漏报。进一步强化口岸环节预防性消毒。严格按照国务院联防联控机制部署和总署要求，指导督促进口企业、口岸经营单位落实进口冷链食品、高风险非冷链集装箱货物口岸环节预防性消毒措施。

（四）持续加强应急处置工作机制建设。

密切关注通航口岸国家疫情形势和防控政策，以及政治、经济、社会形势变化，收集掌握社会、人员动态，预判可能出现的人员闯关、冲关等突发状况，按照总署和重庆海关相关预案要求，结合口岸工作实际，制订应对人员闯关、职业暴露、标本溢洒、作业系统中断等突发事件的应急处置方案预案，并以桌面推演、现场演练等多种方式开展演练5次，验证了各项预案的有效性、科学性，切实提升应急处置能力。

高质量完成重要活动口岸疫情防控工作。高质量完成“纪念中国—东盟建立对话关系30周年特别外长会”通关检疫工作。此次外长会多达十个国家，101名外交人员来渝参会，为疫情发生以来我国举办的规模最大的线下外交活动，通关保障工作要求高，难度大。重庆海关统筹疫情防控要求，针对性编制专项工作方案，及时调配各类资源，在严守口岸疫情防控关的前提下，给予外交团队相应礼遇和通关便利，高标准、高质量完成口岸疫情防控和通关保障工作。

（五）持续加强疫情防控安全防护工作。

重庆海关牢固树立“安全第一、预防为主”理念，形成各级党委高度重视亲自抓的工作格局。根据关区工作安排，由关党委成员组成重庆海关疫情防控安全防护领导小组。

不断健全安全防护制度体系。完善“培训考核、监督管理、健康监测”三位一体安全防护制度体系，强化落实“岗前检查、工作巡查、全程督查”和“双人作业、互相监督”安全防护监督制度。不断完善三级安全防护总监督员和各条线安全防护监督队伍建设，切实解决作业现场“人员多、岗位多、流程多”的实际问题。加强各级培训考核，严格规范操作，安全防护专家组、各级安全防护监督队伍及时指导落实安全防护要求。按照《重庆海关关于加强新冠肺炎疫情防控工作人员安全防护常态化自查督查的通知》及“四不两直”等相关要求，做好督查检查，对排查出的问题建立台账、立行立改，确保取得实效。

（六）对一线疫情防控人员实施封闭管理。

重庆海关严格按照总署的部署安排，于2021年6月25日起率先对卫生检疫岗位、进口冷链食品安全监管工作人员实施集中封闭管理，后期按照重庆市联防联控机制要求，将机场范围内高风险非冷链集装箱货物安全监管人员纳入封闭管理。从此项工作伊始，重庆海关严格落实总署“四必须”“五件套”“六个不”等系列工作要求，以“管得住、管得好、可持续、可应急”为目标，第一时间成立工作专班，按照三组轮换的模式对集中封闭工作人员实施管理。同时，加强与地方联防联控机制的沟通协调，按照重庆市要求纳入属地管理。重庆海关积极承担主体责任，加强对工作人员的管理。2021 年，共对 15 组人员共计 829 人次进行了集中封闭管理，未发生任何风险和管理性问题，仅有 2 名工作人员寻求了心理援助。充分证明了重庆海关集中封闭管理工作措施科学有效，物资保障和人员轮转充分有力，关心关爱和心理辅导及时到位。

三、严格新冠病毒疫苗出入境监管

按照总署规定做好新冠病毒疫苗卫生检疫审批，落实“三级审批”制度，安排专人对符合条件的申请企业即到即办；对符合要求的出入境新冠病毒疫苗即到即核、即查即放；严格落实“3 个不超 24 小时”要求。强化新冠病毒疫苗出境监管，制订重庆海关新冠病毒疫苗监管工作方案和作业指引，严格口岸查验，严防未经审批的疫苗通过藏匿、夹带等方式非法出境。修订特殊物品查验作业指导书，开展特殊物品风险评估、口岸查验、后续监管等规范化培训，将特殊物品监管纳入重大查获考核指标。2021 年，从重庆口岸出境新冠病毒疫苗 1,243 余万支，货值 14,771 余万元。

重庆海关多措并举促进外贸保稳提质

2021年，重庆海关深入学习贯彻习近平总书记关于稳定外贸外资基本盘的重要指示批示精神，认真落实党中央、国务院“六稳”“六保”工作部署，在总署统一部署下，积极发挥海关职责作用，着力促进稳外贸稳外资，保市场主体、保市场份额、保产业链供应链稳定，不断优化口岸营商环境，促进重庆外贸高质量发展，在以高水平开放推动构建新发展格局中积极贡献海关力量。

一、2021年对外贸易较快增长，延续稳中向好发展态势

2021年，重庆外贸进出口总值8,000.6亿元，同比增长22.8%，延续了2018年以来的两位数增长态势。其中，出口5,168.3亿元，增长23.4%；进口2,832.3亿元，增长21.7%。在西部地区12个省（市、自治区）中，重庆进出口值居第2位，占同期西部地区外贸总值的22.5%；贡献率居首位，对同期西部地区外贸增长贡献率为24.8%。

二、以企业关注点为导向，多措并举支持外贸保稳提质

（一）简化手续，提升通关便利化。

严格按照“零延时”“零等待”要求，设立绿色通道和专窗，对特殊设备、农产品等重点商品快验快放。提高机检比例，扩大智能审图应用，减少开箱检查，大力推行查验免到场模式，确保企业生产所需的设备、原产料等快速通关。全面推广“提前申报”和“两步申报”，协助主管部门在国际贸易“单一窗口”上开发相应功能模块，助推进口货物“船边直提”和出口货物“抵港直装”试点，有效压缩货物滞港时间。

（二）优化服务，降低进出口环节成本。

加强进口免税政策宣传解读，简化业务办理流程，支持和帮助相关外贸企业用好用足免税政策。充分应用科技创新减免税政策，“一企一策”开展政策适用指导，“一站式”办理减免税业务。持续做好对免于办理强制性产品认证的汽车零部件实施“先声明，后验证”的便利化措施，深

化完善重点商品第三方检验结果采信。进一步扩大汇总征税和多元担保模式应用比例，降低企业经营成本。与重庆市财政局、重庆市税务局联合印发关于启运港退税政策有关事项的通知，进一步推动启运港退税政策落地实施，加快企业资金周转。落实中欧班列回程运输及其相关费用估价指导意见，为企业减征税款2,000余万元。

（三）保障外贸产业链、供应链畅通运转。

提升长江水道通关便利化水平，优化水运进出口集装箱货物监管流程，全力保障“沪渝直达快线”与舱位互换，进口转关“离港确认”与自动核销等新模式发展。推进“航空+陆运”监管新模式，有效扩大航线辐射面，打通企业空运进出口“最后一公里”。推行跨关区保税货物便捷流转，通过数据自动对比、卡口自动验放，降低企业公路运输费用近30%。在经风险评估、确保安全的前提下，实施生产企业进口关键料件“个性化”监管模式，提升复产原料和设备的放行效率，通过合格评定使关键原材料抽样送检频次降低至一半以下，实现关键原料快速验放，满足企业恢复和扩大生产的迫切需求。支持西部（重庆）科学城建设，实行芯片、显示设备制造等高新科技进口设备“口岸—属地”联动转关监管，通过24小时“即到即核”“到厂检查”等措施，确保设备第一时间放行安装。

（四）提升通道物流运行效能，带动沿线产业发展。

牵头15地直属海关共同推进西部陆海新通道建设，将“联运中转模式”推广运用于铁海联运，提高转关效率。全力配合南宁海关完成友谊关公路口岸提前申报模式改革，协调解决东兴公路口岸分流运输事宜，缓解疫情期间公路口岸拥堵。指导企业依托铁路B保实现换箱运输，打造以重庆铁路口岸为转运中心的东南亚至欧洲国际过境物流通道。支持果园港口岸建设铁路海关监管作业场所，促进果园港铁水公多式联运发展，推动果园港多式联运中心建设。在全国率先落地中欧班列铁路快通模式，在不需办理转关手续的情况下，将原需在口岸地海关办理的货物查验、舱单归并分票等业务转至内陆海关办理，单列班列口岸通关作业耗时平均减少4小时以上，为企业节省运营成本近万元。

（五）支持发展新业态，培育新的外贸增长点。

积极推动跨境电商B2B出口监管改革试点，实施“中欧班列+跨境电商B2B出口”监管政策，保障重庆首趟中欧班列跨境电商B2B出口专列顺利发运。优化跨境电商零售进口退货措施，解决退货入区商品“原状”认定标准问题，有效降低电商企业经营成本。充分运用自贸试验区和综合保税区平台优势，通过政策叠加，量身定制“保税+暂时进出境”

业务模式，推动国际高端消费品首次在国内西部地区开展保税进境展示展销，进出境货值5.98亿元，内销2,684万元，征税729万元。

（六）优化完善外贸企业技术贸易措施咨询服务。

开办“渝关技贸之声”品牌专栏，围绕外贸热点、企业关注、重点进出口产品合计发布近23篇咨询服务稿件，指导帮助企业积极应对国外限制性措施、及时调整经营策略。搭建关企技贸合作平台，推动协会、企业提升技贸应对意识。联合重庆大学、西南大学等地方高校开展科技攻关，帮扶企业有效应对印度尼西亚柠檬等准入新规。积极开展对外交涉，针对企业反映的出口以色列宠物食品遭遇不合理要求情况，组织技贸专家开展研究，形成特别贸易关注，通过商务部在WTO总部向以色列提出质疑和交涉，并收到以色列官方正式回应。协助企业与毛里求斯官方开展沟通，帮助该企业生产的鸡肉、鹅肉等17个品种罐头顺利出口，为企业挽回损失30余万元。提交对加拿大无线充电设备新规通报评议意见，获加拿大官方回复，同意向中方增加措施透明度。

（七）优化监管流程，支持优质农产品扩大进出口。

进一步压缩检疫审批时长，做到进口肉类、乳品类进境动植物检疫审批即报即审，平均办理时长为3个工作日，较规定时限压缩了85%。推进进口粮食流向确认电子化，加快粮食调运速度。对进口巴氏杀菌乳等生鲜乳品采取“四个优先”措施，无须企业申请即可优先审单、优先查验、优先检验、优先放行。加强进口政策宣传，及时向企业通报最新的肉类、乳制品准入监管信息。开展进境大豆后续监管专项行动，落实植物疫情防控工作，保障国内粮食安全。2021年1—10月，重庆关区进口大豆66.53万吨，同比增长10.08%。加强与口岸海关的业务协调和应急处置合作，促进重庆特色产业发展，助力柑橘、洋葱等特色农副产品首次通过海运冷链原箱出口。

（八）加大对外贸综合服务企业的信用培育力度。

根据重庆市商务委提供的企业名单，加大培育力度，通过“一企一策”培育辅导、协调员服务等方式促进“外综服”企业健康规范发展。目前，重庆渝贸通供应链管理有限责任公司已成为海关“经认证的经营者”（AEO）。

重庆海关开展国门生物安全行动

——严防外来物种入侵

2021年，重庆海关坚持以习近平新时代中国特色社会主义思想为指导，坚决贯彻落实习近平生态文明思想和习近平总书记重要指示批示精神，坚持总体国家安全观，认真贯彻总署外来入侵物种防控部署，开展打击非法引进外来物种和种子苗木“国门绿盾2021”行动，严防外来物种入侵，坚决维护国门生物安全。

一、强化统筹部署，全面织牢国门生物安全防线

（一）加强口岸防控组织领导。

制定重庆海关外来入侵物种口岸防控工作规范，明确职能处室、业务现场工作职责；成立以分管副关长为组长，由动植物检疫处、口岸监管处、风控分局等15个部门单位组成的外来入侵物种口岸防控领导小组，组织和指挥外来入侵物种口岸防控工作，制订加强外来入侵物种防控工作方案。

（二）突出工作重点，强化责任落实。

围绕外来入侵物种口岸防控监测预警、引进审批、口岸防控、信息管理、技术保障、部门合作、宣传教育等7个方面内容，提升风险布控、口岸查验、检测鉴定和学习、沟通、协作能力；结合关区实际，围绕旅客携带、寄递等渠道开展监测预警，对重点国家（地区）、重点商品加大开箱比例；将外来入侵物种和动植物疫情统筹防控，纳入年度重点工作，强化监督管理；将外来入侵物种口岸防控纳入重庆海关“十四五”发展规划，全面加强海关生物安全风险防控和治理能力建设。

（三）多种形式加强宣传引导。

充分利用新媒体，结合典型案件，深入开展防范外来物种入侵和动植物疫情疫病传入警示教育和科普教育。在海关发布微信公众号、微博和“学习强国”发布“法师来了”“昆虫总动员”等宣传稿件12篇。结合全民国家安全教育日，11个隶属海关组织开展国门生物安全“进手机、进学校、进企业”等“线上”+“线下”主题宣传活动。

二、立足工作质效，重点强化能力提升

（一）全面加强信息搜集和分析评估。

组织33位专业技术骨干通过境外植物保护组织、官方网站等渠道收集、分析境外动植物疫情和外来物种信息256条，并依此优化风险布控。

（二）全方位开展外来入侵物种监测。

组织40人次对重庆关区机场、港口、铁路等主要口岸和进口粮食中转码头12个区域开展外来入侵物种普查，发现加拿大一枝黄花等外来入侵物种58种。

（三）加强科技应用，提升查验水平。

采用人工巡查、X光机检查、智能审图、远程鉴定等多种技术手段，对进境快件、邮件以及旅客、运输工具服务人员携带行李物品查验，严防其携带外来物种和禁止进境动植物及其产品入境。2021年，截获苹果瘿蚊、青鳉鱼等外来物种和活体动植物148种342次，同比增长8.7倍，重庆海关截获长戟犀金龟、青鳉鱼等6个案例被总署采纳为2021年度外来物种典型案例，其中截获我国禁止种植的毒品植物大麻种子一批次。

三、着力多元共治，共筑生物安全屏障

（一）牢固树立综合防控理念，积极参与市级联防联控机制。

与重庆市农业农村委员会等部门建立外来入侵物种和红火蚁防控协调机制，与重庆市林业局等部门成立重大林业害虫防控指挥部，进一步完善外来有害生物防控机制，协调推进重庆市外来物种防控工作。

（二）组建专业防控队伍，协同开展防控。

成立重庆海关外来入侵物种口岸防控技术小组，远程指导现场查验、监测普查和检测鉴定工作；与西南大学、重庆市森防站等单位组建重庆市外来入侵物种防控专家委员会，为重庆市外来入侵物种综合防控政策法规制定、普查调查、防控灭除等方面提供技术支撑。

（三）切实落实各方责任，狠抓防除实效。

对监测发现的加拿大一枝黄花和马缨丹等外来入侵物种，与重庆市农业、林业等部门协调配合，指导场地经营单位、相关企业按照防控指南进行有效防除，确保疫情不扩散，防除面积约168平方米。

重庆海关定点帮扶及推动乡村振兴工作

2021 年是巩固拓展脱贫攻坚成果同乡村振兴有效衔接的第一年。2 月 25 日，习近平总书记在全国脱贫攻坚总结大会上强调，“乡村振兴是实现中华民族伟大复兴的一项重大任务”“要切实做好巩固拓展脱贫攻坚成果同乡村振兴有效衔接各项工作”。重庆海关党委高度重视，党委书记、关长山巍批示，“海关作为政治机关，是践行‘两个维护’的第一方阵，必须牢固树立政治机关意识，进一步提高政治站位，心怀‘国之大者’、把抓好巩固拓展脱贫攻坚成果、全面推进乡村振兴作为重大政治任务，不折不扣落实好党中央、国务院决策部署和市委、市政府工作要求，继续下真功夫、硬功夫、实功夫，扎实做好乡村振兴这篇大文章”。

重庆海关立足“四个不摘”，以巩固拓展脱贫攻坚成果同乡村振兴有效衔接为主线，以“压实责任、夯实资金、拓宽产业、严密监督”为抓手，将贯彻落实乡村振兴战略摆在政治建关和模范机关建设的突出位置，纳入践行“我为群众办实事”整体规划，接续推进乡村振兴战略落实落细。

一、压实责任担子，摘帽不摘机制

（一）打响组织运行“发令枪”。

一是深入贯彻落实习近平总书记关于乡村振兴重要指示批示精神，按照重庆市商务委帮扶集团工作要求，第一时间将“精准脱贫工作组”调整为“乡村振兴工作组”。二是党委书记率先垂范，亲赴对口帮扶点秀山县涌洞乡川河村，开展实地考察调研，组织现场办公。三是政治部主任亲自挂帅，主动担责，主持召开 2021 年乡村振兴工作推进会、关长办公会，专题研究《乡村振兴驻村第一书记经费保障措施》。四是其他党委委员大力支持，召集分管部门单位，有序推进乡村振兴各项工作落实落细，形成强大合力。

（二）舞好制度管理“指挥棒”。

坚持“立足当前、着眼长远、因地制宜、因势利导”原则，结合《重庆市商务委帮扶集团 2021 年工作要点》，制定《重庆海关2021年度助力乡村振兴工作计划》，形成《关于秀山县涌洞乡川河村乡村振兴情况调研报告》《驻川河村工作队2021—2022工作计划》，细化9个方面帮扶举措，明确责任单位和完成时限，横向到边、纵向到底，建立全流程责任考评体系。

（三）配强驻村书记“领头雁”。

严格落实渝扶组办发〔2021〕9号和渝委组〔2021〕25号文件指导意见，构建“党建带发展”模式，选派了一名政治素质好、作风品行端、工作能力强，懂农村、爱农村、爱农民的科级干部作为驻村第一书记，驻在重庆市17个重点帮扶乡镇秀山县涌洞乡的位置最偏远、条件最艰苦的川河村。

二、夯实资金底子，摘帽不摘支持

（一）充实资金保障“弹药库”。

依据《重庆市商务委帮扶集团成员单位2021年帮扶资金计划》，召开关党委会研究解决乡村振兴工作资金保障需求，在经费预算全面压缩背景下，将年度帮扶专项资金由10万元提升至50万元，第一时间划转至指定账户，提供坚实物质保障。

（二）畅通消费帮扶振兴路。

根据总署财务司和重庆市商务委帮扶集团部署，开展内部消费能力挖潜。一是通过重庆市消费扶贫馆、中国西部消费扶贫中心与驻村第一书记对接等方式，按时完成104万元（其中总署84万元、重庆市商务委20万元）消费帮扶采购任务。二是组织全体干部职工参加重庆市直机关工委主办的“党员扶贫公益行、农产品进机关”活动，倡导“支部书记带头买，干部职工自愿购”，购买各类农产品超20万元。三是组建“关心乡村振兴、守望川河行动”微信群，广泛发动关区200余名干部职工，自发采购农副产品约10余万元。

（三）提高工作开展保障度。

召开关长办公会，对标对表中央和重庆市有关规定和属地相关政策，设立驻村第一书记工作专项经费，列支3万元专款用于第一书记看望困难家庭、开展招商活动及购置农作农耕物品、办公生活用品，充分保障工作生活经费，提升干事创业热情；适时开展物品捐赠，全年累计捐赠空调、办公电脑、文体用品、防疫物资共计约12.13万元。

三、拓宽产业路子，摘帽不摘扶持

（一）注入党建引领“强心剂”。

一是构建“党建带发展”帮扶模式，赴村开展实地走访，与村支两委就乡村振兴和基层党建工作座谈交流；二是结合调研情况，立足主责主业，建设“乡村振兴”主题党日活动基地，组织先进基层党（总）支部与涌洞乡、乡村振兴工作队党支部开展主题党日和支部共建；三是健全“书记驻村抓日常、全关联动克难点”的多维度立体化帮扶机制，组织关区广大党员专家担任“云助手”，通过线上“院坝会”等方式，发挥党员先锋模范作用，让同志为乡村振兴工作多出点子，多找路子。

（二）构建技术支持“培养皿”。

一是加强技贸政策研究，针对东南亚等国准入新规，优化农产品检疫处理模式，快速完成新建检疫处理场所资质审批。二是用足成渝地区双城经济圈政策优势，与成都海关联动认证考核、一体化指标监测，同步提升出口产品质量。三是抓住秀山县在川河盖规划中药种植产业示范基地发展机遇，指派动植检、食品安全、技术中心等部门单位业务专家传经送宝，讲解山银花种养关键环节注意事项，回复群众问题关切，持续筑牢发展山银花产业基础。

（三）壮大产业培育“孵化器”。

一是选派专家开展实地指导，帮扶地方建立出口农产品基地。二是强化日常监测，开展产品质量安全风险监控。三是协助重庆出口拳头产品，打造农产品品牌建设，建成高标准出口柑橘示范基地；帮助开拓新加坡、俄罗斯等多国新市场；引领“涪陵榨菜”老品牌新消费，辅导企业输出榨菜全产业链中国标准；提升传统农产品附加值，推动重庆菊粉产品获欧盟、美国有机食品认证。

四、严密监督笼子，摘帽不摘坚持

（一）划清经费使用警戒线。

严格执行中共中央办公厅、重庆市关于驻乡驻村干部规范津补贴项目有关规定，对标对表总署、重庆市商务委扶贫集团指导意见，逐项审议《乡村振兴驻村第一书记经费保障措施》发放标准条件，逐条研究待遇落实方式，逐笔核实资金用途去向，通过入村调研等方式强化帮扶资金后续监督，确保资金保障不失位、经费使用不越位、关心关爱不缺位。

（二）理顺日常管理考核点。

一是创新“风筝式”管理方法，制定《重庆海关外派干部（驻村第一书记）管理办法》，形成派驻干部每半年向外派单位专题工作汇报机制，规范驻村第一书记工作台账制度。二是健全驻村干部“德、能、勤、绩、廉”五个维度阶段性跟踪管理考察机制，细化明确 15 项考察评价指标。三是联合对口帮扶点所在乡镇党委、政府，抓好驻村第一书记工作纪律、劳动纪律等平时考核，定期出具工作情况评价鉴定，开展多途径工作回访，实时跟踪了解驻村第一书记工作实效。

第三篇

政治建设

党建工作

【概况】2021年，重庆海关坚持把学习贯彻习近平新时代中国特色社会主义思想作为首要任务，将党史学习教育作为贯通全年的重大政治任务，以突出政治机关建设为根本、以深化强基提质工程为抓手、以坚持挺前纪律规矩为着眼、以深化干部队伍建设为平台，打造理论学习、红色教育、典型榜样、知行合一“4个课堂”，推进基层党组织“强基提质工程”，全面铺开“支部建在科上”，统筹推进合格支部达标考核、“四强”支部“回头看”复核、支部品牌创建，坚持落实机关与基层、内陆与沿边、海关与地方支部共建，推动4个基层党组织复核通过全国海关基层党建示范品牌和培育品牌，1个集体获评“重庆市先进基层党组织”，搭建重庆海关“我为群众办实事”“亮清单、晒实事”比学展示平台，回应、解决600余项企业、群众关切的突出问题。

【庆祝建党100周年和党史学习教育】2021年，重庆海关将党史学习教育作为重大政治任务，研究制订重庆海关党史学习教育实施方案，对照“三个阶段”的总体安排，组织相关部门围绕主线，推进实施“一清单三计划”，先后通过党委会、形势分析暨工作督查例会等形式调度党史学习教育14次。打造理论学习、红色教育、典型榜样、知行合一“4个课堂”，开展学习贯彻“七一”重要讲话精神、六中全会精神“进地方、进企业、进基层、进群众、进小区、进云区”的“六进”宣讲，开设“百年大党·风华正茂”党史专题展厅，开展4个“比学”片区党史故事分享会，组织庆祝建党100周年“八个一”系列活动，举办“永远跟党走”等歌咏大会，开办“渝关新声·党史故事汇”有声栏目，建立关级“我为群众办实事”重点民生项

▲2021年6月29日，重庆海关举行“永远跟党走”庆祝建党100周年歌咏大会

目清单，搭建"'我为群众办实事'十佳项目展播"比学展示平台，隶属海关党委及各级党组织推出600余项"我为群众办实事"项目。

【学习贯彻党的十九届六中全会精神】

2021年11月12日，重庆海关党委召开党委会第一时间传达党的十九届六中全会精神，重点学习党的十九届六中全会公报，安排部署贯彻落实工作。关区各隶属海关党委均第一时间组织学习党的十九届六中全会精神，全体干部职工以电视、网络、报纸等多种形式收听收看中共中央举行的新闻发布会，通过学习强国App、微信公众号等载体对全会精神进行学习讨论。依托《党史学习教育专刊》开辟"我学六中全会精神"专栏，刊载关区党员干部学习心得体会和理论文章。11月22日，重庆海关制发"组织学习贯彻党的十九届六中全会精神的通知"，制定"学习宣传贯彻党的十九届六中全会精神重点工作安排"。12月13—17日，关党委举办党委理论学习中心组（扩大）学习暨党的十九届六中全会精神专题学习班，以"个人自学+集中研讨"的方式学习党的十九届六中全会有关精神，并邀请市委宣讲团成员专题宣讲。12月24日，重庆海关政治部印发《重庆海关学习贯彻党的十九届六中全会精神集中轮训方案》，通过集中轮训、网上培训等方式组织党员干部原原本本、全面系统地学习党的十九届六中全会精神。

▲2021年12月15日，重庆海关邀请市委宣讲团成员、市委直属机关工委副书记冉华章作专题宣讲

【定点帮扶及推动乡村振兴工作】

2021年，重庆海关围绕"摘帽不摘机制"，制定《重庆海关2021年度助力乡村振兴工作计划》，形成《关于秀山县涌洞乡川河村乡村振兴情况调研报告》《驻川河村工作队2021—2022工作计划》，选派1名科级干部作为驻村第一书记。围绕"摘帽不摘支持"，召开关党委会研究解决乡村振兴工作资金保障需求，将年度帮扶专项资金由10万元提升至50万元，完成104万元（其中总署84万、重庆市商务委20万）消费帮扶采购任务，干部职工购买各类农产品20余万元，捐赠空调、办公电脑、文体用品、防疫物资12.13万元。围绕"摘帽不摘扶持"，协助重庆建设出口柑橘示范基地；引领"涪陵榨菜"老品牌新消费，辅导企业输出榨菜全产业链中国标准；提升传统农产品附加值，推动重庆菊粉产品获欧盟、美国有机食品认证。围绕"摘帽不摘坚持"，创新"风筝式"管理方法，制定《重庆海关外派干部（驻村第一书记）管理办法》，形成派驻干部每半年向外派单位开展专题工作汇报机制，规范驻村第一书记工作台账制度。

【宣传思想文化】 2021 年，重庆海关组织党委理论学习中心组集中学习 18 次，其中党史学习教育专题 12 次。认真落实总署党建工作会议、全面从严治党工作会议精神，以关党委全面从严治党“33 + 14 + 10”项责任制（党委班子 33 项、党委书记 14 项、党委委员 10 项）为纲，推动 6 类 53 项年度全面从严治党重点任务一体落实。先后组织召开意识形态工作会、廉政形势分析会、党建专题培训会等重要会议。严格落实并及时修订重庆海关贯彻落实“三重一大”决策制度实施办法，配套建立重庆海关党委议事清单，明确 3 大类 29 项清单，健全完善党委议事规则和决策程序。研究制定关于巩固深化“不忘初心、牢记使命”主题教育成果的实施细则，制定两级党委意识形态责任清单；部署开展强化政治纪律政治规矩、打赢意识形态攻坚战“5 个 1”系列工作，重点清理微信、微博、贴吧等涉及党和国家大政方针政策的 5 类信息；坚持定期研究意识形态工作，召开关区意识形态工作推进会，开展 2 次意识形态工作报告，把意识形态工作纳入全面从严治党重点任务考核指标，纳入巡视巡察、干部选拔考核、目标管理等重要工作；以“清源”和“固边”系列专项行动为“突破口”，抓好封堵政治性有害出版物和信息、非法宗教及邪教出版物等工作，切实履行把关职能，重庆海关全年未发生重大违反意识形态工作情事。组织重庆市模范机关创建工作，以机关党建“三基”建设和绿色机关建设工作为抓手，围绕听党指挥、绝对忠诚和恪尽职守、担当作为等方面“走在前、作表率”目标，细化“6 + 1”模范创建标准和负面清单；参加重庆市模范机关创建评选，重庆海关整建制被评为市直“模范机关”，所属西永海关获评“重庆市直机关创建模范机关先进集体”。细化《中共海关总署委员会关于加强对“一把手”和领导班子监督的实施意见》55 条工作措施清单，落实对“一把手”和领导班子监督各项措施。落实中央第十二巡视组巡视重庆市反馈意见，同持续推进落实总署党委常规巡视反馈意见、巡视“回头看”反馈意见结合起来，坚持共性问题同改，重点配合推动果园港顺利搬迁运行。抓常抓长总署党委 81 项巡视整改任务、84 项巡视“回头看”整改任务。

【基层组织建设】 2021 年，重庆海关按照“支部建在科上”要求，各隶属海关党组织设置完成调整，新成立隶属海关党总支 6 个，党支部 82 个，实现隶属海关单位凡有正式党员 3 人以上的科室均单独成立党支部，“支部建在科上”全覆盖。设立重庆海关技术中心党委，推动机关职能部门设立党小组 57 个。11 月，重庆海关机关党委组织关区 84 个党支部开展合格支部达标考核，组织27个党支部开展合格支部“回头看”，评定“合格支部”108个，“不合格支部”3个，关区党支部标准化建设达标；完善“合格支部—‘四强’支部—培育品牌—示范品牌”逐级争创机制，组织关区17个“四强”支部开展动态调整和“回头看”自查评估，保留9个党支部“四强”支部称号，契合“示范引领、动态管理”的指导意见。7月，重庆海关开展年度“两优一先”评选，关区139名优秀共产党员、39名优秀党务工作者、25个先进基层党组织获得表彰；6月，推荐3名党员获评“重庆市直机关优秀共产党员”、1名党务工作者获评“重庆市直机关优秀党务工作者”；推荐1个基层党组织获评“重庆市先进基层党组织”。常态化开展“帮支部、帮书记、帮党员”的“三帮”活动，落实关党委委员到基层必提必问必看必谈党建工作和听取意见建议等“四必一听”工作机制，调整关党委委员基层党支部和基层科室联系点24个，推动各机关处级领导班子至少建立1个基层联系点；实施机关与基层、内陆与延边、海关与地方党支部的联建共建，打造“小而严、小而精、小而暖、小而亮”的“四小”特色党支部，5月，向总署成功申报保留2个“全国海关基层党建示范品牌”和2个“全国海关基层党建培育品牌”。

【党风廉政建设】2021年，重庆海关拓展“看学讲谈督评”的“六廉”教育外延，开设“党史中的纪律”线上专栏、“书记晒廉”视频访谈、典型案例“十问十答”、职务犯罪案件宣判旁听等多种教育形式；推进准军建设“一查一练一评比”专项整治，常态推送节假日“廉政提醒日历”，各基层党组织规范运用“四种形态”特别是“第一种形态”谈话提醒。加强领导干部个人有关事项“两项法规”政策宣传，对比对不一致的予以限期改正处理；开展“裸官”、在企业兼职任职、离职人员从业等专项清查，列明台账重点关注。对11个隶属海关单位组织开展选人用人监督检查、2个隶属海关开展离任检查；组织隶属海关、事业单位开展“一报告两评议”工作，对2020年新提拔、晋升、聘任的161人次进行评议，认同率高于98%。加强廉政档案建设，全面推进电子化，34个部门单位、832名党员干部廉政档案进系统。聚焦“关键少数”“高风险人”“案件周边”等3类重点，严查权力运行是否有效制约的问题，严查违反中央八项规定精神的问题，严查腐败是否污染辐射他人的问题，处置问题线索12件。

【群团工作】2021年，重庆海关充分发挥工会、共青团、妇委会等群团组织桥梁作用，把握重要节点组织“巾帼文明岗创建交流分享”“线上表彰会”等文化活动；针对封闭管理人员，推进关领导重大节日视频连线、建立“流动书屋”“移动健身房”，组织24小时“一对一连线、点对点服务”志愿服务，拓展“心灵驿站”、心理咨询疏导等“11 +1”保障激励措施；扎实开展青年干部“学党史、强信念、跟党走”学习教育，与成都海关、重庆市税务局等单位开展联合主题党日活动、党史学习分享会。直属机关工会推荐1个集体和1名个人获评“重庆市五一奖”；关团委推荐2个集体被团中央和总署联合命名为“全国青年文明号”，1个团支部被团中央授予“全国五四红旗团支部”称号，8个集体被团市委和团工委重新认定为“重庆市青年文明号”，4个集体新命名为“重庆市青年文明号”；关妇委会推荐1个海关家庭获评“全国最美家庭”，推荐1个集体获评“全国巾帼文明岗”，推荐2名个人获评“重庆市巾帼建功标兵”，推荐1个集体获评“重庆市三八红旗手”，评选表彰重庆海关2021年度优秀妇女工作者10名、妇女工作积极分子10名。

（撰稿人：饶启杰　蔡　明　王　韧）

巡视巡察

【概况】2021年，重庆海关立足“统筹协调、指导督导、服务保障”职责定位，专职专责开展巡察工作，分两轮共组建7个巡察组，对17个部门单位开展常规巡察及巡察“回头看”，五年“全覆盖”完成率91%。连续第三年牵头负责总署巡视办监督要点编撰工作，与9个直属海关承担海关系统“三个聚焦”巡察监督重点编写，作为工具书下发全国各海关推广使用。开展巡察整改督导，24次深入被巡察单位开展实地督导，提出整改意见建议20余条，实现立行立改和限期整改项目全部整改完成，制修订制度63项。课题研究《精准发力问题查发立体提升巡察质量——增强巡察查发问题能力的探索与实践》被总署评为三等奖。选派朱艳军到秀山县涌洞乡川河村任驻村第一书记。

【巡视工作】2021年，重庆海关党委严格落实巡视整改主体责任，根据关党委分工以及巡视整改相关要求，对巡视整改任务清单进行调整，保障每一项整改任务责任到人，杜绝“新官不理旧账”。坚持将巡视整改融入日常工作、融入深化改革、融入全面从严治党、融入班子队伍建设。将巡视整改与年度领导班子民主生活会查摆问题一体整改，召开党委（扩大）会，专题听取、通报、研究巡视整改落实阶段推进情况，结合落实基层党支部和基层联系点制度等，发动干部群众共同关注巡视整改、共同参与巡视整改、共同监督巡视整改。持续抓好问题整改的组织推动，总署常规巡视和巡视“回头看”共计165项整改事项全部完成，其中，党委书记直接负责整改事项102项；突出对16+24项“长期坚持”任务的经验固化和建章立制，制修订相关制度规定88项，推动解决共性问题23个，针对突出问题开展专项治理4项，持续推进强基提质、固本培元。一体推进实时督办、日常监督、专责监督，将巡视整改落实情况纳入队伍建设考核重要内容和绩效考核重要指标，与年度党建述职评议考核和“四强”支部创建等工作挂钩。将巡视整改落实情况纳入关区巡察工作监督要点，对巡察对象是否存在重制度轻落实，做选择、搞变通、打折扣，甚至“报假账”等问题进行政治体检，以点带面推动巡视反馈意见整改在基层落地落实。连续第三年牵头负责总署巡视监督要点编撰工作，与上海海关等9个直属海关承担海关系统“三个聚焦”巡察监督重点编写，完成隶属海关巡察监督重点内容、直属海关职能部门和事业单位监督重点细化工作，经巡视办审定后作为直属海关开展巡察工作的工具书下发全国各海关推广使用。同时，集中力量完成总署对直属海关巡视巡察年度考核指标设定等专项工作。

【巡察工作】2021年，重庆海关分两轮组建7个巡察组，对17个部门单位开展常规巡察及巡察“回头看”，发现问题146个，五年“全覆盖”完成率91%；总署网站对重庆海关持续提升专业化规范化水平推进巡察工作“全覆盖”进行刊载。关区巡察模式持续拓宽，第一轮巡察首次探索尝试“一拖三”，在第二轮巡察中全面铺开，采取同步启动、责任到人、分头实施的“条块并行”工作方式，解决人力资源紧张问题，提升巡察工作效率，五年巡察工作进度超过总署巡视办考核指标序度。深化巡中集中督导机制，每轮实地巡察期间，召开巡中集中督导会，听取巡察组汇报，提出支持配合和立行立改要求，对共性和典型问题进行通报，推动被巡察单位边巡边改；为巡察组提供学习互鉴平台，扩宽巡察组巡察工作思路和查发问题的广度和深度。开展巡察整改督导，形成巡察整改监督闭环，组建5个督导组，24次深入被巡察单位开展实地督导，通过听取汇报、查阅资料、个别谈话、实地了解等方式，对被巡察单位动员部署、整改进度、整改质量进行监督检查，提出整改意见建议20余条，实现立行立改和限期整改项目全部整改完成，推动制修订部门制度63项。重庆海关探索建立巡察整改片区督导新机制等做法被总署网站刊载。开展课题研究，总结重庆海关巡察工作经验做法，《精准发力问题查发立体提升巡察质量——增强巡察查发问题能力的探索与实践》被总署评为三等奖。强化巡察制度规范建设，对协作配合方式、内容等予以固化，明确巡察组绩效考核办法，新建制度4项，机构改革以来新建或修订巡察工作制度13个，“纵向覆盖各责任主体、横向覆盖各巡察环节”具有关区特点的巡察制度体系基本形成。优化巡察监督要点，将关区每轮巡察查发问题及整改落实情况及加强对“一把手”和领导班子监督纳入巡察监督重点；优化巡察工作手册，结合巡察对象职能职责特点，分别编写机关部门、隶属海关和事业单位巡察实操手册，涉及3方面39项434条。加强巡察干部队伍建设，优化培训科目，在巡察工作流程、巡察报告撰写等固定内容的基础上，加强对党建、财务、监察、人事、落实中央八项规定精神要求等培训内容，邀请专家现场授课，组织关区巡视巡察干部队伍库人员参加全国海关巡视巡察干部网上培训班，组织各巡察组长参加全国海关巡察工作推进会，共培训140余人次。选派8人次参加总署巡视“以干代训”，全部获评“优秀”。深入开展党史学习教育活动，结合“学习党史强思想、巡察为民践初心”“我为群众办实事”实践活动，对13个单位部门开展巡回宣讲，介绍巡视巡察发展历程、海关系统巡视巡察工作体制机制、关区巡察工作总体情况和被巡察单位配合巡察工作纪律要求，宣讲巡察政策，提高巡察工作知晓度；全面梳理机构改革以来关区5轮巡察发现问题情况，对共性或典型问题进行通报，推动被巡察单位未巡先改。

▲2021年11月8日，重庆海关巡察办工作人员整理巡察档案

（撰稿人：陶玉翔　张雪梅）

纪检监察

【概况】2021 年，重庆海关聚焦“三个方面”，发挥监督保障执行、促进完善发展作用。落实首要职责强化政治监督，以实际行动践行“两个维护”；坚持问题导向实施专项监督，推进专项领域工作有序开展；细化具体措施做实日常监督，持续弘扬新风正气。形成“三重合力”，推动监督执纪问责工作体系贯通融合。5 次派员参与驻署纪检监察组专项工作，党委纪检组长 4 次走访地方纪检机构开展协作配合，与相关职能部门加强沟通协调固化线索移交程序。突出“三项重点”，一体推进“三不腐”建设。不断强化执纪审查能力水平，确保线索案件经得起历史检验；不断拓展以案促改的广度与深度，做好查办案件“后半篇文章”；不断完善电子廉政档案内容，确保监督执纪问责信息可查询、可追溯。

【政治监督】2021 年，重庆海关在驻署纪检监察组的业务指导和监督下，在关党委的统一领导下，聚焦政治监督，坚定贯彻落实党中央重大决策部署。督促各部门单位坚持把党史学习教育作为贯穿全年的重大政治任务，落实“第一议题”制度，推动广大党员干部进一步树牢政治机关意识；把新冠肺炎疫情防控专项监督作为政治监督的“重中之重”，开展 3 批次专项检查，完成视频监控、实地检查 240 次，发现并报告问题 42 个，制发监督建议书 17 份；紧盯危害国家安全、优化营商环境等重点领域，开展中欧班列、跨境电商等监管执法廉政风险调研，为上级决策部署落地提供纪律保证。

▲2021 年 5 月 18 日，重庆海关党委派驻纪检组对驻地单位安全生产工作开展监督检查

【专项监督】2021 年，重庆海关推进专项领域监督工作。坚持“外防输入、内防反弹”总策略，相关部门单位贯通、联动监督，加强工作互动、信息共享，对亚洲周边国家疫情防控、打击新冠病毒疫苗非法出境、安全防护等重点事项开展专项

监督，压实内部与外部两个层面、职能与基层两个维度的疫情防控主体责任；推动落实“现场监管与外勤执法权力寻租”专项整治，抓好组织实施与宣传发动，关党委14次全面了解推动情况，11个成员部门全流程、全环节参与和推进专项整治工作，到30余家外贸企业调研，组织1,121人开展违规事项申报，1,115名干部职工撰写心得体会、开展个别谈话，排查廉政风险隐患80条，推动制定防控措施163个、完善制度机制130余项，完成“17+6”项问题整改。

【日常监督】2021年，重庆海关紧盯关键岗位和关键环节，开展日常监督。驰而不息纠“四风”树新风，针对公车使用、驾驶员管理等问题，综合运用“第一种形态”，督促立行立改、建章立制；推进“两个责任”协同发力，拉紧监督链条，细化对“一把手”和领导班子的监督措施55项，对标落实40项监督任务清单；将疫情防控专项监督与常态化监督相结合，督促职能部门全面参与，运用视频监督、实地检查等方式共同监督，开展视频监督174次，同向推动问题整改有效落实；严把选人用人和评先评优关，防“带病提拔”“带病上岗”“带病评优”，年内回复党风廉政意见142批次；制定《重庆海关党委派驻纪检组监督工作操作规程》，优化量化考核程序、压实派驻监督责任，推动派驻纪检组全年向关党委报告问题85个，通过谈话提醒，制发监督建议书等方式督促整改落实。

▲2021年1月21日，重庆海关对疫情防控工作开展视频监督

【协同监督】2021年，重庆海关坚持以系统思维贯通“监督合力”。立足再监督定位，推进各类监督力量协同发力，制定纪检机构与法综、督审、政工、巡察、风控等6部门协作配合办法，加强协作配合，固化线索移交程序；针对疫情防控、安全生产、“两个责任”落实等工作重点，联合开展监督检查；探索建立“纪巡审合一”“纪巡审同步”等联合监督方式，将群众信访举报强烈、问题线索反映集中的收受红包礼品礼金等风险隐患，纳入督察审计项目、政治巡察任务，彼此渗透监督主题。

【执纪审查】2021年，重庆海关坚定不移正风肃纪，养护关区政治生态。落实信访归口管理工作机制，加强问题线索集中管理、及时甄别筛选、分流转办、规范处置，健全相关系统数据月度收集、登记录入、校核等工作制度，定期开展信访举报和纪律审查统计分析，研判主要特点、趋势动向。紧盯“十四五”海关规划中的重点领域和关键环节，紧盯“关键少数”

特别是“一把手”，聚焦群众身边的不正之风和腐败问题，借助“组、地、关”纪检机构协作配合机制，依托地方纪委监委拓展问题线索来源渠道，在外查取证方面开展实质性配合工作，对不托底、不靠谱的“重点人”开展筛查，严肃查处“贴着海关发财”、以权谋私、权力寻租等“末端腐败”行为，依规依纪依法处置问题线索案件，实现党的十八大以来自主查发违纪案件“零的突破”。把握监督执纪“四种形态”转化条件，对属于主动交代、如实坦白、配合审查工作、积极退出违纪违法所得等情形的，依纪依规从轻或减轻处理，让纪法政策兑现；学习贯彻《纪检监察机关案件监督管理工作规则》，加强对问题线索办理情况的跟踪督办、汇总审核，强化对案件办理情况的监督，严格办案措施使用审批和审核；落实驻署纪检监察组关于“走读式”谈话安全工作要求，强化“走读式”谈话事前事中事后全链条监管，守住不发生安全事故底线，监督执纪实践水平向更高层次递进。

▲2021 年 1 月 13 日，重庆海关党委纪检组走访重庆市永川区纪委监委开展执纪审查协作配合

【以案促改】2021 年，重庆海关开展问责和警示教育，在全关范围内形成有力震慑。研究探索办案成效评估机制，开展案件总结、深化标本兼治，结合监督执纪发现的问题，把握问责工作的总体要求、适用情形、定性处理、程序权限等规定，做到失责必问、问责必严，推动关区隶属海关党委首次自主实施问责。分析总署通报的违纪违法典型案例，开展“以案四说”，通过以权谋私、失职渎职、滥用职权、违反中央八项规定精神等 4 个层面再次解读，编发重庆海关执法领域典型案例通报，通过纪法教育，用身边的案例警示身边人，全年有多个隶属海关上报关员拒收企业红包情事。

【电子廉政档案】2021 年，重庆海关依托有关信息管理系统，通过数据录入、在线生成等方式将反映关区及各单位部门政治生态情况纳入电子化档案管理。划分 3 个主要模块，分别为干部廉政档案、单位廉政档案、纪检干部管理。收集、梳理、建立涵盖基本信息、政治生态、问题线索处置、违纪违法处理等 10 余个维度的信息资料，初步搭建电子廉政档案库，分别对 35 个部门单位、973 名关员、28 名纪检干部，实现“一关（部门）一档”“一人一档”全覆盖。配套制定相关管理规范，对廉政档案的收集、运用、监管等工作实行严格管理，一次一登记。

（撰稿人：龚明娜　曾　谛）

队伍管理

【概况】2021年，重庆海关坚持以习近平新时代中国特色社会主义思想为指导，深入贯彻党的十九大和十九届历次全会精神，自觉践行新时代党的组织路线，认真落实全国海关、重庆海关工作会议精神，为打赢疫情防控阻击战提供坚强组织保障，完成全年各项工作任务。

【机构编制管理】2021年，重庆海关内设18个机构，隶属海关单位12个，各类事业单位5个。重庆海关现有17个三级预算单位，行政编制858名，2021年末实有832人，其中公务员826人，行政占编工人6人；事业编制140名，受委托管理事业单位编制10名，2021年末实有111人。

【干部人事管理】2021年，重庆海关贯彻落实总署党委要求，突出党建引领工作导向，加快干部工作节奏，提升选人用人工作效率。全年共完成领导干部选拔20批次、共44人次，其中关党委选拔8批次、19人次，各隶属海关党委选拔12批次、25人次；完成职级晋升11批次、共82人次，其中关党委晋升4批次、16人次，隶属海关党委晋升7批次、66人次。根据重庆海关发展需要对6个隶属海关人员编制进行优化调整，关区机构改革编制3年内消化完毕的任务全部完成；配齐重庆港、永川、涪陵、万州等隶属海关处级领导班子；落实加强执法一线科长队伍建设22条措施，提拔2名执法一线科长担任副处级领导干部，2名执法一线科长进一步使用为隶属海关党委委员，新选拔执法一线科长9名，年度考核优秀等次向执法一线科长倾斜。保障基层人力资源，通过接收军转干部、公务员招录及调入等方式新入关的17名人员全部安排至隶属海关或派驻纪检组。加强事业单位管理，批复4个事业单位岗位设置方案，坚持“按岗聘用”，组织事业单位首次开展岗位聘用工作，岗位聘用率100%；在年度副高级职称评审工作中，推荐9人参评副高级职称，其中工程系列4人、农业系列3人、卫生系列2人，并接受其他直属海关评审委托2人，经总署评审通过2020年度副高级职称7人，其中工程系列3人、农业系列3人、卫生系列1人，通过率78%；深化事业单位改革，向总署报批事业单位绩效工资分配方案。履行干部监督职责，开展领导干部个人有关事项“两项法规”宣传、培训、辅导、在线考试，领导干部个人有关事项报告查核如实率达到总署要求；关区“一报告两评议”总体评价好评率较上一年度提升，高于全国海关平均水平；结合关区离任审计和巡察工作，对2个隶属海关进行离任检查，对2个事业单位进行选人用人专项检查，组织开展11个隶属海关和3个事业单位“一报告两评议”，总体评价好评率高于98%；开展干部人事档案专项审核工作，完成事业单位相关人员和新进公务员等108人档案审核。率先在中央在渝单位中完成职工基本养老保险金及职业年金利息的清算缴纳工作，单位社会保险参保地由江北区整体转移至渝北区。

▲2021年11月26日，重庆海关组织参加总署授予三级关务监督关衔仪式

【人才队伍建设】2021年，重庆海关坚持党对人才工作的全面领导，推进人才队伍建设。全年，共开展领导干部选拔20批次，选拔处科级领导干部44人，对22个处级领导班子进行调整优化；开展基层公务员竞争性选调12人到机关工作，全年在机关和基层之间交流干部40人；建强专业技术类公务员队伍，完成关区专业技术类公务员专业技术任职资格首次评定，82人获评专业技术任职资格，73名兼任职级的综合管理类公务员套转为专业技术类公务员职级，交流4名专业对口的行政执法类公务员到专业技术类部门任职，组织完成重庆关区2021年海关副高级专业技术任职资格考试。打造“岗位能手”品牌，成立“评选工作领导小组”，通过“政治表现+业绩评定+能力考试”三个维度，以“量化+评审”的方式选拔业务领域骨干人才，在评选中设置“政治能力”系列指标，第一次将在脱贫攻坚、口岸疫情防控、优化营商环境等工作中的表现纳入考察考核范围，评选出关税、动植检、商检3个业务领域岗位能手10人。向外交部、商务部推荐驻外人才，1人获批外派。增强对高素质专业对口人才的选拔引进，2021年在风险管理、税收征管、口岸监管、公共卫生等重点专业领域招录（聘）接收数占关区总招录（聘）的70%。全年，承担总署科研项目1项，参与总署揭榜挂帅项目2项，承担及参与重庆市科研项目7项。参与制定发布行业标准2项，

获批海关技术规范立项14项。获得专利授权3项，获批实用新型专利21项，获评总署科技成果评定1项。完善自建关级人才库20个，涵盖法治、口岸卫生检疫、动植物检疫、税收征管、企业信用管理等9个领域，共520人次。牵头署级课题项目，完成《聚焦五大体系建设激励海关干部担当作为》课题和7,000余份问卷。

▲2021年4月7日，重庆海关组织开展事业单位中级职称评审委员会集中评审工作

【教育培训】2021年，重庆海关注重实际实需实效，开展干部教育培训。制订下发关区2021年教育培训工作实施方案，统筹下达各类培训计划103项。组织全关干部职工通过“钉钉”平台开展疫情防控相关课程学习，完成400人次疫情防控专项培训。采取“主课堂+分课堂”方式，完成十九届五中全会精神、党史学习等重要集中轮训及专题培训，涉及全体处级干部、基层科级党务干部319人。开展党建工作专题培训，组织开展分组研讨、线上集中授课、学习心得交流，确定重点调研课题2项，117人参训。推行“职能部门现场带班+现场关员跟班学习”双向培训模式，全年组织8个部门赴11个业务现场开展现场带班21批次。运用“渝关云课堂”，全年开展“渝关云课堂”11期，1,223人次参训。同时组织任职培训、入职培训、晋衔培训，涉及人员140人次，新增8类岗位资质人员110人次。全年开展集中调训20期，调训697人次；开展网上授课26期，培训3,164人次；开展专题讲座29期，培训2,256人次；开展实操实景培训28期，培训484人次；关区人均学时222.6学时，人均学分187.7分。

▲2021年5月，重庆海关举办处级干部学习贯彻党的十九届五中全会精神、党史学习教育专题集中轮训暨党务干部培训班

【关心关爱防疫人员】2021年，重庆海关全面落实关心爱护疫情防控一线人员措施，建立保护关心爱护疫情防控一线人员长效工作机制。统筹调配关区整体人力资源，分别组建182人、92人的卫生检疫、冷链监管2个三级梯队，为疫情防控提供人力保障；结合业务特长和个人志愿，建立由20名副处级领导干部组成的封闭管理带班领导储备库，选派17人次副处级领导干部和执法一线科级领导干部到口岸一线从事疫情防控工作，有针对性地在吃劲岗位和急难险重任务中锻炼干部。提升一线人员防护技能和心理素质，实施“课堂+实景”教学练战一体化，通过实务讲解、现场演示、制作教材等方式完成专题培训、岗位实训、岗前培训400余人次。加强奖励表彰激励，全年1个集体因在口岸疫情防控中贡献突出记功，2个集体获嘉奖，3人获嘉奖，23人获通报表扬，以封闭管理3个临时党支部为单位开展封闭管理专项考核，建立集中封闭管理一线及时奖励机制，开展4批次专项表扬奖励工作，对1个集体和2名个人进行嘉奖，对18名个人进行通报表扬，对于参加疫情防控一线实施封闭管理的公务员单独组织考核，优秀等次予以倾斜，及时足额发放临时性工作补助和卫生防疫津贴。

（撰稿人：温　钰　张　桐）

离退休干部管理

【概况】2021年，重庆海关离退休干部工作坚持以习近平总书记关于老干部工作的系列重要论述为指导，聚焦“让党放心、让老同志满意”工作目标，围绕“三同”（与党委同心同向同力）工作主线，把加强政治建设、改善保障条件、发挥正能量作用有机结合起来，强化离退休干部党的建设，做实精细化服务，离退休干部实现“零信访”。组织开展“我看建党百年新成就”专题调研，引导老同志从加强党的领导、民生改善、口岸发展、家庭生活和党史学习教育5个方面看建党百年新成就。创建“渝关晚晴”微信公众号，设立“生日祝福”“养生保健”“工作交流”“法律政策”“安全宣传”5个固定栏目，新增“党史学习”专栏，以“精神内涵+精神解读+红色故事”形式，向老同志宣传共产党人的精神谱系，刊发信息73期。编发《渝关晚晴要情摘报》9期，含“海关联线”“渝关联线”“民生联线”3个版块，分别摘录全国海关、重庆海关的重大事件和重要工作，摘录国家和地方发布养老政策和养老信息。做好“智慧银海”平台运维工作，为老同志提供个人信息、理论学习、时政新闻、养老政策、健康知识等信息，实现活动报名、事项办理网络化。

【离退休干部党建工作】2021年，重庆海关以落实全面从严治党为主线，以为党和人民事业增添正能量为价值取向，推动离退休干部党建工作，持续强化政治建设、思想建设、组织建设“三项建设”。组织开展“传承红岩精神，为党和人民事业增添正能量”主题党日活动，参观重庆红岩革命纪念馆。组织开展“银发耀党徽，永远跟党走”庆祝建党100周年主题党日活动，录制《向党说句心里话》视频（老党员分享入党50年的奋斗历程），向24名老党员颁发“光荣在党50年”纪念章，举行老党员集体“政治生日”仪式。4个离退休党支部分别创建了“同心耀党徽”“银发生辉”“三心三新”“霞映三峡”支部品牌。“七一”前后，走访慰问老党员、困难党员。组织老党员参加“学史·铸魂”红色讲坛活动，通过讲述工作往事、战斗故事，鼓励青年关员传承伟大建党精神，接续奋斗。组织开展党风廉政警示教育，通报海关违纪违法典型案例，集中学习总署推进清廉海关建设的若干措施。4名老党员被评为重庆海关优秀共产党员。

▲**2021年5月13日，重庆海关离退休干部党支部开展“传承红岩精神，为党和人民的事业增添正能量”党史学习教育**

【老同志服务管理】2021年，重庆海关建立多部门联合服务老同志机制，重要节假日关党委带队走访慰问退休干部，组织离退休干部参加“万里共秋光，泼墨庆重阳”庆祝活动，开展“同心桥薪火传”新老结对活动，组织助力跨越“数字鸿沟”培训。构建“1+5+15+N”（1个离退办党支部，5个离退休党支部/异地离退休干部联系片，15个离退休党小组，N个离退休干部骨干）网格化服务网络。协调解决老海关家属院物业管理纠纷、机关食堂就餐等诉求94件。退休“中人”养老金调补列入关党委“我为群众办实事”实践活动重点工作进行推动。老同志疫情防控纳入关区防控总盘子，制作新冠科普知识宣传7期，开展全员健康状况摸排50余轮，组织2次疫苗集中接种。老同志核酸检测费用纳入关区疫情防控支出。建立重大疾病救助机制，坚持生日必访、生病住院必访、家庭困难必访、丧事必访、反馈问题必访、领导上任必访慰问制度。每月开展老同志集中居住地（海沁小区、天邻风景小区、临江门职工宿舍）现场办公，创立“琼玉”服务热线，制定高龄、重病、经济困难、独居、失能五大类51名重点人员名册，建立家庭尽孝、单位尽责“家办联动”机制，督促老同志子女落实赡养陪伴义务30人次，开展点对点关爱服务（每月对重点人员慰问一次，每年开展集中退休仪式一次，老同志生日当天电话慰问一次）。全年累计开展上门服务301人次，现场办公33次，走访慰问566人次，受理来电来访1,050人次，收集审核医疗、老年大学票据4,278份。

【老年文化教育】2021年，重庆海关开展“新时代，新征程，红红火火迎新年”民俗迎新春活动，组织老同志写春联、印年画、剪窗花，离退办通过上门走访、现场办公、邮寄的方式把年俗文化品送给老同志。举办“翰墨丹青绘百年”书画展，围绕记录党的百年历史，歌颂党的伟大成就，传承党的优良传统为主题，从老同志创作的近百幅作品中精选28幅书法作品和18幅绘画作品进行线上线下展出。开展重庆海关影像史料征集工作，征集300多张老照片，时间跨度从1953年到

2003年，内容涉及海关、原商检、原动植检、原卫检4个单位开展党务、政务、业务工作的影像史料，精选162张照片，制作“青山依旧在，光影留初心”影像展。组织老同志参加总署“翰墨光影颂百年”书画摄影展，3幅书画作品入选《全国海关离退休干部庆祝建党100周年书画摄影作品集》。开展“追忆芳华，不忘初心”征文活动，征文25篇，2篇文章作品入选《全国海关离退休干部庆祝建党百年主题征文集》。推荐3名老干部加入重庆市离退休干部“银发人才”队伍专家信息库。组建老同志书画、棋牌、太极、乐器、合唱、摄影兴趣小组。

▲2021年6月29日，重庆海关向老干部颁发“光荣在党50年”纪念章

（撰稿人：涂　茜　江喜悦）

第四篇

业务建设

口岸开放与运行管理

【概况】2021年，重庆海关深入贯彻习近平总书记视察果园港时的重要指示精神，切实落实重庆市委市政府工作部署，推动果园港开放口岸建设和寸滩港水运外贸业务平稳转移。指导推动重庆港口岸扩大开放果园港区通过国家验收，助力其打造西部地区唯一的水港型国家物流枢纽。指导支持万州机场对外开放进入国家审理程序。持续优化营商环境，开展促进跨境贸易便利化专项行动，推出16条促进跨境贸易便利化具体措施，完成国务院确立的2021年年底整体通关时间比2017年压缩一半的目标任务。

【口岸开放与发展】2021年，重庆海关成立由主要负责人任组长的工作领导小组，对标口岸监管验收各项验收要求，逐项分解工作任务、明确时间节点，对重庆港果园港区口岸查验基础设施进行方案论证和业务指导，重庆港果园港区于2021年12月正式通过国家验收，其作为长江经济带和“一带一路”的重要联结点，是“十三五”期间长江上游地区唯一一个获批开放的水运口岸。助力果园港打造西部地区唯一的水港型国家物流枢纽，实现长江黄金水道、中欧班列（成渝）、西部陆海新通道的高效连接，协同重庆市口岸物流办、港务部门等单位，为果园港口岸量身打造综合信息查询系统、智慧查验系统、智能理货系统及其他配套关联系统，提升口岸信息化程度，大幅压缩通关时间。以“分类监管、集中查验”为原则，创新开展“提前申报＋智能理货＋抵港确认”监管模式，实现进口货物岸边直接分流，减少吊装环节，提货效率提高33%。建立果园港建设专题工作会、月报、周报制度，及时梳理工作中的薄弱环节和改进措施。成立7×24小时现场工作组，针对口岸开放验收提前做好预案和演练，组织业务搬迁压力测试，保障寸滩港口岸功能平稳转移至果园港。推动万州机场开放口岸发展，加强与重庆市口岸物流办、重庆市万州区政府的沟通协调，指导万州机场集团做好T1国际航站楼改造项目可行性研究，万州机场对外开放进入国家审理程序。

【优化营商环境】2021年，重庆海关按照总署的统一部署，于1—4月集中开展促进跨境贸易便利化专项行动，推出16条促进跨境贸易便利化具体措施。深化推广应用“提前申报”“两步申报”“两段准入”，实现关区提前申报率、“两步申报”应用率稳中有升。联合重庆市财政局、重庆市税务局发布重庆启运港退税政策落地具体办法，进一步明确适用条件、适用范围和办理流程。推进提升电子版入境货物检验检疫证明申领比例，联合重庆市市场监管部门共同推动市场流通环节采信入境货物检验检疫证明电子化信息。优化海关查验作业模式，提高非侵入式检查比例，扩大智能审图覆盖范围。2021年，关区两台H986设备工作日日均机检标箱量超过20箱，机检比例超60%。对免于办理强制性产品认证的汽车零部件继续实施“先声明，后验证”的便利化措施，接续完善重点商品第三方检验结果采信，实现11种编码的进口汽车零部件凭企业声明即时申报和快速通关，平均缩减时长至少5天。对涉及CCC认证的进口汽车零部件产品，在检验时直接采信认证部门认可的认证机构出具的认证证书，原则上不再实施抽样送检。持续深化税收征管方式及多元担保改革，大力推广汇总征税、关税保证保险、“一保多用”。加强通关时效分析，强化“报关单日清”机制，构建监控协调处置闭环，完成国务院确定的2021年底整体通关时间比2017年压缩一半的目标任务。设立“只跑一次、首问负责”便民服务窗口，开展“我为群众办实事”专项活动，保障企业只打一个电话、只找一个部门，实现“首问必果”的处置闭环。

▲2021年6月18日，两路寸滩海关高效监管确保“618”跨境商品顺畅通关

（撰稿人：赵　野　廖　佳）

法治建设

【概况】2021 年，重庆海关参与《中华人民共和国海关法》（以下简称《海关法》）修订和《“十四五”海关法治建设工作规划》起草等总署专项集中工作 6 次，10 条立法建议、14 项立法后评估建议被总署采纳。办理行政复议案件 2 起，践行新时代“枫桥经验”，经沟通协调申请人主动撤回申请 1 起。组织全员学习习近平法治思想，开展党委理论学习中心组定期学法、各级干部职工集中学法 10 次，组织职能部门开展带班普法、普法讲师团“送教上门”普法、RCEP 等重点热点专题普法 9 次，承办 2021 年度总署“美好生活民法典相伴”专题宣传活动。发布海关政策法规解读 12 篇。在全市推动落实“证照分离”改革全覆盖，推行行政执法三项制度，实现海关行政执法年报全覆盖。

▲2021 年 12 月 3 日，两江海关开展宪法宣誓活动

【法规管理】2021 年，重庆海关持续开展立法与立法后评估，开展《海关法》修订专题研究，形成风险管理制度改革专题、稽核查制度改革专题等 7 个落实重大业务改革成果的修法专题研究报告，共计 2.2 万字。参加总署“十四五”法治工作规划专班。参与总署 4 部规章立法审查、2 部规章立法后评估。对总署 7 部规章研提 34 条修订建议，总署采纳其中 10 条建议；对 22 部规章、行政解释研提立法后评估建议，总署采纳其中 14 条建议。对《中华人民共和国审计法》《中华人民共和国文物保护法》《中华人民共和国专利法实施细则》3 部法律法规和《重庆市固体废物污染防治条例》《重庆市大气污染防治条例》等 9 部地方行政法规研提 23 条修订建议。开展规范性文件“立改废释”，结合防范外来入侵生物、规范行政处罚程序等重点工作，出台 7 项执法领域相关制度。

组织对“关银一 KEY 通”成渝两地海关协同创新项目等 7 份规范性文件进行合法性审查。开展行政规范性文件专项清理，废止规范性文件 1 项。

【复议诉讼】2021 年，重庆海关举办复议诉讼执法培训，组织处科级领导干部 30 余人次旁听行政案件庭审，了解感受行政行为接受司法审查的全过程，提升干部执法水平，培塑法治意识。践行新时代“枫桥经验”，发挥行政复议解决行政争议主渠道作用，充分听取行政相对人陈述申辩，加大释法明理力度，妥善疏解矛盾。全年，受理行政复议案件 2 件，其中 1 起经调解，申请人自愿撤回行政复议申请；另外 1 起经审理，维持被申请人作出的行政行为。

▲2021 年 10 月 16 日，重庆海关法综处就某复议案件举行听证

【法制协调】2021 年，重庆海关全面推行行政执法“三项制度”，让行政权力在阳光下运行。推行执法公示制度，利用重庆海关门户网站公开关区规范性文件、权责清单等信息；调整行政许可事项清单 2 次，动态修订行政许可服务指南 9 项。以重庆海关、所属隶属海关名义同步公示 2020 年行政执法年报，实现关区行政执法年报公示全覆盖。推行行政执法全过程记录，执法时进行全过程录音录像，根据执法行为的不同种类、不同阶段使用不同文字记录、音像记录，以文字记录为基础，以全过程音像记录为补充，保证执法全过程有记录“无遗漏”，并及时在业务系统上传完整查验照片、录像等。整理记录存档，确保行政执法档案案卷完整齐全，音像记录随档保存。推行重大行政执法决定法制审核，按照《海关重大执法决定法制审核目录清单》开展重大执法决定法制审核，由作出决定机关负责人作为推动落实的第一责任人。统筹配备法制审核科室或人员，由具备法律职业资格或原从事过行政处罚法制审核的人员担任审核人员。2021 年，完成 221 起一般程序行政处罚决定、65 起行政强制措施、96 次稽查结论的法制审核。

【法治宣传】2021 年，重庆海关始终把深学笃用习近平法治思想贯穿于理论武装、法治宣传的全过程，与学习党内法规尤其是党章、“准则”、“条例”相结合，坚持领导带头、全员参与，采取“集中 + 自学”“线上 + 线下”等多种形式，组织全体干部职工深入把握习近平法治思想的科学体系和基本内容，人均学习 40 学时以上。推动全员学法用法，开展党委理论学习中心组定期学法，全年学习法律法规、党内法规5次。组织各级干部职工集中学习5次。针对《中华人民共和国行政处罚法》《中华人民共和国海关办理行政处罚案件程序规定》等新出台的海关执法依据，组织职能部门开展带班教学3次。组织重庆关区普法讲师团赴隶属海关开展"送教上门"普法2次。针对RCEP等重点热点事件，开展专题普法培训4次，保证RCEP涉及海关业务相关条款顺利实施。持续强化"谁执法谁普法"责任制，部署落实第八个五年（2021—2025年）时期海关法治宣传教育工作，制定2021年度普法责任清单。承办2021年度总署"美好生活民法典相伴"专题宣传活动，邀请西南政法大学教授为全国海关法治条线工作人员讲解《中华人民共和国民法典》。举办2021年度宪法宣传周、"8·8"海关法治宣传日以及国家安全、全民反诈等专题普法宣传活动。联合重庆市商务部门开展海关跨境贸易便利化相关政策法规主题宣传贯彻，惠及企业200余家。依托总署、重庆海关等新媒体平台，发布《中华人民共和国海关办理行政处罚案件程序规定》等海关政策法规解读12篇。

▲2021年5月23日，涪陵海关在辖区企业开展民法典典型案例分享

（撰稿人：赵　野　廖　佳）

业务改革与发展

【概况】2021年，重庆海关统筹推动业务改革与发展各项工作。畅通业务改革联动协调机制，推动7个方面37个业务改革难题及时“问题清零”，使检验检疫业务有形嵌入海关监管链条。大力推进“双随机、一公开”，首次与重庆市市场监管部门开展联合实地核查。继续推动落实区域协调发展战略，协助总署出台支持成渝地区双城经济圈建设12条重点举措。牵头西部陆海新通道区域15地海关围绕“开展区域海关自贸创新举措复制推广和协同创新”等方面开展全业务领域一体化探索，实现新通道沿线协同治理。持续做好报关单“日清”工作，巩固压缩整体通关时间成效。实现重庆海关及海关监管场所7×24小时通关全覆盖。开展为期4个月的促进跨境贸易便利化专项行动，出台16项优化口岸营商环境具体举措，出台12条支持RCEP在渝高质量实施具体措施，助推重庆跨境贸易环境持续向好。在2021年开展的2020年中国营商环境评价中，重庆市“跨境贸易指标”提升超60个百分点，跻身全国80个参评城市前10名。强化贸易管制与技术规范管理，向总署研提优化完善禁限工作建议5项，总署采纳1项；申报技术规范项目29项，获批7项。加强技术性贸易措施应对与服务，向总署提交通报评议5篇、特别贸易关注4篇，其中1篇作为全国海关8项议题之一在日内瓦WTO例会上开展对外交涉。打造“渝关技贸之声”咨询服务品牌，在总署12360公众号发布政策宣传贯彻稿件15篇。开展知识产权海关保护专项行动，查获中欧班列（重庆）开行以来最大一宗跨境电商知识产权侵权案件，开展2期知识产权培训，

▲2021年10月12日，重庆海关法综处派员参与总署标法中心在渝开展的《中国技术性贸易措施年度报告（2021）》编审集中工作

1起案例入选2021年中国海关知识产权保护典型案例。

【业务改革】2021年，重庆海关持续深化关检业务融合改革，总结推广口岸疫情防控业务融合经验，选取卫动食商四大业务条线的代表性法检商品监管通关全流程及入境人员卫生检疫作为研究样本，制发7份关检业务融合操作指引，理顺业务流程，厘清职责边界；组建卫动食商四个业务条线远程专家组，为现场查验提供技术支持和疑难问题指导。畅通问题收集反馈渠道和联动协调机制，在重庆港海关、渝州海关2个基层一线海关重点科室设立“优化跨境贸易营商环境”和“支持西部陆海新通道建设”基层和企业疑难问题直报点，实现专项问题直报总署、直属海关两级职能司局和处室，协调解决各职能部门和业务现场关于作业系统、工作流程、监管职责等7个方面的37个问题。联合成都海关成立专项工作组，梳理长三角、粤港澳等区域经济发展经验，结合双城经济圈产业特点和发展规划，拟定5方面支持举措并上报总署，协助推动总署出台海关支持成渝地区双城经济圈重点举措，明确12条支持双城经济圈发展举措，其中实行非银行金融机构开展跨境电商担保业务和零配件便捷进出综保区监管为总署在全国首次授权开展。深入推进西部陆海新通道区域海关合作，在总署指导下牵头15地海关成立中新重庆战略性互联互通示范项目（陆海贸易新通道）专项工作组，探索在西部陆海新通道开展全业务领域一体化改革，实行风险布控规则跨关区共建共用、自贸试验区海关监管措施联合创新、进口榴莲龙眼等水果价格统一管理等措施，实现新通道沿线协同治理。深化“双随机、一公开”改革，首次开展市场监管领域部门联合“双随机、一公开”实地核查工作；参与制定《重庆市市场监管领域部门联合抽查事项清单（第一版）》，将出口食品生产企业备案核查纳入重庆市部门联合“双随机、一公开”抽查计划；与重庆市市场监管局成立联合工作组，交换食品生产出口企业信息，共同对15家出口备案食品生产企业开展实地核查，并通过市政府“双随机、一公开”平台发布检查结果。

【通关运行管理】2021年，重庆海关持续推动“提前申报”“两步申报”“两段准入”等便利化措施运用，开展政策宣讲20余次，通过重庆海关发布微信公众号制发宣传稿件3篇。发挥报关单“日清”机制对通关时效事中监控作用，巩固压缩整体通关时间成效，2021年底进出口整体通关时间比2017年压缩超过一半。按时完成H2018新一代通关管理系统3.0全面切换，系统总体运行平稳。参与总署报关单运行监控系统优化完善工作，编写新建功能模块任务书6个，组织对新增功能模块开展测试10次，提出系统功能优化建议2个，均被采纳。运用报关单运行监控、海廉审系统，对进出口整体通关时间、单证审核、报关单结构、重点商品、结关时效、报关单放行等20余项通关运行项目按月度开展监控分析和有效管理。发布重庆海关2021年第13号公告，明确经国际贸易“单一窗口”或“互联网+海关”平台以无纸化形式申报进口货物报关单时部分常见检验检疫单证提交方式。开展启运港退税报关单申报通关系统优化测试工作，向总署报送通关系统优化建议3次，完成系统升级测试2轮。组织重庆关区65家重点出口企业、报关行和运输企业开展启运港退税政策视频宣讲会，指导企业提前做好启运港退税运输工具备案等实施准备。实现重庆海关及海关监管场所7×24小时通关全覆盖，为企业办理预约通关业务1,000余次。建立针对综合保税区内芯、屏等主要生产原料，笔电、智能穿戴等主要出口产品的快速通关保障机制，助力笔电类保税加工贸易发挥重庆外贸“压仓石”作用。与上海、南宁、乌鲁木齐、昆明等口岸海关建立通关异常快速处置机制，推动一体化申报模式下，口岸与属地海关高效监管协同。

▲2021年7月9日，重庆海关对班列货物实施快速查验放行

【贸易管制与技术规范】2021年，重庆海关持续推进贸易管制，与监管证件主管部门建立常态化联系机制，与重庆市药监局联合解决医疗器械进口等问题3项，协调成都濒管办明确8种不同类型濒危野生动植物监管要求，参与重庆市林业局组织的野生动物保护“清风行动”，先后3次派员就证件监管要求及违法普法警示面向200余家中外企业授课，完成《重庆常见濒危物种识别与监管》课题研究；向总署推荐10名出口管制储备人才。持续优化技贸措施服务，制定重庆海关技术性贸易措施工作管理办法，选取36名专家组建重庆关区技贸业务骨干队伍，涵盖机电、农食等22个专业类别，选取受国外技术性贸易措施影响较大产业的龙头企业、大型出口企业、重点外贸企业等95家企业，组建重庆关区国外技术壁垒交涉应对重点企业数据库，其中21家企业入库全国国外技术壁垒交涉应对重点企业数据库。向总署提交《新冠医疗产品TBT通报评议》《英国新冠肺炎检测试剂法规通报评议》等通报评议5篇、特别贸易关注4篇，其中《对印度尼西亚进口中国水煮猪鬃要求提供企业监管等官方证明材料的关注》，在日内瓦WTO例会上开展对外交涉。完成对关区181家企业技贸措施影响调查，参与总署标法中心组织的全国技术性贸易措施影响调查报告编撰、审校工作，协助完成《中国技术性贸易措施年度报告（2021）》

编审集中工作，形成《国外技术性贸易措施对重庆市出口影响情况调查报告》在年度报告中专章发布。推进海关技术规范，全年申报技术规范项目29项，其中《饲料中铅、镉、砷、汞和铬含量测定 X射线荧光光谱法》《黑森瘿蚊检疫鉴定方法》等7项获批；参与制定《鸡产蛋下降综合征检疫技术规范》等7项技术规范；完成《猪衣原体病检疫技术规范》等5项技术规范项目审查。加大技贸宣传力度，在总署12360公众号发布《出口印度医疗器械须知》等政策宣传贯彻稿件15篇，打造“渝关技贸之声”咨询服务品牌，在重庆海关发布微信公众号发表贸易管制和技贸措施相关政策宣传贯彻稿件30篇。

【知识产权海关保护】2021年，重庆海关根据总署部署，结合重庆市进出口贸易实际，深入开展“龙腾行动2021”“蓝网行动2021”“净网行动2021”等知识产权海关保护专项行动，全年共扣留侵权货物271批次、84,708件，其中查获中欧班列（重庆）开行以来最大一宗跨境电商知识产权侵权案件，涉案货物逾8万件，涉及35家权利人的60个商标。首次查获异地报关、口岸查验的新型跨境电商出口货物案件，丰富关区知识产权案件的业务形态。强化知识产权海关保护队伍建设，有效防范业务风险。下放知识产权案件办案职能，实现知识产权执法管办分离。规范知识产权案件办理，设置案件办理相应岗位、明确特殊案件处置流程、加强业务培训保障。加大知识产权宣传，“重庆海关查处的输往“一带一路”沿线国家和地区侵权货物案”列为2021年中国海关知识产权保护典型案例。联合长沙、南昌、南宁、海口、成都、昆明、武汉等地海关，以线上直播授课方式开展2期培训，邀请30余家外商投资企业权利人讲授识假鉴假技巧。开展重庆关区海关知识产权保护业务培训和关区内企业知识产权情况调研，宣传知识产权海关保护申请保护程序、保护备案流程和总担保等重点内容，累计对自主知识产权企业实施重点服务60余次，收集解决问题清单20条。对查获中欧班列（重庆）开行以来最大一宗侵犯知识产权案件开展广泛宣传，持续释放海关保持打击知识产权侵权高压态势。

▲2021年4月16日，重庆海关举办知识产权海关保护线上专题培训

（撰稿人：赵 野 廖 佳）

自贸区和特殊监管区域管理

【概况】2021 年，重庆海关积极支持重庆自贸试验区创新发展，统筹推进综合保税区高水平开放，优化保税监管，服务重庆高质量开放发展。支持川渝自贸试验区协同开放示范区建设，联合成都海关推出跨关区协同创新举措，获总署创新备案通过；推动《中国（重庆）自由贸易试验区总体方案》涉及重庆海关 48 项任务全部落实，全球维修、保税文化艺术品展示交易、飞机融资租赁、跨境电商等一批新业态顺利落地重庆自贸试验区；推动 38 项国务院自贸试验区改革试点经验在重庆落地，进一步优化海关监管作业流程，促进贸易便利化。组建支持促进综合保税区建设发展工作专班，全力支持重庆市新设综合保税区申请设立和建设验收，积极推进现有综合保税区的整合优化调整，持续强化综保区和保税物流中心（B 型）监管。探索创新海关业务监管模式，支持重庆市服务业扩大开放综合试点取得新突破。2021 年重庆 4 个综合保税区合计进出口 5,492.7 亿元，增长 21.5%，占同期重庆外贸进出口总值的 68.7%，对同期重庆外贸增长贡献率为 65.3%。引导重庆市加工贸易转型升级，推动高质量发展。优化保税监管，完善重庆海关区外加工贸易业务集中审核作业管理，明确监管事权；探索保税航材便捷流转，为企业有效降低合规成本；推动实施 2 项加工贸易监管模式改革，助力企业降本增效；服务地方开放发展，支持璧山区、秀山县、重庆凯尔国际冷链物流发展有限公司设立公用型保税仓库。

【自贸试验区制度创新】2021 年，重庆海关坚持“创新集成”思路，推进自贸试验区创新发展。健全重庆海关自贸工作机制，修订形成《重庆自由贸易试验区海关监管制度创新工作指引（试行）》，开展基层送教上门和跟班调研 20 余次，指导自贸试验区基层海关有序开展制度创新；完善自贸试验区考核指标，将创新工作成效纳入目标管理，定期跟踪督促，从整体上提升制度创新工作的积极性和主动性。深化跨关区协作，聚焦成渝地区双城经济圈建设目标，牵头制订《联合开展川渝自贸试验区海关监管制度协同创新工作方案》，建立成渝海关协同创新工作机制，定期交流工作、探讨创新，形成创新合力。深化协同创新，服务川渝两地共性需求，联合成都海关、建设银行四川省分行、建设银行重庆市分行共同推出“关银一 KEY 通”川渝一体化模式创新举措，实现“重庆 + 四川”跨关区业务就近办，在全国首次实现“电子口岸卡”业务跨关区通办，两地企业可在川渝两地城市办理“共享盾”，也可根据需要自行在川渝地区办理电子口岸业务，极大便利了两地企业；实现“海关 + 银行”跨窗口多点办，创新引入银行第三方机构丰富业务办理网点，建立“中心 + 网点，线上 + 线下”多轨并行模式，支持川渝两地企业自行选择区内代理点或通过线上渠道办理相关业务，将业务办理“窗口”拓展至企业门口；实现“政务 + 金融”跨领域一站办，通过“共享盾”单一介质，企业既可登陆国际贸易“单一窗口”等电子口岸渠道，又可登陆企业网上银行、企业手机银行、跨境 e + 等建行渠道，“一站式”满足企业电子口岸入网 + 线上金融的综合业务需求。该项创新突破业务办理地域限制，为川渝地区跨域经营进出口企业提供更深层次跨境贸易便利化，实现业务办理时间压缩 2/3 以上，入选全国海关“‘我为群众办实事’百佳项目”，被川渝两地作为改革试点经验联合向国务院申请复制推广。

【特殊监管区域管理】2021 年，重庆海关持续推动综合保税区申设发展，优化

▲2021 年 9 月 8 日，重庆海关签署“关银一 KEY 通”川渝一体化合作备忘录

海关特殊监管区域管理，支持区内企业健康稳定发展。支持重庆市综合保税区申请设立，指导新设综保区开展建设验收。2021 年 1 月组建支持促进综合保税区建设发展工作专班，统筹推进新设综合保税区的审批、建设、验收及相关综合保税区的调规和二期建设验收工作，全年召开例会 6 次，研究解决重点发展问题困难 20 余项；指导推进万州、永川综合保税区申建工作，助力万州、永川综合保税区分别于 2021 年 1 月 15 日、2021 年 7 月 6 日获批，进一步完善万州、永川及周边地区对外开放服务平台，补齐重庆市东北区及西部地区开放短板，构建重庆全域开放格局；推动完成对万州、永川综合保税区建设方案和西永综合保税区调规建设方案、江津综合保税区（二期）围网建设方案的指导确认工作。西永综合保税区调规验收于 2021 年 12 月 30 日完成，万州综合保税区预验收于 2021 年 12 月 31 日完成。促进综合保税区开放发展，组建服务业扩大开放综合

试点工作组，与地方商务部门、重点企业建立联系对接机制，运用综合保税区政策功能优势，创新实施“保税＋暂时进出境”业务模式，推动高端奢侈品首次在西部地区开展保税进境展示交流活动，实现奢侈品进出境货值5.98亿元，内销2,684万元，征税729万元；发挥海关职能作用，挖掘制约重庆市综合保税区发展的深层次问题，形成《重庆市综合保税区发展态势总体向好但存在问题亟需关注》调研报告，为综保区建设提供发展参考；促进综合保税区外贸稳定增长，推出支持产业链梯度转移、优化进出区管理等12条措施，推动建立区内笔电企业所需核心原材料航空口岸“快处快放”机制，保障综合保税区供应链稳定畅通，在确保防疫要求情况下企业提货时间平均缩短1天左右，时效提升30%～50%。完善综合保税区管理制度措施，制定强化综合保税区和保税物流中心（B型）监管执行细则，制发《关于加强特殊监管区域风险研判强化后续监管的指导意见（试行）》，结合专项整治工作制定《重庆海关关于开展综合保税区拟入区项目指导的工作意见》，规范项目入区工作；开展打击跨境电商进口走私“断链刨根”专项整治行动，综合运用视频监控、联网核查、实地巡查、库存核对等多种方式，加强区域（中心）内网购保税进口商品实货监管；持续梳理风险隐患和问题清单，形成《跨境电商网购保税进口走私违法风险清单》《跨境电商“断链刨根”专项整治行动典型案例》，发现存在风险问题20余项，均及时予以处理。

▲2021年10月14日，重庆海关就重庆市综合保税区发展和布局开展专项调研

【区外保税监管】2021年，重庆海关持续强化区外保税监管，实施集团加工贸易监管模式改革，开展加工贸易保税料件监管改革试点。打破加工贸易保税料件仅限于企业自用的限制，允许保税料件在集团内跨企业流转、跨企业存放，有效解决集团内企业供应链紧张的问题；允许不作价设备通过结转方式在成员企业间调配使用，有力提升了不作价设备的利用效率；允许集团内成员企业间开展外发加工业务不再向海关办理备案手续，降低企业制度性合规成本；允许企业全工序外发免收担保金，减少了企业的资金占用；放宽对来料加工料件串换限制，缓解了疫情期间部分企业保税料件短缺等难题。该项改革解决了集团内企业协同加工的迫切诉求，实现了降本增效的改革目标，构建起更为科学、精准、安全的加工贸易监管模式。截至2021年年底，创新3类运营监管模式，完善6类事项处置流程，推动4家企业集团通关、物流综合成本降低55%。实施加工贸易残次品管理改革，成立重庆海关加工贸易残次品管理改革工作领导小组，制定《重庆海关加工贸易残次品管理改革试点工作实施方案》《重庆海关加工贸易残次品管理改革试点工作推进计划表》。以两路寸滩海关、两江海关、西永海关为试点单位，选定3家企业开展试点工作，以点带面有序推动改革进程。加强政策宣介，强化企业法律责任意识和海关业务培训，规范残次品销毁处置申报，加强防控执法风险，保障残次品管理精准到位。2021年7月27日完成首票残次品销毁试点业务，累计完成折料价值12.3万元的残次品销毁处置，帮助企业降低运营成本。

【万州综合保税区获批并通过预验收】 2021年1月15日，国务院印发《关于同意设立重庆万州综合保税区的批复》，批准设立重庆万州综合保税区，规划面积1.85平方千米。2021年12月31日，重庆海关会同重庆市发展改革委等7个政府部门组成联合预验收小组，对重庆万州综合保税区（一期）基础和监管设施进行预验收，认为符合《综合保税区基础和监管设施设置规范》的规定和要求，具备封关运作条件，同意重庆万州综合保税区（一期）基础和监管设施通过预验收。

▲2021年12月31日，重庆万州综合保税区（一期）基础和监管设施通过预验收

【永川综合保税区获批】 2021年7月6日，国务院印发《关于同意设立重庆永川综合保税区的批复》，批准设立重庆永川综合保税区。重庆海关在永川综合保税区的方案制订、设立申请等过程中持续给予地方政府政策指导和工作支持，加强同总署及其他部委的汇报沟通，推动永川综合保税区从申请资料递交到正式批复历时8个月即获批，成为重庆获批设立的第6个综合保税区。

▲2021年7月6日，国务院批准设立重庆永川综合保税区

（撰稿人：白　灿　肖玲君　李忠楠
谭　曾　蒋　浩　王星宇）

风险管理

【概况】2021 年，重庆海关风险防控工作主要围绕“建机制、筑体系、强措施”三条主线，综合应用“关区联合研判会议、专项风险防控小组、风险专家沙龙”三级联合研判机制，依托风险防控专班，推进关区涉检风险全面融入海关风险框架。持续加大濒危防控和知识产权保护力度，查获涉及银杏、榉木、莲蓬、象牙、厚朴等濒危产品共计 16 票，货值逾 71.9 万元，同比增长 67 倍。组织开展高风险影子商品和出口国别专项风险分析，在跨境电商出口渠道布控查获中欧班列开行以来最大一起侵犯知识产权案件。深入开展“我为群众办实事”实践活动，想方设法帮助企业解决通关中遇到的布控查验困难，结合企业诉求和风险防控实际，采取“口岸外观查验 + 目的地指令查验”联动模式，持续压缩口岸检验时间，避免大宗货物在口岸滞留堆积，为企业节约大量口岸堆存与物流费用。协同南京海关保障首票“长江经济带口岸属地海关跨关区布控查验”试点货物顺利验放。

【风险信息情报】2021 年，重庆海关着力加强风险情报信息收集和成果转化，利用云擎系统开展扩线分析，提升情报产品产出效能。根据风险情报信息的分类和时效性不同，分别向总署风控司上报风险情报专报 1 篇、风险情报快报 2 篇。在邮快渠道下达多条涉及反宣品风险布控规则，通过情报产品转化的精准布控，查获涉政治类反宣品 2 批次。优化风险信息考核指标，实现由“量”到“质”转变，参与撰写态势报告 6 篇，风险信息被总署采用 54 条，同比增长 38.46%，重点领域风险态势选题被采用 4 个。结合关区开展情报工作的实际情况，通过文献资料查询、线上调研、集中研讨等方式，组织开源性风险情报信息理论研究，撰写《开源性海关风险情报信息研究报告》1 篇，编制《重庆海关开源性风险情报工作指引》，为开展开源风险情报工作提出“三模型一指引”的长期建设设想，着力提升关区情报工作质量和风险防控水平。

【风险预警】2021 年，重庆海关风险防控聚焦重点领域，加强异常异动风险信息采集，通过多渠道拓宽风险信息来源，

▲2021 年 7 月 9 日，重庆海关就涉台企业自台湾进口货物外包装标识是否符合“一个中国”原则开展调研

强化信息风险要素提炼，结合进一步数据分析，及时把相关风险信息转化为风险预警，涉及跨关区风险特征的及时向总署提出全国风险预警建议。同时，强化总署发布全国风险预警在重庆关区的转化，不断提升风险预警的及时性、针对性和指向性。积极向总署风控司提出全国风险预警建议，多项建议被总署采用且在全国发布，同时向关区贸易和非贸渠道发布数条风险预警。依托关区非贸渠道重点安全准入风险查发快速响应机制，在现场海关上报重点安全准入查发情事基础上，及时获取查发情事要素信息和主要风险特征，进一步开展非贸一体化分析、排查和处置。在关区邮递渠道查获新型毒品“邮票”后，及时提炼风险特征，向总署提出全国风险预警建议并被采用，风险信息预警辅助领导决策、服务现场监管、支撑精准布控的实战作用持续发挥。

【风险分析处置】2021 年，重庆海关风险防控效能持续提升，人工分析布控查获率高于全国平均水平 4.8 个百分点，高质量查获占比同比提升 28.93 个百分点，其中自主分析布控查获率超过 50%，特别是在濒危防控和知识产权保护方面取得较大突破。依托风险防控专班，推进关区涉检风险全面融入海关风险防控整体框架，形成“集中研讨—任务下达—回头看”闭环机制，全年制定任务书 17 份，设置布控规则 31 条，实现重大查发 4 起，形成风险分析报告 1 篇，制定《风控分局专班布控规则绩效评估操作指引》。深入开展重点专项分析，围绕主责主业，推动分析工作常态化，通过建立数据监控分析模型，完成高质量查获 183 起，占总查获数的 41.5%。联合南宁海关风控分局牵头开展三级风险重点工作“陆海新通道一体化风险防控”课题研究，形成课题研究报告并报送总署风控司。持续深化关际合作，会同口岸海关风控分局制订《南京—重庆进口真空包装等高新技术货物布控查验协同试点方案》和《重庆攀华集团进口板坯布控查验跨关区配合试点方案》，经总署风控司审核同意后，启动试点工作。认真总结提炼查发要素，并结合态势研判及数据分析，重点关注高风险五大要素，兼顾三大风险分析因子，综合开展全链条、全流程布控。在打击治理跨境赌博专项工作中，综合应用数据模型结果开展布控，接连在筹码、POS 机、银行卡、电话卡以及挖矿机等多种类实现查获，被总署监管司通报表扬2次。深入开展毒品专项查缉，查获各类毒品情事20余起，其中刑事立案2起。始终坚持“强化高效、维持有效、优化低效、中止无效”的原则，科学高效开展布控规则运行效能评估，为关区布控规则的动态调整提供决策参考。全年，安排对80%的布控规则开展效能评估，对5%的布控规则提出优化调整建议，提升布控精度，助力优化营商环境。

▲2021年6月11日，重庆海关开展“清邮”行动专项查缉工作

【大数据应用】2021年，重庆海关充分发挥云擎在分析决策、风险布控、现场执法、后续监管、内控管理等方面的作用，持续放大成果效应。截至2021年，为关区11个职能部门、11个隶属海关共40余人开通云擎账户，并建立关区大数据应用专家队伍，模型应用体系初步构建。关区云擎建模350余个，共享模型112个，向总署推荐并获批发布全国平台级模型10个，位列内地直属海关第二。借助模型运用助推关区查发，特别是在全国涉枪涉毒布控查获中取得较好成果。先后在关区征集20余项建模需求，并指派专家“一对一”技术指导，逐一解决应用难题。在全国各直属海关提出枪毒同步防控，通过自创分析法，先后在寄递渠道挖掘境内涉枪毒高风险团伙5个，在全国10个口岸精准查获大麻枪支零部件等重大风险，有效遏制风险漂移，打掉非法贩卖枪支团伙，并移交公安部门刑事立案1起。结合风险分析及查验，查发关区邮递渠道首起涉税刑事案件。创新开展布控规则档案管理工作，实现评估反馈提质增效。布控规则主要围绕业务领域、来源部门、风险指向、作用周期进行精准定位，在全国海关风控领域建立布控规则全流程信息化管理体系，为利用云擎开展指令执行和布控规则效能评估夯实基础。推动落实成渝地区双城经济圈战略，与成都海关风控分局建立成效评价双向反馈机制，协同加强布控规则效能评估和指令后续异常情况监控，助力优化跨境贸易营商环境。

【口岸风险联合防控】2021年，重庆海关依托口岸安全风险联合防控工作机制，按照“以点带面”的工作思路，持续深化与部分联防联控成员单位的常态化合作，实现口岸风险联防联控。通过与成员单位“点对点”的联系协作，加强信息交换，共享风险情报信息18批次，围绕重点领域和重大风险开展风险联合研判4次。以共享情报信息为基础，利用云擎系统开展扩线分析，提升情报产品产出效能。提炼2条快报类风险情报上报总署风控司，经其审核后转至相关海关风控部门处置，实现跨关区风险情报产品输出“零突破”。

依托联防联控工作机制，持续做好疫情输入常态化风险防控尤其是疫情信息收集和排查工作，严防疫情输入风险。建设非贸联防联控机制，提升科技化水平，初步搭建成都、西安、重庆3地快件信息平台。强化与总署风控局（上海）情报协作，制定紧急处置细则。建立规则联合测量机制，归纳“复试呼吸法”等13种分析法，并据此搭建非贸一体化信息应用平台，首期已投入应用。

▲2021年5月28日，重庆海关与口岸风险联防联控单位开展工作交流

（撰稿人：刘　玥　谈文艳　戴　诗
唐　立　於　剑）

关税征管

【概况】2021年，重庆海关坚持系统观念，着力提升关区征管治理基础和征管制度创新，深化综合治税，统筹做好税款“增”与“减”两篇文章，涵养税源、扩大税基，依法科学征管，圆满完成全年税收任务。以2022版《协调制度》实施为契机开展关区税政调研，提出税政调整建议，参与全国范围的重点行业调研和专项工作。落实国家“十四五”进口税收优惠政策，确保实施成效，支持科技创新政策免税主体多元化，服务重庆科技创新中心建设。密切与重庆化验区域海关的工作协作，推进陆海新通道海关涉税化验执法统一性，深入分析全国海关涉税化验数据，辅助总署开展分析决策。持续推广关税保证保险、汇总征税、预裁定等便利措施，推进属地纳税人管理，探索建立全口径属地纳税企业底账和“双特”企业台账，强化企业合规申报引导，构建新型关企征纳关系。加强对国际经贸规则的研究，分阶段、分步骤推进RCEP政策宣传贯彻和培训工作，做好RCEP原产地规则和关税减让生效实施准备。强化关税基础业务监控分析，强化关税、稽查、缉私、风控等多部门协作，强化关区税收指标监控，提升关区涉税风险防控能力和税收征管效能，实现关区税收工作高质量发展。

【税则税政】2021年，重庆海关优化税政调研机制，针对2022版《协调制度》实施、“十四五”进口税收优惠政策等加大税政调研力度，着力提升税政研究能力。配合总署做好《协调制度》转版研究及宣传贯彻解读工作，参与编写出版书籍《一本书读懂协调制度》和发布“关税聚焦”等关税核心宣传稿件。参与总署多项税政课题研究工作，参与1个署级课题研究，牵头1个司级课题研究，全年参与课题研究数量达7个。面向关区企业广泛开展税政调研，提出税政调整常规建议48条；关注行业、产业的共性需求，参与“人体医疗植入物进口税率研究”等多项全国范围的重点行业调研，参与《协调制度》转版、消费品降税、进口环节消费税等多项税政调研专项工作。推进减免税“十四五”政策平稳过渡和实施，对民用航空维修用航空器材进口税收政策、科技创新进口税收政策、集成电路产业进口税收政策和支持新型显示产业进口税收政策等进行宣传贯彻指导。牵头重庆化验区域内12个直属海关涉税化验技术支持工作，持续推进陆海新通道海关涉税化验执法统一性，根据授权全年完成全国涉税化验统计分析12次，辅助总署分析决策；区域海关全年涉税化验送验215宗，出具化验鉴定书201宗，185宗出具参考税号，税号出具率92%；其中重庆海关涉税化验送验47宗，出具化验鉴定书49宗，46宗出具参考税号，税号出具率93.9%。全年处理归类预裁定事项62次，签发归类预裁定决定书26份。

▲2021年9月2日，重庆海关在重庆大学开展“十四五”期间支持科技创新进口税收优惠政策宣传指导工作

【估价管理】2021年，重庆海关围绕深化税收征管改革要求，推进落实属地纳税人“特许权使用费及特殊关系征税情况”台账管理工作，自主开发“属地纳税人管理系统”信息化项目，实现重庆海关属地企业电子台账管理全面覆盖。

注重估价管理与技术服务结合，通过“一对一”宣传，推进价格预裁定工作，引导企业用好海关估价技术“一企一策”服务，全年处理价格预裁定事项33次，签发价格预裁定决定书21份。通过培训授课、交流研讨、带班教学、估价技术指导等方式开展关区估价业务培训，进一步增强一线关员估价业务能力，全年参训人员合计120人次。以估价技术支持内陆铁路运输发展，经过理论研究及现场调研，向总署提出中欧班列回程境内运费不计入完税价格应税建议；总署在此建议基础上，最终明确中欧班列回程运输及其相关费用估价事宜，统一了审价尺度。落实区域海关共同支持西部陆海新通道建设2021年重点工作事项，与南宁海关及昆明海关联合开展公路运输进口榴莲、龙眼、山竹等3种水果价格分析，形成相关商品价格信息和风险警示共享机制。协助总署设计并测试“选择性征收关税”计税模块，完善“加工贸易内销缓税利息”计征模块，利用总署大数据平台开发“价格水平评估”模型。

【税收征管】2021年，重庆关区全年税收入库首次超过170亿元，同比增长26.8%。密切跟踪国内外经济形势和政策变化因素，结合“商品+企业”在关键节点开展综合性税源调研，摸清关区税收增量、存量和变量底数。进一步推进税收征管方式改革，推广汇总征税、关税保证保险等措施，支持地方外向型经济发展，关区汇总征税率同比增长7.76个百分点，备案的重庆属地企业关税保证保险单涉及担保额度近2亿元。深入推进属地纳税人管理，依托属地优势，选取关区税收排名前30家属地企业及30家报关企业纳入首批属地纳税人管理，开展企业底账建账及纳税遵从度评估，实施差别化管理服务，新型关企税收征纳关系初步形成。运用减免税手续“二合一”新模式，实现项目（单位）信息备案和货物免税申请一次性办理，推广减免税审核确认“无纸化”，提升审核时效50%。支持科技创新政策免税主体多元化，参与核定重庆市享受支持科技创新进口税收政策的科研机构第一批119家，地市级及以上公共图书馆30家。重视关区税收征管工作人才保障和智力支持，5位同志获评关区税收征管岗位能手，全年发布“关税新知”专栏宣传稿件40篇。

▲2022年5月23日，重庆海关召开关区综合治税工作会议

【税收风险防控】2021年，重庆海关守土担责，构建全方位税收风险防控体系，打击偷逃税违法行为，切实保障关区税收安全。落实总署税收征管局风险排查处置指令，加强对重大税收风险的研判识别、排查处置、成效评估和源头管控，重点加强指令、线索排查效能的评估和反馈，全年关区风险排查处置及时率100%。强化关税、稽查、缉私、风控部门的协作，形成“分析研判—协同处置—反馈转化”的管理闭环，提升关区综合治税合力。强化归类、价格、原产地三大关税基础业务监控分析，开展同品名异归类纠错、报关单事后归类批量复核，开展贸易救济措施、优惠原产地项下进口货物享惠资格核查，对反倾销及价格承诺产品漏征反倾销税、原产地要素申报不规范、出口签证质量等风险进行专项监控核查，落实多查合一，发布出口原产地签证审核重点及问题通报，强化优惠原产地及贸易救济措施风险管控。加强进境物品涉税监控分析，建立物品税收风险分析模型，防止税款跑冒滴漏，关区行邮税征税率显著提升。在跨境电商“断链刨根”专项整治行动中，发挥关税专业优势，参与总署“1+2+6”税收风险防控联系配合工作，开展跨境电商税收风险专项分析研判。促进跨境电商零售进口健康发展，推动企业合规申报，根据总署部署，12月15日在全国海关率先开展跨境电商零售进口商品条码应用试点改革，首日41家电商企业参与应用试点工作，通过合规性校验比例91.4%。

【原产地管理】 2021年，重庆海关切实落实国务院关于加快做好《区域全面经济伙伴关系协定》（RCEP）生效实施有关工作的部署，并做好RCEP原产地规则和关税减让生效实施准备。参与总署RCEP关税减让和原产地规则谈判宣传贯彻组教材编写和RCEP原产地管理应用项目上线运行测试，做好新旧系统切换的应急处置和技术支持。注重政策宣传贯彻，强化外部宣传，通过新华网重庆频道开展“海关企业面对面”的RCEP高端直播访谈，在海关发布和《中国国门时报》发表RCEP政策解读13篇；以线上线下等教学形式开展内外部培训30余次，特别是结合“我为群众办实事”活动，联合重庆合川、南岸和巴南等区县商务部门开展对企RCEP培训，累计1,100余家企业、共计1,200人次参加；其中针对日本进出口企业、AEO认证企业、有进口材料来源的企业开展了“一对一”宣传辅导。摸底关区与RCEP成员国有进出口业务的企业及产品结构等，加强对CPTPP关税减让、原产地规则及程序等国际经贸规则的研究，深度分析进出口数据，撰写多篇研究分析材料。推进原产地便捷出证，落实智能审核、邮寄签证等便利化措施，支持武汉、成都等异地备案企业在重庆签发原产地证书；做好新增泰国等原产地证书自助打印工作，联合地方商务部门共设立19个原产地证书自助打印点，与异地签证机构实施签证与调查信息联动，关区自助打印实现率92%。

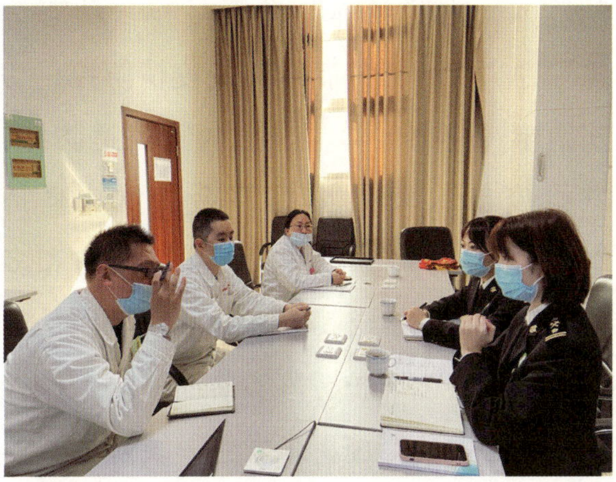

▲2021年10月20日，重庆海关对高级认证企业开展RCEP“一对一”宣传辅导

（撰稿人：李　蔺　向小禄　马莉娟
赵倩颖　王　烨　姜泽宇）

卫生检疫

【概况】 2021年，重庆海关坚持“外防输入、内防反弹”总策略和“动态清零”总方针，做好新冠肺炎疫情防控，切实筑牢“境外、口岸、境内”三道防线，共检疫出入境人员6万余人次。坚持“严”的主基调，严格人物环境同防和多病共防，口岸检出其他传染病12例。从严顶格做好安全防护，落实落细一线工作人员的关心关爱措施，未发生一线人员职业暴露情况。加强生物安全体系建设，组织开展生物安全课题研究、重庆口岸传染病传入风险评估、新冠肺炎疫情防控风险分析研判工作机制等，为生物安全建设提供常态化、系统性技术保障。高效统筹口岸疫情防控和促外贸保稳提质，强化监管优化服务，对在重庆口岸通关的3批新冠病毒疫苗，在风险可控的情况下开辟绿色通道，缩短查验时间，保障出境疫苗快速验放。

【检疫管理】 2021年，重庆海关科学规范做好新冠肺炎疫情常态化防控，每月开展复盘，不断优化工作流程。制修订制度、方案和指引等145份。开展入境航班复盘12次，整改问题93项。检疫出入境人员6万余人次，采样1万余人份，检出率同比增长11.97倍。强化常态化安全防护自查督查机制，建立精细化台账和“三个清单”，开展自查督查100余次，整改问题78项。创新建立“直属海关、隶属海关单位、作业班组”三级安全防护总监督员，建立“卫生检疫、冷链、非冷链”三条线安全防护监督工作组制度。切实做好疫情防控各项保障，协调地方卫健委组建支援海关人员库，完善预备队员定期培训，人员队伍轮换得到保障；严格资金管理，对总署下拨的防止境外疫情输入专项经费严格管理、专款专用，按照三个月防控储备量保障，加强物资管理，联合开展防疫物资库检查10余次，经费和防控物资保障到位；全力组织疫苗和加强针接种工作，协调重庆市卫健委对海关人员给予“尽快接、尽量接、就近接”的保障支持，稳步推进疫苗接种工作。在日常检疫监管中，完成“纪念中国—东盟建立对话关系30周年特别外长会”和“澜沧江—湄公河合作第六次外长会”通关检疫工作，为疫情发生以来我国举办的规模最大的线下外交活动提供优质检疫通关保障。安全规范完成接返中央企业境外滞留人员等包机入境保障任务。

▲2021 年 12 月 6 日，重庆海关开展口岸新冠肺炎疫情防控突发事件应急处置演练

【实施高风险岗位人员集中封闭管理】2021 年，重庆海关按照不低于总署要求、远高于地方标准推进实施高风险岗位人员集中封闭管理。成立职责清晰、保障全面、协同管理的工作专班，创新处级领导带班的工作组管理模式；制定集中封闭管理实施办法 1 个、实施细则 3 个、相关作业指引若干，制度体系完善；创新实施健康准入制度，对拟进入人员提前核验 48 小时内核酸阴性报告，流调和排查 14 天健康情况，严禁无关人员进入封闭场所，核查因检查等特殊事项需进入外来人员 24 小时内核酸报告。从 2021 年 6 月 25 日开始，对 800 余人次实施单独居住管理、一人一间等高要求集中封闭管理。高起点建成新冠防控人员培训全覆盖体系，由有医学卫生专业背景的卫生检疫预备队员每年 15 天现场跟班培训，对地方支援人员、封闭轮换人员（含副处级带班组长）、“预备队员 + 关区相关人员”全覆盖培训，对培训对象采用清单化管理培训，差异化个性化考核，考核考评严格量化，对多人次培训不合格地方支援人员和关员实施退回或不予认可相关资格处理。对 300 余名封闭管理人员，分 10 期开展岗前、岗中培训；对 50 名预备队员，分两批到江北机场进行 15 天的跟班培训，同时定期开展培训；对 116 名地方支援人员，分 13 批次开展安全防护、采样和海关工作要求培训；对 18 名副处级封闭管理组长岗前全面培训。

【生物安全】2021 年，重庆海关强化特殊物品监管，制订新冠病毒疫苗监管工作方案和作业指引，建立长效沟通联络机制，多次开展新冠病毒疫苗专题联合风险研判，严防新冠病毒疫苗非法出境，重庆口岸出境新冠病毒疫苗 160 余万支。修订特殊物品查验作业指导书，开展特殊物品风险评估、口岸查验、后续监管等培训，将特殊物品监管纳入重大查获考核指标，全年查获不合格特殊物品 10 批次，同比增长 100%。

【疾病监测】2021 年，重庆海关持续开展疫情监测、风险研判、风险预警和布控，编制境外传染病疫情信息月报 12 期，编发成渝疫情信息 50 期，编制重点国家疫情专报 64 篇，发布黄热病等其他传染病风险预警 7 个，下达二级布控指令 10 个；法定传染病监测 1.45 万人次，检出传染病 89 例（病毒性肝炎 47 例，性病 32 例，艾滋病 10 例），检出率同比下降 39.39%。

做好国家疟疾检测重点实验室的申请和筹建工作，支持移动 P2 + 实验室投入使用，推进保健中心实验室负压区改扩建。固化新冠肺炎疫情期间联防联控经验，与重庆市卫健委建立应对口岸公共卫生事件合作机制。10 月赴秀山县涌洞乡川河村开展“健康宣讲 + 义诊”活动，多方面做好疫情防控工作。

▲2021 年 12 月 1 日，重庆海关举办第 34 个“世界艾滋病日”宣传活动

【卫生监督】2021 年，重庆海关推进口岸卫生监督模式，按照 2021 年度口岸食品安全抽检工作方案和国境口岸卫生监督“双随机、一公开”工作计划，开展监管执法 805 次，发现并处置各类问题隐患 38 个；实施口岸食品安全抽检和卫生监督计划，抽样送检 422 批次，检测项目 1,248 项次，检出不合格 13 批次，同比增长 11.6%；现场快速检测 215 批次，检出不合格 3 批次；受理群众举报投诉 7 起，移交线索 3 起，同比增长 100%。办结行政处罚 6 起，办结口岸卫生许可 170 份。加强国际航班废弃物监督，比对国际航班废弃物数据 1,336 架次，现场监督航空垃圾清理航班 1,097 架次，航空污水 235 架次，开展垃圾随车监运及垃圾中转站现场监督各 68 次，污水处理厂监督 5 次，发现并处置数据异常 16 起。强化病媒生物监测，截获输入性病媒生物 37 批次共 68 只，鼠粪 9 粒，同比增长 12.1%；蝇类 5 批次 5 种类共 5 只，其中蓝翠蝇为重庆口岸首次截获；蜚蠊 30 批次 17 种类共 63 只。强化口岸病媒生物本底监测，共捕获病媒生物 2,581 只，其中成蚊 520 只，蚊幼（含卵、蛹）1,005 只，鼠类 4 只，蜚蠊 1,052 只，均未发现病原体阳性。

（撰稿人：谭　平　谭冠述
刘　晓　刘声迪）

动植物检疫

【概况】2021 年，重庆海关推进进境动植物境外预检“制度 + 科技”建设，开展“国门绿盾 2021”专项行动，严防重大动植物疫病疫情输入输出和外来物种入侵，筑牢口岸检疫防线，维护国门生物安全。全年截获有害生物、动物疫病 211 批次，411 种次；截获苹果瘿蚊、青鳉鱼等外来物种和活体动植物 148 种 342 次，同比增长 8.73 倍。推动农产品优进优出，服务重庆内陆开放高地建设，助力乡村振兴，全年监管中转调运粮食 285.99 万吨，同比增长 88.77%；推动农产品扩大出口，产品货值 9.88 亿元，同比增长 38.24%；帮助忠县 25 吨“爱媛 38”鲜橙首次出口欧美市场，1,100 株中山杉种苗全国首次出口越南。

【外来入侵物种防控】2021 年，重庆海关开展打击非法引进外来物种和种子苗木“国门绿盾 2021”行动，围绕外来入侵物种口岸防控“七个方面重点工作”着力提升风险布控、口岸查验、检测鉴定能力，严防外来物种入侵。成立外来入侵物种口岸防控领导小组，组织和指挥外来入侵物种口岸防控工作。突出工作重点，结合关区实际，围绕旅客携带、寄递等渠道开展监测预警。强化责任落实，将外来入侵物种和动植物疫情统筹防控，纳入年度重点工作，强化监督管理。加强宣传引导，利用新媒体，结合典型案件，开展防范外来物种入侵和动植物疫情疫病传入警示教育和科普教育，发布相关稿件 12 篇。组织 40 人次对机场、港口、铁路等主要口岸和进口粮食中转码头 12 个区域开展外来入侵物种普查。与重庆市农业农村委员会等部门建立外来入侵物种和红火蚁防控协调机制，与重庆市林业局等部门成立重大林业害虫防控指挥部，进一步完善外来有害生物防控机制，协调推进重庆外来物种防控工作。利用海关系统内外技术力量，成立外来入侵物种口岸防控技术小组，远程指导现场查验，开展检测送检“在线诊断”。截获长戟犀金龟、青鳉鱼等 6 个案例，被总署采纳为 2021 年度外来物种典型案例。

【进出境植物及其产品检疫】2021 年，重庆海关强化动植物疫情疫病监测预警，推动检疫防线前移，总署采用相关信息57条。严格检疫检查，筑牢口岸检疫防线，全年共截获有害生物205批次、405种次，其中截获双钩异翅长蠹等检疫性有害生物6批次，首次在出口柠檬中检出柑橘大实蝇。制订国门生物安全监测方案，踏查果园、粮食加工厂等监测点400余个，涉及17个区县，42个企业（含港口）；监测实蝇、杂草等样本41,506头/株，监测防除加拿大一枝黄花等外来物种共计约168平方米，首次采用81台智能实蝇监测设备进行“人工+智能”监测。制订食用农产品安全监控方案，收集监控数据17条，根据监控指令从1批进口苜蓿草中检出非法转基因成分。联合重庆市相关部门制定重庆市农产品出口优秀区县、示范基地、示范企业创建管理办法，开展区县农业对外合作工作评价。新增注册果园基地8个，新增备案面积7,400亩，向泰国、俄罗斯等国推荐出口水果基地25家/次。与成都海关强化协作，共同打造成渝地区双城经济圈柠檬出口优质品牌。配合重庆市中新示范项目管理局召开中新（重庆）农产品贸易合作视频会议，推动中新（重庆）农产品贸易发展，拓宽出口渠道。强化科技攻关，与重庆工商大学联合开展“开放新格局下重庆对外贸易发展研究”课题，获得第七届重庆市发展研究优秀成果三等奖。关注基层海关检疫监管难点，创新监管机制，在保障安全的前提下，联合南宁海关，依托进口粮食“两段准入”“附条件提离”监管作业改革，以进口储备粮监管为切入点，形成优化进口储备粮检疫监管联系配合机制，进一步优化进口粮食“附条件提离”监管措施，提升口岸通关效率。拓宽动植物检疫风险分析范围，对进境鲜花、水果、木材、饲草、家具等植物产品开展风险分析，调整优化风险布控规则。修订并评估11份进出境植物及其产品检疫操作指引，组织隶属海关开展重大植物疫情应急演练。开展出口违规通报协调处置，指导隶属海关开展出口烟叶植物检疫违规通报核查处置工作。开展植物检疫业务培训，邀请南京、上海、大连、昆明海关专家采取“线下+线上”方式对外来入侵物种、《中华人民共和国生物安全法》等热点进行专项解读，组织赴成都海关实地调研学习进境植物种苗、粮食监管业务，全年组织植物检疫类培训达200人次。与重庆市农业农村委员会等市级部门建立外来入侵物种和红火蚁等市级联防联控机

▲2021年10月19日，重庆海关动植处、永川海关、技术中心在出口果园基地检查检疫性实蝇监测情况

制，制订防控方案3份，联合赴沙坪坝、綦江区开展调查2次，协同处置口岸区域内监测发现的疫情。

【进出境动物及其产品检疫】2021年，重庆海关按照“进系统、标准化、留痕迹、可追溯”的目标要求，建立业务风险和廉政风险防控“同部署、同推进、同检查、同评价”的进境动植物境外预检“制度+科技”防控模式，通过强化制度设计、突出防控重点、运用科技手段，建立信用管理、检疫体系评估、预检效果评价等19项工作制度，形成110份作业指导书类文件，在预检系统中开发了56个境外预检标准工作流程。收集并上报境外动物疫情信息166条，被总署采用76条。结合重庆关区动物产品进口业务，提出风险布控需求16个。根据境外动物疫情流行趋势，及时制发风险预警19个。严格落实疫情防控措施，在入境旅客携带物及邮包截获的动物产品中检出非洲猪瘟病毒核酸阳性5批次、布氏杆菌核酸阳性1批次。妥善应对进境种猪隔离检疫场周边突发一类动物疫病情事，组织调查组实地走访调查，加强周边环境污染情况监测，与相关部门、进口企业沟通协调，撤销隔离检疫场使用许可证。组织开展应急防控演练，指导隶属海关撰写演练方案和脚本，并以桌面推演的形式开展重大动物疫情应急处置。采购配发防护器具、消毒药剂等应急防控物资，落实动植物检疫能力提升工程，全年采购超景深体式显微镜、荧光定量PCR仪等设备88台（套），进一步推进口岸检查、监测、处理等设施设备规范化、标准化、智能化。加强技贸措施研究，收集整理国外相关法律法规和最新监管要求，助力2家饲料添加剂企业获得对俄罗斯出口资质，推荐2家宠物食品企业向泰国申请备案。强化日常监管，将日常监管和出口前检验紧密结合，严格落实安全风险监控计划，确保产品质量安全。全年监管出口饲料及饲料添加剂1.68亿元，同比增长67.29%，监管出口肝素钠5.21亿元，同比增长50.29%。开展进出口饲料、食用水生动物安全风险监控，检测出口饲料和饲料添加剂15批次，涉及重金属、兽药、致病菌等83项次，检测进境螯虾、面包蟹等进口食用水生动物19批次，涉及重金属、兽药、污染物等311项次，检测出境淡水养殖鱼类3批次，涉重金属、兽药等80项次，均未检出不合格。开展国门生物安全监测（动物检疫部分）工作，监测进出境食用水生动物11批次，涉及疫病监测项目25项次，监测结果均为阴性。严格检疫处理单位核准工作，重点关注质量管理体系建立、安全监督员配备、岗位培训持续性开展等方面。全年共对3家首次申请单位开展出入境检疫处理单位核准工作，1家企业通过核准，加强政策宣传贯彻，督促其建立完善各项制度，切实落实质量安全主体责任。加强监督管理，开展以质量管控和规范落实为核心的检疫处理单位监督检查，半年内实现全覆盖，对关区3

家检疫处理单位开展 7 次监督检查，发现问题 11 个，督促检疫处理单位立即整改并跟踪检查。做好动植物检疫“线上 + 线下”培训工作，通过集中讲授、外请专家、视频教学、送教上门等多种培训方式，组织各类培训 8 次，参训人员 400 余人次。开展岗位资质认定工作，调研重庆关区动植检岗位人员分布及缺口情况，组织“选、查、处”环节相应岗位人员参加资质认定，新增签证兽医官、签证植物检疫官、动植物检疫现场专家查验岗等资质人员 178 人次。

▲2021 年 4 月 26 日，重庆海关动植处、涪陵海关对关区首次出境水生动物开展疫病监测

（撰稿人：杨万明　陆慧慧　殷　静）

食品检验检疫

【概况】2021年，重庆海关全面落实总署相关工作部署，严防新冠肺炎疫情随进口冷链食品输入，织牢进口冷链食品疫情防控网，严格落实进口食品“国门守护”行动，严格执行年度监督抽检和风险监测任务，强化风险研判，加强技贸措施研究，大力支持地区特色农食产品扩大出口，未发生系统性、区域性、行业性食品安全事故。2021年，共检验检疫进出口食品6,268批，货值50.44亿元。其中出口食品2,825批，货值11.27亿元，豆腐乳、菊芋汁等产品实现首次出口；进口食品3,443批，货值39.17亿元。查获不合格进出口食品19批，包括未经准入鱼肚、无批件保健食品等，其中进口食品14批，均作退运处理；出口食品5批，均作不予出口处理。

【进口食品“国门守护”行动】2021年，重庆海关开展常态化疫情防控，强化组织领导机制，提升统筹协调水平，成立由关区主要负责人任组长的进口商品风险监测领导小组，统一部署，靠前指挥，将进口冷链食品疫情防控工作作为每月形势分析会规定议题研究部署；建立复盘检查机制，提升监管作业水平，指导各隶属海关严格执行总署抽样检测和预防性消毒监督布控指令，定期实行全流程复盘检查，累计检查26次，发现问题61个，并监督立行立改；夯实应急响应机制，提升应急处置水平，建立健全以“应急梯队、应急制度、应急演练”为重点的三位一体应急响应体系，组建由74人组成的一线预备应急梯队，对梯队人员实行全覆盖集中培训考核5次，制修订两级预案共8个，开展应急演练6次；巩固联防联控机制，提升闭环管理水平，与市场监管部门加强沟通联系，共同推动落实《进口冷链食品疫情风险防控合作协议》合作事项，不断巩固“口岸—市场”闭环管理新模式成效，全年向进口商发放告知书364份，督促进口商在“渝溯源”平台逐批录入进口信息；健全“五个固定”机制，提升安全防护水平，即固定人员管理、固定作业程序、固定防护标准、固定作业区域、固定防护监督。统筹协调推动食品安全监管，一体化推进关区进出口食品安全工作，在检疫审批、单证审核、口岸查验、属地检验、监督检查、后续稽查等方面加强指导协作，先后针对日本食品、水产品送达11条布控指令，对29家出口企业进行后续核查，对325份进出口食品单证开展质量抽查。组织学习《中华人民共和国食品安全法》、《中华人民共和国进出口食品安全管理办法》，开展现场教学指导、专题业务培训、带班教学活动等多种形式培训13次。多措并举深入宣传，通过官网线上专栏、送政策上门、集体培训座谈，多渠道多维度对关区328家进口商开展宣传贯彻，强化进口商主体责任落实。突出实效贯彻落实，建立联合研判专班，开展“进口食品安全监管工作专班”集中工作，先后解决婴幼儿配方乳粉因企业注册号、注册类型、注册有效期不规范而无法申报，以及魔芋干原料因境外企业未完成注册而无法进口等问题。强化支撑提升队伍监管水平，建立进出口食品“查验、签证、评审”专家库，培养入库查验官、签证官等专家404人，先后78人次参加总署评估审查及注册评审工作。做好进出口食品安全监管人员业务、法治、科技培训，加强复合型人才创新团队建设，对标国内外食品安全动态提升风险因子发现能力，对植物源性食品新兴杀虫剂等17项未知风险检测技术开展攻关，食品检测资质增至74类2,854个。

【进口检验检疫】2021年，重庆海关加强进口食品源头管控，按照总署要求完成对墨西哥、哥斯达黎加等国输华水产品的安全体系评估，完成《哥斯达黎加养殖白虾输华风险评估报告》等，新增可输华水产品品种2个。配合总署开展境外生产企业注册评审工作，累计新增注册俄罗斯、新加坡等国家境外生产企业及其输华产品，扩大优质食品进口来源。加强重点产品准入管理，对进口肉类、水产品、乳制品、中药材、燕窝、肠衣、蜂产品、植物源性等8大类食品实施准入监管，按要求对高风险产品实施入境前进境动植物源性食品检疫审批，全年签发食品类检疫审批许可证123份。完善制度建设，对进出口食品安全各岗位工作进行全面梳理，制定进出口食品安全领域8个岗位作业指引，规范执法行为，从制度层面严防风险。强化监督抽检和风险监测，制订安全监督抽检和风险监测工作方案，指导各隶属海关严格执行抽检计划，共计抽检255个样品、获得3,123个检测项次，分别从2批进口植物油中检出未申报的转基因成分，从1批南美白冻虾中检出传染性造血器官坏死病，为重庆海关首次经监督抽检查获不合格进口食品。实施跨境电商进口食品等3个风险监测计划，对22种产品173个样品开展监测，获得2,220个监测数据，监测产品完成率100%。强化风险信息研判，建立40余人的食品安全风险信息工作专班，全面收集、分析境内外食品安全信息，梳理卫生证书、产品准入等提升查获率的关键点13个，科学分析研判风险，强化进口含肉加工食品等高风险产品的精准防控，下达32条进出口食品安全风险布控信息，实现保健食品、化妆品、日本食品原产地证明等证件全覆盖审查。指导现场查获不合格进口食品14批，其中未获准入的乌干达鱼肚1批，为全国首次查获。依法对上述不合格进口食品进行处置，未流入国内市场。开展食品安全宣传周活动，组织系列活动28场，累计向60个社区、企业等主体开展宣传，参与者近3,000人次，利用学习强国App、重庆海关发布微信公众号等新媒体平台发布宣传信息36条。畅通投诉举报专线，整合12360热线、关长信箱、网上信访和新媒体等渠道，开辟12360投诉举报专线，加强对举报人隐私保护，鼓励知情人举报食品进出口环节中的违法犯罪行为。

【出口检验检疫】2021年，重庆海关开展技贸措施研究，组织专业队伍采集全球食品安全信息3,767条，采集量同比增长86.4%，编发12条“渝关技贸之声”，指导65家出口企业对标目标市场加强产品质量攻关。针对辖区出口国家及产品，形成关于《新时代出口食品农产品法律法规和技术规范标准体系简介》《农产品国际贸易规则和发达国家及国内农业大省扩大农产品出口方法分析与借鉴》等研究报告。加强微观应用，针对特色食品，完善调味品、罐头等7个重点产品技贸措施调研报告，支持更多特色食品迈向更广阔国际舞台。推动企业提升出口管理水平，在总署食品局指导下，与新加坡食品局就食品法律法规及标准开展对话交流，与重庆中新示范项目管理局联合开展出口新加坡肉类企业专题培训，覆盖60余家相关企业，成功推荐2家肉类罐头企业在新加坡注册。围绕企业需求，结合最新进出口食品监管要求，编制《进出口食品通关便企手册》供企业参考使用，全力支持企业扩大进出口。强化出口不合格食品通报调查，针对6起出口食品被国外通报不合格案例，对涉事企业进行全面核查，深入摸排原因，制定12条防控措施全面整治问题，全面提升出口食品安全管控质效。

（撰稿人：王洪武　张　伟　向　宇）

商品检验

【概况】2021年，重庆海关聚焦“安全卫生健康环保”，围绕机动车、消费品、危险化学品及其包装、资源产品等重点商品开展进出口检验，发挥进出口商品质量安全风险预警监管体系作用，推动国家级进出口商品质量安全风险评估中心及风险监测点建设，全年检验进出口商品8,956批，检出各类进出口工业品不合格793批，守住系统性、区域性质量安全风险底线。

【国家级进出口商品质量安全风险评估中心（重庆）建设】2021年，重庆海关根据总署批准，设立国家级进出口商品质量安全风险评估中心（重庆），承担全国纺织服装、摩托车等进出口商品的质量安全风险评估工作，为全国6个评估中心之一。通过完善进出口商品质量安全风险预警体系、提升基础能力等方式科学开展质量安全风险评估，2021年收集11大类消费品风险信息4,118条，实施风险监测、验证350批，完成风险分析、评估报告21份，承担的全国进口儿童用品质量安全风险评估内容被新华社、中国政府网等广泛报道。

【建立成渝地区双城经济圈进出口商品质量安全风险监测点合作机制】2021年，重庆海关为助推成渝地区双城经济圈战略实施，根据总署公布目录，与成都海关设立进出口商品质量安全风险一级监测点（成渝地区双城经济圈），负责共同收集分析成渝地区双城经济圈进出口商品质量安全风险信息。2021年1月，重庆海关、成都海关联合发布“成都海关、重庆海关推动成渝地区双城经济圈进出口商品

▲2021年3月4日，重庆海关开展进口商品质量安全风险分析

质量安全风险监测点建设合作机制”，正式建立两地风险信息监测、预警、处置合作共享机制。2021 年两地海关共享风险信息 4,318 条，选取典型案例联合刊发工作简报 3 期。

【进口汽车检验监管】 2021 年，重庆海关检验监管进口汽车 1,136 批，7,288 辆，货值 42.7 亿元人民币，同比增长 44.6%；实施进口高风险非冷链集装箱货物口岸环节新冠病毒检测和预防性消毒，检出 1 批进口汽车零部件阳性并严格依法依规采取风险消减措施；建立检验协作机制，支持“保时捷铁路运输常态化项目”落地并稳定运营，实施整车保税仓储“三个一”监管（一次检测、一次运输、一体化作业），确保整车进口快速安全高效。

【进出口危险化学品安全监管】 2021 年，重庆海关发布通知，进一步加强进口危险化学品检验监管工作、进一步压紧压实进出口危险化学品检验监管责任。检验进出口危险化学品 2,835 批、8.56 万吨，实施危险货物包装性能检验 483 批，使用鉴定 2,730 批，全年未发生口岸危险货物安全事故。组织人员参加总署在商品检验领域开展的进出口危险品及其包装检验监管岗位练兵和技能比武，全关区共计 312 人参加。成立工作专班，搭建“云端”练兵体系，“教、学、练、赛”一体推进，在“万人争先”线上练兵中进入全国海关团体八强。

▲2021 年 10 月 14 日，重庆海关开展岗位练兵比武

【打击“洋垃圾”入境】 2021 年，重庆海关全面落实禁止固体废物进口相关工作要求和部署，针对废矿渣、废塑料、废粉末等高风险商品和重点企业，实施固体废物属性鉴别 44 批，检出固体废物 2 起。实施进口再生资源检验监管，累计检验进口再生铝合金 26 批、1,970 吨、333.1 万美元，查发进口再生黄铜原料不合格并依法处置。

【出口化肥海关监管】 2021 年，重庆海关根据总署公告，对 29 个 10 位海关商品编号下的化肥纳入出口商品检验，印发出口化肥质量安全监管方案，开展专项行动，实施风险联合研判，累计监管化肥出口 287 批、3.56 万吨、1.04 亿元。

（撰稿人：关　键　王洪亮）

口岸监管

【概况】2021年，重庆海关不断强化正面监管，统筹发展和安全，统筹口岸疫情防控和促进外贸保稳提质，着力优化监管服务。全年，监管查验进口货物10,529票，出口货物6,925票；监管进出境航空器5,315架次；监管进境快件194.9万件；监管进出境邮递物品121.4万件；监管跨境电商B2B出口清单53.6万件，跨境电商B2B报关单2,936票，两项货值37.5亿元；监管进出境人员4.8万人次；完成5个监管作业场所建设。

【运输工具监管】2021年，重庆海关持续推动国际航空运力提升，监管进出境航空器5,315架次。支持新增国际航线5条，国际航线拓展至106条。助推全市第一家货运基地航空公司国货航重庆公司正式运行。协助开通“客改货”航线14条，卡车航班746班次，覆盖20余个重点城市。安排对41架次入境客运航空器开展终末消毒监督工作，织密扎牢疫情“防护网”。推动长江黄金水道挖潜增效，监管“沪渝直达快线”1,192艘次，集装箱27.66万标箱，同比增长32.6%；搭配“离港确认”改革，实现重庆至上海船运时间节省35%以上，重庆至上海长江航行时间由20天以上压缩到12天左右。抓住成渝地区双城经济圈建设新机遇，支持中欧班列（成渝）开启合作新篇章，开行超4,800列，其中中欧班列（重庆）年开行2,470列，运输箱量超40万标箱；承接全国首列进境快通专列测试，实现常态化开行，节约口岸滞箱时间12小时以上，节约200元/单箱的作业成本，中欧班列影响力持续提升。抢抓中老铁路开通重大机遇，协调口岸海关，实现全国首批往返班列常态化运行。支持北向渝满俄国际物流通道全年开行1,047列，助推重庆与俄罗斯、蒙古国深化经贸往来。在铁路口岸推行进口自动核销、出口自动运抵等创新举措，货物放行进站时间缩短至3秒内，货物滞港时间压缩80%。在国际贸易“单一窗口”推出“预约查验”等便利措施，实现多方数据交互。持续推进重庆东盟国际公路物流通道建设，跨境公路干线达9条，覆盖中南半岛所有国家，全年开行3,306车次，实现跨境公路班车高效开行。助推成功获批 GMS（大湄公河次区域）和 TIR（国际道路运输公约）国际道路运输双牌照，跨境公路班车服务能力及国际影响力持续提升。

【货物监管】2021 年，重庆海关认真贯彻落实习近平总书记重要指示批示精神，牢记海关是政治机关，全面落实总体国家安全观，始终牢记监管是海关最基本、最重要的职责，在口岸环节正面监管持续发力，着力防范和化解口岸政治、意识形态、生态等输入性风险。全年累计对 17,454 票进出口货物实施查验，共计查发象牙等涉及濒危动植物及其制品 14 批次，其中象牙制品 2 批次，共计 4,863.83 克；查获并退运非法进境固体废物 1 批次，共计 21.38 吨；查获并处置 3 批次共计 1,365 件涉及国家领土完整的“问题地图”鼠标垫、地图等物资。持续严密进口高风险非冷链集装箱货物新冠病毒采样和预防消毒工作，协同地方主管部门建立“数字化、标准化、精准化”疫情防控闭环链条，互享数据 15 万条；联合地方联防联控机制开展空运进口货物风险研判。全年累计采样 957 批，样本 25,213 个，消毒监督 898 批，采样和消毒空运进境空集装器 167 个。

【快件邮件监管】2021 年，重庆海关监管查验快件 10.7 万件，查获 1.3 万起、1.7 万件；监管查验邮件 5.6 万件，查获 2,125 起，其中查获毒品 4 起，233.95 克，管制类药品 47 起，4,166.2 克、150 毫升。严厉打击治理跨境赌博，实施“监管一线强查缉”和“地方联动强机制”双引擎，深挖口岸监管查缉潜能和科技效能，首次在全国查发境外 POS 机以及虚拟货币设备，多次在寄递渠道查获虚拟币矿机、银行密码器、电话卡等涉跨境赌博物品 22 件。创新中欧班列（重庆）邮件集运智能化监管，通过自贸试验区创新举措备案，实现铁路运邮电子化通关；尝试推行铁路运邮启运地、中转地、出境地全程物流监控电子化，实现出境地海关不掏箱、不解封、不改变运输方式；依托安全智能锁，

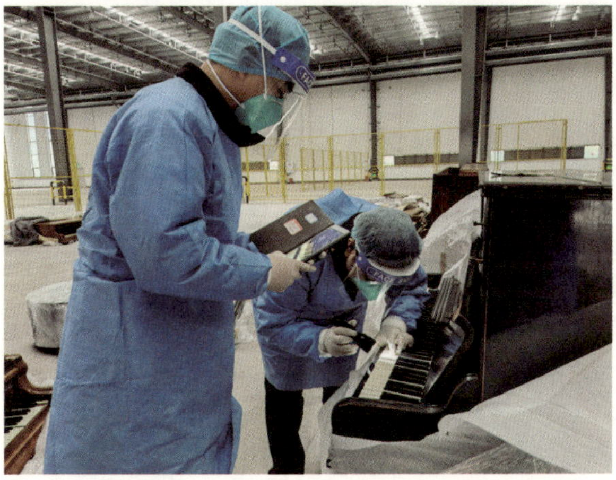

▲2021 年 12 月 9 日，重庆港海关查获濒危象牙琴键制品 4.6 千克

▲2021 年 5 月 7 日，重庆海关开展中欧班列（重庆）邮件集运智能化监管

监管邮件原箱原车出境，为打造中欧班列进境邮件全国集散中心奠定基础。

【跨境电商】2021年，重庆海关监管跨境电商B2B单量、货值实现双提升，单量同比增长95.7%，货值同比增长5.3倍。开展跨境电商“断链刨根”专项行动，成立专项整治行动小组，制订行动方案，全面开展企业备案验核，挖掘数据线索，精准开展稽核查，学习优秀经验做法，推动建立长效机制。专项行动开展以来，验核574家企业资质，盘库核查24份电商账册，专项稽查6起，查发问题3起，涉及货值442万元，涉及税款71万元；刑事立案1起，涉及货值400万元，涉及偷逃税34万元；行政案件3起，涉及货值256万元，涉及税款20万元。

【行李物品监管】2021年，重庆海关引导进出境旅客运用小程序、互联网等电子化方式进行健康申报，进出境旅客健康申明卡电子申报率达到95%以上，实现健康申报从纸质向电子的根本性转变。切实贯彻落实“100%”查验要求，织密扎牢进出境违禁物品“拦截网”，监管查验进出境人员行李物品3,017件，查获356起、441件。扎实推进旅检监管智能化水平提升，深化进境托运行李100%先期机检试点改革，优化先期机检业务流程，对现场设备进行改造升级和联网，实现集中判图，节约判图人力，提升通关效率。做好包机航班检疫查验和通关保障，完成包括来自阿富汗、印度、巴基斯坦等高风险国家的撤侨包机以及外长会议外交包机在内的通关保障总计10余次。

【场所场地监管】2021年，重庆海关深入贯彻习近平总书记视察果园港时的重要指示精神，切实落实重庆市委市政府相关工作部署，高质量推动果园港口岸建设和寸滩港水运外贸业务平稳转移。对标口岸监管验收各项标准和要求，对果园港各项海关监管设施设备进行方案论证和建设指导。助推果园港建成西南地区最先进的综合指定监管场地、检疫处理场地。引入全国首套新一代“双能、双视角、双加速器”快速检查系统，实现车辆通过效率和图像识别精度的双提升，检查效率较传统设备提高近20倍。部署上线安全智能锁、鹰眼智能监控识别系统、辐射探测及箱体喷淋一体化通道等科技设备，信息采集精准度提升约60%。协同口岸物流办、港务等单位为果园港物流枢纽量身打造信息查询、智能查验等信息化系统，提升口岸信息化程度。以“分类监管、集中查验”为原则，创新开展“提前申报+智能理货+抵港确认”监管模式，实现进口货物岸边直接分流，减少吊装环节，提货效率提高33%；持续完善内外协作机制，不定期召开专题工作会议，梳理工作中存在的薄弱环节并有针对性地提出改进措施。联合建立果园港建设月报、周报制度，针对口岸开放验收提前做好预案和演练以及业务搬迁压力测试，成立现场工作组7×24小时提供保障服务，确保寸滩水运业务顺利转移至果园港。围绕内陆开放高地建设，持续发挥口岸物流枢纽功能，推动关区建成一批高标准高质量的监管作业场所。指导完成江北国际机场北货站、涪陵龙头港、长寿港等5个监管作业场所以及江北国际机场航空口岸、果园港水运口岸和铁路口岸等9个指定监管场地建设。加强与重庆市政府口岸和物流办公室、重庆市万州区政府的沟通协调，指导万州机场T1国际航站楼改造项目可行性研究，提前做好万州机场对外开放口岸的验收准备工作。推进人和、铁路（临时）邮件集中作业场地硬件设施建设，按照“顺势监管、嵌入式监管”的原则，督促邮政企业持续推动邮递物品监管场地的标准化建设。

【智能审图】2021年，重庆海关持续强化智能审图运用，加强风险信息搜集、研判，注重对重点产品、重点企业的风险监控和研判，通过更新样本和算法提升智能审图识别率，不断提高监管设备效能和科技监管水平。全年H986查验集装箱机检比例达51.65%，审图15,351幅，其中有指令机检8,867幅，涉及查验报关单3,605票，审图工作量和机检查验比例呈现连年大幅增长，基本实现“机检+人工”货物查验监管方式。搭建行邮、寄递、跨境电商等非贸领域查发信息交流共享平台和濒危物种查发黑名单库，在此基础上叠加风险分析和智能化查验设施，并依托H986、CT机等科技设备效能，切实落实“100%”查验要求，不断提升实际监管能力。全年，非贸渠道查获毒品、枪爆、象牙等濒危动植物371件。

【海关口岸监管环节反恐】2021年，重庆海关切实落实总署要求，进一步加大对运输工具、货物、行李和邮递物品的监管力度，严密防范枪支弹药、管制刀具、核生化有害因子等涉恐物品非法进出境。紧盯重点渠道，严密一线监管，强化培训和演练，深化联系配合，开展打击枪爆等走私专项行动，查获枪支零散件20件，妥善处置1起核辐射预警事件。协调生态环境部核与辐射安全中心和重庆市生态环境局，开设国家辐射安全与防护考核重庆海关专场，每个业务现场至少有2人、全关累计20余人通过考核，关区核辐射监测处置能力不断提升。

▲2021年9月27日，重庆海关开展2021年口岸监管环节化学涉恐突发事件应急处置演练

（撰稿人：艾　果　卢鼎立　李　杨
李　晶　夏雪梅　许理想）

统计分析及政策研究

【概况】2021年重庆海关发挥“数据+研究”优势，打造“讲政治、守纪律、负责任、有效率”的统计分析与政策研究队伍，通过参与总署集中工作、送教上门、工作专班、在线研讨等多种方式，提升重庆关区整体统计分析、政策研究能力，靠前服务领导决策。组织开展“十四五”发展规划重庆海关实施方案编制工作，推动规划管理和政策研究工作有序开展；深化统计监测预警分析，跟踪研判外贸进出口态势，反映外贸进出口运行特点与走向，提出决策参考建议。落实统计改革创新要求，加强数据质量管控，强化统计法治意识，坚持依法统计，恪守统计职业操守，管控数据质量，确保各类海关统计数据真实准确、完整及时。开展业务数据安全治理，保障业务数据安全，推进以安全为前提的海关统计数据服务，为进出口货物监管和重庆对外开放建设提供数据支撑。强化统计调查，完成各类统计调查工作，为外贸进出口情况预判提供关键性资料。

【统计调查】2021年，重庆海关落实总署发挥统计调查“直通车”“信息源”作用，搜集和编制行政记录无法满足的统计资料，为国家宏观调控和科学决策管理提供依据。全年完成中国外贸出口先导指数调查、进口货物去向调查、跨境电商全业态统计试点调查等总署年度重点调查15次。完成总署天然气法定计量单位调研、跨境电商B2B调研以及征求统计调查工作相关意见，调查调研过程中处理异常问题22起。参加总署跨境电商统计试点调查集中工作，完成相关工作任务。首次承接总署全国出口先导指数调查报告撰写工作，上报10月份全国出口先导指数运行监测报告、样本企业调查报告、样本企业汇总等3份报告及4份调查数据表。调查调研工作及时率、准确率、吻合度100%合格。

【贸易统计】2021年，重庆海关采取日审核、月复核、季考核的审核模式，夯实数据质量管控基础，提升数据质量管控效能。推进报关单数据每日检控工作，有针对性地开展合成纤维手套、手动机械、跨境电商B2B、防疫物资等专项数据审核，提高数据检控审核的全面性与精准性。定期就重庆关区易错记录和重点商品、大数量大金额记录、特定国家地区记录等开展集中自查，指导各隶属海关综合运用多个系统平台开展自查审核，全年核实更正数据700余条，保障贸易统计数据真实准确。定期开展不同系统间的数据比对，及时做好汇率维护，准时完整上报月度数据和月度数据更正文件，全年累计审核上报重庆关区贸易统计数据记录256万条，无漏报迟报。强化统计监督手段，拓展统计监督范围，提高统计监督“质”“效”。2021年办理回复总署下发统计监督信息核查7期，在总署统计司网站刊发统计监督信息19篇，查处申报不实影响统计类事项80起，通过统计监督，实现关区重大查处7起。组织对进出口数据异常情况开展统计核查，对8家企业实施通关锁定、4家企业变更注册地址。开展关区报关单证档案管理职能工作，定期监督、检查作为海关统计原始资料的报关单证档案管理情况，关区报关单证档案管理完整、安全、便于查阅并按规定销毁。全年组织销毁关区超过保存期限的报关单证档案934册。

▲2021年8月5日，重庆海关开展报关单证档案管理检查工作

【业务统计】2021年，重庆海关保障海关业务统计数据质量，全年审核上报重庆关区业务统计数据34万余条，无迟报、漏报情况。提升传统贸易分析与业务分析的融合能力，在重庆海关形势分析及工作督查例会上提供重庆关区业务运行状况，以供决策参考、服务海关监管。参与总署统计司新业务指标统计体系项目工作，牵头完成“行邮”板块的指标设置。承接2020年12月、2021年10月、2021年11月全国海关业务统计数据审核工作，对100余条疑问数据开展核实修正。承接全国中欧班列业务统计数据审核工作，查发并修正数据金额201亿元。上报总署统计司重庆关区业务统计指标运行监测报告11篇。在重庆关区开展中欧班列运营发展情况、国际海运集装箱运力运价、铁路运价上涨情况等专题调研，关注国铁限装令对中欧班列影响，上报调研报告5篇。在总署统计司业务统计“工作交流”栏目上分享重庆关区特色业务统计交流文章5篇，在“业统监督”栏目上分享重庆关区业务统计监督文章5篇。参与总署统计司《海关业务统计工作交流》第6期（多式联运专题）撰写工作。制定物品业务统计指标体系部分指标，开展手工指标转自动采集需求调研，上报手工指标转自动采集需求20条。

【统计数据运用和管理】根据《全国海关学习宣传贯彻〈中华人民共和国数据安全法〉实施方案》要求，采取课件培训、交流研讨、重庆海关发布新媒体、电子展示屏、制作展板等方式，扎实贯彻落实《中华人民共和国数据安全法》，增强关员数据安全的保护责任意识。规范业务数据内部使用，强化应用系统使用业务数据的审批，完成3个新立项应用系统业务数据安全前置审核。探索在线运行关级系统开展业务数据资源清理及安全分类分级，提高数据安全管理规范性。开展数据出口治理，对重庆关区48份备忘录、协议进行梳理和评估，签订完善数据共享协议，明确数据使用和管理责任。强化与地方商务部门的数据共享，会同商务部门建立完善共享数据内部管理机制，共同守护海关统计数据安全。向社会公布海关统计信息，按月度定期编制海关贸易统计资料，在重庆海关门户网站主动公开以人民币计价的“重庆市进出口总值表”“重庆市进出口商品主要贸易方式总值表”“重庆市进出口商品主要国别（地区）总值表”“重庆市出口主要商品量值表”“重庆市进口主要商品量值表”等数据表以及统计分析资料。定期（半年）在重庆市人民政府新闻办公室举办的外贸进出口情况新闻发布会上，由重庆海关新闻发言人通报重庆市最新进出口货物贸易数据，解读重庆市对外贸易运行状况。

【海关统计服务】2021年，重庆海关有效满足地方行政机关、企事业单位和个人提出的，超出海关主动公开范围的个性化海关统计数据需求。在门户网站发布《海关统计服务指南》，办理流程与服务范围公开透明；设立海关统计服务专用邮箱、公开服务电话和可供下载使用的《海关统计服务申请表》，与重庆市商务部门签订年度数据共享协议，接收重庆市委办公厅、市政府研究室、市口岸物流办公室等14个单位的数据来函申请，服务渠道便捷畅通；专人专岗、准确及时加工提供结构化数据，守护数据安全，做好问题解答与宣讲，助力地方政府决策、企事业单位政策研究与市场开发以及个人所需。2021全年对外开展海关统计数据服务114批次，提供数据表上百个、数据200余万条、解答问题与指引35批次。收到统计服务对象的感谢邮件4个、企业锦旗1面赞誉“发挥统计职能、服务企业发展”。

【规划管理和政策研究】2021年，重庆海关贯彻落实总署《“十四五”海关发展规划》要求，成立“十四五”发展规划重庆海关实施方案编制工作领导小组，搭建工作专班，开展集中研讨编制，形成《“十四五”海关发展规划重庆海关实施方案》并正式印发。立足政策研究职能与作用发挥，开展总署、重庆海关两级课题研究，为海关改革发展建言献策，牵头署级课题研究1项，参与署级课题研究5项，组织开展关级课题研究28项；组建重庆关区“新发展理念征文专班”，完成征文稿件30余篇，评选出8篇投稿《海关政研》；评审重庆关区2020年政策研究文章70余篇；推动重庆关区政策研究工作在多层面深入。

【外贸监测分析】2021年，重庆海关发挥关区统计监测分析职能作用，持续加强外贸监测预警工作，多维度多角度分析重庆外贸发展情况。深入开展半导体、生物医药、液晶显示板、集成电路、“专精特新”企业、中欧班列发展等专题调查研究10余次，形成对主要贸易伙伴、主要进出口商品、成渝地区双城经济圈外贸发展等相关分析研究成果111篇次，同比增长68.2%，其中被总署进一步采用上报18篇次；向重庆市委、市政府报送统计监测分析呈阅件20余篇次。完成2021年第203期、第243期、第363期、第364期等共7期总署全球贸易监测中心监测日报的编撰与复核工作；参与撰写《2021年上半年全国外贸进出口情况分析报告》；常态化远程参与总署新闻发布会工作，拟定中西部、长江经济带外贸发展有关问题应答口径；参与全国“十三五”对外贸易监测预警分析，完成机电产品和长江经济带专题分析撰写。

▲2021年11月29日，重庆海关统计处开展生物医药调研

（撰稿人：申光伟　宁　悟　刘　洁　唐成林　谭月霞）

企业管理和稽查

【概况】2021年，重庆海关企业管理和稽查工作坚持绩效指标引领作用，围绕总署考核指标细化分解目标任务13项，层层督促落实。企管方面细化任务5项，推动落实“行政许可改备案”“多证合一”等改革，推动认证企业便利化措施落地落实，优化企业信用管理，建立精准信用培育机制，完善企业资质管理；稽核查方面细化任务8项，通过四个强化推动落实。强化稽查集约化改革，将专项稽查作业相对集约到3个片区，通过以大带小、以强带弱、以练带训，集中优势力量提升稽查查发能力；强化数据分析和实地摸排，发挥数据先导及贸易调查作用，进一步明确稽核查对象疑点线索、风险靶向，提升精准打击水平；强化专家队伍建设，搭建不同业务领域稽核查专家团队，分层分类开展稽核查作业研讨，为稽查对象确定、稽查难点突破提供专业支持；强化主动披露业务改革，通过改革试点、业务宣讲等多方式推动主动披露纵深发展，督促企业自查自报，提升主动披露成效。属地查检方面承接总署各项改革任务，推动落实并优化制度和作业模式，强化监管的同时助力外贸发展。2021年，重庆海关共办结稽查作业94起，其中专项稽查69起。共办结核查作业524起，查发问题作业337起，查发率64.3%，同比提升25个百分点。2021年考核整体排名位列全国海关第12位。

【企业管理】2021年，重庆海关报关单位数量为15,838家，其中进出口货物收发货人15,685家，报关企业153家；特定资质企业1,080家，其中出口食品生产企业268家，出口食品原料种植场44家，供港蔬菜种植基地2家，出口畜禽类动物源性食品养殖场5家，进境中药材指定存放、加工企业3家，进口肉类收货人160家，食品化妆品进口商598家。重庆海关完成“报关企业注册登记”行政审批转备案工作，全程网办、优化流程、就近办理，备案时间缩短90%；完成西南地区首家进境中药材指定存放、加工企业的培育和备案。推进报关企业“许可”改“备案”改革。由所属两江海关集中受理，改为各隶属海关就近分散受理，推进全程无纸化，简化手续，线上办理，企业办结时间缩短90%以上，实现企业“零跑腿、零成本”；与重庆市市场监管局等部门加强合作，推动“多报合一”“多证合一”“注销便利化”等改革落地。建立“精准”信用培育机制，与重庆市商务委、经信委、农业农村委等部门共享重点企业名单，针对64家国家和地方重点扶持企业、24家“一带一路”沿线国家和地区有贸易往来企业、19家产业链供应链龙头企业进行高级认证企业培育，重庆关区高级认证企业同比增长15%，达到75家，居西南地区首位。完成《重庆海关关企合作委员会工作规程》的制定，建立信用管理、对企协调服务工作的组织保障基础，委员会成员单位、企业协调员、联络员共计解决问题101个，受益企业114家。各职能部门按职责落实《海关认证企业管理措施目录》，在重庆海关通关业务现场放置高级认证企业优先办理标示牌，让企业享惠。重庆海关向重庆市提出推动外贸企业AEO认证工作相关建议被采纳，重庆市商务委启动重庆AEO企业联合激励的相关工作。开展中国与新加坡AEO互认安排的落实和实施评估工作（仅限于重庆与新加坡间），帮助双方企业享受AEO互认的通关便利，该项目已正式列入中新（重庆）关际合作下一年度工作计划。

▲2021年6月4日，重庆海关组织召开助外贸企业高质量发展暨企业管理工作交流会

【稽查核查】 2021年，重庆海关开展固体废物专项稽查行动，对6家风险企业开展进口固体废物和再生金属专项稽查，实现关区稽查环节固体废物的首次查发，涉及国家禁止进口固体废物重22.2吨，货值74.35万元。开展后续监管专项核查，对进境大豆监管的6个重要环节共计17个检查重点逐项核实，查发1家企业存在装卸场所设施不全等问题。开展“断链刨根”专项稽核查行动，对10家企业开展专项稽查和贸易调查，查发并移交缉私部门处理3起，涉及货值442.51万元，涉税71.2万元；对186家电商企业开展注册信息核对，查发问题作业158起。开展保税盘库核查9次，查发问题作业5起；开展价格、归类等核查作业6起，1起作为线索移交缉私部门经营，1起移交缉私部门刑事立案，强化跨境电商商品正面监管；对4家出口水产品生产企业、1家出口烟叶企业、1家出口柠檬企业开展出口食品备案企业核查，加强对境外检出问题的监督检查。统筹开展资质管理核查与其他稽核查作业，合并开展企业注册信息核对核查作业与其他稽核查作业56起。首次与重庆市市场监管局开展出口食品企业联合抽查行动，建立协同配合机制，对15家企业的备案信息、人员生产管理、产品质量体系运行等情况开展联合抽查，实现相关部门协同作战。持续优化营商环境，制发《关于规范稽核查业务“双随机、一公开”相关工作的通知》，进一步明确关区稽核查业务领域实施“双随机、一公开”范围和要求，及时公开核查作业和常规稽查作业结果，进一步推动企业信用体系建设。参加总署海关特殊监管区域主动披露应用试点改革工作，采取“专人负责审核受理+多部门联合研判”机制，到企业开展“一对一”辅导，试点期间，2家海关特殊监管区域内企业向海关主动披露，涉及货值6.1万美元。对百余家企业进行宣讲，解读主动披露政策红利、制度建设及适用范围，鼓励企业自查自报，全年受理主动披露作业45起，减免滞纳金218.58万元。

▲2021年8月19日，重庆海关组织开展主动披露政策宣讲会

【属地查检】2021年，重庆海关共查检货物9,487批次，货值46,216.7万美元，其中进口货物属地查检2,883批次，货值31,339.1万美元，出口货物属地查检6,604批次，货值14,877.6万美元。强化查检监管，把好国门安全，参与总署“属地查检领域部门间联系配合工作机制”专题研究，起草属地查检与后续监管联系配合机制。开展属地查检业务领域安全生产和疫情防控专项检查，制定属地查检业务人员安全防护标准。加大进口集装箱、木质包装查检力度，检出一批进口产品木质包装不合格，系携带有活体真菌，按要求进行检疫处理。开展外来有害杂草监测，完成对中粮綦江直属库“加拿大一枝黄花”疫点周边监测；对兆隆码头、醇滨铭酒厂开展杂草监测，督促兆隆码头对监测中发现的假高粱、毒莴苣等有害杂草进行防除；持续开展巴南美亨果园实蝇监测，及时将相关信息上报智能化监管系统。服务外贸发展，助力京东方第6代AMOLED（柔性）产线建设，实施“一个方案、一对一联络、一个协调机制、一系列监管措施”为核心的“四个一”举措，通过转目的地查检解决口岸不具备精密设备开箱条件通关难题。支持重庆万国半导体科技有限公司产品线扩展，采取“优先查检、随到随检”的监管模式，助力芯片生产线顺利通关。助力肝素钠企业通过样品出口，迅速拓展南非、伊朗、白俄罗斯等5个国际市场，出口货值11,053.3万美元，同比增长9%。帮扶綦江东溪腐乳、“饭遭殃”辣酱首次出口葡萄牙，巴南顿恒餐饮果汁饮料首次出口玻利维亚，推动农副产品扩大出口取得新进展。

▲2021 年 6 月 30 日，重庆海关赴企业开展属地查检工作

（撰稿人：吴剑锋　余海波
丁思宇　曾　勤）

查缉走私

【概况】2021年，重庆海关缉私局坚决落实习近平总书记关于政法队伍教育整顿、打击走私等重要指示批示精神，针对“中央关注、社会关切、群众关心”的突出走私问题持续高压严打，有力打击“水客”、“洋垃圾”、濒危物种及其制品等走私违法犯罪活动，扎实推进海关全员打私和反走私综合治理，有效遏制走私高发势头。紧紧围绕“对党忠诚、服务人民、执法公正、纪律严明”总要求，全面加强缉私队伍建设。全年刑事立案侦办各类走私犯罪案件29起，案值5,764.2万元，涉嫌偷逃税款1,334.7万元，其中总署缉私局一级挂牌督办案件1起，二级挂牌督办案件1起；行政立案查办各类走私违规案件375起，案值11.49亿元，涉嫌偷逃税款3,603.1万元。

【落实打私重点任务】2021年，重庆海关从践行“两个维护”高度，严打“水客”、“洋垃圾”、濒危物种及其制品等走私违法犯罪活动。立案查办涉及固体废物案件1起，查获固体废物21.38吨，并全部依法予以退运；立案查办涉及濒危物种及其制品案件7起，查获象牙、红珊瑚制品1,600余克、海马干26尾、西洋参2,979.3克。同步推进扫黑除恶、打击跨境赌博、全民反诈、长江大保护等工作，查获电话卡、POS机、密码器等疑似网络诈骗用品6起，相关情况及时通报重庆市反诈办。参加重庆市扫黑除恶先进评选，牵头制作原创MV宣传作品获二等奖。

【缉私专业打击】2021年，重庆海关发挥缉私专业打击“利剑”作用，强化案件侦办。对“2023”走私水果案持续深挖扩线，案值和涉嫌偷逃税额由立案时的500万元、100万元分别扩至3.65亿元、7,023万元，获批总署缉私局一级挂牌督办案件；刑事立案侦办2起走私淫秽物品犯罪案件，查获从中国台湾、日本走私入境的淫秽书刊2,700余本（册），为关区首次查获走私淫秽物品犯罪案件，其中1起案件获批总署缉私局二级挂牌督办案件；侦办关区首起通过行邮非贸渠道低报价格走私涉税商品案件，填补了关区行邮非贸渠道涉税走私刑事案件的空白；深入开展“净边”“寄递渠道百日攻坚”行动，严厉打击毒品走私，共立案侦办走私毒品刑事案件4起，行政立案调查34起；开展“国门勇士2021”集中清查收缴行动，查获气动力枪支4支、铅弹158发、各类仿真枪24支以及零部件26件。注重对走私衍生犯罪线索的挖掘，持续推进“反洗钱”工作，推动1起走私案件成为关区首起“重庆市督导洗钱案件”。同时，协助兄弟海关缉私局查办案件98起。

【打击“水客”走私专项行动】2021年，重庆海关认真贯彻落实总署关于打击治理“水客”走私专项行动部署要求，坚持强化风险分析和严密口岸监管相结合，按照“露头就打”与“破大案、打团伙、摧网络”相结合的方针，深入开展打击治理“水客”走私。缉私部门加强线索收集和摸排，与兄弟海关缉私局开展信息交流和线索对碰，合作开展全链条打击。紧盯“水客”走私各个环节，梳理“购、运、储、销”全链条，提升打击的“精、准、智”程度。2021年，陆续开展四轮打击“水客”走私集中收网行动，共立案侦办“水客”走私犯罪案件15起，抓获犯罪嫌疑人21人，系重庆海关缉私局成立以来打击“水客”走私犯罪立案数量最多、规模最大的一次专项行动，并查获了重庆关区首起利用海南离岛免税政策“套代购”走私电子产品案件。

【海关全员打私】2021年，重庆海关组织召开关区年度缉私工作会议，同步研究制订关区打击走私专项行动工作方案。

▲2021年3月23日，重庆海关缉私部门破获走私奢侈品入境案

持续推动总署党委加强缉私工作的各项方案落地见效，出台实施全员打私绩效评估办法，不定期通报工作进度，推动工作责任落实。深化与海关风险部门协作，组织开展联合研判5次，共同推动打击跨境电商进口走私等专项整治行动；以现场教学、“送教上门”等方式，组织开展关区各类缉私业务知识培训3批次、参训关警员上百人次。海关业务现场和职能部门查发移交案件线索和查办“两简案件”数量同比大幅增长。其中，重庆港海关首次在关区货运渠道查获象牙制品；邮局海关连续查获精麻类药品违规进境案件30余起。

【综合治理】2021年，重庆海关缉私局牵头筹备召开重庆全市反走私综合治理工作例会，研究制发2021年重庆市反走私综合治理工作要点、加强新形势下打击冻肉走私工作方案。加强与地方公安和长航公安服务保障长江经济带高质量发展的警务合作，不断完善合作机制。落实走私冻品归口处置工作要求，向市场监管部门移交无合法来源冻品，移交并处置涉案走私冻品，实现海关在扣走私冻品“清零”。强化信息宣传，通过“中国反走私”微信公众号等平台，做好典型案例宣传，有力震慑走私违法犯罪。

▲2021 年 9 月 12 日，重庆海关缉私部门民警在重庆江北国际机场开展普法宣传

【刑事科学技术】2021 年，重庆海关缉私局全力推进刑事技术鉴定工作开展，完成电子数据检验鉴定工作。组织技术力量，不断攻坚克难。规范取证制度，强化专业学习。深挖数据资源，拓展情报渠道。规范现场勘查资质，助力缉私工作开展。缉私局司法鉴定中心参加 2021 年度公安部组织的全国盲测获得满意评价。

【智慧缉私】2021 年，重庆海关缉私局紧盯近年来智慧缉私建设过程中大数据应用的短板，以情报中心建设为契机，加强与地方公安各警种及各类数据资源管理部门联系配合，接入多条专线并开通多系统授权，进一步丰富信息摸排、虚拟身份落地、监控查看等手段和资源。引入重庆市视频专网资源，实现对全市视频资源的实时调用和资源回看，为案件指挥、线索核查等提供了更全面的视角和更多维的信息资源。建立专线接通重庆市人民银行重庆金融业信息传输平台，实现资金查询数据化传输和快速反馈，资金查询效率进一步提升。

【刑事法治建设】2021 年，重庆海关缉私局持续推进执法规范化建设，实行重大法制事项分层级审核，加强对立案、提捕、侦查终结、移诉、强制措施、涉案财物处置等案件关键环节、事项审核把关，通过案件起底、清理底账、查阅案卷、评查认定，检查、整改执法不规范问题；强化监督检查、纠正执法顽瘴痼疾，提升关区缉私执法规范化水平；发挥案管中心作用，配齐软硬件设施，制定场地设备管理规范、岗位职责、录入审核标准等制度，为办案民警提供整齐规范的案件管理、材料录入、档案装订工作环境；采取日常监督、预警提示等方式督促办案民警应用案管系统及时录入案件信息，有效发挥案管系统规范执法、防控风险、提升效率的功能；与重庆市检察院第一分院共建缉检协作配合与监督合力机制，在案管中心设立派驻检察官办公室，坚持每月邀请检察官现场监督指导，提前介入重大案件侦办，为基层办案单位解决执法疑难问题提供便利，确保依法办案、公正执法。

【行政处罚】2021 年，重庆海关缉私

局坚持重大事项法制审核、重大案件集体审议、处罚决定公示、执法过程全记录；深化审计、巡视问题整改，新建、修订规章制度管控办案时限、严格要求执行案件处罚幅度标准，完善保证金台账、规范处置涉案财物，快办快结案件；加强职能管理，开展业务培训、现场调研、执法检查，指导现场海关办理行政处罚案件，解决线索移交、案件处理疑难问题，提高案件线索查办、移交数量质量，提升全员打私效能；研究进境精麻药品、有毒有害动物制品、出境违化品以及积案处理等执法疑难问题，防范负面舆情、行政诉讼等执法风险。

【队伍教育整顿】2021年，重庆海关缉私局坚决贯彻落实习近平总书记关于政法公安队伍建设和教育整顿的重要指示精神，紧紧围绕打造忠诚干净担当的缉私铁军这条主线，扎实推进两批教育整顿，坚决打赢铁腕治警、正风肃纪的攻坚战。多次召开部署会、推进会，以表格化、科学化、具体化的方式建立“五个清单”（“重点领域突出问题清单”“问题查纠整改清单”“选树推广先进典型清单”“‘我为基层解难题、我为群众办实事’实践活动清单”“建章立制清单”），逐项整改、对账销号，推进教育整顿工作走深走实；直奔主线开展党史学习教育，重庆海关缉私局党组理论学习中心组（扩大）会议多次组织学习，开展形式多样的政治教育活动、专题测试，推送学习模版，撰写心得体会；直面问题查改，整改两批次教育整顿顽瘴痼疾，聚焦发现的深层次问题和共性问题，新建或修订制度32项。直抵民心践行宗旨，完成“我为群众办实事”实践项目43项、“我为基层解难题”实践项目19项，调查问卷满意度100%。“五个清单”工作模式得到中央第十三督导组充分肯定并被推广使用。

（撰稿人：王小冬　肖　雄）

第五篇

政务及后勤保障

政务管理

【概况】2021 年，重庆海关一以贯之深入贯彻习近平总书记“5 · 8”重要讲话精神，根据总署党委各项决策部署，持续丰富和践行“讲规矩、重规律、合规则”工作要求，切实履行好“参谋、协调、督办、服务”的职责，统筹组织推进政务管理工作有序开展，持续推进办公综合领域工作精细化、科学化、规范化。严格落实“第一议题”制度，修订重庆海关例会制度并明确将贯彻落实习近平总书记重要指示批示精神固化为“第一议题”。持续抓好疫情内部防控，坚持每日健康排查“日报告、零报告”，坚决落实“应接尽接”“应检尽检”等防疫要求。积极推进中新（重庆）“三智”国际合作，中新（重庆）数字边境信息互联项目入选全国 8 个“三智”落地示范项目之一，成功举办首次中新（重庆）关际合作视频会议，“三智”合作走在全国海关前列。开发督查督办小程序，受到总署办公厅关注并写入总署督查调研报告。做好绩效考核、收发文管理、机要保密、新闻宣传、应急管理、建议提案办理、信访处理、政务值班等工作，“三服务”能力持续提升。

【应急值守】2021 年，重庆海关持续完善关区 24 小时应急值守体系，规范政务值班管理，修订政务值班管理办法，明确值班职责，健全领导带班制度，指导隶属海关全部启动政务值班工作，实现关区政务值班全覆盖。健全值班点名抽查机制，实行日常随机电话抽查点名、重大节假日和重要时期全覆盖抽查，建立重大节假日和季度值班通报机制，全年抽查 259 次，发布值班通报 9 份。持续开展政务值班培训，强化政务值班水平，全年累计培训 200 余次，覆盖全体值班人员。制修订口岸公共卫生、动物疫情、植物疫情、食品安全、监管作业现场、口岸监管恐袭、缉私、网络安全等 8 个条线突发事件专项工作应急预案，完善应急组织架构，明确职责分工，细化处置流程，依托应急演练提升应急处置实战能力，2021 年开展应急演练 23 次。建立预警、应急响应和处置的快速反应机制，实行应急办公室与各部门单位应急联络员“一对一”直线联系，落实第一时间报告制度，确保“上情下达、下情上报”。节假日和重要敏感时期执行三级值班制度，保障关区政务顺畅运行，全年接听转办值班电话1,500余通，接收转办来文1,800余个，向总署报送值班信息95条，向重庆市委市政府报送值班信息26条。2021年，重庆海关未发生重特大事故，应急指挥系统运转正常，应急信息即收即报，关区政令通畅。

▲2021年11月24日，重庆海关开展关区消防安全知识培训

【政务信息】2021年，重庆海关紧跟形势，聚焦重点热点，强化选题研判，发布信息选题80余条。完善绩效考核和常态化激励机制，突出总署指标导向，制定政务信息任务分工，实行“一单位一目标”差异化考核，实施正向激励、压力传导，提升全员参与度。建立“纵向+横向”协调沟通机制，加强与总署相关司局联系，争取选题任务，开展多部门综合信息合作编报，提升信息编报精准度，对基层单位信息工作开展针对性指导，培养基层骨干信息员，推动整体业务素能提升。2021年，重庆海关报送政务信息5,100余条，采编上报3,300余条，其中总署办公厅采用310篇次，重庆市委市政府采用160余篇；编发《渝关信息》90期、《渝关简报》17期。口岸疫情防控、内销选择性征税政策施行效果、反宣品查缉等要情信息和查获中欧班列（重庆）开行以来最大宗侵犯知识产权案、发挥进出口商品质量安全风险评估中心作用等呈报信息获总署采用。

【会议管理】2021年，重庆海关切实转变会风，持续强化会议管理，对需临时召开的会议加强必要性审核，能不开的坚决不开，可以合并的坚决合并，坚决守住“精文简会”的“硬杠杠”。全年，举办会议38次，同比减少2.6%，没有出现超开超支的情况，达到“本年度计划召开会议数较上年减少”和“本年度实际召开会议数较计划召开会议数减少”的目标要求。

【发文办理】2021年，重庆海关严控发文“总盘子”，按照“确有必要”原则，能不发的尽量不发，可以合并的尽量合并发文。全年，正式发文件589件，下行文178件，便函523件，完成总署办公厅下达的“正式发文数量、下行文数量不超过2020年，便函等非正式发文压减10%”的考核要求。全力防范“硬差错”，持续加强公文质量的审核把关，对重要公文实行“双人唱校”制度，严把政治关、程序关、格式关、内容关、实效关，未发生重大办文错误。设立发文典型错情台账，健全季度点名通报制度，推进关区不断提升办文质量。建立公文培训指导制度，提升办文“软实力”，开展上门送教1次，组织初任公务员公文办理培训1次。根据实际需求和审文发现的薄弱环节，建立隶属海关单位跟班学习机制，实行“以干代训”，开展“一对一”现场教学，提升培训的针对性和代入感，2021年开展跟班学习5轮次。

【收文办理】2021年，重庆海关切实落实总署巡视和巡视“回头看”整改要求，紧盯提升关区办文质效，聚焦扭转转变少数部门单位不阅文、不批文、不按时办文的拖沓之风，进一步细化收文登记、存档、摘要、拟办、分发、转办、督办等收文处理流程，建立流水化作业，完善每日关级收文提醒机制，实现“急件马上办、普件当天办”。设立处、科两级文件分办岗，划分文件分办类别，提高收文流转效率。启动政务副班值守，在非工作时间保障1,000余份急、特文件第一时间接收、第一时间办理。继续落实办文质效月度通报制度，收文办理情况纳入绩效考核。2021年，办理关级收文8,390件，平均办结率99.66%。

【督查督办】2021年，重庆海关强化制度刚性约束，建立“年—月—实时”全周期督查工作闭环，立项督查127项任务，办结率100%。健全“两清单一通报”机制，制发例会督查任务清单、《综合督查通报》各12期，月度工作任务清单11份。分解2021年重点工作目标任务，设定具体指标234条，基本实现对上级工作目标要求全覆盖。策划组织月度例会，与关领导集中研究月度工作、党委理论学习中心组学习形成联动，全年策划12次例会和集中研究，研究专项议题70余个，立项督办例会议定事项105项。探索“智慧督查”模式，开发运行“重庆海关督查督办小程序”，确保释放人力、增效减负。推动签订合作备忘录8份，完成机构改革以来共计34份合作备忘录推进落实情况的评估工作。

【建议提案办理】2021年，重庆海关推进人大建议、政协提案“线上办理”，制定办理操作细则，把交办件转收文办理，明确承办处室、办理时限，提升建议提案办理质效。落实“主办负责”，严格按照“谁主办、谁牵头、谁负责”模式，采取面对面沟通、电话沟通、视频沟通等方式，提升办理针对性和有效性。加强“过程督办”，对人大建议、政协提案交办件全部纳入督查范围，无漏办、延误办理情事发生。2021年，接收人大建议12件，其中主办件1件，协办件11件，办结率100%；接收政协提案18件，其中主办件1件，协办件17件，办结率100%。办理满意率100%。

【机要保密】2021年，重庆海关建立保密教育范围“全覆盖”、涉密人员管理“全周期”、保密安全防范“全链条”的工作机制。开展关区涉密人员登记，共登记93人，实现涉密人员动态管理，组织开展全员覆盖保密培训教育。建立保密监督检查机制，采用“线上＋线下”“内部自查＋总体排查”相结合的保密监督检查方式，开展针对互联网邮箱、智能联网汽车、微信工作群及小程序、涉密场所摄像头等泄密风险较高领域专项检查，及时整改查发问题。完善机要文件流转机制，优化涉密文件登记、送阅、催办全流程管理，办理涉密文件1,509份，建立流转情况台账，实现涉密文件阅办进度有迹可循、有据可依。2021年，重庆海关顺利通过海关涉密信息系统风险评估检查，保密管理工作得到重庆市保密局书面肯定。

【档案管理】2021年，重庆海关组织修订档案管理办法，强化档案管理责任，严格档案查阅借用手续，规范档案库房保管和定期巡查机制，全年接受总署三次视频抽查均合格通过。开展总关库房在存文书档案排查，分类整理2000—2015年2,364盒62,534件文书，编写页码、建立档案清单、完善盒内目录、分类编排上架，实现精确到年度、精确到件。开展实物档案和图书档案排查清理，完成668件档案的编号归档。强化档案按期归档机制，定期发布归档通知，督促按期归档，完成599盒9,939件2020年文书档案分类归档，顺利通过总署办公厅视频验收。开展2016—2018年未归档文书档案补归档工作，补归档1,046盒19,234件文书档案。整理修复1980—1999年共计507盒5,261件永久文书档案。编辑档案全宗卷，收集档案库房资料，撰写整理全宗介绍、组织沿革、收发文账册、库房温湿度记录表、日常巡查记录、全关人员和党员花名册等资料，形成全宗卷，实现按年度建档归档。完善档案工作机制，培训档案管理人员20余人次，提升档案人员能力水平。理清档案管理职责分工，督促指导各部门单位加强各类别档案管理工作，组织业务档案部门按照“审档案、建目录、补文件、搞鉴定、慎销毁”的要求，推进档案规范化管理。

▲2021年8月7日，重庆海关办公室开展档案巡查工作

【印章管理】2021年，重庆海关强化印章职能管理，理清印章管理职能职责，开展印章保管、使用监督检查，规范用印审批和台账管理，明确合同用章签批日期及会签要求。统筹印章刻制，启用印章97枚，在用印章616枚，制发5份启用和作废印章文件，确保用印的规范性、严肃性、安全性。

【“三智”国际合作】2021年，重庆海关以“智慧海关”促进通关便利，构建“智慧查询—智慧审图—智慧查验”横向智能监管链条，以数字化处理、网络化传输、智能化判别为主要手段，实现企业多终端自主查询，可疑货物自动提示，查验流程智能引导，简化查验作业流程，提升查验作业质效。部署双通道双加速器H986机检查验系统，综合运用集中审像、智能审图、智能安全锁、“抵港确认”“出口直装”等智能监管手段，实现货物多式联运短驳无感监管，提升货物监管时效，降低货物查验成本。构建“智慧卡口—智慧场站—智慧港口”纵向智能监管层级，优化卡口和场站管理，实现企业进出卡口快验快放，场站货物状态实时管理。围绕国内多式联运中转、集拼集运、多程转关和批量转关等贸易需求，把海关作业指令嵌入港口作业系统，实现海关作业与港口作业同步并联开展，通过进口抵港确报、出口卡口运抵、预约查验等系统，实现运抵报告自动发送、无查验报关单自动放行、比对无异常转关单自动审核/核销等“三个自动”，进出口货物可边卸货、边理货、边分拨、边转运，压缩口岸作业时间。以“智能边境”扩展通道动能，会同重庆市与新加坡有关部门构建重庆—新加坡贸易数据互联互通的“数字边境”，实现重庆与新加坡港口集装箱物流动态信息实时交互，两地间货物物流全流程状态实时追踪和智能查询，降低广大进出口企业尤其是中小企业全球贸易链接入门槛，该项目入选全国8个“三智”落地示范项目之一，并作为全国4个典型案例之一入选APEC（亚太经济合作组织）互联互通案例。创新“以航空公司为单元”的保税航材监管新模式，助力新航（重庆）保税航材分拨中心顺利建成运营。指导相关部门利用“区块链”技术进行数据整合，把过去分散于信息系统、电子邮件、纸质单据中的通关、物流、货物信息、提单、舱单等数据创新整合成“一单制”数字提单，实现收发货人及时、准确、快速地掌握货物全流程信息。以“智享联通”加强合作交流，在中新（重庆）关际合作协议框架下，与新加坡关税局开展传染病和动植物疫情、消费品安全、食品安全、风险管理以及涉及对方的边境知识产权侵权案件等5个方面的信息共享，共享信息86份，实现风险联防联控、信息共享共用。与新加坡关税局建立领导层面会晤交流机制、执行层面7×24小时沟通机制、突发问题通报协调解决机制，形成“决策、执行、协调”三个层级的全天候合作体系，定期开展合作事项磋商，按年度明确合作计划，分步推进合作事宜落实。首次主办“重庆海关与新加坡关税局关际合作2021年度工作会议”，重点围绕“三智”合作，与新加坡关税局达成诸多共识。承办第二次中波（兰）海关合作工作会议，进一步深化与波兰卢布林海关的交流合作。2021年，与新加坡关税局领导层面通过现场会面、视频会议等方式累计开展3次交流会晤，执行层面就推进相关合作事项进行20轮磋商，确保各项合作事项落地见效。针对企业反映的部分产品通关受阻、通道间货物换装时间较长等问题，依托西部陆海新通道沿线15地海关合作共建机制，开展沿边口岸与内陆海关常态化合作，出台通关异常快速处置机制、货物通道间换装优化程序等一系列措施，有效破解通道畅通运行的梗阻点，提升物流通关效率。

▲2021年11月24日，重庆海关、新加坡关税局关际合作2021年度工作会议召开

【政务公开】2021年，重庆海关围绕基层政务公开标准化、政策文件宣传贯彻解读等内容推进四个方面、15项年度政务公开重点任务。修订《重庆海关主动公开基本目录（2021年版）》，梳理关区网站主动公开栏目五个大类一级菜单和25个二级菜单栏目，明确公开责任主体和公开时限。参与总署关于推进基层海关政务公开调研工作，摸清关区基层海关政务公开现状，为后续总署出台基层海关政务公开能力专项提升举措提供参考依据。升级上线重庆海关政府信息公开目录，以发布机构、公文类型和发布时间为维度，在海关网站新版目录中逐条整理并发布HB系统自2018年至今对外主动公开的函件和公告共93条。打造“渝关发布”新媒体作为政务公开“第二阵地”，擦亮渝关“微客服”服务品牌。完成渝关12360热线归并地方12345热线分中心。2021年，重庆海关收到政府信息依申请公开9件，答复办结率100%，未发生因答复不当引发行政复议、诉讼和投诉情事，发布自制政策解读稿件168期、265篇。

【信访工作】2021年，重庆海关根据疫情防控工作要求，动态调整来访接待程序，加强涉疫情网上留言、来信、信访办理力度，及时回应群众关切，全年未产生相关负面舆情。组织开展“治理重复信访、化解信访积案”工作，梳理2020年以来的信访件，采取措施、多元共治，化解重点矛盾纠纷。制定重庆海关依法分类处理信访诉求清单，围绕关区信访举报和热线咨询等诉求较为集中问题，制定4个业务咨询和投诉处理程序，划清24项具体诉求类型，明确主办部门和办理依据，推动关区信访诉求和投诉规范化和标准化运行。组织保障重大活动期间信访工作，开展信访工作风险排查，加强信访业务指导和时限督办，规范信访材料集中归档。2021年，办理信访事项12件，未发生因答复不当引发的闹访缠访等情事。

【新闻宣传】2021年，重庆海关聚焦疫情防控和促进外贸稳增长，策划组织集中宣传，参加重庆市政府新闻发布会3次，解读上半年外贸进出口数据，宣传海关支持新设综合保税区建设、推动重庆外贸高质量发展等方面的举措和成效，提升海关影响力。借助权威媒体扩大宣传，《人民日报》、新华社分别以《自贸试验区探索制度创新》《重庆自由贸易试验区海关监管制度创新举措已达76项》为题，报道重庆海关支持重庆自贸试验区发展情况；央视《新闻联播》报道渝乌两关合作推动中欧班列“快通业务”试点专列顺利开行；《重庆日报》头版报道重庆永川综保区获批等等，产生良好宣传效应。依托内宣平台优势提升宣传质量，持续向《中国国门时报》、总署网站、海关发布等总署媒体平台投稿，《中国国门时报》等署内媒体在头版等重要位置相继刊登《重庆海关“四个课堂”扎实推进党史学习教育》《重庆海关全力服务地方高水平开放高质量发展——关通千里　心致广大》等报道。巩固新媒体阵地提高社会关注度，策划“海关贸易便利化改革措施”“AEO标准化课堂”等系列稿件，上线“自贸在线”“朓姐说”等实用和贴近群众的新媒体栏目，以新媒体品牌栏目为目标，不断提升“渝关技贸之声”“消费品质量安全”等栏目稿件质量。2021年，各级媒体共刊发重庆海关新闻700余篇次，“渝关发布”推送新媒体稿件共80余期170余篇，总署12360热线新媒体采用稿件28篇。

（撰稿人：闫家其　肖宝林　孙海皓　马正玲　陆　明　吴沅微　涂雨帆）

财务管理

【概况】2021年，重庆海关按照党政机关“过紧日子”要求，全面统筹财力资源，科学合理安排预算，加大存量资源盘活和内部挖潜力度，积极争取中央和地方财政应有保障；强化预算绩效，加强预算执行监控，严格支出管理，压减非刚性、非急需支出，集中财力优先保民生、重点保运转、精准保发展，开源节流双管齐下，围绕“提升财务治理能力”目标，严格落实条线管理，强化财务职能职责。贯彻落实重大决策部署，严格海关进出口环节涉企收费管理，推动走私冻品交由地方政府归口处置圆满落地；加强分级财务监督指导，组织关区财务制度评估，举一反三落实审计整改，不断夯实财务制度基础，不断加强内控机制建设；运用信息化手段做好资产管理、报销管理，不断提高财务工作质效、提升风险防控能力。2021年关区公用经费较上年减幅20.25%。完成2020年136个项目预算绩效自评、2个重点项目绩效评价，完成2021年项目绩效运行监控。

【税费财务管理】2021年，重庆海关通过加强与银行、国库的联系配合，确保税款应收尽收，及时入库，全年共办理税收入库173.86亿元，同比增长26.76%。其中关税20.36亿元，同比增长32.9%，进口环节税153.5亿元，同比增长25.98%。严格按照规范保证金管理，做好海关保证金收、转、退等工作，不断提高保证金办理时效，将减税降费措施落到实处。全年收取保证金6,063笔，合计11.6亿元，全年退还、转出保证金4,483笔，合计8.36亿元。

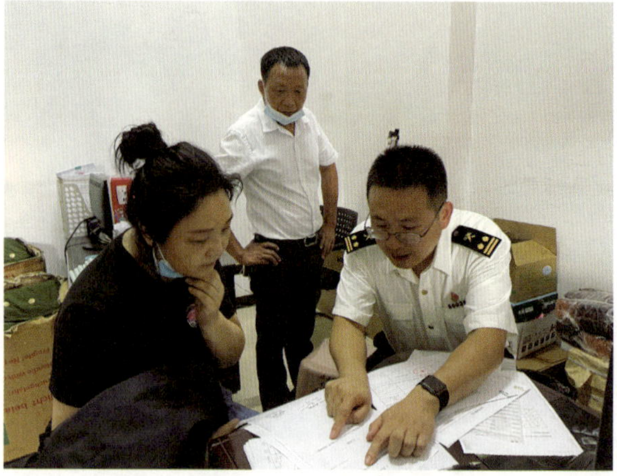

▲2021年8月6日，重庆海关关员为企业讲解税费政策

【预算管理】2021年，重庆海关完成

2022年部门预算“一上”编报和关区2022—2024年项目支出规划调研并进行绩效评审，确保所有入库项目的申报文本内容完整、立项依据充分、实施方案可行性强、预算编制合理、符合财政项目预算申报要求。

【国库集中支付管理】2021年，重庆海关完成2021年度银行账户年检工作，40个实存账户均年检合格；根据预算执行审批支付系统相关工作要求，及时完成预算指标拆分，组织编报关区全年分月用款计划及调整预算用款计划，确保财政资金的足额及时到账；按照规定的财政资金开支范围、开支标准、支付方式支用财政资金，并按月对隶属海关财政资金支付工作开展检查，查看并审核财政资金支付疑点信息，保证关区内财政资金支付的准确性、严谨性及规范合一性；强化网络运行安全，结合网上银行资金支付业务特点，调整财政资金支付相关工作流程，采取集中关区内批量资金支付需求、专人定期完成外联系统网上银行业务操作为主的方式，同时加强隶属海关网上银行单笔制单操作培训，实时完善银行日常数据维护，确保资金及时支付、安全高效。

【部门决算管理】2021年，重庆海关组织关区2020年部门决算、住改支出决算、政府财务报告编报，完成2021年预算、2020年决算公开。组织关区完成2020年136个项目预算绩效自评、2个重点项目绩效评价，完成2021年项目绩效运行监控。每季度组织隶属海关单位开展“过紧日子”评估，关区公用经费减幅20.25%；“三公”经费预算支出完成预算的70%，2021年中央财政资金预算执行率达到总署规定要求，超过年初预定目标。

2021年，重庆海关落实涉案财物的接收、保管和处置工作。全年完成涉案财物入库72票，处置154票，其中拍卖处置26票，销毁处置35票，移交处置濒危类陆生、水生动植物及其制品93票。9月，将库存走私冻品和在用冻库整体移交重庆市市场监管综合执法总队，走私冻品由地方归口处置圆满落地。根据《中华人民共和国固体废物污染环境防治法》相关规定，与重庆市生态环境局建立双无固体废物移交协调员制度。

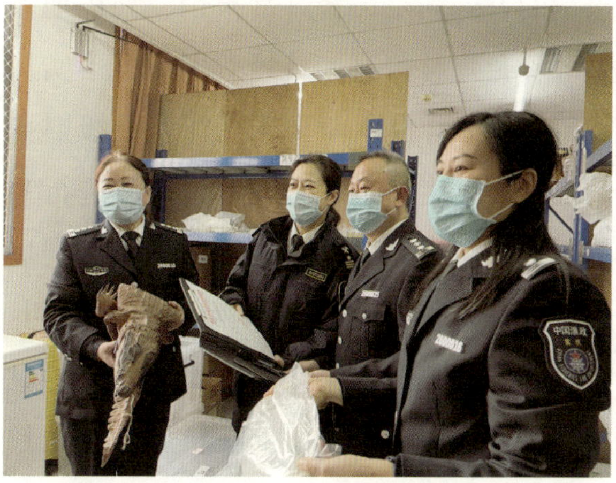

▲2021年11月17日，重庆海关向地方政府移交水生动植物制品

【企事业财务管理】2021年，重庆海关贯彻总署国企改革工作部署，落实海关事业单位所属企业脱钩工作方案要求，成立业务、清算、监督工作小组，有序推进脱钩工作，实现平稳顺利过渡。持续强化涉企收费管理，组织关区涉企收费合法性、规范性检查，开展坚决杜绝“乱收费”专项检查，加强对涉及新冠肺炎疫情防控等收费项目的监督，确保涉企收费合法合规。

【机关财务管理】2021年，重庆海关落实“过紧日子”工作要求，从严控制“三公”经费，并延伸到会议费、培训费、差旅费等开支范围，从预算安排到执行审批严格控制行政运行成本，并在每季度组织隶属海关单位对实施情况开展评估，及时整改问题，建立“过紧日子”长效机制。落实总署加强打击走私工作相关要求，完善缉私财务保障机制，按月通报缉私警察经费预算执行进度，采取定期驻点报销的方式满足民警日常报销，划拨地方财政资金弥补警察人员经费不足，落实从优待警和一体化保障要求。深化分级财务管理，多维度对隶属海关单位财务进行业务指导，组织关区财务人员开展案例现场教学，引导隶属海关举一反三自查自纠。实施重点帮扶，对会计经验相对不足的隶属海关进行单独辅导，前往隶属海关送教上门，安排隶属海关财务人员跟班学习。落实2021年全国海关财务工作会议和关区工作会议精神，组织对关区隶属海关单位的全部财务制度评估，重点评估财务制度的系统性、合规性、协同性、有效性，督促隶属海关单位根据评估意见对财务制度进行补充修改，进一步完善关区财务管理制度标准体系建设。对现有财务报销系统进行升级改造，充分挖掘信息系统的数据提取和统计功能，实现预算执行的实时监控，提高预算执行数据的时效性和准确性。

【基建管理】2021年，重庆海关按照管建分离原则，加强关区4个基建项目关键时间节点分别督促推进、协调指导。总关食堂建设项目完成预定建设任务和2021年预算执行目标，通过竣工验收并交付使用，完成结算审核、总验收和财务竣工决算审计工作；技术中心实验室改造项目按计划正式开工建设，完成2021年预算执行目标，同步完成配套专业分包采购工作；保健中心业务技术用房改造项目初步设计和概算文件获得总署批准，完成配电改造采购和施工，开展施工图外审专家论证，完成项目施工总包招标工作；涉案财物业务用房改造项目完成设计招标，组织完成初步设计和投资概算编制工作，获得总署批复。

【装备管理】2021年，重庆海关加强实物资产信息化管理，所有行政事业单位全部安装并运行“资产管理信息系统”软件，将所有固定资产数据和信息输入计算机系统，实现了单位资产管理信息化，通过对软件的“登记、申报、查询、分析、统计、审核、处置”等系统功能，基本实现对国有资产从“入口”到“出口”的全过程监管。首次开展年度资产盘点，组织各部门单位按固定资产实物管理系统数据逐一核对实物；建立完善固定资产定期集中报废制度，实行分级审批、合规报废，完成2,429台（套）固定资产报废、资产下账工作。

【资产管理】 2021年，重庆海关以提升资产管理能力为目标，分类施策强化管理，切实提高公有房产使用效率。强化公有房制度管理，全面清理关区及所属海关单位公有用房情况，分类制定管理细则，分别落实管理要求；强化公有房租赁管理，开展干部职工房屋使用需求调研，细化公有住房三级阶梯性租金标准，定期公示住房申请及使用情况，有效保障干部职工居住需求。

（撰稿人：陈妍朵　李　菁　杨翰林）

科技发展

【概况】2021年，重庆海关聚焦“智慧海关”建设，聚力科技创新能力提升，推进海关业务科技一体化，积极探索大数据、人工智能、云计算等新技术，助力关区监管能力提升。落实总体国家安全观，强化网络安全和实验室安全管理。开展具有前瞻性、基础性和实用性的技术研究，强化执法技术支撑。组织召开网信领导小组暨科技委会议，审议立项7项关级信息化应用项目和24项关级科研项目，验收通过（2020—2021年）关级科研项目22项。2021年完成建设并通过验收信息化应用项目3项。落实新冠肺炎疫情防控要求，强化疫情防控科技支撑保障。规范新冠病毒检测实验室管理，确保检得快、检得准。开展科技人员跟班作业活动，聚焦基层科技应用中存在的堵点、空白点，“零距离”了解一线工作人员的科技需求，解决科技应用难题。2021年，解决署级应用问题6个、关级应用问题56个。推进落实《2019—2021年重庆海关科技发展规划》，经过3年时间，完成规划主要目标和92项具体任务。贯彻落实《“十四五”海关科技发展规划》，结合关区实际，制定具体举措，明确责任部门、任务内容、完成时间，做好规划落实的开局起步工作。选拔关区业务骨干，组织开展科普活动。在科技活动周开设海关科普专场，宣传海关正面监管，回应社会公众关切。组织参加重庆市科普讲解比赛、全国海关科普讲解比赛，弘扬科学思想、传播科学知识。加强科技管理制度机制建设，制定《重庆海关科技成果评定办法（试行）》，鼓励科技创新；制定《重庆海关网络安全管理实施细则（试行）》，规范信息系统管理；制定《重庆海关实验室管理实施细则》《重庆海关实验室仪器设备绩效考核实施细则》等制度，形成“1＋N”的实验室管理制度体系。

【信息化建设】2021年，重庆海关协助地方引入国内首套“双能、双视角、双加速器”快速检查系统，实现检查效率较传统设备提高20倍以上，机检放行时间控制在2分钟以内。搭建智能审图信息化平台，实现夹藏、危险品、核辐射、生物制剂等多个门类的判图智能识别。构建“智慧卫检”“智慧闸机”和“智慧作业”的三位一体智能化国境卫生检疫体系，实现风险旅客智能识别、异常旅客智能预警、常规旅客智能快放，旅客出入境整体时间压缩60%。建设“监控指挥子系统重点商品监测展示应用”，强化关区进口冷链食品及进口高风险非冷链集装箱货物的全链条监控，实现重庆市市场监管局、市口岸物流办的数据交换共享。指导海关监管区域、场所信息化建设。结合科技人员跟班作业活动，发挥专业技术优势，助推重庆果园港、万州综保区、永川综保区等新建区域、场所的信息化建设。2021年，审核区域、场所信息化建设方案，汇总并反馈专业意见40余条，与建设相关方开展各类技术交流21场次。开展“网络安全宣传周”活动，普及网络安全知识，强化网络安全意识，提升网络安全防护能力。建党100周年期间，开展7×24小时全天候值守，动态监测防护，适时更新安全策略34次，发现并抵御互联网网络攻击105,850次，确保关区网络信息系统和各项业务工作安全平稳运行。参加公安部组织的“护网2021”网络攻防实战演习，运用“蜜罐陷阱主机”等技术手段对攻击方目标开展反制，成功捕获攻击行为线索，受到总署通报表扬。落实“三智”合作倡议，开发“中新（重庆）‘数字边境’服务平台”。与新加坡关税局开展信息共享，推动形成重庆—新加坡物流数据互联互通的“数字边境”，成为全国“三智”落地示范项目，并作为4个典型案例之一入选APEC（亚太经济合作组织）互联互通案例。加强跨区域海关合作，与乌鲁木齐海关共同打造“中欧班列运行可视化”项目，打造“数字班列”示范样板，在全国铁路口岸中率先开发上线自动运抵和自动核销系统；与成都海关共同打造“关银一KEY通”川渝一体化模式创新举措，企业业务办理时间压缩约2/3。加强国产化信息终端设备推广应用，完成紫光桌面云、177台国产化计算机和国产化邮件系统的安装部署和推广应用。

【实验室管理】2021年，重庆海关开展技术中心场地改造，进一步优化实验室环境布局。加强实验室安全管理，编制《重庆海关实验室安全宣传手册》，组建实验室安全联合督导组，制定22项安全风险防控清单。组织开展风险隐患排查，先后推动50余项安全问题整改，形成“层级管理、上下联动，部门协同、齐抓共管”的安全工作局面。推进实验室信息化建设，上线运行实验室管理系统e－Lab2.0版，实现实验室信息系统与H4A管理系统等的数据交互。建立121个有效账号清单底账并动态更新，确保实验室信息系统规范使用。提升实验室检测能力，累计检测新冠病毒样本10万余份，3次获得总署疫情防控专项考核加分。组织技术机构开展猪肉粉中β受体激动剂和新冠病毒检测等能力验证56次。指导技术机构通过CNAS评审、CATL复评审，技术中心获得10大类新增检测资质和539项检测参数扩项，累计获得52大类检测能力和9,443项检测参数，法检任务自检率保持98%以上。与海科中心签订合作备忘录，首站1+X合作模式落户重庆海关。与重庆市食品药品检验检测研究院、西南大学联合共建市场总局调味品监管技术重点实验室并获批。推进OIE（世界动物卫生组织）参考实验室建设，与海科中心加强合作并联合开展牛结节性皮肤病能力验证工作。加入成渝地区双城经济圈食品安全检验检测机构联盟，与攀西钒钛检验检测院签署战略合作协议。

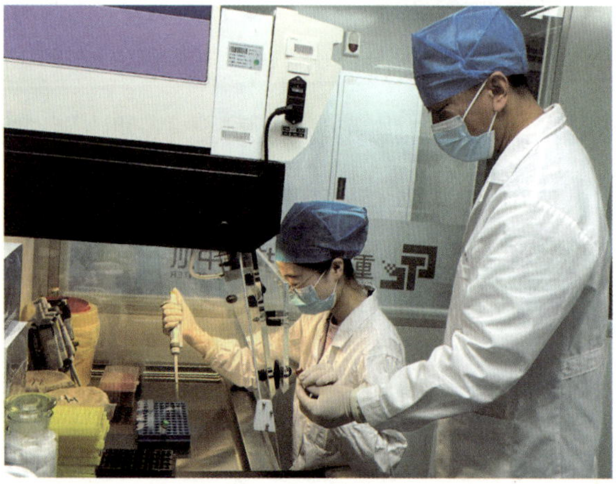

▲2021年，重庆海关实验室人员开展动物疫病DNA检测

【科研管理】2021年，重庆海关与重庆市科技局签订合作备忘录，促进重庆海关科研项目、创新平台、科研人才队伍、科普基地等科研资源融入地方科研体系，实现科研创新优势互补。组织省（部）级科研项目申报，获批署级科研项目1项、重庆市科研项目5项。加强科研项目管理，4项署级项目按计划提交验收申请。组织申报海关科技成果和重庆市科技奖励，获海关科技成果三级成果1项，获重庆市科技进步奖三等奖2项。开展关级科技成果首次评定工作，评定关级科技成果一级成果1项、二级成果2项。

【科普工作】2021年，重庆海关加强科普基地建设，保健中心获批重庆市科普基地。开展科技活动周活动，2021年5月，在重庆市主会场开设海关科普专场，围绕“日本核废水”、“红火蚁”、新冠肺炎疫情防控等公众关注的热点话题，开展环境现场检测、显微观察实物标本、辐射探测及海关车载式移动P2+实验室展示等“智慧海关”监管设备互动体验，吸引参与互动体验观众超6,000人次。承接7场次地方政府组织的高校、科研院所科普研学活动，有效扩大海关科普受众。选拔关区业务条线骨干，组建海关科普讲解员集训营，结合实景体验，向公众讲解核辐射防范、入侵生物危害及疟疾、登革热等口岸常见传染病预防的科学知识。组织参加科普讲解比赛，2名参赛选手获“第八届重庆十佳科普讲解员”“重庆科普讲解大赛二等奖”荣誉，1名参赛选手获“全国海关十佳科普讲解员”荣誉。创作的科普微视频《被海关截留的水果去哪儿》，被重庆市科技局评为2021年重庆市科普微视频大赛一等奖。2021年12月，重庆海关获全国科技活动周荣誉证书。

（撰稿人：贯晓卫　孔凡义）

督察内审

【概况】2021年，重庆海关督察内审工作始终坚持以习近平新时代中国特色社会主义思想为指导，坚决贯彻落实习近平总书记关于督察审计工作的重要论述，按照总署的部署安排，牢牢把握督察审计的政治定位，找准督审监督切入点，创新督审监督方式方法，聚焦推动重大决策部署、促进全面从严治党、提升治理能力等重点工作，坚持党建引领业务，综合运用督察、审计等监督手段，多措并举防范执法风险、管理风险、廉政风险，助力关区治理能力不断提升。全年，组织开展各类监督检查项目21个，配合完成迎接总署经济责任审计和国家审计2项重大任务，并推进完成审计发现问题的整改工作，受到总署和审计署重庆特派办的充分肯定。其中，“创新＋制度双轮驱动关区治理能力提升”的经验做法，在2021年全国海关督审工作会上进行了交流推广。

【督察监督】2021年，重庆海关紧扣推动落实习近平总书记重要指示批示精神和党中央、国务院重大决策部署，制定出台年度督审工作要点，配套建立督察项目等3项重点任务清单、16个具体监督项目，明确重点监督内容和方向，聚集政治督察监督，突出对做好疫情防控、禁止“洋垃圾”进境、落实通关便利化措施等重大决策部署的监督检查。先后组织开展进出口危险化学品监管措施落实情况、“国门利剑2021”等重大决策部署落实情况专项督察项目5个。探索对内对外融合“一次联合检查、多成果共享共用”的监督新方式，统一组织关区多个职能部门开展集约化监督检查，共统筹开展各类职能检查项目7个；在督察审计监督过程中实行督察、执法评估和审计项目“三合一”检查新方式，共融合开展监督项目5个；统筹开展总署及关级执法评估项目5个。实行问题整改台账和清零管理，分类建立督察、执法评估、重大风险防控责任等问题台账3类，组织对2020年关区重大风险隐患落实情况、督察及执法评估问题整改，开展“回头看”和书面督导，建立2021年防范化解重大风险责任发现问题及整改台账。承担全国海关督察管理系统升级任务，组织参与调试督察作业查询操作等多个功能模块，并提出优化完善建议，按时完成全国海关督察监督信息化提升工作。

【审计监督】2021年，重庆海关配合总署经济责任审计和国家审计工作，组织开展审前自查，梳理盘点历年审计查发问题，汇总列出重大靶向问题清单，提前策划并组织开展多轮次全领域全覆盖风险排查，推进重庆关区2021年重点风险排查工作，同步督促做好化解风险工作。研究制订迎接总署经济责任审计和国家审计工作方案，细化各部门单位迎审职责分工，建立健全"一把手"负责、零报告、首问负责迎审机制，明确各项迎审任务目标和工作要求。建立迎审领导小组和迎审办，加强迎审工作安排部署、组织推进和督促落实。定期召开迎接国家审计工作周例会，通报迎审工作进展、解决迎审疑难、安排布置相关工作。建立特派办、审计组、总署司局、重庆海关部门单位之间多层级、多形式、多频次的沟通机制，掌握审计动态，研判审计动向。构建部门"一把手"审核、联络员经办的联动反馈机制，实施挂牌督办和专人超期提醒，实现与审计组的无缝衔接和协同，迎接总署经济责任审计和国家审计全流程配合无错漏，所有审计需求和审计取证均按要求完成。收集汇总风险信息，组织多部门开展协调会商和风险分析，编制每日迎审动态，开展风险提示和预警。制订并组织实施总署经济责任审计发现问题整改方案，细化任务和责任分工，实施"一对一"督导，实行重大问题专人跟进，开展多轮次审计整改"回头看"，按时完成总署历次经济责任审计发现问题的整改。加强审计问题成因分析，追根溯源，堵塞制度漏洞，完善各类制度规范10个。与总署经济责任审计组和国家审计组对接，响应系统授权、办公设备配置及安装等后勤保障工作。探索内部审计监督新方法，围绕推动落实重大决策部署、执行中央八项规定及其实施细则精神、强化监管优化服务等3方面，对关区55项重大决策部署落实情况开展全面专项审计，并形成正式报告上报总署。开展内部审计调研，完成"总署实验室建设专项审计调研""企业脱钩和产权转让专项审计"审计调研2项。聚焦全面从严治党，突出对贯彻习近平总书记重要指示批示精神、促进党风廉政建设、落实"三重一大"制度等重大事项的审计监督，加强对

▲2021年7月6日，重庆海关督审处党支部与审计署重庆特派办开展"辉煌百年路，奋斗新征程"联学联建主题党日活动

隶属海关单位“一把手”监督，先后对机场海关、重庆港海关等隶属海关单位开展关级经济责任审计项目5个。持续做好内部审计保密和廉政教育，按程序和要求与被审计单位、审计组成员签订廉政承诺。

【内控建设】2021年，重庆海关开展内控及HLS2017平台推广应用的集中研讨和调研，发布“落实内控主体责任、内控成果分级提炼、内控通报考核及培训”等四项工作机制，细化分解总署相关绩效考核到部门单位，健全完善“年初总量谋划、季度滚动考核、年度拉通算账”的绩效考核通报机制，年内通报12期。推广“内控专员建在科上”做法，完善“部门联络员督办协调，内控专员具体落实”的内部办理模式，内控节点及专项成果报送质效持续提升。全年，获得总署采用的内控信息、专项成果数量同比增长1.84倍、2.12倍。加强内控前置审核，从源头上防控制度设计等相关风险，开展内控前置审核制度20个。实行“不达标通报和关区季度绩效考核”挂钩机制，年内通报不达标和扣分部门单位2次，倒逼各层级“一把手”履行内控主体责任。召开内控领导小组专题会13次，持续开展送教上门、现场演练和指导答疑，总结提炼并推广基层应用内控的经验做法，加大内控节点绩效指导和复核，将内控建设纳入关级审计重点关注项目，多管齐下强化内控日常监督，基层内控质量不断提升。2021年，利用HLS2017平台补证、补税、移交缉私和稽查线索，同比分别增长59.63%、27.12%和13.6倍。强化职能监控，开展年度内控评价，完成内控评价报告。运用HLS2017平台开展数据再监督再挖掘，深入查纠类似业务环节的相关内控问题，确保监督无处不在。

▲2021年1月15日，重庆海关开展2021年度内控及新海廉平台机制建设集中研讨

【执法评估】2021年，重庆海关坚持项目清单管理和定性定量相结合，精选评估项目，精制评估方案，综合运用H2010、云擎、HLS2017平台等各类系统，深化海关数据提取分析，加大实地检查调研，突出对海关重大业务领域、重大改革、关键环节的执法评估，开展“重庆海关AEO企业信用管理及便利化措施落实情况”的专题评估，进一步查纠关区相关工作中存在的短板弱项。参与“综合保税区落实优化保税监管措施专题评估”“进出口食品安全监管”等4个署级评估项目，组织完成全国海关154个综保区落实国务院21条政策情况的汇总统计和书面调研工作，为上级决策提供参考。

（撰稿人：熊　新　郭维家）

第六篇

隶属海关

重庆江北机场海关

【概况】1994 年，经总署批准，设立重庆海关驻机场办事处。2009 年 2 月，经中央编办批准，重庆海关驻机场办事处调整为重庆江北机场海关。2011 年 2 月，总署批复同意重庆江北机场海关经重庆海关验收合格后开关。2011 年 8 月，经重庆海关验收合格，重庆江北机场海关正式挂牌，为正处级单位。2018 年 4 月，重庆机场出入境检验检疫局的队伍和职责整体划入重庆江北机场海关。重庆江北机场海关于 2018 年搬迁至重庆市渝北区机场东二路 9 号。2019 年 12 月，重庆海关党委批准设立重庆江北机场海关党委。重庆江北机场海关内设 14 个科室，编制人员共 120 名，实有在编人员 117 名，重庆海关党委第一派驻纪检组常驻机场海关开展纪检监督工作。

2021 年，重庆江北机场海关强化政治机关建设，牢固筑立口岸常态化新冠肺炎疫情防线；加大违禁动植物及其制品、枪支弹药、毒品等重点领域查缉力度，在做好疫情防控的同时严厉查缉“水客”等走私行为，切实筑牢国门安全防线；全力优化口岸营商环境，监管国际航空货邮量 22 万吨，创历史新高，助力江北国际机场国际货运吞吐量连续十年保持西部地区第一；荣获省部级个人表彰 4 人次，集体荣誉 2 项。

【政治机关建设】2021 年，重庆江北机场海关强化党委班子自身建设。坚决贯彻落实以习近平同志为核心的党中央决策部署，以全面从严治党、新冠肺炎疫情口岸防控、守护国门安全、支持临空经济发展为核心工作，发挥坚强有力领导作用。2021 年，开展党委理论学习中心组专题学习 6 次，严格落实“三重一大”制度进行民主集中决策，全面谋划推进各项工作。开展党史学习教育、党委理论学习中心组学习和各基层支部组织线上线下学习教育 120 次，支部书记讲授党史学习教育专题党课，制定“我为群众办实事”14 项措施，涉及保税维修进口、生鲜进口等民生项目。将全面从严治党工作与业务工作统筹研究、统一部署、同步发力。全年专题研究全面从严治党、党风廉政建设和反腐败工作 7 次，经常性开展警示教育、通报廉政案例和违反中央八项规定精神案例。开展“现场监管与外勤执法权力寻租”专项整治工作，设立举报箱6个，张贴举报海报12处。充分运用“四种形态”中的“第一种形态”，对工作中存在的苗头性、倾向性问题，开展提醒谈话10人次。

【基层党的建设】2021年，重庆江北机场海关落实“支部建在科上”。撤销原有5个联合党支部，新成立14个基层党支部，完成党总支换届选举和新成立支部委员会选举工作，划分3个“党群协作区”对各支部分类指导、分层管理、分片联建，确保基层党支部发挥好组织优势。不断挖掘基层热源，在实行封闭管理的3个旅检集中工作组分别设立临时党支部，在集中封闭管理过程中，9名一线人员递交入党申请书，2个临时党支部和19名关员获重庆海关表扬和嘉奖。形成坚强战斗堡垒。发扬“实干、善为、团结、争先”的鸿雁精神，由志愿者、业务骨干及关领导混编组成“鸿雁党团突击队”，全年共25批103人次支援口岸疫情防控“外防输入”一线，形成人员机动调配、跨业务交流学习、灵活编组三大管理机制，有效应对了疫情防控新形势。发挥党员先锋模范作用，广泛激励党员率先垂范，党员先锋模范作用成效突出。2021年，谭会琼同志荣获总署“百名优秀执法一线科长”，姜鹏、饶雪利2名同志荣获重庆市总工会2021年“重庆市五一劳动奖章”，陈佳佳同志荣获重庆市妇女联合会“2021年重庆市巾帼建功标兵”，另有2人荣立三等功、2人获集体三等功，21人次获个人嘉奖、17人次获集体嘉奖。重庆江北机场海关团支部获评“全国五四红旗团支部”，重庆江北机场海关货物查验科获评总署“2021年度工作表现突出集体”。

【口岸疫情防控】2021年，重庆江北机场海关保障重庆江北国际机场口岸通航国际或地区客运航线4条，通航国际或地区货运航线31条，共监管进出境航班5,494架次。对口岸新冠病毒及其他传染病进行有效监测，成功保障纪念中国—东盟建立对话关系30周年特别外长会和澜湄合作第六次外长会、阿富汗医疗包机、英国留学生包机以及巴基斯坦撤侨包机卫生检疫工作。完成进口冷链食品、高风险非冷链货物、进口空载航空集装箱风险监测采样机预防性消毒监督工作，在口岸筑牢国门安全防线。强化卫生检疫措施，坚持运用“一机一策”“三查三排一转运”“防护监督”等有效经验，坚持“人物同防、多病同防”。优化卫生检疫流程，形成16项管理规范和作业指引，并通过关口前移、优化送样车路径等措施，提升卫生检疫作业效率。坚持开展开展入境客机自主复盘39次，参加重庆关区航班复盘11次，立行立改问题60项，将47项需长期关注问题纳入日常内控检查。针对出入境包机卫生检疫工作，制订5个包机监管方案。严格按照布控指令进行高风险货物检疫查验及预防性消毒，规划采样及预防性消毒区域，形成“4个固定”等有效制度。实施航空废弃物闭环监管，形成“三方数据对比、派员随车监运、坚持现场监督”3项长效机制，确保航空废弃物得到有效处置。实施终末消毒监督，组织25家航空公司开展政策宣传贯彻培训，明晰航空公司防疫主体责任，对航空器消毒进行全程监督。规范个人安全防护措施，建立并实施“岗前检查、工作巡查、全程监督”的安全防护监督机制，建立20人组成的安全监督员队伍，开展60次安全防护培训和考核。强化监督检查，每周开展入境航班卫生检疫工作全程监控视频回放自查，重点查看采送样、流调、洗消等高风险环节的工作情况，发布监控检查通报11次，对安全防护、采样作业、消毒处理等方面提出改进建议155项。

▲2021年11月8日，重庆江北机场海关处置入境包机

【封闭管理】2021年，重庆江北机场海关坚决落实总署封闭管理决策部署。2021年6月25日，在入境人员卫生检疫一线实施封闭管理。2021年12月10日，增加入境高风险货物作业人员进入封闭管理。疫情防控一线人员封闭管理累计实施14轮次，参加人员449人次。为封闭人员提供舒适集中的居住环境，先后2次变更封闭管理住宿点。发挥好临时党支部作用，开展组织生活50次，开展集体政治生活11次、撰写心得体会44篇，防疫工作体会35篇。领导干部坚持靠前指挥，一把手带队6次与封闭管理组全员面对面交流座谈，与14轮封闭队伍带班领导和科级干部交心谈心，及时排忧解难；分管关领导14人次参加每轮岗前动员培训，并深入一线带班。充分考虑干部职工个人困难，科学进行轮换，针对有需求轮换人员及时轮岗，对家庭有困难的6人及时解除封闭管理。加强关心关爱，开展多方式慰问14次，在中秋节、国庆节、元旦节为在岗和离岗的封闭管理人员送月饼、点心、瓜果和慰问信，为闭环人员配备生活配套物资、室内小型健身器械、书籍等，开展各种线上活动，丰富封闭管理人员生活。调整科室职能和人数，集中优势人力开展封闭管理，配备72名关员参加一线封闭管理，占重庆江北机场海关总人数的63%，另组建13人组成的二级应急梯队随时支援。加强后勤保障，调配改造封闭管理的工作生活用房，并配齐相关办公用品和生活设施，协调机场地服公司等部门隔断出充足的隔离办公区。做好各轮次顺利交接工作，累计召开疫情防控关长办公会13次、专题研究高风险货物查验封闭管理方案3次，推动各轮次队伍组建，提前做好人员排班、岗位安排、工作计划，以及住房、用餐和出行保障方案。完善工作流程和岗位职责，按照口岸疫情防控方案，建立交接班指引、应急处置措施、采样巡查岗工作指引等16项封闭管理制度并实时更新。强化制度落地落实，开展28次培训，接班组封闭前开展为期3天的脱产培训，接班后第一时间开展全员模拟客货机入境实战演练。自成立之日起，封闭管理队伍保障了重庆江北机场口岸所有入境航班和高风险货物人员检疫、货物检疫等工作。

【税收征管】2021年，重庆江北机场海关全面实施综合治税。2021年，实际入库关税1.82亿元，同比增长0.48%，实际入库进口环节税17.29亿元，同比增长13.46%。实施属地纳税人管理，以企业为单位开展税收风险分析，防止“跑冒滴漏”，做到“应收尽收”。持续推广税收担保制度改革，充分利用“一保多用”，完成H2018担保系统企业纸质银行保函切换为电子保函，指导企业在新的申报模式下高效、灵活运用各类税收担保制度。2021年，接受汇总征税申报1.28万票，税款总计11.2亿元，占全年入库税款的58.58%。加强个人物品税收风险管控，通过实行“事前评估、事中防控、事后整改”全覆盖监管，从审单、征税、查验、物流监控和后续监管等方面提高监管效能。有效利用风险联控平台、现场审单查发、多部门联合研判核查等措施，严格防控快件“拆单漂移”“低报瞒报”等各类风险，2021年，实现税收2,047.19万元。规范执行税收惠企政策。2021年，及时开展完税退税工作，对重点企业减免税担保业务实行申报指导，简化减免税担保办理流程，办理担保审核2,424票，同比增长4.9倍，担保延期1,225票。同步做好企业各类退税业务，完成其他非政策性退税528.2万元。规范进口租赁飞机税收监管，对在重庆江北机场海关备案的进口租赁飞机实施动态监管，确保租金按时申报。2021年，监管备案在租飞机45架，涉及航空公司2家，征收保证金209.2万元。2021年3月，开展对西部航空在租飞机的债权申报工作，对28架进口租赁飞机备案合同以及3,000余份租金申报报关单开展核对，全面摸清租赁飞机租金、国内税、保费支付及申报情况，完成债权申报3.45万元，确保海关税收不流失。推广优惠贸易协定应用，建立多渠道政策宣讲机制，开通各类优惠贸易协定及RCEP咨询渠道，针对重点企业、重点商品以及东盟、亚太等重点协定国家和地区进口情况开展专项调研，收集企业问题。同职能部门开展联动，积极争取业务指导，及时反馈企业打消应用顾虑。2021年，重庆江北机场海关优惠贸易协定项下进口货物共计4.49亿元，减免关税额1,963.36万元，减免增值税额258.14万元。

【进出口货物物品监管】2021年，重庆江北机场海关全年监管进出口货运量

18.15万吨，同比增长24.8%，其中进口2.84万吨，增长16.19%，出口15.31万吨，增长26.54%。进口商品主要包含集成电路等电子信息产业零部件、冰鲜水产品、化学原料等，出口商品主要包含笔记本电脑、打印机等电子产品和重庆本土机电产品等。物品监管主要为进境B类快件包裹和进出境人员随身携带行李，快件包裹主要物品种类为化妆品、保健品、鞋包服装类等，2021年实际验放快件包裹195.18万件，总重量2,621.15吨。实施监管查发能力提升工程，分析整理出涉税送检、奢侈品低报价格、境外植物检疫证书缺证等13个风险点，逐条分析违规方式，针对性培训查发技巧；与重庆海关风控分局联合开展提高查获专题风险研讨14次，就查验指令优化等问题进行沟通，及时反馈现场查验过程中发现的风险点和问题，提高查验针对性；安排经验丰富的业务骨干成立“查验风险联合研判小组”，对重大查获案例进行讨论学习，持续提高查发能力；完善进出境动植物检疫人才队伍建设，拥有高级签证兽医官2名、签证兽医官2名、高级签证植物检疫官1名、签证植物检疫官5名、动物检疫现场专家岗6名、植物检疫现场专家查验岗9名。2021年，查获多批无证违规进口电商食品及保健品、侵犯知识产权商品、含濒危动植物成分产品等，实现重大查获38次，查获涉枪爆2批次，管制刀具1批次；办理案件111起、立案4起，查获“维秘内衣”重大知识产权侵权案件；截获外来入侵物种165种次，检出有害生物66种次，茅叶蓟、特纳草、假臭草、茨欧鼠尾草等4种次典型查获被总署截获通报肯定。

【口岸营商环境】2021年，重庆江北机场海关创新口岸监管模式。实现融资租赁飞机本地入境、异地报关、异地纳税，通过该方式进口4架飞机，为企业节约成本约80万元。首创“以航空公司为单元”保税航材监管新模式，与新加坡海关建立联系机制，实现“一次核准、一次备案、一次申报、一次对比”，运行首月即调拨至深圳和上海仓库航材20余万元。开展“空空中转”货物监管新模式，实施空空中转货物共6,500余吨，为企业节约物流成本1,000余万元。助力“卡车航班”创新落地，利用“卡车航班”短、频、快的特点吸引周边货源到重庆航空口岸进出，监管卡车航班746班次，载运货物2,069票、合计6,661.4吨。提升通关时效，建立内部联动机制，挑选业务骨干，在货运现场建立“止难针”专家工作组，及时研究重大、疑难业务。强化通关时效数据监控，指定专人每日监控通关时效数据，找出影响通关时效的主要因素，及时调整应对措施。落实7×24小时通关制度，进出口货物全时段免预约快速通关，建立生鲜商品绿色通道，实现货物“随到、随检、随放”，确保生鲜产品1小时内完成通关提货。2021年，进口整体通关时间32.38

小时，较 2017 年（228.83 小时）压缩 85.85%；出口整体通关时间 1.29 小时，较 2017 年（10.95 小时）压缩 88.22%。推进“两步申报”改革试点，先后解决概要申报放行指令不畅、卡口通行无法抬杆等问题，完成重庆关区首票“两步申报”查验，打通“两步申报”各个环节，全年开展“两步申报”企业 77 家，涉及报关单 11,826 票，种类覆盖所有报关类型。推进“两段准入”改革落地，选取进口食用水生动物、进口冰鲜水产品等作为试点商品，实施 100%“附条件提离”，实现航空口岸生鲜货物“零滞留”。设立进口维修手表理货专区，实行“先点货、后报关”方式，帮助企业压缩通关时效 50%。全力支持机场二期货站建设，国际货邮年保障能力增至 40 万吨。支持航空新业态发展。大力支持跨境电商“9710”“9810” B2B 出口业务，全力推进出口“9610”业务发展，确定实施方式，完善监管链条，指定

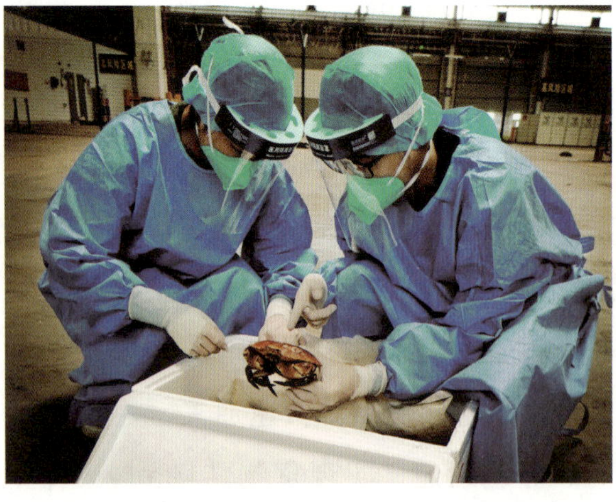

▲2021 年 8 月 27 日，重庆江北机场海关保障进口水生活动物快速通关

专人负责跟进，加强政策宣讲，完善系统设置。

【政务管理】2021 年，重庆江北机场海关强化落实中心工作。建立健全公文办理检查通报制度，对总署和重庆海关重要文件 100% 进行办文质效检查。建立健全会议制度，形成党委会、关务会、形势分析及工作督察会、关长办公会等会议制度，明确会议审议事项范围，每月至少召开 2 次关长办公会议，推动中心工作部署落实。建立健全督办制度，承办重庆海关督办任务 12 期，发布内部督办 16 期，对疫情防控、促外贸稳增长和安全生产等工作进行闭环管理。完善制度提升规范管理水平，出台重庆江北机场海关党委工作规则和重庆江北机场海关工作规则，对领导职责、依法行政、民主决策、督促检查、政务公开、监督制度、会议制度、公文办理等内容进行明确。开展年度“立改废”工作，废止 13 项已不合适制度，将 8 项通知剔除管理制度范围，最终形成由 41 份管理制度组成的管理体系。统筹抓好信息宣传及政务公开工作，聚焦疫情防控、重庆航空口岸新业态发展以及成渝地区双城经济圈建设等重点领域加强政策宣传贯彻解读，在重庆海关发布微信公众号发布政策解读类稿件 10 余篇。积极加强信息宣传工作，创新政务信息联动机制、约稿机制、激励机制，上报动态信息 457 条、简报信息 23

篇、图片新闻78条，在《中国国门时报》、“学习强国”等载体刊发对外宣传稿件31篇。充分发挥重庆江北机场海关作为重庆海关互联网信息工作站作用，牵头组织编报互联网信息2,600多条。规范信息公示公开，公示行政处罚信息119条，行政强制信息11条，行政许可信息164条。细化管理加强综合保障，细化会务保障，做到会前有准备、会中有会务、会后有跟踪。细化公务车辆保障，严格公务用车审批，集中统一定点维修保养，集中统一定点加油，严格规定区域和路线行驶，每月开展车辆GPS路线检查，杜绝公车私用。细化食堂餐饮保障，成立膳食委员会，提高全员膳食水平。落实疫情内部防控责任制度，修订常态化新冠肺炎疫情内部防控工作方案，先后发布3版疫情内部防控细化措施；严格执行行政办公区域防控措施，落实进出门测温验码，加强楼宇重点部位每日3次消毒，实行分区分时就餐制度；严格落实总署及属地“应检尽检”要求，在行政楼、旅检现场、查验现场及快件现场设置核酸检测采样点，进一步提升“应检尽检”工作效率，2021年，进行“应检尽检”30,785人次；修订工作人员感染新冠肺炎内部应急处置工作方案，开展应急演练2次，妥善处置1名协管员被重庆市疾控部门定为新冠肺炎次密接者事件；强化疫情防控档案管理，向重庆海关移交实物档案13类疫情防控档案，共计441份档案资料。

【财务及后勤保障】2021年，重庆江北机场海关规范财务管理工作。对资金使用管理等5项财务管理制度进行全面的梳理和修订，新增固定资产管理等4项制度。优化预算管理、收支管理、政府采购、资产管理、建设项目、合同管理等行政单位内部控制6个方面管理流程，规范和完善内部控制机制，提高财务资料质量和工作效率。将使用状况、使用效益、管理责任作为提高资产管理水平的量化指标，组织资产季度核查4次，年终实物盘点1次。推进中央预算资金使用，2021年人员经费、公用经费、项目经费预算执行进度为100%，完成规模以上采购8次。推动“过紧日子”，严格源头管控，持续压减一般性支出，重点保障口岸疫情防控相关需求。落实公务用车“三定点三核查”，降低公车费用支出，确保会议、培训、差旅、劳务等重点费用的支出范围和标准规范。推动节约型机关创建，强化目标管理、完善制度机制、推行绿色办公、实行生活垃圾分类、开展宣传教育。开展“光盘行动”，月度厨余量较节约措施实施前下降50%。开展节能宣传周及全国低碳日活动，优先选购低能耗、质优价廉办公设备，推行文档电子呈阅、材料缩印或双面打印等绿色办公模式。提高能源资源利用效率，降低机关运行成本，完成固定资产清理，报废老旧资产105件。

【督查内审】2021 年，重庆江北机场海关坚持完善迎审工作机制。2021 年，配合开展国家审计、总署经济责任审计、原关长陈竹同志离任经济责任审计工作。成立审计整改工作领导小组，以自查自纠为抓手，开展自查整改。对审计提出的问题，从职能管理、执行、监督等多层面，建立健全对账销号、协调联动、责任追究 3 项工作机制。有效转化审计成果，规范公务用车使用管理、涉案财物仓库管理、培训费管理、食堂库存管理、检验检疫证单出具等 10 项工作。完善监管作业场所（场地）监控摄像头设置，新增和调整货运高风险非冷链和旅检中风险洗消区等 24 个摄像头，确保摄像头在线率均超过 98%。提升疫情防控措施执行规范性，设立二级、三级安全防护监督员，建立定期督察自查机制，开展二级监督自查 50 余次。规范进口冷链食品及包装新冠病毒检测作业流程，有效预防和控制职业暴露感染。扎实完善内控机制，建立“内控领导小组—内控办公室—内控专员”三级内控管理机制。落实“一把手”牵头的内控领导小组工作制度，设立内控联络员 1 名、内控专员 13 名。完成全年内控考核任务，制发处置联系单 78 份，处置异常数据量 990 份，总署采用信息 5 篇、专项成果报告 13 篇，考核指标完成率 100%。落实节点定期核查制度，形成业务科室自控和后台核查“两手抓”的工作机制。优化科技控权手段，提高内控节点指标体系应用成效，运用政务信息化系统开展分析研判、预警处置以及监控分析工作。开展快件领域涉嫌蚂蚁搬家风险核查、货物领域归类和原产地专项核查等 20 余次。

【队伍建设】2021 年，重庆江北机场海关抓好干部教育培训。指定专人负责培训推进工作，结合岗位需要和关员需求，突出需求导向、问题导向、实践导向开展岗位实训。开展疫情防控专业能力岗前培训 14 期，实操培训 21 期；按业务类别、岗位特征和职责分工，组织参加总署和重庆海关的专业培训，全面提升关员专业技能水平，14 人参加总署商品检验岗位练兵并取得较好成绩，50 余人次通过培训考核获得各类作业资质；合理制定培训计划，定期开展督促检查进行通报，及时发现问题、督促整改，2021 年 117 人提前完成全年培训任务。着力提高协管员队伍辅政能力素质，在 2021 年 3 月开展协管员队伍“准军强化月”活动，强化纪律作风养成，同时开展办文办会、信息写作、内务规范、消防知识、疫情个人防护等集中培训，共计 270 余人次参加。树立重实干、重实绩、重基层的用人导向，注重在疫情防控一线和急难险重任务中培养锻炼考察识别干部，优先晋升在疫情防控工作中表现突出的干部。配齐配强执法一线科长，发挥年度考核等方面的激励作用，2021 年度执法一线科长年度考核优秀率达 50%。重视人才队伍梯队建设，坚持老中青相结合的梯次配备，统筹推进职务职级分类管理。有计划开展轮岗交流，做好培训规划，为干部成长提供更广泛的平台，着力建设忠诚干净担当的高素质专业化人才队伍。2021年完成3名科级领导干部提任，1名科级领导干部调配，34名公务员职级晋升，16名关员岗位调整，3名新关员试用期满转正考核，4名科级领导干部试用期满考核工作。

【安全生产】2021年，重庆江北机场海关抓实安全工作。成立安全生产领导小组，“一把手”担任安全生产第一责任人，领导班子按照“谁主管、谁负责”“抓生产必须抓安全”的原则履行安全生产职责。增强安全生产红线意识、忧患意识和风险意识，组织关员参加安全生产知识在线培训3次，组织全员观看安全生产事故警示教育视频，开展安全生产应急演练3次，邀请专家开展提升防护能力培训1次，联合机场集团开展消防演练4次。做好海关监管作业场所安全生产工作，加强跨部门监管协作，积极联系中国民用航空重庆安全监督管理局，开展联合检查，从危险品储存、制度建设、消防应急、人员培训、设施配备等方面全面排查安全隐患。开展安全生产“大排查、大整治、大执法”百日行动暨“安全生产月”活动，建立巡查机制，视频检查和实地巡查相结合，对辖区内的监管场所（场地）开展风险隐患排查和专项实地巡查12次，及时向企业进行提醒和开展安全知识宣讲，完成突发事件应急预案等12项制度的修订。开展办公场所安全隐患排查，每周对自有食堂、机房等重点区域开展每日巡逻，重点关注燃气、配电用电、用火安全，开展食堂燃气通道清洁4次。严格落实办公场所安全“室长”责任制，在节假日等重要节点对办公区开展全面排查11次，对排查出的隐患第一时间整改。强化政务值班业务培训，要求严格按照突发事件处置流程和报告时限开展应急处置工作。

【群团（工青团妇）工作】2021年，重庆江北机场海关充分发挥“工青团妇”组织作用。以党建为引领，利用“工青团妇”组织桥梁纽带作用，打造“党政支持、职工拥护、实效明显”的温暖之家。2021年，党总支与群团组织共建开展志愿者进校园“党史宣讲”、观看红色影片等活动，参加重庆市市直机关“公仆杯”职工文艺汇演、“永远跟党走”重庆海关庆祝建党100周年歌咏大会；组织丰富多彩的文体活动，开展“登山城步道、寻红色记忆”、“关娃娃，跟党走”打卡红色经典照片征集、“阖家团圆夜·明月伴清风”廉洁过中秋、“迎新年、许心愿”等活动；维护职工权益，设立“妈咪小屋”，为全体职工购买职工重大疾病互助医疗保险，为女职工及男职工配偶购买特病医疗保险等；参与扶贫济困，为大足县长田小学贫困学生赠送学习用品、开展“书香传情、冬衣暖身”扶贫活动，征集童书冬衣捐赠山区儿童；关心关爱职工，开展“夏送清凉”慰问活动，全年组织慰问丧亲、生育、住院、结婚、退休职工 9 人次。

（撰稿人：谭会琼　钟晓鸣　胡景坤　张心怡　闫志强　李　璐　徐启佳　宋可心　张成强　李　冉　张　泓　任静茹　龙唐斌　周俊娴）

重庆港海关

【概况】经总署批准，2000 年 12 月，在九龙坡港设立重庆海关驻港口办事处。2011 年，两路寸滩海关设立，驻港口办事处人员及职责划入两路寸滩海关。2014 年 11 月，驻港口办事处恢复运行。2018 年 12 月，按照党中央、国务院“将国家质量监督检验检疫总局的出入境检验检疫管理职责和队伍划入总署”的机构改革部署，重庆海关驻港口办事处和重庆两路寸滩出入境检验检疫局合并成立重庆港海关。重庆港海关核定编制为 51 名，现有在编人员 50 名，设有 6 个科室：办公室（党委组织宣传部）、综合业务科、货物查验科、物流管理科、业务运行监控科、集中审像科。重庆港海关主要负责重庆寸滩、果园、玖龙 3 个口岸码头进出口货物的海关监管。

2021 年，重庆港海关共接受报关单 6.1 万份，监管货运量 465.55 万吨，进出口货物总值 135.8 亿美元，集装箱量 38.4 万标箱，占重庆关区各口岸外贸箱量的六成以上，征收税款 45.64 亿元，约占重庆关区总量的四分之一。其中，进口商品主要有机械产品、玻璃和塑料制品、食用油、精密仪器、矿产品，出口商品主要有摩托车汽车及其零部件、机械产品、电气设备、光学仪器、铝制品等。下辖重庆唯一进境肉类指定监管场地，负责开展重庆进口冷链食品（肉类）监管作业。

【党的建设】2021 年，重庆港海关把学习贯彻习近平新时代中国特色社会主义思想作为必学科目，党委理论学习中心组专题研学 8 次，通过“第一议题”、支委会等带动全员集中学习 30 余次。结合重庆港海关实际，精心打造 3 个党史学习教育课堂。在“支部阵地课堂”，党委书记带头、支部书记、党员走上讲台，讲党的发展历程、基层如何学好党史、红岩革命故事等专题党课 9 次。在学好 4 本固定书目的基础上，结合新中国史、改革开放史等开展学习研究，拓展理论学习的广度和深度。用好“红色基地课堂”，以传承“红岩精神”为指引，制作重庆红色地图，收集红色教育基地 23 个，结合主题党日活动参观南腰界革命根据地、聂荣臻纪念馆、歌乐山等。推广“移动学习课堂”，开辟

“班车党史小课堂”，利用通勤时间向党员群众宣讲党史小知识，发布《党史百年明信片》28期，党员群众通过“@下一位”线上发表学习心得45篇，诉说不忘来时路、永远跟党走的深厚情怀。突出政治功能，构建“总支+支部+X”党建机制，坚持总支引领、支部联动、资源整合、共建共进。重庆港海关承担重庆所有进口冷链商品风险监测，总署下达封闭管理命令当天，总支书记申请加入一线，支部书记、业务骨干组成第一批工作组，克服生活用品缺少的困难，在封闭点坚守岗位执行任务。全年对108批进口冷链食品实施了采样作业，采集样本2,638份，对126个冷链集装箱及其装载货物外包装实施全面预防性消毒监督，守住一方平安。党委班子带头攻坚克难，认真贯彻落实习近平总书记视察果园港提出的“三个好”“四个一流”“三个服务好”的重要指示精神，迅速成立“果园港建设工作组”和“党员突击队”，主动介入方案拟制、功能设计和建设施工，专人专责每周现场办公，在589天7×24小时的努力下，果园港从小码头建设成20平方千米聚合水运、铁路和综合保税区职能的大口岸，于2021年9月整体迁入果园港，极大助力果园港发挥口岸枢纽作用。党委牵头开展“我为群众办实事”活动，想方设法整合地方政府、兄弟海关等多方力量，解决企业通关疑难问题。成立党委调研组，党委书记带队，采用实地走访、来访人员交流、兄弟海关延伸调研等方式对40余家企业开展调研，摸实摸细企业需求。党总支牵头与口岸办、港务集团共同推出“重庆水运口岸营商环境优化系统”，开发“预约查验”模块，在西南片区率先实现线上一站办理，免去企业往返于码头、海关的烦恼。深度协助长安汽车完成第一份银行保函备案，节省资金成本1,900余万元。重庆港海关“我为群众办实事”重点民生项目清单19项任务全部落实。压实监督责任，严密内部管理，培树廉政清风。坚持开展领导班子民主生活会，支部组织生活会，班子成员落实“双重组织生活”制度。广泛开展谈心谈话，批评与自我批评。“关键少数”作表率，党委书记履行“第一责任”，党委委员践行“一岗双责”，制定党委工作、决策制度，协力抓好管党治党工作。严格执行民主集中制，在充分酝酿和讨论的基础上，坚持“一把手”末位表态，不折不扣贯彻落实党的决定。构建内外监督体系，自觉接受上级党组织、派驻纪检组开展内部监督；公开举报监督渠道，主动聘请9名特约监督员、企业和群众进行外部监督；形成“月度检查—半年分析—年度总结”廉政风险分析机制。持续推进清廉海关建设。以“现场监管与外勤执法权力寻租”专项整治为契机，系统性学习《中国共产党党章》《中国共产党廉洁自律准则》《中国共产党纪律处分条例》等；坚持警示教育，统筹思想教育、案例教育、沉浸式教育手段相结合，弘扬廉洁从政价值观。

【税收征管】2021年，重庆港海关多措并举、依法征管，年初深入辖区重点税源企业开展税源调查，及时了解企业生产经营和进出口情况变化，实时掌控关区税源动态，做好税收预测研判。在综合治税方面，完善重点企业对口联络员制度，提高业务服务质量，做到“面对面”交流、“点对点”指导，“一对一”服务。开展实时动态税收监控，掌握关区主要应税商品进出数量、价格涨跌、来源产地等情况，对归类、审价、原产地等税征要素深入分析，及时发现风险加以防范。其中在通关环节为重庆京东方显示技术有限公司建设第6代AMOLED（柔性）生产线项目提供专门联络、政策解读、开放绿色通道等措施，所涉进口设备增值税共计15.57亿元。在税款担保方面，重庆港海关8007和8010两个现场共办理担保申请3,687票，同比增长235.2%，约占整个重庆关区担保办理比重的45.54%，主要为暂时进出境货物、大宗货物铬矿二次结算、退运货物以及申请减免税货物。重庆港海关严控风险节点、严控税收征管、严控操作规范、严控单证管理，加强担保管理，无任何失控超期核销、超期转税等情况发生。2021年完成担保销案2,000余票，担保延期400余票，担保改单2,200余票。在税款和滞报金的退、减、免方面，重庆港海关通过拓展退税政策宣传广度、加强对企业业务指导、规范企业退税程序、压缩退税审批作业时间、及时查询退税进度、开拓线上审批模式、专人专岗管理退税资料等措施，确保退款及时到位、台账手续完善，做到应免尽免、应退尽退，及时免、尽早退。2021年办理退税1,386票，退还税款770.09万元；办理滞报金减免111票，共计1,242.45万元。

▲2021年9月18日，重庆港海关关员到企业开展税政调研

【监管业务】2021年，重庆港海关保障疫情防控物资快速通关。在继续执行报关单“日清”的基础上，及时做好疫情防控物资、企业复工复产物资等货物的验放工作，加强通关服务保障，采用7×24小时预约通关模式。共验放口罩、护目镜、防护服等各类进口防疫物资17批次，货重60.83吨，货值494.09万元；出口防疫物资162批次，货重270.61吨，货值1,054.83万元。保障中欧班列发运量倍增需求。建立海关、场站经营人、渝新欧公司日常联络机制，推动果园港卡口管理办法、中欧班列暂行方案的具体实施，充分发挥现有场地和设施作业的最大效力。支持果园港一平台临时海关监管区扩建计划，将监管区由原来3个区扩建至5个区，2进1出车道改建为1进2出车道，使场区等待和排队时间大大缩短。优化简化审批流程，实现运抵报自动触发、报关单自动放行、转关单自动审核，单次查验审批次数减少一半。打造铁路智慧物流，解决现用铁路系统数据和物流平台无法对接难题，降低企业边境落配风险。加强与上级处室、兄弟海关联络沟通，积极应对日益增加的过境班列、铁江海联运等新业务，2021年累计处理铁江海联运3票，过境班列10余票。加强实货监管。落实查验预约网上办理，与风控分局共同制定查验针对性有效措施，及时对现场异常情况进行紧急布控。实行“当日不留单”查验模式，以重庆关区不到10%的现场监管人员，完成关区60%以上的进出口货物监管。加强数据分析与筛查，精准定位重点查验商品。指定专人负责机检作业管理，定期统计机检作业数据。提升大宗资源性产品监管质效。组建“铬矿查验突击队”，采取“换人不换岗”工作方式；强化定价管理，针对矿产品因进口时成分含量待定等因素导致进口价格不确定的情况，推行进口公式定价备案管理；强化监管创新，全面推广预约查验、“一单一策”、“先放后检”等监管模式，货物口岸滞留时间减少1天以上；强化智慧监管，指导企业通过“单一窗口”自主查询下载电子证书并进行矿石外汇结算，用“数据跑路”代替“企业跑腿”。2021年，重庆港海关累计监管进口大宗资源性矿产品467批次、39.75万吨，货值6,397.66万美元，同比分别增长128.92%、85.14%和103.98%，其中检出短重率超过10%的进口铬矿132批次、涉及货物10.73万吨、货值1,879.41万美元，累计帮助企业对外索赔29.15万美元，保障了企业利益。

【检验检疫】2021年，重庆港海关大力构建专业队伍，着力抓好国门生物安全。在疫情防控方面，组建进口冷链监管临时党小组，发扬“我是党员我先上”精神，圆满完成进口冷链食品新冠病毒检测和全面预防性消毒工作，同时保障进口冷链货物的通关时效。制定《重庆港海关进口冷链集中工作管理制度》《重庆港海关进口冷链食品查验操作规范》《重庆港海关冷链采样操作细则》等系统性工作规程和操作指南8个，强化对有关人员的检验检疫技术培训，强化冷链查验梯队建设，不断改进方案和工作流程，执行安全防护监督员制度，建立每周复盘制度。2021年，10批次24人次参与集中封闭管理，完成预防性全面消毒120批次，240标箱，货物15.92万件，采集新冠病毒样本2,246个，涉及货物95批，支援机场进口冷链新冠病毒采样4次、全面预防性消毒317件。在动植物检疫方面，加强同风控部门沟通联系，紧盯国外疫情发生规律，梳理高风险货物清单。2021年，累计截获入境有害生物75种类96种次，其中检疫性有害生物2种次，涉及美国白蛾、双钩异翅长蠹。重庆关区首次截获2种次，涉及美国白蛾、血色大齿蚁等，查获不合格木质包装12批次，并对木质包装按规定予以熏蒸、销毁等处理。在卫生检疫方面，在水港办公楼、码头作业区、宿舍食堂生活区等生境开展口岸医学媒介生物本底监测工作，累计完成成蚊监测36点次，基本摸清了重庆港口岸区域蚊类、鼠类、蜚蠊等医学媒介生物的种群构成、种群密度、种群动态等情况。积极配合开展实蝇监测和杂草检测，2021年，共进行实蝇监测26批次。与卫生处联系沟通，开展口岸核心能力建设工作，按照《重庆港海关口岸核心能力建设工作方案》要求，逐项查漏补缺。在食品安全监管方面，督促进口企业建立境外出口商及生产企业审核制度，开展预包装食品中文标签样式整改后续监管，督促进口企业落实标签整改要求。开展企业进口及销售记录检查，保障全程可追溯。2021年，进口肉类货值1,569.66万美元，货重6,018.31吨、同比增长27.8%。进口水产品共计1,219.64吨，货值975.15万美元，同比分别增长24.51%、101.4%。

【海关统计】2021年，重庆港海关发挥海关统计职能职责，完成海关业务统计月报、进出口商品检验月报、非贸统计月报、卫生检疫月报等60余份报表统计上报；认真开展统计核查，完成统计处下发数据核查1,068条，利用报关单日报子系统完成自主数据核查2,260条，更正和补充数据855条，转化行政案件线索5起；进一步加强统计分析，完成重庆地区汽车出口、汽车零部件进口、铁矿砂进口和与中东欧国家进出口等分析文章9篇，向统计处报送统计监督信息15篇。

【查缉走私】2021年，重庆港海关严格开展口岸查缉工作，共办理现场行政处罚案件36件（检验检疫案件11件，简易程序案件18件，快速办理案件7件），移交缉私局立案处理8起（包括查处固体废物、象牙等典型案件）。向法综处移交知识产权线索7起，办结知识产权侵权案件1起。

【政务管理】2021年，重庆港海关加强管理体系建设和管理能力提升，制定和修订规章30余项；结合办公场所搬迁实际，开展“队伍规范月”专项行动，发放准军流动红旗，评选准军规范优秀关员，组建准军督查组；组织开展“港关精神”征集提炼活动，形成了“吃得苦中苦，勇做海关人”的“港关精神”，并组织拍摄配套宣传片。办公室牵头，吸纳各科业务骨干成立“信息宣传工作群”，开展培训，交流讨论写作技巧，提高信宣工作水平。建立奖惩制度，信息宣传任务分解到各科室，信息宣传完成情况与绩效挂钩。拓宽宣传工作渠道，通过两江新区、枢纽公司拓宽信息采编渠道，重点宣传果园港搬迁、优化营商环境等节点要点，努力展现重庆港海关良好形象。

【财务及后勤保障】2021年，重庆港海关积极协调地方政府优化办公及作业环境，为关员配备设施齐全的倒班用住房，解决关员工作后顾之忧。强化公车管理，实施每月车辆安全检查教育日制度，确保搬迁后长途行车安全，实施驾驶员奖励制度。做好资产配备保障，通过搬迁积极依托地方政府对重庆港海关所需各类资产进行提档升级。

【科技发展】2021年，重庆港海关努力发挥科技对海关业务的辅助提升作用，推动全国首套新一代“双能、双视角、双加速器”快速检查系统（H986）在果园港口岸顺利通过总署验收，保障该系统在果园港机检查验工作中平稳运行。该系统具有穿透性能优越、探测灵敏度高、图像质量好等特点，每小时可完成200个集装箱的查验，机检效率提高超20倍。上线H986历史图像提取，对先期机检、拼票拼箱货物，通过集装箱号和过机日期准确锁定机检图像，并调取原图像与报关单进行再匹配，免去重复吊箱、二次过机麻烦。审图15,351幅，其中有指令机检8,867幅，涉及查验报关单3,605票。审图工作量和机检查验比例呈现连年大幅增长，货物查验从传统人工查验逐步转变到“机器代人”。通过智能审图、人工机检审图共计查发异常132票，查获出口夹藏、伪瞒报2起，货值9.8万美元，涉及托盘、耳机、充电器等，违规瞒报情事得到遏制。充分发挥监管设备科技效能。空箱检测仪、安全智能锁等监管设备投入使用，定期维保，确保监管设备正常运转。空箱检测仪检测200余标箱，安全智能锁在短驳物流中发挥重要监管作用。

【督察内审】2021年，重庆港海关报送被采用内控信息6篇，采用专项成果13篇，查发问题使用署级内控节点60种，制发处置联系单34条，处置异常数据459条，处置异常数据有效率达97.39%，运用新海廉平台移交稽核线索1条，移交缉私线索4条，补证279件，补税30次，内控及新海廉平台应用绩效综合完成率达到100%。向风控分局上报风险信息44条，转化布控指令18条，其中4条被总署《全国风险信息周报》提名。

【队伍建设】2021年，重庆港海关科学开展队伍建设，在实践中培养考察选拔干部队伍，完成2批9人次职务、职级晋升工作。注重培养党建人才，补选总支委员1名，选举新任支部书记5名，在实干中锻炼党建工作能力；专题举办重庆港海关党建实务培训班，面向支部书记、党务工作者讲解党支部规范化建设要求和发展党员路径，从理论上提高党务水平。关注业务骨干成长，党总支牵头在抗击新冠肺炎疫情、优化营商环境、服务企业发展等重点工作任务中考察推荐2名业务骨干成为入党积极分子，完成3名预备党员按期转正。突出青年干部选拔，择优完成1名35岁以下副科级干部和1名40岁以下正科级干部选拔工作。发挥团支部作用，引导青年关员积极参加党史学习教育、抗击新冠肺炎疫情、果园港建设等重点任务，3名青年因表现优秀获总关通报表扬，1名同志获评重庆市直机关青年学习标兵，团支部被评为重庆海关“五四红旗团支部”。积极参与“青年文明号”创建，成功获评重庆市青年文明号。发挥工会作用，组织《王良军长》《长津湖》等红色观影100余人次，与万州海关工会协作开展趣味运动会，培树健康生活态度。

【口岸营商环境】2021年，重庆港海关贯彻落实国务院“放管服”改革要求，进一步优化营商环境，推进“两步申报”和“提前申报”工作。及时通过线上线下各种渠道宣传最新政策，主动联系关区内康明斯、长安福特等重点企业参与企业座谈会，说明申报制度改革的政策优势。建立问题协调解决机制，对于利用新的申报模式而造成的系统误计滞报金、货物无法放行等问题进行处理，协调职能处室、审单中心、口岸海关等部门第一时间处置，确保货物放得快、管得住。在推进“两步申报”和“提前申报”工作中成效显著，8007关区提前申报报关单量53,350票，占总量97.66%；8010关区提前申报报关单量8,675票，占总量64.23%。推广“离港确认”模式，推进“首箱理货”等新业务模块建设，实现码头作业与海关作业从串联运行转变为并联运行，压缩货物在港时间1天以上。继续推行汇总征税、自报自缴、关税保证保险等模式，实现报关资料准备时间、税款准备时间等作业时间前推后移；加强与相关职能处室和口岸海关的联系配合，落实报关单、转关单“日清”机制，提高通关效率。2021年进口水运平均整体通关时间350.82小时，较2017年压缩53.68%，出口水运平均整体通关时间1.9小时，较2017年压缩96.27%；其中进口标准品报关单1,579份，平均进口边境合规时间10.36小时，较2019年（88.45小时）压缩88.29%。

【安全生产】2021年，重庆港海关抓实监管场所安全管理。建立监管作业现场突发事件应急预案，健全联防联控机制，组织安全生产应急处置演练，今年分别组织参加寸滩港、果园港、玖龙纸业监管场所安全生产演练各1次。落实“双随机、一公开”制度做好巡查工作。不定时对场所开展视频检查、实地巡查，坚持做好专项安全检查。自7月“双随机、一公开”制度施行至年底，共巡查场所16次，进行实地、视频日常巡查51次，节日及重大节点巡查29次。保障视频监控稳定运行，制订应急方案，及时处置输送光缆断裂等10起大规模视频中断情事；设立寸滩、果园2个视频监管点，严格落实一事三查制度，及时处置问题；协调更换老旧服务器1台，摄像头多处，实现监控画面全覆盖。开展安全生产百日行动暨“安全生产月”活动，进行安全生产应急演练桌面推演。督促经营人做好防汛、防高温工作。组织全员开展《中华人民共和国安全生产法》

（简称《安全生产法》）专题学习，深刻认识《安全生产法》的重要意义。制定《重庆港海关办公场所安全“室长”规范》，明确办公区域内全部在用房间共122间的安全室长。与两路寸滩保税港区管委会、重庆果园集装箱码头有限公司、玖龙码头（重庆）有限公司、重庆保税港区港欣资产经营管理有限公司4家单位签订5份安全生产联防联控机制。

▲2021年10月23日，重庆港海关关员在果园港码头开展安全巡查

【果园港建设】2021年，重庆港海关全力推动果园港建设。针对地方政府期盼大、基础设施标准高、时间要求紧等特点，重庆港海关将果园港建设作为一把手工程。在重庆海关推动果园港国家物流枢纽建设领导小组的框架内，组织成立由一把手牵头的重庆港海关专项工作组，并专设五个工作专班，制订推进果园港建设工作方案，对接市口岸物流办、两江新区、重庆果园港国际物流枢纽建设发展有限公司等相关单位，建立专人对接和每周联系会议机制，厘清各方权责，形成倒排工期、挂图作战工作模式，实时跟踪工程进度，紧扣计划时间节点，确保按期完成建设。成立“党员突击队”，紧密联系重庆果园建设发展有限公司、重庆果园港国际物流枢纽建设发展有限公司等建设单位，共同组建专家组，全程介入。监管作业场所建设方面，第一时间明确要求，高质量建设卡口、查验综合服务大楼、检疫处理区、综合查验场，以及进口肉类、水果、粮食等3个指定监管场地。设施设备和信息化建设方面，高标准建设三级监控指挥中心、H986机检控制室、集中审像中心等重点监管设施；整合港务、海关、“单一窗口”、外理等多方信息建立统一信息系统，提升监管及运营质效。实现政府部门中首家搬迁。重庆港海关在9月26日从寸滩港向果园港搬迁，当晚即开展相关业务办理，成为首家完成搬迁工作的政府部门。重庆港海关迁入新址后，各项工作均

▲2021年9月28日，重庆港海关正式在果园港开始办理海关业务

有序开展，口岸开放水平大幅提升，监管业务量增加 30% 以上。2021 年 12 月 29 日，国家验收组对重庆港口岸扩大开放果园港区正式验收通过。果园港进境肉类指定监管场地验收于 2021 年 12 月 30 日如期进行并通过，得到总署专家组认可。

【成渝地区双城经济圈建设】2021 年，重庆港海关着力提升长江水道通关便利化水平，优化成渝两地进出口集装箱货物监管流程，保障长江上游“水水中转”换装运输、“沪渝直达快线”、进口转关“离港确认”、自动核销等新模式发展。2021 年全年，“重庆港—宜宾港”和“重庆港—泸州港”分别换装运输进出口集装箱 11, 225 标箱和 1, 575 标箱。支持中欧班列（成渝）协同发展，积极推进中欧班列回程运输及其相关费用估价指导意见在成渝两地的运用，就中欧班列回程运输境内、境外段拆分方式建立跨关区共认机制，对 354 批次、19. 5 亿元的班列回程进口货物实现境内运费扣减，为企业减征税款 2, 300 万元。

（撰稿人：冉从勇　陈楚光　密金玲　李　玮　陈　敏　斯　考　刘广宇）

重庆邮局海关

【概况】重庆邮局海关由原重庆海关驻邮局办事处和原重庆检验检疫局驻邮局办事处按机构改革要求组建，于2018年12月成立，位于重庆市渝北区民安大道170号。内设办公室、综合业务科、监管一科、监管二科、业务运行监控科5个科室，编制31人。负责重庆关区邮递物品进出境的海关监管，目前下辖海关监管场所2处：人和邮件监管场地（渝北区民安大道170号）、重庆铁路口岸邮件处理中心（临时）（沙坪坝区土主镇西部物流园铁路口岸）。

2021年，重庆邮局海关共监管进出境邮件481万件，征收货物税60.3万元，查获禁限物品933起、移交案件线索68起、立案46件。2021年，重庆邮局海关被评为“重庆市扫黑除恶专项斗争先进单位”、1人被评为“全国扫黄打非先进个人”、团支部获评重庆海关“五四红旗团支部”。

【党的建设】2021年，重庆邮局海关以“高效率、高质量、高标准、高目标”统筹推进党史学习教育，组织“四学”“三赛”“书记讲党史”“七个一”等实践教育活动。制定10项“我为群众办实事”任务清单，举办“我为群众办实事”故事分享会，阶段性任务圆满完成，党史学习教育成果明显。落实“一把手”监督制度，认真学习驻署纪检组、总署党委和重庆海关党委关于加强“一把手”和班子成员监督相关文件要求，加强“一把手”和班子成员监督工作，制定重庆邮局海关监督落实措施5条、《重庆邮局海关关于加强“一把手”和班子成员监督落实措施》和《重庆邮局海关领导干部插手干预重大事项记录报告制度》，做好关键少数，带领绝大多数。明确主体责任，全年召开党委会2次、关务会2次研究全面从严治党工作。“一把手”履行第一责任人职责，向重庆海关党委述职述责述廉；班子成员严格落实双重组织生活，带头贯彻党内政治生活各项制度，发挥“头雁”效应。班子成员结合工作分工认真开展督促检查，加强教育管理和风险防控，主动担当落实“一岗双责”。细化全局责任，制定邮局海关全面从严治党任务清单，细化《邮局海关2021年全面从严治党工作会议重点任务分解表》，确定16个方面35个具体任务，全部完成，部分常态化任务如疫情防控、准军建设等长期坚持推进。主要领导与班子成员之间，班子成员与科级领导之间，逐级定责明责，层层压实各级责任，形成责任体系闭环。开展群众性党史学习教育，严格落实党委理论学习中心组学习制度，围绕“四书”“四史”“党史上的廉政”和习近平总书记关于加强党的领导和全面从严治党等重要论述开展集体学习12次，研讨交流12次。加强廉政建设，开展“以案促改遵规守纪”警示教育月活动，党委班子召开工作会议，组织集中学习《关于10起现场监管与外勤执法领域典型违纪违法案例的通报》，就“现场监管与外勤执法权力寻租”专项整治开展谈话。讲深政策纪律要求、讲透反面典型案例，既强调“不能做”，又明确“必须为”，确保教育全覆盖、活动见实效。依托“学习强国”“钉钉”等平台开展网络自学；持续举办“讲堂”，开展微党课、微教育、微培训活动，利用好微信群常态推进廉政教育，推动廉政学习入脑入心。开展“现场监管与外勤执法权力寻租”专项整治活动，收集企业、群众问题反馈，查找风险隐患，检查剖析问题和原因，共形成风险防控清单10个，建立健全相应风险防控措施27条，切实提高风险防范能力。运用监督执纪“四种形态”，坚持常态化咬耳扯袖，全年开展节前廉政提醒7次，开展廉政专项谈话3人次，把有苗头性、倾向性问题遏制在萌芽状态，净化队伍，提升整体素质。

【税收征管】2021年，重庆邮局海关税收增幅居关区首位。注重提升风险布控质量，坚持日清周查月结机制，及时掌握税款征收趋势，配合风控部门动态调整布控参数，做到应转尽转至“补充申报”，加大对模糊申报邮件的甄别和查验力度，确保应征尽征。发挥智能管控优势，依托邮递物品监管系统和云擎大数据平台，建立专项数据分析模型，紧密结合现场审单面洽，加强对高风险收件人、收件地址和商品的监控分析，严厉打击低报瞒报价格偷逃税款行为，有效防范税款流失风险。规范税收征管流程，参加总署优化完善物品审价规则和工作机制集中工作，捋清金关二期邮递物品管理子系统功能模块设置、单证流转及通关规则，全面优化完善税款征收流程，确保税款及时足额入库。建立起邮递物品“互联网+”便民通关服务，推动邮政系统全面对接海关信息化申报平台，推广应用进出境邮递物品“互联网+”服务平台，实现个人“申报、缴税、查询”网络一体化，群众足不出户即可便捷办理进出境邮递物品通关手续。规范邮件审单、查验、征税、处置作业流程，大力推进“网上办”，通关时效再提升，群众网上办理邮件占比达79%。

【监管业务】2021年，重庆邮局海关与职能处室、兄弟海关、邮政企业协作配合，全面推进邮递物品监管改革。结合

“十四五”规划、中欧班列（渝新欧）发展和未来航空物流优势，开展新监管场所论证，助推企业做大做强；紧跟重庆邮政“两进一出”工程全国试点，助力企业完成“出海”邮运通道顶层设计；针对邮路变化，跟进化解进口直航邮件通关模式、转关监管等存在问题，确保邮件通关便利。组织到深圳等海关调研学习，组织邮政公司赴南彭公路保税物流中心及京东物流仓库参观学习自动分拣线和智能卡口建设。会同监管处、科技处等部门先后6次召集邮政公司进行座谈，督促场地建设，并就海关作业功能区等建设进行多次修正，形成最终版《人和国际邮件集中处理中心建设方案》。在监管作业场所建设过程中，邮局海关对建设改造过程与邮政企业多次现场座谈沟通，先后5次致函敦促邮政公司按时按质完成场地改造建设，确保工程如期完工通过验收。科学划分邮检现场作业区和现场办公区，率先建立起纯邮检作业现场围网和卡口系统。完成邮递物品管理系统、卡口系统、同屏比对系统等高效融合，实现邮件监管“三化”（信息化、智能化、集约化）。邮件申报、卡口管控准确率分别达95%和100%；推动“双稳”落地促质效，推动后疫情时代国际邮件发展，邮件监管实现“一降双升”（群众投诉量下降；监管查缉质效上升、窗口服务质效上升）。采取延伸监管链条，做到监管前置，确保针对查缉。邮局海关向总署报送风险信息100余条，被总署采用20余条；采取能力培养、模式创新等方式，不断提升识图、实物鉴别等能力；综合利用多种媒体等平台，加强典型查获案例宣传，增强民众法治意识，全年发布查获信息近370篇（条）。建立进出境邮递物品智慧监管模式，邮递物品管理子系统全面投入使用。进出境邮递物品信息化申报模式提升邮政企业数据传输范围和质量，目前重庆海关已实现进出境邮递物品数据申报全覆盖，进出境邮递物品从“人工—纸质—粗放”型监管向“智能—电子—集约”型监管转变。借力高新智能监管设备进行“顺势监管、嵌入式监管”，新增出口邮件自动分拣线一条，可自动识别海关布控邮件，可实现60余个分拣格口同时运行，准确率达99.99%，大大提升海关监管效率。目前重庆邮局海关共配备3条查验线，1条复验线，大大提高判图查缉准确率。

▲ 2021年3月2日，重庆邮局海关举办中欧班列铁路运邮规则研讨会

【查缉走私】2021 年，重庆邮局海关禁限物品查获居关区前列。查发关区邮递渠道首起涉税刑事案件，涉案货值约 900 万元、偷逃税款近 200 万元。持续保持打私高压态势，做到“四强化”：强化风险布控，充分依托进出境邮递物品管理系统，做到监管前置、针对性监管；强化能力提升，深入开展查缉培训，不断提升关员机检识图、数据分析、实物鉴别能力，夯实查验基础；强化后续处置，加强查获处置流程再造，严格按不同种类及风险固化处置方法、手段，确保处置规范性；强化协同配合，持续开展部门协作、关邮合作、关地配合，做到“信息互换、监管互认、执法互助”，培植大监管格局。连续从邮政出口“E 邮宝”业务中查获违规寄递香烟 2,000 余起，总量超 40 万支，为重庆海关历年来在邮递渠道查获的最大一起违规寄递香烟案件。

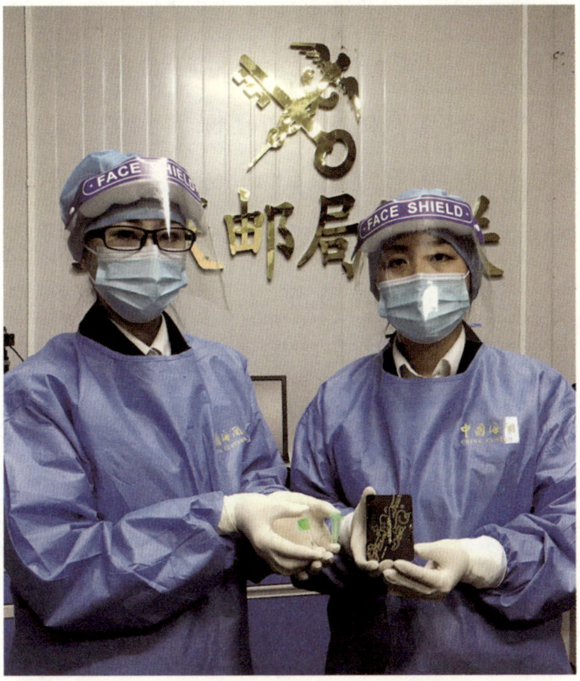

▲2021 年 3 月 17 日，重庆邮局海关在进境邮件中查获大麻种子

【政务管理】2021 年，重庆邮局海关组织全员签订疫情防控责任书，包括关员、协管、驾驶员在内共47 人完成责任书签订。参加集中研究国务院大督查迎检工作。成立青年理论学习小组，并组织首场十九届五中全会知识抢答竞赛。通过集体观看讲座视频，解读全会关键词，分享交流实践经验，组织开展专题知识抢答竞赛，进一步学习巩固全会精神。举办 4 次关长接待日活动，听取干部职工对关党委、关领导工作的意见建议以及在工作、学习、生活中存在的实际困难。以“四个结合”“三个措施”开展“现场监管与外勤执法权力寻租”专项整治活动，完成 10 个风险点立行立改。持续做好岗位练兵工作，结合在出境渠道查获的侵权商品，举办 1 期知识产权专题讲座暨知识竞赛活动；依托查获的实物和构建的禁限物品图库，开展 3 次外来物种查缉大比武活动。

【队伍建设】2021 年，重庆邮局海关落实配强补齐一线执法科长队伍要求。干部提拔向一线倾斜，1 名在疫情防控中表现出色的副科长提拔为执法一线科长；1 名一线关员提拔为副科长；1 名执法一线科长晋升为四级高级主办。建立一线科长绩效考核机制，结合科室督办单，清单化考察执法一线科长工作情况；结合“我为群众办实事”实践活动，到企业听取行政相对人意见，实施“三单”对账，建立实绩档案。开展谈心谈话，以“现场监管与外勤执法权力寻租”专项整治活动为契机，党委班子成员多次与各自分管科室负责人谈心谈话；加强风险防范，排查梳理执法一线科长工作风险点；寻求群众监督，采取海报、举报箱、告知书等形式征求群众意见；开展警示教育，组织“10+3+3+5”典型案例教育。坚持党建引领，支部建在科上，3名执法一线科长当选支部书记，1名执法一线科长当选党总支委员，切实做好执法一线科室支部品牌建设。

【口岸营商环境】2021年，重庆邮局海关推动成渝两地邮局海关协作通关。立足两地工作实际和监管职责，按照“一体化”理念，积极探索构建川渝地区邮件通关合作机制，支持邮政企业实施就近通关，实现川渝异地邮件跨关区就近办理通关业务，降低国际邮件物流成本，缩短投递时间。“四个共享”强化“一盘棋”，资源共享，充分发挥双城区域物流优势携手创建西部国际邮路口岸开放高地。机制共享，探索构建川渝地区邮件通关合作机制。信息共享，推动邮路口岸查缉工作取得更大突破。经验共享，构建更加务实有效的学习交流机制。实现“三个互认”，即邮件互认，对于错发至彼此海关监管现场的国际邮件，双方海关均可视为本地邮件正常监管；处置互认，对于错发至彼此监管现场的国际邮件，双方海关作出“放行、征税、扣留、收缴、退运”等处置决定互认；纠错互认，对于系统信息与实际邮件所在海关不一致的国际邮件，以实际邮件所在海关处置指令为准，系统信息所在海关认可该指令并同步至海关系统。两地邮局海关共配合处理多起成渝地区异地通关邮件，平均投递时间缩短近3个工作日。

【安全生产】2021年，重庆邮局海关全面推进安全工作。派员参加关区进口高风险非冷链集装箱货物口岸环节新冠病毒检测和预防性消毒领导小组集中工作，组织集中研究部署邮递渠道进口非冷链货物疫情防控工作。联合邮政公司举办“重庆邮局海关、重庆邮政公司联动消防演练”。组织观看《生命重于泰山——学习习近平总书记关于安全生产重要论述》电视专题片。压实处、科、员安全生产3个层级的“4个责任”（主体责任、管理责任、监督责任、巡查责任）、提升岗位安全管理的“4种能力”（发现能力、保护能力、处置能力、协调能力），制订安全生产“2细则、2预案”，组织3次现场安全实战演练，全年安全无事故。落实保密工作制度，签订保密责任书30份，开展保密安全自查5次，杜绝了泄密情事发生。

【疫情防控】2021年，重庆邮局海关认真贯彻落实习近平总书记关于疫情防控的重要批示指示精神，领导班子成员参与疫情防控督导检查20余次；结合防疫工作实际情况，先后制定完善了疫情防控总体流程、内部人员感染应急指引、办公场所

▲ **2021 年 9 月 27 日，重庆邮局海关举办关区监管环节化学涉恐突发事件应急处置演练**

封闭管理办法、邮件消杀操作流程、人员应急梯队方案等文件30余个，应对疫情变化，认真落实各项防控规定、及时反馈情况、完善各类台账和制度，指导战疫情、防风险、促发展、保稳定。坚持第一时间领会精神、传达学习防疫工作指示、要求。坚持第一时间研究部署，召开党委会、办公会、关企会共24次，制定防疫措施约20项，疫情防控高效开展。坚持第一时间整改落实，主动自查，自觉接受检查督查，对21个防疫问题立行立改，防疫能力不断提升。突出物流环节把好消杀关，严格“三步消毒法”实施进出境邮件消杀，做实做细外防输入。突出机检查验做到少接触，采取智能审图、同频比对等手段实施查验，确保人员安全。突出人工开拆做到严防护，落实“岗前检查、工作巡查、全程督察”制度，采取“双人作业、相互监督”方法，有效防止职业暴露感染。抓出行管理，防止人员流动产生风险。抓健康管理，防止失控失管诱发风险。抓场所管理，杜绝环境污染引发风险。抓疫苗接种和应检尽检管理，防止漏接、漏检滋生风险。抓来访人员管理，预防外来人员输入风险。

（撰稿人：许海波　王红梅　侯文杰）

两路寸滩海关

【概况】2010 年 11 月 21 日，国务院在批复重庆港口岸寸滩港区对外开放的同时，同意设立处级海关。2011 年 2 月 28 日，两路寸滩海关正式开关。2018 年 12 月 14 日，海关机构改革，两路寸滩海关关检业务融合，下设 10 个科室，分别为办公室、人事政工科、综合业务科、备案科、查检科、监控科、企业管理科、稽（核）查审核科、稽（核）查执行科、跨境电商监管科。编制 76 人，实有在编干部 72 人。2019 年 1 月，根据海关机构改革方案，两路寸滩海关定位为综合偏属地型海关，负责重庆市渝中区、渝北区、江北区、北碚区、重庆果园保税物流中心（B 型）等属地业务，承担两路寸滩保税港区（现重庆两路果园港综合保税区）管理。主要职责：承担辖区进出境运输工具、货物、物品、动植物及其产品、食品、化妆品和人员的单证审核、税收征管、保税监管等海关现场综合业务、海关查验和检验检疫相关工作；承担辖区海关特殊监管区域、保税监管区域和海关监管作业场所（场地）等实际监管；承担辖区企业管理、贸易调查、市场调查并开展企业稽查、核查等后续监管工作；承办辖区行政处罚相关简易案件；承办辖区知识产权海关保护、自贸试验区的相关工作。

2021 年，两路寸滩海关认真贯彻落实总署、重庆海关工作部署，坚持业务与队伍并举共抓、协同推进。各项业务指标均圆满完成，接受报关单申报 20.32 万票、监管货值 2,384.48 亿元、监管综合保税区进出区车辆 16.09 万辆次，同比分别增长 14.72%、18.26%、6.47%；进、出口整体通关时间分别为 14.99 小时、2.19 小时，较 2017 年分别压缩 81.98%、39.59%。2021 年，两路寸滩海关获评“重庆市先进基层党组织”“重庆海关创建模范机关标兵单位”，绩效考核指标名列重庆海关隶属海关第一位。

【党的建设】2021 年，两路寸滩海关着力加强党的领导，严格执行重大事项请示报告制度。完善与派驻纪检组联系配合机制，常态化召开廉政形势分析会、派驻纪检组联席会议、意识形态专题会议，切实强化“一把手”和领导班子监督。完善党委专题研究党建、党风廉政建设、清廉海关建设工作机制，建立落实党委党建主体责任清单、党支部党建工作任务清单、党支部强化政治功能具体措施清单等“三张清单”，推动全面从严治党向纵深发展。以提升组织力和突出政治功能为重点，以“一支部一品牌”为目标，党总支制定“重点培育+全面创优”成长计划，各支部结合业务工作特点提出“齿轮前哨”“同心圆”“心企航”“后盾稽石”等各具特色的品牌，提炼“四同”“圆心”“五环”“四度”等支部工作法，党总支工作法入选年度重庆市直机关“三基建设”优秀案例。加强党务工作精细化管理，制发支部工作指南、谈心谈话工作指南、发展党员工作指引、支部档案管理规范等4项工作指引。党总支按月发布党建工作重点任务，累计制发11期50余项。坚持每季度检查落实情况，对工作程序、任务内容、谈心谈话及台账记录存在的问题提出整改意见，实现跟踪督办、常态化检视。全年新当选支部书记及党务工作者参加党务培训40人次。持续推进清廉海关建设，深化“清风两袖、廉驻寸心”廉政品牌建设，坚持做到日常提醒抓常抓小、廉政要求逢会必讲，不定时推送廉政警示案例，时刻保持警钟长鸣。安排支部书记宣讲典型案例、分析问题原因、剖析风险环节、提出防控举措。举办家庭助廉作品展，公示廉政科室廉政承诺，开展“颂党恩，传家风”活动，制作亲子学廉视频，签订家庭助廉承诺书，设计制作廉政日历、编发廉政“顺口溜”，依托“寸言寸语”青年交流群开展主题讨论分析。组织开展“书春倡廉送祝福”“一起运动一起阅读一起战疫”“晒晒我的周末生活”等活动，把廉政工作向8小时外延伸，引导健康清廉生活方式。全年未发生违法违纪情事。

2021年，两路寸滩海关把党史学习教育作为重大政治任务，按照总关要求，结合自身实际，分三个阶段深入推进党史学习教育，第一阶段开展“五大专项、七个活动”，第二阶段开展“十个一”重点工作，第三阶段开展“三亮三评比”活动。采取“线上+线下”“集中学习+个人自学”相结合的方式，引导全员学党史书籍、谈学习感悟、寻党史足迹、讲党史故事、答党史知识，传承红色基因，赓续精神血脉。与重庆市直机关团工委联合拍摄青年学党史视频，与其他隶属海关、地方政府部门广泛开展联学联建。承办“永远跟党走——重庆海关庆祝建党100周年党史故事分享会”第二片区活动，以演说、讲述、朗诵、演唱、情景再现、小舞台剧等形式分享党史故事，展现片区各单位学党史、悟思想成果。邀请重庆市人力资源和社会保障局到两路寸滩海关开展党建交流活动，参观两路寸滩海关报关大厅、荣誉室、廉政文化长廊及党建文化长廊，调研监控科党支部党建阵地，就基层党建工作、推进党史学习教育开展交流研讨。深入推进“我为群众办实事”实践活动，关党委建立重点民生项目清单15项，各支部共建立并完成办实事项目清单75项，切实转化党史学习教育成果。

【税收征管】 2021年，两路寸滩海关不断深化综合治税工作，为重点税源企业提供税收政策咨询和指导20余次，全年税款入库38.44亿元，同比增加28.27%。持续提升税政服务能力，加强纳税人属地化管理，建立和完善辖区35家属地企业管理台账，按评级等级分类开展税收征管工作，收集整理15项税则调整建议，并对税则注释翻译提出2条修改意见，3篇集成电路产业税政调研报告入选全国海关重点行业调研。持续提高税收征管效能，融合推广汇总征税、“两步申报”、“一保多用”等改革措施，落实减免税优惠政策，进一步降低企业担保成本，为重点项目设备进口开通绿色通道，全年为企业办理减免税担保放行157票，涉及金额4,563.34万元。持续提升税收风险研判能力，利用海关内控系统、云擎等加强对报关单及重点税源商品开展核查，联合稽查部门开展后续补税，完善事后补税工作。

【监管业务】 2021年，两路寸滩海关共监管进出口报关单及监管货值分别为20.32万票、2,384.48亿元，分别增长近2成。专职承担重庆关区公路时效监控，实行通关时间专人负责、问题报关单“日清日结”机制。持续压缩整体通关时间，进、出口整体通关时间较2017年分别压缩8成、4成。监管综保区进出区车辆16.25万辆次，增长7.75%。监管出区成品笔电、手机、智慧穿戴设备等货值137.75亿美元、货量4,225.6万台，分别上升23.35%、16.65%。实施H2010查验906票，核放单查验3,125票，申请单查验186票。查检货物1,840批次，货值3.57亿美元。查发特别重大查获4件、较为重大查获25件，其中涉税类特别重大查获3件，查获重庆关区首票进口货物夹带医疗垃圾、泳衣品质不合格，商品检验类特别重大查获1起，帮助企业索赔挽回损失348.3万元，开展“国门利剑2021”专项行动，办理44宗走私违规类“两简案件”，刑事立案1起。

【跨境电商监管】 2021年，两路寸滩海关验放零售进口包裹1,770.9万个、货值30.5亿元，同比分别增长20.1%、29.1%，在重庆关区占比近5成。优化税收担保、退货入区业务流程，推动电商大促保障、节假日查验预约等便利举措落地。推动实现跨境电商退货中心仓模式在两路果园港综保区内全覆盖，全年退货中心仓退货11.96万票，货值2,352万元。组织开展打击跨境电商零售进口走私“断链刨根”专项整治行动，从企业源头、实货监管、税收征管、专项稽查、盘库核查多维度综合施策，验核辖区330家注册企业资质合规性，提前研判管控驱蚊液、游戏机、西洋参等多项产品违规准入风险，防堵风险的同时为企业避免经济损失超4,000万元。在全国率先启动跨境电商零售进口商品条码应用试点，试点期间上报3万余项条码数据，支持基础数据库标准化建设，指导企业修正800余项商品条码信息，推动条码应用在精准监管中的成效转化。

▲2021年6月17日，两路寸滩海关关员在电商“618”大促期间加班验放出区车辆

【风险防控】2021年，两路寸滩海关运用项目化管理模式推动业务风险防控工作，综合运用云擎、新海廉、HZ2011等风险信息系统，强化风险信息情报收集工作。及时收集各现场常见和新兴风险点，加强风险特征总结提炼，围绕重点货物、物品、群体和运输工具等开展有针对性的专项分析，提出优化查验模型建议，提高布控指令有效性，年内通过人工分析查获41票。全面推动关区内控建设，强化内控主体责任，组建由关长任组长，副关长任副组长，各科室主要负责人为组员的内控领导小组，加强内控队伍建设，筛选完善内控专员人才库24名。健全内控管理制度，更新修订《两路寸滩海关党委议事清单》《两路寸滩海关贯彻落实“三重一大”决策制度实施办法》制度2项；制定更新《两路寸滩海关差旅费管理实施细则》《两路寸滩海关资金使用审批管理办法》等制度15项。规范新海廉系统运用成效转化，以内控节点要求为抓手，开展检查、查发问题、处置异常数据。

【检验检疫】2021年，两路寸滩海关不断强化属地查检职责，全面收集动植物疫情、食品安全、消费品质量安全信息，聚焦进出口货物商品特性加强风险研判，组织查验关员加强资质考取、参加专业培训，夯实查验监管能力。全年查检货物2,449批次，货值27亿元，进口货物目的地查检1,389批次，货值19亿元，出口货物属地查检888批次，货值8亿元，危险货物包装性能检验和使用鉴定172批次，查获多批出口危险货物包装不合格。严把国门生物安全、食品安全关，制订《进出口食品安全突发事件应急处置预案》《进出境重大动物疫情突发事件应急处置预案》《进出境重大植物疫情突发事件应急处置预案》3个应急处置预案，并按预案要求开展应急演练。严格落实进出口食品监督抽检和风险监测制度，完成进出口食品监督抽检47批次、风险监测5批次。防范动植物疫情输入，查获拟松材线虫、拟肥腹蛛属、嗜卷书虱等有害生物18批次、13种类、25种次。加强进境粮食监管，监管进境粮食9批次，4.32万吨。开展外来有害杂草监测，对粮食中转码头、进境粮食存放加工单位开展杂草监测，督促兆隆码头对监测中发现的假高粱、毒莴苣等有害杂草进行防除。优化属地查检作业模式，实行“5+2”预约查检、高资信企业优先查检、优先取样送检模式，结合企业进出货物情况量身定制查验方案，对无法在口岸开拆的高精密设备制订转场查验方案，对光刻胶等涉危关键原材料实施“一票一策”抽检方案，为芯片高精密设备实施无尘避光查验作业提供精准方案。协助企业解决特种设备超宽超高超长无法进出区、精密设备查验环境要求高、入境口岸不具备查验安全防护条件、物流车辆安排难、工期紧等问题，助力京东方9,425万元生产设备快速验放、快速投产。助力特色医疗、农食产品走出国门，加强收集辖区特色产品国外法律法规、质量检测标准与监管要求，指导企业完善生物安全管理、质量管理体系，提升企业质量管理水平及应对国外技术性贸易措施能力，实施特色产品“即报即查即放”监管模式。助力辖区肝素钠生产企业出口，拓展南非、伊朗、白俄罗斯等5个市场，压缩通关时间12小时，监管肝素钠出口批次184批、货值7.6亿元，同比分别增长41%、9%。支持辖区企业医疗器械“海扶刀”首次出口非洲尼日利亚、南非、埃及市场。帮助辖区企业生产的酸辣粉、方便面、牛肉粉等产品首次出口意大利、葡萄牙、南非，监管农产品出口批次481批，货值9.8亿元，同比分别增长60%、18%。

▲2021年8月18日，两路寸滩海关关员在企业查验货物

【智慧海关】2021年，两路寸滩海关继续推进智慧卡口建设，完成两路果园港综保区5个卡口、33条通道硬件设施的升级改造，通过箱号识别、二维码出区、光学车牌识别等系统，卡口通关时间缩短至30秒，“学习强国”、《中国国门时报》等媒体对此进行专题报道。扶持重点项目苹果新IPAD、智能笔等新产品投产。量身定制优惠通关政策，简化环节、单证和审批流程，开辟绿色通道，实行7×24小时预约加班，通过“区港联动”等作业模式，企业出口货物直通机场货运中心，大幅压缩出口时间。

【海关统计】2021年，两路寸滩海关持续加强数据质量管控，复核异常报关单100余票，更正错误数据21条，并及时完成改单等后续处置。利用HZ2011、HLS2017、日报、CSD等系统，设置易错类型逻辑检查条件，对关区报关单开展定期核查，全年累计监控报关单数据5万余条，及时发现申报差错报关单43票并完成修改。强化数据安全治理，定期开展业务数据使用、账号及授权管理、口令设置、系统登录及应用记录、数据加工授权及审批等重点环节核查。组织开展《中华人民共和国数据安全法》培训，提高全员数据安全意识。加大数据质量源头管控，对达到立案标准的申报不实情形按照规定予以立案处理，着力提升查发水平。加大对报关企业的宣传指导，规范企业申报行为，提高数据质量。

【企业管理】2021年，两路寸滩海关着力优化企业资质管理，深化“放管服”改革，持续开展“减证便企”，推广应用“多证合一”“互联网+海关”等在线政务服务平台，实现备案业务“一站服务、全程网办”，有效简化准入流程；积极推进企业注销便利化，完善市场主体退出机制，在服务外贸市场主体的同时，着力解决注销难问题。优化资质考核评审，通过跨部门数据共享、系统校验和风险研判，结合文件审核+线上预审等方式，缩短备案时限。全年受理企业注册登记619家，变更482家，企业注销450家；受理审核6类特定资质备案、变更共计59家次，指导完成西南首家进境中药材加工存放单位备案。深化企业信用培育，瞄准国家和地方重点扶持企业、对“一带一路”沿线国家和地区有贸易往来企业、产业链供应链中龙头企业、专精特新企业等重点企业，以海关企业画像系统为支持，确定49家重点企业为培育对象，进行“一对一”培育105家次。加大与地方政府、商务委对接，通过培训分享、业务研讨等形式不断扩大海关信用管理政策的认知度和影响力，开展AEO专题培育2次，帮助企业了解海关AEO政策，指导企业进行认证达标性建设，惠及企业108家次，依托信用培育成果，助力5家企业完成并通过高级认证。截至2021年年底，两路寸滩海关高级认证企业数（含分支机构）33家，同比增长17.86%，占重庆关区高级认证企业总量的43.4%。强化企业信用动态管理，开展企业信用等级动态管理，实时进行监控并加强企业信用甄别，全年监控发现63家次企业下调提醒，依规下调企业信用等级6家，帮助57家企业甄别核实关税缴纳及处罚情况，免于下调信用等级。依规对25家“注册信息核对结果失实”企业实施通关布控，建立通关锁定作业，对10家企业解除通关锁定措施。依规对49家“海关无法联系企业”作移入信用信息异常名录处理，对3家企业作移出信用信息异常名录处理。完善关企协调机制，采取“每月定时+每日实时”收集问题，深入企业调研，现场答疑并听取企业直观感受，建立问题清零动态管理台账，责任到人，同时发挥企业协调员作用，“一企一策”协调、解决企业问题。2021年，帮助菲特尔莫古（重庆）摩擦材料有限公司等8家企业协调解决12个问题，助力上汽红岩开拓新能源商用车出口市场，首批新能源重卡测试样车顺利出口智利，实现新能源和燃油商用车双出口。

【稽查工作】2021 年，两路寸滩海关持续扩大“互联网 + 稽核查”应用，加强 5G、远程视频等科技在稽核查作业中应用，全面取消常规稽查，推行径行稽查。作为重庆关区唯一参与特殊经济关系影响成交价格稽查改革试点海关，组织对辖区内企业启动专项稽查。参与特殊监管区域主动披露改革试点，落实总署关于扩大主动披露适用范围措施，撰写《特殊监管区域主动披露操作指引》。推进稽查集约化改革，就统筹稽查片区集约化人员、业务开展和培训、风险分析等提出建议，承担片区专项稽查作业。2021 年参与关区防控海航集团破产重整企业税收风险专项工作组，按规定开展税款追缴工作。

▲2021 年 3 月 16 日，两路寸滩海关关员开展远程“互联网 + 稽核查”作业

【查缉走私】2021 年，两路寸滩海关制定《海关案件审理委员会工作规范》《行政处罚两简案件、线索移交操作细则》等业务规程，着力发挥案审会集体协商作用，防范执法风险、管理风险和廉政风险。建立协作机制，强化线索移交前的联合研判，明确办案原则和线索移交标准，加强查发环节的证据获取与固定，进一步提高线索成案率。采取以干代训、项目化推进的方式，深化办案人员对法律法规的理解，提高关员案件办理水平。组织开展普法宣讲系列专题培训，提高全体关员法律意识，增强一线关员执法规范性和统一性。继续推进全员打私，提高全关对案件办理查获线索的敏感性，在强化对查验监管、申报等常规案件线索多发的业务风险排查基础上，持续挖掘税收征管、减免税货物等后续监管风险点。

【口岸营商环境】2021 年，两路寸滩海关持续深化“放管服”改革，不断完善持续优化通关时效的长效机制，继续推广应用“提前申报”和“两步申报”，及时处置解决通关异常问题，加大宣传培训力度，打消企业顾虑，对“提前申报”和“两步申报”等方式在报关单修改等方面予以容错。2021 年，关区进口提前申报率 20.11%，同比提高 4.32%。“两步申报”率 48.49%，提高 21.13%。继续支持西部陆海新通道建设，为异地申报企业提供本地化服务，指导企业采用汇总征税模式、享受东盟原产地证优惠。制定“8 + 1”保障计划，在 8 小时正常工作时间后 1 小时为水果通关提供服务，实行预约加班制度，确保水果进口企业通关事项实现“日清结”，全年进口水果4,300批，货值19.81亿元，货重7.64万吨，批次、货值、货重分别增加1.04倍、1.6倍、92.73%。继续支持成渝地区双城经济圈建设，先后与成都海关隶属锦城海关等隶属关开展实地调研和交流，在基层党建、会展业态监管、一般纳税人资格等重点问题上深入研究，与天府新区海关、广安海关签订合作备忘录，并与双流机场海关等口岸在案件线索移交、查验异常处置等方面保持长期紧密联系。支持国内国际双循环，成立技术性贸易措施影响调查专门工作组，完成重庆关区70%出口企业的样本调查，保护出口企业的境外利益。持续推进知识产权海关保护工作长效机制建设，加强与属地知识产权主管部门的联系配合，年内开展培训活动3次，涉及企业120余家，对点帮扶8家次；合作移交线索1条，为进口企业提供安全保障。2021年，关区申报内销报关单6,716票，增加8.58%；货值234.83亿元，增加23.74%，征收税款31.19亿元，增加24.03%，双向循环顺畅运行。

【服务业扩大开放】2021年，两路寸滩海关创新“保税+暂时进出境”新监管模式，与渝中区政府建立服务业扩大开放常态化合作对接机制，挖掘企业潜在需求，针对高端消费品展销监管周期长、地域跨度大的问题，派员现场派驻监管。助力企业开展面向全国的高端消费品展销业务，吸引世界顶级奢侈品集团落户并在解放碑、观音桥设立实体店。支持综保区搭建进口商品分销体系，利用保税展示交易搭建覆盖重要旅游城市、连接成渝两地的进口商品分销体系，推动新增进口商品分销中心2个，助力“丝路花街”建成开街，支持企业参展第四届中国国际进口博览会。实行展品“先销后税”和“集中申报”，叠加保税仓储与贸易多元化政策优势实现仓库、展场一体化运作，减轻企业资金占用压力，支持开展重庆关区首次工艺美术品保税展示交易，货值145万元。

【新业态创新发展】2021年，两路寸滩海关想方设法破解综保区外医疗产业保税研发业务瓶颈，通过保税监管与研发业务叠加，量身定制便利化监管方案，与管委会、地方产业园区等部门协同配合，共同确定试点企业发展医疗产业研发业务，确保首笔通过综保区内外联动进口的保税研发料件顺利通关投入研发。创新贸功区“保税非保税便捷流转”物流模式，利用空港贸功区仓库资源解决企业原材料仓储难、运输难等痛点，提升贸功区内仓储利用率55%，帮助企业节省原材料供应时间70%，节省试点企业仓储、运输成本每月60万元，有效缓解疫情期间生产企业供应链“断链”问题。进一步规范加工贸易企业残次品销毁，选取信用等级高、业务管理规范、政策需求强的企业进行重庆关区加工贸易残次品管理改革试点，完成重庆关区首票落地。支持“保税+航材包修”业务快速发展，全年进出区航材货值

1,423万美元，同比增长4.73%。支持国内航空企业拓展飞机保税维修业务，全年保税维修飞机3架，货值3,000万美元，维修费用46.6万元。确保艺术展品快速验放、有效监管，实行“转关+驻场”监管模式，缓解企业500万元保证金临期困难，对不便区外开拆查验的设备、展品，结合其特殊运输存放条件要求量身制定监管方案。2021年，验放各类文物、展品及“文旅城”大型游乐设施等903件，价值2.1亿元。

【安全生产】 2021年，两路寸滩海关压紧压实安全生产管理责任，及时组织学习中央及两级海关关于安全生产工作的指示要求，全面开展新修订《安全生产法》学习宣传活动，推动宣传教育与海关法治文化建设深度融合。制订监管环节涉恐突发事件应急处置总体预案、有害因子应急处置方案等应急处置方案，组织开展化学有害因子突发事件应急处置演练与职业暴露演练，举办灭火疏散消防演练和消防知识培训，提升全员安全防范意识和应急处置能力。深化“十条措施”，落实安全生产常态化监管，加强海关特殊监管区域日常安全监管、监督检查、综保区围网巡查、卡口秩序检查、视频监控设备的检查维护。建立危险货物定期报备及巡检制度，按月统计企业上述危险货物进、出、转、存数据，及时全面了解区内危险货物存放情况。建立区内巡查制度，加大对综保区监管设施、危险品存储区域的实地巡查和视频监控，做好区内巡查登记，翔实记录卡口、区内基建区域、围网等重点区域情况，安排专人每日进行远程视频检查，并将情况审核归档。建立齐抓共管协同监管长效机制，主动联合管委会安监部门协同监管，明确涉危货物卡口验放规程，严格控制区内易燃易爆货物储量，加大对载运危化品的运输工具的卡口核查力度。建立“一企一册”危险货物档案集中管理台账制度，将区内企业危险货物存放资质、安全检查记录、整改报告同企业报备数据等资料集中管理，确保安全监管可查可溯。2021年，开展全面安全检查7次，对照2021安全生产“大排查、大整治、大执法”百日行动暨“安全生产月”活动整改清单，排查现场作业、进出口食品检验检疫监管、风险防控、进出口危险化学品监管、税收、办公场所等安全隐患11项。开展区内巡查125次，发现通报问题20项，监管验放施工企业入区危险货物241票。

【政务管理】 2021年，两路寸滩海关着力发挥统计分析辅助决策作用，被总署及以上单位采用统计要情和专报33篇，获重庆海关及以上通报表扬5人次。加大新闻宣传力度，全年在新华社、总署《今日海关》、《中国国门时报》以及“学习强国”等内外媒体发布稿件百余篇次。

【财务及后勤保障】 2021年，两路寸滩海关牢固树立“过紧日子”思想，加强“三公”经费、差旅费管理，聚焦保障人员经费、党建资金等重点领域，优化财务制度，修订完善《两路寸滩海关资金使用审批管理办法》等12项财务制度，深化内控节点，强化项目资金绩效管理，推进节约型海关创建，加强财务人员培训和队伍建设。进一步规范办公用品领用，加强公务用车管理，建立加油、保险、修车管理台账，严格登记、落实到人，通过对GPS、公车审批记录、公车行驶记录进行抽查，确保公车使用规范。进一步规范财务核算，加强对支出政策和支出标准的审核把关。继续推进固定资产清理和资产报废，海关资产均依靠实物资产系统划拨至个人名下，实现资产精细化管理。

【督察内审】2021年，两路寸滩海关始终坚持督察内审的政治定位，建立“科室办理流程跟踪机制”，协调落实“首问负责制”，确保审计资料按时交接。统筹安排配合审计工作，共反馈审计需求或自查事项105项。聚焦国家审计、总署审计、巡察、专项整治、执法监督检查等发现问题整改，开展专题培训，推动管理制度修订完善、作业流程全面规范。对照审计整改方案，细化审计整改任务分解表，逐项对照审计整改建议，制定整改措施，建立整改落实清单、整改结果报告、佐证材料明细等整改工作台账，确保整改结果和成效符合审计要求。

【队伍建设】2021年，两路寸滩海关着力加强干部培养，按照“小步快跑、分批发展”的思路，注重政治表现和工作实绩，提升干部队伍活力。落实“选拔干部看党建、选好干部促党建”的工作要求，在干部选拔中重点考察党建工作作用发挥，加强青年关员的选拔培养，年内开展2批次科级干部选任工作，先后选任科级干部6人次，科级干部队伍结构和年龄层次逐步优化，实现30岁以下科级干部、35岁以下一线执法科长“零突破”。落实年度选人用人“一报告两评议”，对本单位选人用人工作的总体评价、对本单位从严管理监督干部情况的评价好评率均为100%，对新提拔晋升干部民主评议结果认同率100%。强化责任担当，派员支援机场旅检、港口冷链查验5人次，参加口岸旅检工作、冷链查验集中封闭后备队10人次，报名封闭工作志愿服务队34人次，开展“三进三服务”6次，进“云区”20余次，取得稽查执法、危包检验监管等岗位资质13人次，52人报名参加岗位练兵。持续深化准军建设，认真执行《海关内务规范》，严格日常管理和作风养成，坚持内务规范周检查、月评比，全年开展检查50余次，评比12次，颁发流动红旗12次。依托“工人先锋号”“青年文明号”“党员示范岗”“巾帼文明岗”，亮承诺、比服务、提质效，开展“三亮三评比”，鼓励干部职工立足岗位、锤炼作风、提升质效、做好服务。按照高素质专业化的要求，持续提升队伍素能，利用“钉钉”、“学习强国”、重庆机关党建七一学院等网络学习平台，着力打造“政治大讲堂”和

“业务小讲台”两个学习品牌。邀请系统外专家对习近平新时代中国特色社会主义思想进行解读宣讲。充分挖掘内部潜力，邀请业务骨干讲授业务知识，提升关员业务能力和业务知识面。全年举办业务培训18期，共600余人次参与培训。持续擦亮青年理论学习品牌，依托“寸言寸语微信群”读书班开展理论学习研讨，汇编《寸进集》10万余字第2卷。“青年改革创新小组”课题班孵化创新成果5篇，其中不停产盘点项目研究转化为工作实践。2021年，获评“重庆市直机关青年理论学习示范小组”。

▲2021年9月22日，两路寸滩海关青年理论学习小组开展“小寸青年说，青年话清廉”廉政警示案例分享与廉政故事共读会

【群团工作】2021年，两路寸滩海关坚持以党建带动群团，围绕“关通千里、心致广大”积极开展文化建设，先后以庆祝建党100周年、中华人民共和国成立72周年、五四运动102周年为契机，开展形式多样的文化活动和作品展。发起“晒出你的周末”“党史故事换装快闪体验秀”“对话红岩舞台剧”等主题活动，展现风清气正、温馨和谐良好风貌。年内团支部开展专题学习9次，支部书记讲团课2次，举办主题团日活动6次，在寸言寸语青年交流群中分享学习心得体会。提出“团员向党员看齐”目标，鼓励青年关员积极参与所在党支部“我为群众办实事”实践活动，依托“青年文明号”“青年先锋岗”等青年品牌，常态化开展政策宣讲进企业、政策调研进企业的办实事活动，结合“学雷锋”活动开展重点企业上门宣讲和上门服务。落实工会慰问政策，积极保障工会经费预算，做到“五必两送”，开展大病、生育、工伤等看望关怀10余次，为退休职工举办荣休座谈会3人次，为全体女职工及符合条件男职工配偶购买女职工特殊疾病保险。完善“职工之家”硬件设施，完善茶水吧、图书室、阳光亭、午休室、母婴间设施设备，为职工提供良好学习交流休息环境。结合落实疫情防控要求，创新开展线上“文体PK”“晒晒你的居家生活”等活动。举办红色观影系列活动，组织观影20余场。发动全员参加足球、篮球、网球、羽毛球、知识竞赛、健身操等各类比赛，丰富群众性文化生活。开设暑期职工幼儿托管班，解决干部职工后顾之忧。

（撰稿人：于大鹏　唐冠雄　李旭霞　杨　林　黄　卫　黄叶微　刘　颖　杨中敏　孟紫燕　李　萍　陈治江）

两江海关

【概况】两江海关于2018年12月27日正式挂牌成立，其前身为重庆经济技术开发区海关。重庆经济技术开发区海关依据国务院1995年6月同意在重庆经济技术开发区设立海关机构的批复意见启动筹建工作，于1998年6月19日正式开关。2018年3月21日，按照党中央、国务院“将国家质量监督检验检疫总局的出入境检验检疫管理职责和队伍划入总署”的机构改革决策部署，在重庆经济技术开发区海关和重庆出入境检验检疫局经济技术开发区办事处基础上，成立两江海关，内设办公室（党委办公室）、人事政工科（党委组织宣传部）、单证验估科、集中审核一科、集中审核二科、综合业务科、查检科、监控科、稽核科9个科室，人员编制58人，实有在编干部56人。所辖范围主要为重庆经济技术开发区、南岸区、巴南区、綦江区（含万盛经济技术开发区）、重庆南彭公路保税物流中心（B型）（以下简称南彭B保）等区域的属地业务，此外还承接重庆关区集中审核审批工作，包括行政许可、区外加工贸易集中审核、减免税业务审核、无纸化接单、单证验估等集中审核审批等。

2021年，两江海关全面贯彻落实总署、重庆海关工作部署要求，持续深化“五关”建设，统筹推进口岸疫情防控和促进外贸稳增长，着力强化监管优化服务，全力助推重庆内陆开放高地建设。全年，办理行政许可559件，办理减免税业务6,384份，辖区税收入库7.48亿元，同比增长37.14%。获评全国巾帼文明岗、全国海关基层党建培育品牌、市直机关先进基层党组织等7项集体荣誉，37人次获重庆海关优秀执法一线科长、重庆市直机关青年学习标兵、优秀妇女工作者等个人荣誉。

【党的建设】2021年，两江海关始终把学习贯彻落实习近平总书记重要指示批示精神作为关务会、集中研讨工作的“第一议题”，将党史学习教育作为重大政治任务，制定党委理论学习中心组年度学习计划，探索形成关党委、党史学习教育领导小组办公室、各支部、青年理论学习小组、党员个人“五学联动”机制，用好

"书记""红色""网络""文化"和"为民"五个课堂，开展政治理论学习65次，专题党课30堂，专题研讨6次。举办"传承精神、'典'亮初心"演讲比赛、"晒出党史读书笔记""两江儿女心向党"党史学习教育主题汇报演出等活动10项。制定完善党委议事决策制度3项，召开17次党委会研究审议67项议题均得到落实。坚持每日一学、每月一讲、每月一研，线上推送党史小知识300期，组织党员集中过政治生日10次，撰写调研课题4项。制定"我为群众办实事"实践活动4方面11项重点项目清单，解决企业及群众急难愁盼问题129项。继续做好党员发展工作，1名关员发展成为预备党员，2名关员成为入党积极分子。按照"支部建在科上"要求，持续完善党组织设置，新成立党支部10个，实现"支部建在科上"全覆盖。以"支部唱主角，书记挑大梁，党员站前排，品牌创示范"为抓手，推进基层党组织全面建强，综合业务科获评"全国巾帼文明岗"，集中审核一科党支部先后获评"2021年度全国海关基层党建培育品牌"、重庆"市直机关先进基层党组织"和重庆关区"四强"支部称号，2个支部和11名同志分别获评2021年度重庆海关先进基层党组织、优秀共产党员、优秀党务工作者称号。

【党风廉政】2021年，两江海关持续深化清廉海关建设，多方位打造"关廉两江"廉政品牌。制定全面从严治党工作重点任务分解表、主体责任清单，确定6个方面45项目标任务强化党内监督。紧盯"关键少数"，细化制定加强对"一把手"和领导班子监督的工作措施25项。落实巡察"回头看"反馈意见整改工作，制定27条整改措施，建立巡察整改专项督办机制，巡察发现问题全部整改完成。推进"现场监管与外勤执法权力寻租"专项整治，梳理廉政风险58项，逐条制定防控措施，排查出重点关注岗位7个，靶向整改问题8个，推动制定防控措施108个、完善制度机制15项。依托廉政情景剧探索沉浸式廉政教育模式，建设"关廉两江"廉政文化长廊，制作"江团"和"小莲儿"动漫形象和表情包，创作"江团廉政日记"，紧盯重大节假日发布"廉政日历"，开展"我来说廉"讲解比赛和廉政"十问十答"等活动，筑牢"关廉两江"文化内核。推动构建"亲""清"政商关系，全年，收到企业感谢信11封、锦旗7面，拒收企业红包3人次。

【集中接单及验估】2021年，两江海关围绕降低企业通关成本、促进跨境贸易便利化，集中开展重庆关区无纸化接单业务与验估业务，规范企业申报，核查审单指令，追补漏征税款，严防准入准出。创新"三同步审单法"，即接单规范同步专项整改，规范重庆关区防疫物资声明格式错误等申报问题；验估疑难同步联合研判，保持事后验估100%处置有效率；定向复核同步涉案移交，上报风险信息及参数数量同比增长30.21%，案件移交数量同比增长8.33%。持续优化“到点清查”制度，坚持每日清查接单和验估情况，落实总署精简单证要求，提升申报单证通关时效。全年，受理申报无纸报关单80.93万份，其中人工审核全通综合、“两步申报”无纸报关单48.89万份，占重庆关区报关总量6.04%。事中验估8,285票，同比下降55.44%，事后验估3,322票，同比增长59.87%。

【减免税审核】2021年，两江海关落实党中央、国务院关于“减税降费”的政策要求，继续推进国家“十四五”政策平稳过渡和实施，为市场主体和民生福祉保驾护航。开展线上线下政策宣传贯彻，推广减免税无纸化申报、审核和通关，办理时间较法定时限压缩50%。坚持“靠前介入”，落实“事前帮扶+高效审核”工作机制，帮扶11家集成电路企业获批免税资格，制定政策适用对照表，精准施策。帮助轨道交通产业减税降负，指导企业完成2016—2017年三个重大技术装备项目退税申报。做好民用航空器材进口享惠服务，支持重庆民航产业发展。与地方投资项目主管部门等实施“多方协同”帮扶方案，协助重庆市高新技术产业重大项目确认落地，推动西部科学城新型社会研发机构顺利享惠，支持科研院所、高等学校开展科学研究、科技开发和教学活动。解决重庆市级公益博物馆进口公益藏品归类庞杂、到港时效问题，支持社会公益及科普教育发展。

▲2021年9月23日，两江海关对高新技术企业开展减免税政策帮扶

【公自用物品】2021年，两江海关释放税收红利，助力重庆市引进留学回国高等人才。针对教育部取消留学回国证明和新冠肺炎疫情期间留学人员在国内上网课的情况，帮助留学回国人员解决身份认证问题，指导上网课的留学人员按规定享受购买免税国产小汽车特殊政策。开通疫情期间无接触办理邮寄渠道，便利留学回国人员业务办理。依托窗口、12360热线、关长信箱等多种平台，详解政策热点问题。全年办理留学人员购车828份，同比增长34%；办理非居民长期旅客免税进境自用物品46份。点对点讲解定居证明告知承诺制管理办法，梳理定居旅客进境安家物品政策要点3项，进一步规范业务办理流程和要求。

【行政许可】2021年，两江海关高效开展“大集中”审核作业，推行行政许可“标准化”和“规范化”，有效降低企业制度性交易成本。承接重庆关区出口监管仓库保税仓库设立审批、海关监管货物仓储审批、保税物流中心（A型）设立审批、出入境特殊物品卫生检疫审批等8项行政许可业务。制定行政审批集中办理作业文件，建立健全“1+8+N”（1个行政审批主干+8项行政审批事项+N个审核要求作业清单）制度体系，促进业务办理规范标准。全年，累计办理行政许可事项559件，其中出入境特殊物品卫生检疫审批321票，进境动植物检疫审批166票，保税仓库设立审批5票，海关监管货物仓储审批5票，出境动植物及其产品、其他检疫物的生产、加工、存放单位注册登记55票，从事出入境检疫处理业务的单位认定7票。网上办理占比99.65%，平均办理时长2.74天。审批出口新冠病毒检测试剂盒超3.7亿份；完成重庆关区首批入境血液制品风险评估；签发重庆关区首票进境中药材检疫许可证。

▲2021年3月22日，两江海关关员指导企业规范申报行政审批申请事项

【区外加工贸易】2021年，两江海关积极落实国家关于引导加工贸易向中西部地区梯度转移的战略部署，指导企业合理利用保税政策减负增效。实施“加工贸易审核中心”作业，承接重庆关区区外加工贸易的手（账）册设立和变更、单耗管理、区外保税核销等工作。靶向服务“专精特新”企业发展，实施“链长制”引导新型显示器件链上企业供需对接，推进链上产品市场化流转、保税料件跨关区存放，工厂间料件流转时间缩短60%。针对国际局势，主动联系开展出境加工贸易的在缅渝企，紧急办理出境加工账册延期手续并据实开展账册核销工作。助推“企业集团加工贸易监管改革”和“加工贸易残次品销毁处置试点”等总署创新政策落地，指导一光电科技有限公司完成首票残次品销毁工作，节约税款2万余元。助推重庆光电显示产业发展，为配套企业节省风险担保金564万元。全年，区外加工贸易进出口总值279.52亿元，同比增长40.13%；实际运行企业183家，备案手账

▲2021年10月28日，两江海关帮扶“专精特新”小巨人企业拓展5G设备海外市场

册 223 本，核销手账册 249 本，变更手账册 1,427 本。

【农食产品出口】2021 年，两江海关针对重庆大农村特点和特色农产品富集优势，积极支持农食产品走出去。着力发挥承担重庆关区出口食品生产企业备案集中审核工作的职能作用，开展线上线下帮扶 300 余次，指导企业完善卫生控制体系、质量管理体系等。全年，重庆关区累计有效出口食品生产企业备案增至 259 家，同比增长 25.73%。帮扶出口企业应对国外技术贸易壁垒，破解企业需求难题，完成《重庆海关进出口食品通关指南》《墨西哥食品安全体系比较研究》等编写工作；结合重庆出口水果的特点及优势，编写全球主要国家和地区水果准入要求指南等多篇技贸措施文章，在 12360 海关热线、重庆海关发布微信公众号发布，助推农食产品出口。按照“早介入、零等待、快验放”工作要求，大力推动辖区农食产品出口，支持企业开拓新产品、开拓新市场，帮扶綦江区“东溪酿造”豆腐乳、“饭遭殃”辣酱首次出口葡萄牙，帮扶南岸区德庄火锅底料新增出口阿联酋和意大利，帮扶巴南区顿恒餐饮果汁饮料首次出口玻利维亚。全年，辖区出口农食产品 156 批，货值 275.03 万美元。其中，鲜金针菇出口稳步提升，累计出口 31 批，595.2 吨，货值 54.33 万美元。

【跨境公路班车】2021 年，两江海关围绕支持重庆打造内陆国际物流枢纽，助推重庆跨境公路班车量质齐升，拓展西部陆海新通道的运输辐射面，形成更完善的空水铁公国际化多式联运平台。持续深化与口岸海关的沟通协调，为出口企业提供申报指导，引导企业灵活用好陆路运输资源，推广“提前审结”模式，运用“先出区、后申报”等便利措施护航跨境公路班车常态运输。推进重庆跨境公路班车运输网络完善，助力班车吉尔吉斯斯坦新线路首发暨二手车出口顺利开行。重庆跨境公路班车自 2016 年 4 月开行以来，已开通 11 条经贸通道，其中 6 条面向东盟，3 条面向中亚，1 条面向南亚，1 条面向印度洋，运行线路实现越南、缅甸、泰国、柬埔寨、老挝、马来西亚、新加坡等国家的全覆盖。指导班车运营方与境外物流企业建立合作，在东南亚地区设置 30 余个仓储分拨点。班车发车量从 2016 年 106 车次提升至 2021 年 3,300 车次。截至 2021 年 12 月底，总计监管发运 8,307 车次，国际标

▲2021 年 4 月 21 日，两江海关关员到出口备案果园开展风险监测

准箱18,690TEU，总货值约49亿元。其中2021年累计监管发车3,302车次，增加17%；发运国际标准箱7,430TEU，增加17%；总重约6.29万吨，同比增长25%；总货值约20.22亿元，同比增长45%。

▲2021年4月28日，两江海关监管放行重庆—老挝万象跨境公路班车直通车发车

【查缉走私】2021年，两江海关始终保持打私高压态势，落实落细总署党委“1+6”方案及重庆海关配套制度，制订“2021年打私工作方案”，出台并实施全员打私绩效评估办法，协同推进“国门利剑2021”等系列打私专项行动。加强查缉执法队伍建设，优化案审会机制。全年召开案审会33次，办理行政处罚案件21起，其中申报不实影响海关统计准确性10起、申报不实影响国家税收征管案件6起、申报不实影响海关监管秩序案件4起、申报不实影响国家许可证管理案件1起，立案数量同比增长162.5%。

【检验检疫】2021年，两江海关坚持统筹发展安全，切实提升属地监管效能。检验监管进出口动植物及其产品231批，货值554.74万美元；监管进出口特殊物品2批，货值0.4万美元。扎实推进国门生物安全工作，开展进境动物、植物重大疫情应急演练工作，强化一线关员国门生物安全意识。完成关区1家进境粮食中转码头、4家进境粮食加工存放企业周边的杂草监测工作。完成南彭B保、巴南美亨果园实蝇监测工作。加强进境木质包装目的地查验，检出一批进口产品木质包装携带活体真菌情事，为辖区近年来首次检出。全年，检验监管进出口食品及化妆品167批，货值462.59万美元；检验监管进出口工业品1,263批，货值6,790.82万美元；检验监管危险化学品475批，9,406.41吨，货值2,330.28万美元，全年未发生危险货物安全事故。推进进口危险化学品检验监管模式改革，全年完成12批进口危险化学品目的地后续抽样验核工作。

【企业管理和稽核查】2021年，两江海关围绕便利企业合法进出口、促进企业守法自律，继续推动稽核查改革，通过径行稽查全面提升查发质效。全年，办结稽查作业16家，同比增长6%。其中常规稽查3家，专项稽查13家，查发12家，“两简案件”办理2家。强化“多查合一”质效，做好企业日常风险类核查监管和定期管理类核查监管。办结核查作业32家，同比增长39%。推进跨境电商“断链刨根”专项工作，对辖区33家跨境电商企业开展电商企业资质验核工作，督促21家不符合规定的企业完成变更工作，3 家企业移入异常企业名录。深化报关企业“许可”变“备案”改革，业务时间缩短 90% 以上。推动“多报合一”“多证合一”“注销便利化”等便利改革举措落地，全年，办结企业注册备案 165 家，企业信息变更 61 家，企业注销 105 家，辖区现有企业 1,618 家。推动资质管理工作，办结 9 家进口食品收货人备案，2 家化妆品备案，进口饲料备案 1 家，2 家粮食备案。着力发挥 AEO 国际认证作用，重点着眼帮扶重庆市高新产业和“专精特新”企业，开展量体裁衣式信用孵化培育工作，1 家市内龙头企业通过高级认证，8 家产业链重点企业完成信用培育。

【监管业务】 2021 年，两江海关始终把监管作为最基本最重要的职责，着力强化监管优化服务。助推南彭 B 保内跨境电商、出口复进口以及跨境公路班车等多种形态的保税物流健康发展。全年，在南彭 B 保共接受申报报关单 9,094 票，同比增长 4.04%，进出口货值 82.66 亿元，同比增长 87.76%；其中出口货值 56.08 亿元，同比增长 80.63%；进口货值 26.58 亿元，同比增长 104.83%；南彭 B 保进出口值在重庆市所有保税监管场所中位居第一，在全国排名由第 19 位上升到第 9 位，位列西部第二。优化跨境电商申报模式和通关流程，健全货物申报进境、出区放行、账册管理等各环节协调配合机制，持续压缩清单人工审核、包裹查验、卡口放行等海关作业处置时效。全年，人工审核跨境电商清单 7,101 票，同比增长 293%。快速响应企业销毁过期货物申请，采取焚烧销毁方式销毁货重约10 吨，为企业节约仓储成本；协调区商务委，为企业争取大额保函，解决企业担保金额不足问题。全年，跨境电商验放出区 304.04 万票，同比增长 61.82%，货值 8.63 亿元，同比增长 67.22%，征收税款 8,336.71 万元，同比增长 76%。

【口岸营商环境】 2021 年，两江海关紧扣促进跨境贸易便利化、优化口岸营商环境。持续推广“一体化”通关申报、“提前申报”“两步申报”等申报模式，建立非工作时间协调监控机制，推进货物“快提离”，缩短货物滞港时间，降低企业通关成本。进出口整体通关时间较 2017 年分别压缩 78.31%、99.96%。“两步申报”应用率同比增长 70%。持续推广汇总征税、自报自缴、关税保证保险等税收征管新模式及税收担保制度改革，汇总征税率上升至 20%。宣讲 RCEP 等各种自贸协定，推广出口原产地证书自助打印、智能审单、证书寄递等便企措施，为企业出口提速减负。全年，审签原产地证书 3,210 份，帮助出口商品享受国外海关关税优惠 2,404 万美元，同比分别增长 25.1%、56.51%。自助打印率 98.96%，预计可为辖区签证企业节省 398.5 个工作日时间成本，9.09 万元经济成本。

【政务管理】 2021 年，两江海关大力弘扬“马上就办、真抓实干”的务实作风，落实精简发文要求，提升办文质效，建立辅助台账跟进督促办文流程，全年无超期、漏办情况。依托月度关务会及时整理月度重点工作和关领导交办任务，全年推动完成61项关区重点工作。健全月度专题研究和约稿制度，优化信息撰稿工作的组织方式，开展跨科室、跨业务的团队联动攻关，依托多平台展示工作成效。全年，采编动态信息88条、简报2条、图片新闻30条、互联网信息503条、市委市政府载体信息6篇；在“学习强国”、《中国国门时报》等载体刊发对外宣传稿件27篇；在12360海关热线、重庆海关发布微信公众号发布政策解读类稿件50篇。优化政务公开功能分区，依据《重庆市人民政府关于建设政务公开专区的通知》要求，在办事大厅场所设置“自助查询区”“资料阅览区”“申请接收区”“政策咨询区”等4个区域。配置各类电子标识、电子触摸屏等信息化设施，定期更新海关政策法规资料；落实行政执法信息公开要求，依托重庆海关门户网站对外公示版面，公示行政处罚信息21条、行政许可信息559条。推广运用政务服务“好差评”，实现政务服务“一事一评”，全年政务服务好评率100%。探索开展政务公开标准化工作，对外回收问卷调查62份、对内回收问卷调查43份，形成调研报告1篇。

【财务及后勤保障】2021年，两江海关落实“过紧日子”要求，压缩公用经费预算。规范财务核算，加强对支出政策和支出标准的审核把关，严控“三公”经费支出。修订完善国内公务接待、培训费管理、会议费管理等12项财务管理制度。推进固定资产清理和资产报废，报废老旧资产。协调地方管委会做好办公场所搬迁后各项保障工作，增设指纹门禁、档案室消防设施等硬件设备，为干部职工创造良好工作生活条件。建设节约型机关，推广采用节能灯、再生纸等办公用品，推行同路线合并派车、杜绝“长明灯”“长流水”“长待机”等工作措施，发布绿色出行倡议书、在食堂张贴节约粮食海报等，号召干部职工践行低碳绿色生活。

【地方合作】2021年，两江海关持续深化关地合作，主动加强与地方政府部门的联系沟通，定期分析辖区外贸数据走势，结合外贸结构特点为地方招商引资、优化进出口结构出谋划策。协助引进台达电子有限公司入驻重庆市经济技术开发区，助力加快电子元件产业链本土化建设进程。围绕重庆海关与巴南区政府、南岸区人民政府、经开区管委会签署的共建开放型经济2份合作备忘录、16项合作事项，定期与对口部门单位盘点合作成效，协调解决问题，商议合作事宜。

【政策研究】2021年，两江海关着力发挥建言资政、辅助决策作用，参与关级政策研究和科技课题理论研究，完成5项关级科技课题立项，2项关级政研课题获奖。组织业务骨干完成税政调研报告2篇，提出《协调制度》转版专题税政调整建议被总署采纳3条。组织参与海关学会年度征文，报送7篇论文，其中3篇在西南片区获得一等奖。

【队伍建设】2021年，两江海关围绕建设高素质专业化干部队伍，持续完善竞争激励机制，通过PDCA（计划、执行、检查、处理）不断优化平时考核项目指标体系，定期更新“荣誉墙”，采用“考核+激励”模式，鼓励先进、鞭策后进。持续优化队伍结构，完成科级领导选拔2批3人次，2名科级领导提拔为处级领导干部，选送遴选干部3名，岗位交流2人。着力建设一线执法科长队伍，1人获评“重庆海关优秀执法一线科长”。制定年度培训计划，开展“知行两江大讲堂”“全员岗位练兵”等自主培训18期，参训220余人次。抓好准军作风建设，打造“四优窗口”，深化“一查一练一评比”，落实好班前会、队列训练、内务督察评比制度，全年开展“周检查、月评比”52次，发放“流动红旗”24面。

【安全生产】2021年，两江海关牢固树立“大安全”思维，成立安全生产领导小组统筹推进安全工作。依据国务院安委会确定的海关安全责任，抓好监管场所安全，落实日常巡查制度，组织消防、反恐及核生化应急演练各1次，发送重要时间节点安全提醒10余份，督促场所运营人做好安全及疫情防控工作。在疫情突发事件应急处理中，因反应迅速、处置得力，获市口岸办好评。对辖区1家进境粮食中转码头运营企业、南彭B保等场所开展安全风险隐患排查，督促做好问题整改。加强出口危险品产地检验，对辖区9家进出口危险化学品及其包装生产经营企业开展全面排查，压实企业主体责任。紧盯办公区域安全，开展供电、供水、供气设施设备以及库房防火、防盗等隐患排查12次，检测维修4次。落实“室长制”，严禁在办公室使用大功率电器设备，加强班后巡查，确保电脑、空调等电器设备关闭。开展燃气安全专项排查，提请职能部门关注解决海峡路老宿舍楼燃气设施老旧问题。发放学习手册，总结工作经验，在“金钥匙杂志”发布“我的安全生产学习手札”微信稿件。落实总署及地方关于新冠肺炎疫情防控工作要求，做好内部疫情防控，健全疫情防控制度体系并动态更新，完善应对处置预案及应急处置流程等操作指引，有效疫情防控制度机制共23项。加强对安全防护工作的培训和监督，切实提升防护穿脱、消毒的规范性，组织开展一线安全防护演练、内部疫情防控应急演练3次，提升关员应急处置能力。

【群团工作】2021年，两江海关始终以党建为引领，坚持党建带群团，积极发挥群团作用，努力构建“低碳之家、民主之家、温暖之家、文明之家、安全之家”。依托群团组织，举办“欢乐元宵”“端午花式龙舟赛”“明月千里话两江”“颂歌献给党”以及书香两江积分换书、红色观影等寓教于乐、喜闻乐见的群团活动10余项，开展节日慰问、清凉慰问、婚丧嫁娶等各类慰问14次，两江海关工会委员会获评“重庆市直机关合格职工之家”。

（撰稿人：辛丽霞　肖　洒　涂姜磊　吴凯歌　王　浩　李　斌　吕大光　周　娟　胡向斌　杨晰竹　万　巧）

西永海关

【概况】2010年4月，重庆海关成立驻西永园区工作组，2012年10月，总署批复同意西永海关开关运行。2018年12月，在全面完成西永检验检疫机构转隶工作基础上，新组建的西永海关挂牌运行，负责沙坪坝区（除西部物流园、铁路临时开放口岸外）、九龙坡区、大渡口区、璧山区、江津区等地海关业务，承担西永综合保税区、江津综合保税区管理工作，内设11个科室，编制75人，在编73人。

2021年，西永海关紧扣总署、重庆海关两级海关工作会议及全面从严治党工作会议精神，以精细化管理为抓手，推动政治建关取得新成效，实现重庆关区首次稽查查发并退运进口固体废物；政治生态展现新气象，信访举报及有效投诉均为零，队伍思想摸底10个关键指标获100%满意；强化监管迈上新台阶，在重庆关区首次对废弃电子产品基金主动披露补税、首次查发旧设备装运前检验费漏报情事；改革创新实现新突破，推动“关银一KEY通”川渝一体化项目落地，创新举措通过总署备案；内部管理有新亮点，“西永海关”App新增6个模块，其中区外查验业务在关区首次实现线上预约，稳步推进精细化管理，编写执法与非执法标准化手册67章、9万字，创新“两表四单”“1166闭环”等科室精细化管理方法，征集22个党建案例形成案例库，推动党建业务深度融合。2021年，外贸进出口值4,017.6亿元，占重庆市50.2%。受理报关单申报35万份、货值3,113亿元、征收税款31亿元，分别占重庆关区40.8%、47.4%、17.6%。监管进出综合保税区重车42万车次。监管跨境电商包裹出区1,539万个、货值27.03亿元，分别占重庆关区42.9%、40.9%。签发原产地证书1.44万份。

【政治机关建设】2021年，西永海关坚持将学习贯彻习近平总书记重要指示批示精神作为“第一议题”，开展党委理论学习中心组学习8次，支部开展集体学习50余次，线上推送学习材料350余期。强化打击“洋垃圾”研究部署，推动稽查查发并退运进口固体废物，对废弃电子产品基金主动披露补税，查发旧设备装运前检验费漏报情事。做到新冠肺炎疫情防控与促进外贸经济发展齐抓并举，优化15项防护制度，建立每周一查一通报机制。拓展深化“属地责任制”，党委书记、委员赴企调研80余次，收集问题107个、限时清零91个、16个常态化推进，辖区外贸进出口值保持增长。

【党的建设】2021年，西永海关党总支下属党支部12个、党员59名。落实“支部建在科上”，党委定期研究党建工作，建立党委委员联系支部及科室制度，按程序完成支部设置，选优配强支部班子。建立“第二议题”党建案例分享机制，征集22个党建案例形成案例库。强化书记抓党建带队伍能力培养，初步形成“书记抓、抓书记”一级抓一级、层层抓落实的党建工作格局。建立党建规范化工作指引，制定《支部书记落实全面从严治党主体责任清单》《抓党建重点任务表》，每季度开展支部规范化建设督导，通报并指导支部整改问题23个。实施“培优树品”计划，打造形成“星晨坚守、实干拓新”“企心同力”一批支部文化理念。6月25日，重庆市委直属机关工作委员会表彰西永海关为市直机关创建模范机关先进集体。

▲2021年7月1日，西永海关组织观看庆祝中国共产党成立100周年大会

【党史学习教育】2021年，西永海关启动党史学习教育“以建党100年为契机、学习党史100天、争做100分的你”“3个100”行动和“读理论原文、忆英雄人物、听党史大事、看红色故事、品革命诗词、观红色影音、悟心得体会、办利民实事”“七学一做”方案，围绕“读、忆、听、看、品、观、悟、办”“八字决”，搭建线上+线下学习平台，形成“精准滴灌式”导学、“现场感悟式”促学、“为民解难式”考学、“一线实操式”教学的“四式联学”工作法，将“我为群众办实事”实践活动融入党史学习教育全方位、全过程。打造线上+线下学习平台，将党委理论学习中心组、“三会一课”等集中学习与“每日学史”等线上自学栏目相结合，开展“银色讲堂”、“七一”重要讲话专题研讨、“党课我在行”活动，联合西永综保区管委会开展党史知识竞赛，承办重庆关区党史知识竞赛；开展“西望有我”党史故事分享会，前往重庆红色旧址开展体验式教学，录制“行走的微党课”并有2期发布在“金钥匙杂志”微信公众号。

【从严治党】2021年，西永海关印发全面从严治党重点任务54项，分级制定党委班子、党委书记、党委委员、支部书记全面从严治党主体责任清单61项，建立起明责、履责、督责、问责的闭环责任链条。开展“现场监管与外勤执法权力寻租”专项整治，强化廉政风险防范，形成廉政风险防范机制31项。强化日常监督管理，全面落实中共中央关于加强对“一把手”和领导班子监督的意见，制定6项落实措施；优化党委与派驻纪检组推进全面从严治党工作会商机制及党风廉政建设定期通报制度，打造“心廉芯”廉政品牌，召开警示教育大会、举办线上廉政讲堂，开展“家庭助廉在行动”活动，组织开展线上“亲子颂廉”，提炼形成“青草地”等11个支部廉政品牌。

【税收征管】2021年，西永海关深化税收征管方式及多元担保改革，征收税款30.68亿元，较上年增长27.33%，占重庆关区税款总额17.67%。其中，征收关税1.59亿元，增长1.06倍；代征增值税29.09亿元，增长24.73%。拓展辖区税源，建立健全重点税源企业名单、重点税源商品清单，开展税源调研，加强关企沟通，定期走访辖区主要税源企业，结合企业发展实情给予业务指导，支持重点商品扩大进口。深化改革服务，组建改革创新协调推进小组，推动汇总征税、“两步申报”、关税保证保险、属地纳税人管理等改革创新，优化通关作业流程，简化通关操作手续，使企业充分享受优惠便利，辖区企业自报自缴占比达99%，汇总征税模式采用占比提升20个百分点。加强企业对口帮扶，开展税收政策线上宣讲会5次，对资金吃紧的辖区税源企业提供“一对一”政策咨询和指导，帮助辖区主要集成电路生产企业获取关税减免100万余元。推进RCEP落地实施，对辖区内53家企业开展问卷调查并组织线上培训，编写渝关政务速递及关税新知专题系列，解读RCEP总体情况、原产地规则等，引导达丰（重庆）电脑有限公司成为中国—毛里求斯自贸协定实施后的首批经核准出口商。

【口岸通关监管】2021年，西永海关完成综合保税区进出口货物查验8,764票，监管进出区重车420,327车次。开展24小时“随时答疑解惑、随时在线办理、随时保驾护航”服务，现场实货监管应急保障小组开展非工作时间应急32次，验放企业生产用料件和设备约109批，线下应急加班9人次；现场应急验放超宽车货物1,356批次。推出“通道共享+智能验放”模式，降低异常查验量、便捷各类通道超长车辆通行，5月27日起试运行，2021年西永综保区卡口进出区超长车辆6,800余车次。

【跨境电商】2021年，西永海关以西永综合保税区、江津综合保税区开展业务的跨境电商企业为对象，以“一企一档”方式建立跨境电商企业经营情况档案，完成500余家跨境电商企业和跨境电商商铺梳理建档。收集跨境电商市场需求，结合企业9610、9710、9810监管方式跨境电商出口三合一分拨中心、保税加工+跨境电商零售等需求，强化风险分析，研究风险消减措施，形成需求调研报告、可行性分析报告，对接地方政府推进。支持跨境电商大促活动开展，成立保障工作组和党员突击队，制订跨境电商大促监管通关保障方案，实施领导巡查带班和加班查验审核机制，动态强化查验和卡口监管力量，开设专用通道监管放行，保证出区顺畅。6月1日至6月20日，“618”大促期间监管跨境电商出区清单142.8万票，比上年增长24.7%；货值2.38亿元，增长36%。11月1日至11月13日，“双11”大促期间监管跨境电商出区清单127.28万单，比上年增长2.2%；货值2.16亿元，增长0.2%，均创历史新高。2021年，西永海关监管辖区跨境电商出区清单1,539万单，增长16.16%，占重庆市的42.93%；跨境电商出区货值27.03亿元，增长5.27%，占重庆市的40.93%。

▲2021年2月25日，西永海关开展跨境电商促销商品检查

【推动西部陆海新通道进口大宗商品入区保税仓储】2021年，西永海关指导江津综合保税区依托区位优势，与小南垭西部陆海新通道铁路枢纽形成“通道+平台”双轮驱动，发展多式联运。西永海关对江津综合保税区内企业进口农产品保税集散分拨业务予以政策支持和流程优化，制订监管方案，解决进区环节“一单多箱”、多辆货车入区可能造成的车辆滞留、拥堵问题，提高企业车辆调拨效率。实施“抽样后即放行”便利措施，解决出区环节命中抽样送检等待结果时间较长的问题，货物出区分拨时效由原来7天缩短为半天。6月8日，江津综合保税区首批20个集装箱、500吨越南糯米通过西部陆海新通道顺利入区进行保税仓储分拨，7月初该批糯米全部分拨出区，重庆电视台对该事件进行现场采访报道。

【自贸创新举措获总署备案】2021年，西永海关对企业跨关区办理电子口岸业务需求开展调研并提出建议，成立工作小组全程参与重庆海关牵头组织的可行性研究、业务流程梳理及创新论证工作。6月29日，“关银一KEY通”川渝一体化模式通过总署备案。9月8日，中国电子口岸数据中心成都分中心、重庆分中心及建设银行四川省分行、重庆市分行共同签署“关银一KEY通”川渝一体化合作备忘录，举行项目启动仪式并向首批试点企业授卡。

【2020年度综合保税区发展绩效评估】2021年9月，总署发布2020年度综合保

税区发展绩效评估结果，全国134个综合保税区参评；其中东部地区79个，中西部地区55个。江津综合保税区首次参评，位列全国第73位，中西部第21位。西永综合保税区排名提升至全国第7位，中西部第3位（2019年为全国第17位，中西部第5位）。

【西永综合保税区完成验收】2021年12月30日，由总署、国家发改委、财政部、自然资源部、商务部、国家税务总局、市场监管总局、国家外汇管理局组成的联合验收组对西永综合保税区核减面积进行验收。核减后西永综合保税区面积7.58平方千米。

【海关特殊监管区域内惠企政策取得实效】2021年，西永海关内销选择性征收关税业务持续增长，综保区内企业申报内销选择性征收关税报关单984票，内销高清液晶显示器144万台，货值9.21亿元，金额较上年增长37.71%。持续推动委托加工释放剩余产能，综保区内企业通过委托加工模式代工国产笔记本电脑432.9万台，增长5%，货值166亿元。海关特殊监管区域一般纳税人试点范围扩大，西永综合保税区、江津综合保税区14家企业获得试点资格，实际开展业务12家，实现一线货物进出口值13.97亿美元，二线国内货物进出区值29.25亿元。支持整车保税项目拓展新业态，在整车保税仓储“三个一”监管模式上进一步优化，实行“状态直转、便捷进出”，吸引包括保时捷、奥迪、奔驰授权改装等多个整车品牌在综合保税区内设立汽车保税分拨中心。2020年项目运行以来，保税仓储进口整车10,325辆，货值57亿元；其中2021年整车进口7,373辆，货值42亿元。此外，博世汽车零配件分拨中心落户西永综合保税区，进出口商品货值超过2亿美元。9月起，西永海关开展非保税货物便捷进出区试点，为综保区内企业节省成本45万余元。

【加工贸易】2021年，西永海关选取精元电脑集团作为辖区首家试点集团，对企业进行业务辅导，就账册管理、报关单证业务处置等对接南昌海关，协作共管，完成集团保税试点手（账）册备案，推动企业集团加工贸易监管改革试点政策落地。2021年6月，总署推广加工贸易残次品管理改革试点，西永海关多次到企业调研，并对残次品销毁具体操作、报关规范等方面给予指导帮助。8月，协助区外企业群光电能科技（重庆）有限公司完成区外加工贸易残次品销毁试点业务，推动加工贸易残次品管理改革试点落地。

【检验检疫】2021年，西永海关优化与辖区地方商务委、农业农村委等部门常态化沟通机制，健全与辖区政府各农业农村委联席会议制度，助力辖区新增农产品出口企业3家、国家（地区）4个、品种9个。指导企业建立HACCP和SSOP生产安全控制体系，通过IFS等多项国内外体系认证，外贸值超千万元农食生产企业达6家。汇编技术贸易措施指南，收集全球

30 余个重点国家和地区农食品产品准入信息，撰写技术性贸易分析材料推荐至商务部作为 WTO 会议磋商议题。强化进出口危险化学品及其包装监管，把控进出口危险化学品及其包装安全底线，查获出口不合格危险货物包装 8 批。严密进口疑似锅炉压力容器验核，把握锅炉压力容器判定标准，针对疑似情况立即上报并组织专家研判，查获并销毁进口无证压力容器 2 批。开展“国门绿盾”守护行动，严防动植物疫情疫病传入和外来物种入侵，查获进境一般性有害生物 2 次。新增区外查验业务，在重庆关区首次实现线上预约，关企效率各提升 50%。

【海关统计】2021 年，西永海关辖区外贸进出口值 4,017 亿元，较上年增长 18.69%，占重庆市外贸进出口值 50.21%。西永综合保税区外贸进出口值 3,301.06 亿元，增长 15.51%；其中，进口 953.52 亿元，增长 6.65%；出口 2,347.54 亿元，增长 19.55%。江津综合保税区外贸进出口值 125.49 亿元，增长 28.02%；其中，进口 77.25 亿元，增长 73.1%；出口 48.24 亿元，减少 9.65%。

【企业管理】2021 年，西永海关落实“放管服”改革，采用“前置服务精细化、审核服务智能化、业务办理高效化”“三化工作法”推动企业资质备案便民高效，办结进出口货物收发货人备案 488 家，其中生产型企业 141 家，占新增注册企业总数的 28.9%，办理进口食品收货人备案与变更 17 起，进口化妆品进口商备案 1 起，进口肉类收货人备案 7 起，进口粮食加工存放企业备案与变更 7 起，企业注销业务 228 起。构建“1 + 2 + N”模式，依托笔记本电脑产业 1 个集群优势，以达丰（重庆）电脑有限公司和英业达（重庆）有限公司 2 家龙头企业为“链主”，延伸至产业链上下游 N 家企业，开展链条式信用培育工作，选定 30 家优质企业纳入定点培育库，采用上门辅导和线上“云”宣讲相结合方式，提供培育服务 30 余次，邀请“链主”企业现身说法，畅通企业间沟通渠道，发挥龙头企业示范效应。链条式定点培育库中 30 家企业，有 13 家通过高级认证，占比达 43.3%。建立健全关企常态化沟通机制，成立“关小二”服务队，坚持做到“三必问”，即“必问企业近期订单及生产经营情况、必问企业最新困难和问题、必问企业对海关的意见建议”，实施“两重两新”服务思路，即关注重要节点、重点企业遇到的新问题和新诉求，设置专人专岗梳理企业问题台账，明确推进时间、责任科室及相关人员，做好沟通协调，构建“发现问题—分析研判—定制方案—明确分工—措施落地”的闭环式服务模式，通过“一员一企”“一企一策”等方式，帮助企业协调解决急难问题，收到企业赠送感谢信 4 封、锦旗 3 幅。落实打击跨境电商进口走私“断链刨根”专项整治行动，做好企业信息验核工作，梳理辖区已备案跨境电商企业，分类开展信息验核，建立工作台账，及时反馈异常情况，并按要求做好后续处置，加强政策宣讲，通知已备案企业尽快补交相关资料，指导新申请跨境电商企业依规完成备案，做好新备案跨境电商企业实际验核，推动验核工作常态化。摸排134家跨境电商企业注册信息，取消跨境电商企业相关资质28家，办理注销14家；将21家跨境电商企业移入异常经营名录、进行通关锁定10家。强化监控预警，保障企业信用等级动态调整到位，依托企业信用评估子系统，专人进行常态化监控，根据企业实际运营和信用等级情况，对风险预警提示内容进行甄别，筛选出与企业实际情况不符的提示，并完成系统运维，避免系统出现信用等级下调误判，确保合规企业信用等级不受影响。完成系统甄别52次，报送企业信用等级下调情况7家。

【稽查】2021年，西永海关对再生金属行业的专项稽查行动中，查获退运进口固体废物22.2吨，这是重庆关区首次通过稽查查发走私进境固体废物情事。落实“容错纠错”政策红利，加大主动披露宣传力度，辖区15家企业完成涉税事项主动披露，依法依规对企业减轻或免于处罚。多次进行集体研究，实现重庆关区首次对废弃电子产品基金情事的查发。响应群众关心热点问题，落实总署打击跨境电商进口走私“断链刨根”专项整治行动，开展风险分析，对群众反映强烈的身份信息和购买额度被盗用情况开展行动，“不打招呼”对某高风险企业开展径行稽查，查发某电商企业“刷单”、伪造“三单”、“二次销售”和伪报性质等走私行为，这是重庆关区首次查发打击跨境电商进口走私“断链刨根”专项整治行动中跨境电商走私情事。多举措强化进境粮食食品企业后续监管，梳理进境粮食企业在生产、加工、存放过程中的风险点，制定进境粮食后续监管核查事项清单，运用“互联网+”和“远程核查”等手段实施进境粮食物流动态轨迹分析，查发辖区首例擅自调运进境粮食案和首例擅自销售未检验进口红酒案，维护进口食品行业良好秩序。了解掌握我国进口芯片旧设备的现状，发现辖区企业旧设备装运前检验费存在行业性漏报风险，通过稽查对2家芯片制造企业补征税款，这是重庆关区首次查发旧设备装运前检验费漏报情事。

▲2021年10月15日，西永海关开展进境大豆生产加工企业后续监管专项行动

【查缉走私】2021年，西永海关聚焦组织推动，优化工作机制，选优配强西永海关案件工作组成员，优化案审会制度，对外承诺“标准化、专业化、阳光化”执法办案理念，提升法治建设和反走私综合治理水平。围绕“国门利剑2021”“大地女神”等反走私工作部署，建立打私工作每月通报机制，开展跟踪评估和量化考核，把打私责任压紧压实。加强与缉私局等部门的联系，建立健全打击走私工作专班机制，联合研判走私风险，协同查办大案要案，加大对伪瞒报、不实贸易等违法违规行为的打击力度。以“中央关注、社会关切、群众关心”作为查缉重点，加强数据分析和调研摸排，加大对重点行业、企业、商品关注力度，强化对固体废物等领域走私违规的查缉。2021年行政立案59起，涉案货值超千万。

【口岸营商环境】2021年，西永海关推广“两步申报”和“提前申报”模式，释放改革红利，“两步申报”应用比例超过65%，出口报关单提前申报率达95.2%。做好“日清”工作，及时处置环节流异常报关单。西永综合保税区进口整体通关时间19.57小时，较2017年压缩70.2%。实现原产地证书7×24小时办理，派员参加总署RCEP原产地管理信息化系统联调和业务测试集中工作。引导企业用好RCEP政策，落实“智能审单”+“自助打印”联动模式，签发原产地证书1.44万份，为企业获得关税减免5,545万美元。依托“西永海关”App实现车道闸口快速验放，7×24小时预约加班，推行“入区保税+抽样即放行”，采取“一次采样+周期信任”方式对一定周期内同类出口货物免予重复取样，降低企业损耗。落实AEO认证企业便利化措施，加强企业信用培育，依托企业信用培育制度，实现信用培育可量化考评，利用媒体平台正面宣传引导，发挥诚信典型示范引领作用。对52家出口企业2020年受国外技术性贸易措施影响情况进行调查，撰写技贸措施海关发布6篇。组建西永海关政策宣传团队，面向辖区地方政府和企业，以“线上+线下”形式开展政策宣讲11次。结合国家及地方政府相关政策，针对涉及集成电路、“专精特新”等企业，开展送政策上门和实地指导。

【安全生产】2021年，西永海关完善安全生产管理机制，成立西永海关主要负责人任组长的安全生产工作领导小组。与西永综保区、江津综保区管委会签订安全协作备忘录补充协议，进一步明晰监管职责，形成综保区管委会牵头全面管理，海关协同管控的特殊监管区域安全管理工作格局。党委理论学习中心组组织开展关于习近平总书记安全生产重要论述、新《安全生产法》等专题学习9次，开展安全生产工作复盘研讨6次，就特殊监管区域安全生产、安全监管、安全检验等工作组织培训讲解5次，开展查验过程酒精泄露自燃和现场职业暴露实战应急处置演练。2021年开展监管设施设备和办公场所安全检查6轮次，排查隐患26处；依托综保区管委会“执法 + 专家”安全监管模式开展联合督导安全检查6次；日常监管中通报地方安全生产责任部门非专用车辆运输危险货物（危险化学品）情况38起，小客车改装运输柴油情事1起；查获退运不合格出口锂电池组2批次。

【政务管理】2021年，西永海关完善内部制度规章28项，编写执法与非执法标准化手册67章9万字。规范政务值班机制，进一步严肃工作纪律，及时准确报送各类应急信息6次。打造精细化管理样板间，组织“党建 +”暨科室精细化管理观摩2次，“两表四单”“1166闭环”等精细化管理方法成效初显。分解重点工作目标工作任务72项，整合“我为群众办实事”实践活动清单、属地责任制、企业调研收集问题等113项，形成“问题清零”机制清单，持续加强督办落实和动态调整。加强宣传推介，《通道共享 + 智能验放》等3篇稿件在《中国国门时报》头版刊发，127篇次稿件被总署网站“今日海关”栏目、“学习强国”、《重庆日报》、《重庆新闻联播》等平台采用。将内控作为“一把手”工程，用好“内控专员”机制，内控意识不断强化，进一步优化“周查、月查、专项检查”“三查”机制，梳理高风险内控节点，常态化开展检查，查发并整改问题。

【财务及后勤保障】2021年，西永海关牢固树立“过紧日子”思想，加强“三公”经费、差旅费管理，保障人员经费、党建资金等重点领域。强化项目资金绩效管理，创建节约型机关，加强财务人员培训和队伍建设。规范办公用品领用，落实公车运行规范，建立加油、保险、修车管理台账，登记、落实到人，通过GPS、公车审批记录、公车行驶记录进行抽查，做好公车报废领用过渡工作。

【智慧海关建设】2021年，西永海关搭建西永海关业务监控分析平台，集数据展示、业务监控、风险分析为一体，分为全国、重庆、西永3个展示层级，11类业务主题、19个展示界面，涉及175个业务指标，以上指标在三级监控指挥中心大屏上展示，并可连接办公电脑、平板、手机等载体。打造“西永海关”App，集成智慧卡口、智慧查验、智慧综合、异常处置、关企互动等20项业务，成为“一站式”线上前台的主要载体，通过创新“线上申请、线下办理”工作模式，实现“让企业少跑腿、让数据多跑路”目标。进一步挖掘新上线需求，扩大App应用面，新增办公物品管理、功能用房申请等6个模块。持续打造智慧卡口，引入新一代车辆信息采集技术，对卡口的软硬件进行升级改造，行政车辆可在30千米/小时的速度下瞬时抬杆，缓解卡口拥堵。取消制卡作业，每年为企业节省200万元制卡费用。取消下车刷卡，监管车辆识别放行在6秒之内，节约刷卡识别时间15秒以上，单一监管通道通行量增加240车次/小时，有效提升卡口通行率；提升地磅采集稳定性，重量采集异常现象降至0.37%。

【队伍建设】 2021年，西永海关落实意识形态责任制，建立健全谈心谈话机制。探索建立“下沉式”识人、“压担子”育人、“明导向”选人、“多岗位”用人的“四部曲”干部选用机制，运用“工作专班+骨干轮值”形式，推进党建文化广场、课题研究等专项工作。组织开展“西望讲堂”，常态化日常培训累计33次。成立青年理论学习小组，打造“青藤”学习品牌，推动党员团员“结对子”开展党史共读和分享交流，形成万余字学习成果，被重庆市委直属机关工作委员会评为2021年度重庆市直机关青年理论学习示范小组。建立“西望有你、感恩奉献”干部荣休“五个一”机制，为2位离退休老同志举办一场退休仪式，录制一段祝福视频、赠送一束鲜花，颁发一枚纪念章，拍摄一张合影。

【群团工作】 2021年，西永海关持续打造“西望”系列文化，先后举办“西望有我”主题演讲、“西望杯”趣味运动会等，开展“西望”文创设计比赛。组织开展或参与大型党史分享交流会和知识型竞赛7次，并结合元宵节、“三八”妇女节、中秋节等节假日，组织开展专题活动4次。成立篮球、乒乓球、羽毛球、舞蹈等4个兴趣小组，有序开展活动。持续开展关员理发服务，运用“时空无阻、立体关怀”职工慰问模式，开展慰问23人次。与西永综保区管委会、江津综保区管委会和两所高校开展党史学习教育专题交流和“八一”内涵学军活动，与重庆西永综合保税区税务局联合开展志愿服务、青年联谊等活动。

【对外交流合作】 2021年，在西永海关做好前期各项准备工作基础上，重庆海关与璧山区人民政府于11月2日顺利签订《重庆海关璧山区人民政府共同促进璧山区开放型经济发展合作备忘录》。9月9日，西永海关与国家税务总局重庆西永综合保税区税务局签订《中华人民共和国西永海关国家税务总局重庆西永综合保税区税务局关于促进西永综合保税区高水平开放高质量发展合作备忘录》。10月29日，西永海关与九龙坡区市场监督管理局签订《九龙坡区市场监督管理局西永海关加强知识产权保护合作备忘录》。

（撰稿人：曾　仪　郭司马　李志坚　姚　阳　谢　晶　舒　扬　陆四维　刘　行　赖倩雯　张文豪　杨　巍　滕　飞）

渝州海关

【概况】2018 年 12 月，渝州海关在重庆海关驻车站办事处和重庆出入境检验检疫局铁路办事处的基础上组建，下设 6 个科室，有干部职工 44 人，主要负责西部物流园、合川区、铜梁区、重庆铁路保税物流中心（B 型）等地海关业务，承担铁路临时开放口岸监管工作。

2021 年，渝州海关以习近平新时代中国特色社会主义思想为指导，深入贯彻重庆海关工作会议和全面从严治党工作会议精神，以坚决走好“两个维护”第一方阵为核心，以疫情防控为重点，以支持中欧班列（成渝）和陆海新通道高质量发展作为主业，以全面从严治党为关键，在政治建设、业务改革、疫情防控和重大查发等方面狠下功夫，圆满完成年度各项工作任务。2021 年，累计监管放行中欧班列（重庆）1,942 班、18.6 万标箱，陆海新通道铁海联运班列 1,507 班、3.8 万标箱，在全国居于前列。

【党的建设】渝州海关设党总支 1 个、党支部 6 个，党员 34 人。2021 年，渝州海关加强党的政治理论学习，坚决贯彻落实“第一议题”，第一时间学习贯彻习近平总书记重要指示批示精神，通过党委理论学习中心组学习、形势分析会、科务会等形式组织开展“第一议题”学习 30 余次；坚持民主集中制，召开 27 次党委会集体研究决策“三重一大”事项；加强党组织建设，筑牢根基，完成党总支和 6 个党支部选举，各党支部均建立支部品牌；把开展党史学习教育作为深化政治建关的有力举措，建立党委领学、组织督学、支部研学、活动促学、党员比学、实践强学的“六学合一”党史学习教育机制，以企业需求为导向开展“我为群众办实事”活动，为企业解决卡口放行慢等问题 30 余个，多个具体做法被《中国国门时报》、“学习强国”等媒体宣传报道。推动全面从严治党，强化对“一把手”和领导班子的监督，制定加强对“一把手”和领导班子监督的具体措施清单；开展“现场监管与外勤执法权力寻租”专项整治工作和纪法教育、警示教育，53 人高标准完成个人申报、谈心谈话、纪法考试、撰写心得体会等，梳理重点关注岗位 5 个，廉政风险

50 条，制定外出执法廉政监督回访实施办法等 2 项制度，在专项检查中得到总署督导组的好评；不断丰富“铁关清风”廉政文化品牌，打造生动形象的廉政文化长廊，制作“书记晒廉政”宣传片，反腐倡廉氛围更加浓厚；把接受巡察审计的“考场”变成自查整改提高的“战场”，主动自查 11 个方面 24 个问题，在 2 次审计和 1 次巡察中，加强配合，细化台账，夯实基础。巡察反馈 3 个方面 11 个问题，经济责任审计反馈 6 个问题，均严肃认真对待，全部完成整改，推动关区全面建设再上新台阶。

【税收征管】2021 年，渝州海关紧盯税收征管质量，深化综合治税，加强监控分析，提升征管效能，综合治税成效显著，2021 年入库税款 28.93 亿元，同比增长 29.16%。强化原产地管理，签发各类出口原产地证书 1,141 份，联合合川区商务委对该区出口原产地企业开展原产地签证业务培训，帮扶企业了解并充分应用出口原产地签证政策。落实税收政策，赴重庆德佳肉类科技发展有限公司开展税政调研工作。强化属地纳税风险防控，将关区年纳税额前 20 位企业纳入属地纳税人管理，完成企业底账建账工作，开展纳税遵从度评估，及时报送企业税收风险情况，引导企业做好规范申报，配合海关做好属地纳税人管理各项工作。

【助推中欧班列和陆海新通道高质量发展】2021 年，渝州海关把支持中欧班列（成渝）和陆海新通道高质量发展作为服务重庆内陆开放高地建设的重要载体，保障中欧班列（成渝）号首发和中欧班列（重庆）十周年专列开行，支持中欧班列（成渝）新增扶马萨里港、杜尚别、基辅等多条线路，支持陆海新通道首开中老班列（成渝—老挝）、拓展里斯本等多条海外新航线；提升班列整体通关速度，推广“提前申报”“两步申报”“舱单归并”等便利化措施，推动“铁路快通”、联程转关、整车保税等新模式常态化运行，推广中欧班列回程运费分摊政策，对 440 批次、24.24 亿元货物实现扣减，为企业减征税款超 2,000 万元；提升智慧监管水平，在全国铁路口岸中率先开发上线自动运抵和自动核销系统，实现“箱号自动识别、系统自动运抵、查验提前分流、企业依需预约、海关即时查验”。

▲2021 年 12 月 4 日，渝州海关保障中老铁路（成渝—万象）首列国际货运班列顺利开行

【推动整车进口增长】2021 年，渝州海关支持内陆中规车实施整车进口口岸作业一次查验、分步处置、监管前置，推动国六标准平行进口车恢复常态化进口，搭建关企联络平台，对接保时捷、奔驰、奥迪等重点进口企业，指定专人协助办理中欧班列运费分段结算等业务；依托铁路口岸预约查验系统，提供优先查验、快检快放等便利措施；聚焦企业发展难题重点帮扶，协调场所经营人、整车检测线等单位，应对企业物流周期紧、货运量大的通关需求，单票再压缩场站作业时间1天以上。2021年累计监管进口整车7,471台，货值6.7亿美元。

【推动中欧班列“铁路快通”模式稳步运行】2021年，渝州海关协调地方政府、中铁联集、承运企业等完成铁路舱单子系统升级，提前组织测试演练，加强常态化运行监控；成立专项工作组，负责测试期间跨关区应急协调，及时联动处置申报错误等异常情况；明确新模式下的通关流程，研究制定配套业务操作规程，保障铁路进出境快速通关业务模式顺利落地。该模式下不再办理转关手续，系统全程自动审核，口岸作业时间大幅减少，企业通关时间和费用下降。2021年9月10日，全国首趟“铁路快通”出口和进口班列顺利开行。截至2021年12月31日，渝州海关已监管放行139票快通舱单，并顺利开展舱单归并、分配业务，在全国海关率先实现铁路快通常态化运行。

【规范跨境电商B2B出口业务发展】2021年，渝州海关对跨境电商出口企业的基本情况、经营情况等进行风险评估，对高风险企业进行重点监管；提高即决式布控比例，加强一体化风险分析防控，强化违规企业整治，对轻度违规企业开展约谈，对严重违规企业依法从严处罚。2021年监管跨境电商B2B出口货物35.1万票，货值33.2亿元。开展打击跨境电商进口走私“断链刨根”专项整治行动，验核关区电商企业电子信息数据，对11家跨境电商企业及平台进行实地验核，发现问题24项；对关区20家跨境电商企业进行电话验核，其中11家验核结果为失联企业；对关区3家跨境电商企业库存商品进行实地盘查，均发现存在商品与底账信息不符情事，查发率100%。

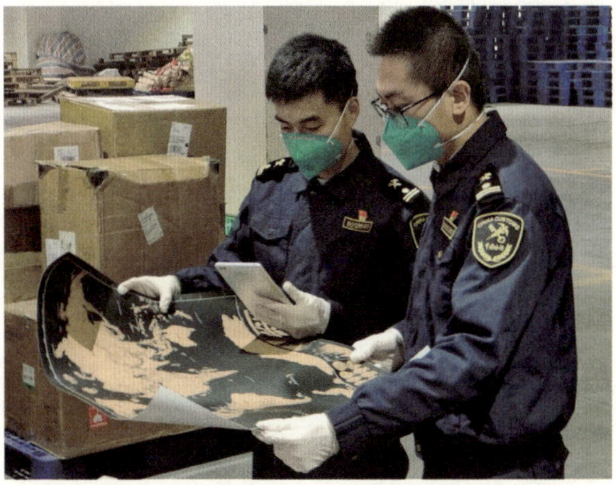

▲2021年12月17日，渝州海关在出口的跨境电商货物中查获夹藏“问题地图”

【推进保税监管业务发展】2021年，渝州海关推动重庆医药集团公共保仓业务实现常态化运行。2021年，渝州海关共监管医药保仓进出库药品499.34吨，货值6.33亿元，其中入仓3.15亿元，同比下降64.05%，出库3.18亿元，同比下降

63.59%。支持重庆铁路保税物流中心（B型）发展新业态，保税存储进出口货物及其他未办结海关手续货物，包括脱脂乳粉、PVC塑料粒子等一般保税货物，以及母婴用品、化妆品等保税电商货物；开展转口贸易及国际中转业务；探索对所存货物开展流通性简单加工和增值服务业务；助力重庆铁路保税物流中心（B型）打造工业原材料、大宗农产品等国家级分拨中心。2021年，重庆铁路保税物流中心（B型）一线进出境货值共计39.15亿元，同比增长35.1%，二线进出区货值5.16亿元，同比增长19.9%，主要货物包括玩具、电子产品、家居用品、母婴用品、服装、宠物用品等。

【加强危险化学品及其包装监管】2021年，渝州海关监管出口危险化学品及其包装51批次，货值1,085.82万美元，同比分别上升2%和11.82%。累计出具51张出境危险货物运输包装使用鉴定结果单。检出不合格出口危险化学品及其包装6批次，货值133.56万美元，同比分别上升200%和795%。实现危险品重大查获“零突破”，向企业宣传《关于进出口危险化学品及其包装检验监管有关问题的公告》（129号公告）最新要求，就危化品安全监管约谈2家企业，对企业加强规范申报、强化日常管理和理清后续通关流程等提出意见和建议。完成关区首批出口危险货物运输包装性能检验，出具渝州海关首张出入境货物包装性能检验结果单，实现关区危包生产企业的首次出口。

【动植食检验检疫】2021年，渝州海关监管出口农食产品238票，主要为鸡肉、猪肉、牛肉罐头、肠衣等；进口农食产品235票，其中起酥油228票，占比97.06%；出口动物产品26票；出口木质相框36票。做好关区进境粮食检验监管工作，2021年完成2家进口粮食加工存放企业备案工作，共有进口粮食加工存放企业4家；2021年共后续监管粮食1万余吨，品种涉及高粱、小麦、大麦、玉米等，其中国家储备粮5,600吨。开展检疫性实蝇监测16次，外来杂草监测4次，监管企业铲除外来杂草10株，有效阻断外来杂草传播。新增2家出口农食产品企业，新增核黄素、辣椒酥、桑蚕丝、鱼罐头（水产品）等4个出口产品，新增马来西亚、新加坡、韩国等出口国家，帮扶2家企业重新获得出口资质。关区共有出口农食产品业务企业达13家。联系铜梁区、合川区商

▲2021年9月2日，渝州海关关员到企业针对出口竹木草制品生产加工注册登记换证复核并进行现场检查

务委对关区生产加工农食产品企业进行调研，走访出口企业或意向出口企业 8 家，收集企业问题 4 条，自行解决 1 条，协调移交解决问题 3 条。深入农食产品生产加工企业开展送法律、送技术、送标准“三送”服务，指导企业有效利用规则，帮助企业获得相关备案、注册和认证，不断提升产品质量，进一步提高火锅底料和午餐肉罐头等重庆特色食品的国际竞争力。

【企业管理和稽查】 渝州海关关区有涉海关业务企业 749 家（合川 288 家、铜梁 194 家、国际物流园 267 家），其中高级认证企业 3 家，一般认证企业 8 家，特定资质企业共计 38 家。2021 年，企业注册备案登记新增 60 家，企业信息变更 60 家，特定资质备案 6 家，注销企业 11 家。完成 2 家企业高级认证培育工作。办理稽查作业 7 起，其中常规稽查 3 起，专项稽查 4 起，查发涉税案件 1 起，查发其他违规线索及问题 3 起，对 1 家进口葡萄酒企业开展专项稽查，发现该企业 1 票进口葡萄酒实际结算的运费、保险费与申报不一致，按要求追征税款和征收滞纳金。

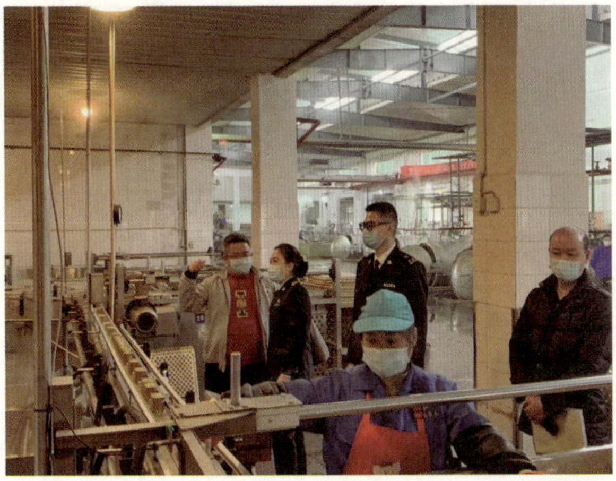

▲2021 年 11 月 18 日，渝州海关与合川区市场监督管理局对辖区内出口食品生产企业开展联合核查工作

【推动知识产权案件查发实现突破】 2021 年，渝州海关通过聚焦联动协作、风险研判、一线查发三个关键环节，建立线索分析、现场查验、案件办理三支专家队伍，形成正面监管、顺势监管、全程监管三种现场监管机制，在“龙腾 2021”知识产权海关保护专项行动中查获侵权货物 6.3 万余件，案值约 84 万元；查获重庆鸿盛云通电子商务有限公司侵权货物案，没收涉案侵权货物 8 万多件，货值约 69.23 万元，罚款 9 万元，并移送地方公安机关开展刑案侦办，系中欧班列（重庆）开行以来最大一宗侵犯知识产权案件。工作建议获得总署采用。

【查缉走私】 2021 年，渝州海关紧盯走私犯罪风险，开展“国门利剑 2021”等专项行动，针对重点领域实施专项打击，抓好重点案件侦破。明确全员打私职责定位，做好缉私工作保障，制订渝州海关全员打击走私工作方案。为有效防范执法风险、管理风险和廉政风险，制定《渝州海关案件审理委员会工作规程》，完善线索移交反馈机制。2021 年，渝州海关办理行政处罚案件 39 件，其中移交涉知识产权侵权案件线索 2 件，移交案件线索 9 件，办理涉知识产权案件 1 件，办理简易程序案件和简单案件 27 件。

【口岸疫情防控】 2021 年，渝州海关落实疫情防控新常态，统筹抓好场所管控和安全防护两个重点，充实一线、预备、应急三个梯队建设，完善现场监督、视频监督、全区监督三级监督体系，科学规范按照上级指令实施进口高风险非冷链集装箱货物采样检测和预防性消毒。2021 年，累计完成采样 254 批次，采集样本 5, 233 个，消毒 166 次，关区首次从货检渠道检出新冠病毒核酸阳性并完成妥善处置，实现口岸安全无感染。持续做好每日健康排查，落实应检尽检，全员开展核酸检测，规范出差出行管理，强化防疫物资出入库管理，保证办公场所消毒频次和效果，落实好个人防护要求。

【政务管理】2021 年，渝州海关推进各项政务工作，规范收发文、印章、档案、政务值班管理工作，确保政务运转平稳有序；落实保密安全管理，开展保密教育培训工作，组织关员、协管员、驾驶员、物业人员签订保密承诺书。加强信息宣传工作，定期开展集中研讨制定信息宣传考核办法，并纳入绩效考核，发动关员人人参与。2021 年，渝州海关信息宣传排名位居重庆海关前列，服务支持中欧班列（重庆）、陆海新通道的做法先后 10 余次被《人民日报》、中央电视台、新华社等中央主要媒体刊播，在总署网站、《中国国门时报》、《重庆日报》、《重庆新闻联播》等主要媒体刊发稿件 200 多篇，取得良好反响。加强准军建设，通过“准军强化月”“队列强化月”等举措，强化纪律作风建设，养成令行禁止的行动自觉；改进督查检查方式，采取定期检查、随机抽查、日常督查提醒等方式，开展全覆盖内务督查，规范关区内务标准、着装要求，关员、协管队员队列作风面貌有效提升。

【财务及后勤保障】2021 年，渝州海关建立完善财务制度体系，坚决落实“过紧日子”要求，严控一般性支出。坚持用制度抓管理，落实公车管理制度、公务接待制度、政府采购制度，防范非执法领域风险。构建保障有力的财务制度体系，结合关区独立核算以来财务工作实际，评估、修订并完善现有财务管理制度，确保财务管理有序运转。做好各项财务基础工作，通过财务审核、报销、资金发放、凭证录入、数据统计等日常会计基础工作，确保全体人员经费和业务资金落实到位，为各项业务工作提供有力支撑；强化预算管理，通过采取时刻监控预算执行情况、灵活计提工会经费、转个人所得税款、推进重点项目经费执行、调剂个别项目经费经济分类等方式，保证关区预算执行进度，确保顺利达到预算执行考核指标；强化资产管理，坚持定期计提资产折旧、上报资产月报数据、季报数据，完成 2020 年度行政事业单位国有资产报表编制和国有资产决算工作，形成资产管理账目和报表数据。进一步理清资产状况，加强国有资产交接管理，通过多次资产清查盘点，确保资产账实相符，推动闲置资产有效利用，确保国有资产管理效益最优化。推动节约型机关建设，印发节约型机关创建工作方案，组织开展《绿色低碳生活、你我值得拥有》授课，定期组织人员于下班后对各科室节约用电情况进行检查并记录，纳入各科室绩效考核。

【队伍建设】2021 年，渝州海关加强平时考核，将干部考核与渝州海关目标绩效考核有机结合，把重庆海关绩效考核结果、理论学习情况、信息宣传成绩和准军督查检查结果纳入量化考评项目，按照得分情况确定平时考核“好”等次名额分配，强化正向激励作用。加强执法一线科长队伍建设，通过多岗位交流、在急难险重工作中交任务压担子等方式，促进实践锻炼、岗位成才；全面了解执法一线科长的思想动态和八小时外生活、学习情况，及时慰问和关怀 1 名因肾结石手术住院的执法一线科长，帮助解决实际困难。做好干部调配和定岗工作，结合干部专业、履历情况及各科室实际，完成1 名三级主办、1 名四级主办岗位交流、1 名调入干部和 2 名新关员定岗定责。配合做好竞争性选调工作，充分宣传相关政策，鼓励关员报名参加，1 名关员顺利选调至重庆海关职能部门工作。解决职级数量紧缺问题，交流调整 2 名四级主办到兄弟隶属海关，结合重庆海关批复增编 10 人，进一步做好职级晋升摸底工作，缓解职级数量严重不足问题。做好 2020 年新录用公务员试用期满转正工作，3 名新录用公务员按期转正。强化正向激励，倡导有为有位，13 人在重庆海关 2021 年度考核中被评为优秀，12 人次获评重庆海关“岗位明星”；开展渝州海关及时奖励评选 3 次，累计 8 人次、1 个集体获渝州海关通报表扬。加强教育培训，制定年度培训计划，做好培训组织实施工作，2021 年共举办培训班 29 期，参训学员 948 人次，其中，疫情防控培训班 10 期，参训学员 355 人次。

【安全生产】2021 年，渝州海关压紧压实安全生产责任，党委书记为第一责任人，建立科长、室长责任制，确保压力层层传导，把责任分解到关员个人；加强安全风险自查整改工作，对监管场所、办公场所安全隐患逐一进行排查，把老旧电路、高风险电器、电梯使用情况、灭火器有效期等纳入高风险名单重点检查，确保“检查全覆盖、问题全整改”。完善应急指挥及处置预案，及时开展《安全生产法》学习培训，适时组织安全生产及消防演练，进一步强化应急指挥及处置能力。做好监管场所风险排查、进出境危险货物安全监管、进出口危化品等重点敏感商品的检验监管，保持安全生产“零事故”。落实“三管三必须”等《安全生产法》相关要求，下发强化进出口危险化学品和危险货物检验监管工作通知，规范进出口危险品和危险货物及其包装检验监管；提前制定查验计划，梳理风险程度及危险特性，明确查验重点；强化自查自纠，定期开展执法记录回头看，及时纠正异常执法行为，消除执法风险隐患。强化案例收集分析研判，开展危化品查发案例学习，提升一线人员查发能力。

【群团工作】2021 年，渝州海关加强人文关怀，建立有温度有服务的工青妇团组织，开展各类党团活动，充分发挥青年关员主观能动性，创新活动形式，提高关员的参与度；完善工会制度，保障职工的合法权益，完成工会记账凭证设计、手工账目建立等工会会计基础工作，工会账目从无到有，确保工会会计信息及时、完整、准确；根据工会年度预算及执行情况，统筹做好工会资金保障，确保工会节日慰问以及各项活动的顺利完成。做好医疗补助工作，开展医疗补助 2 次，累计开展 6 人次医疗补助。

（撰稿人：张媛媛　张明建　彭　菲）

永川海关

【概况】永川海关于2018年12月在重庆出入境检验检疫局永川办事处的基础上成立，人员编制20名（含专项储备行政编制4名），现有关员19人，内设4个科室，负责永川区、大足区、荣昌区、潼南区海关业务，承担永川港海关监管场所的监管工作。

2021年，永川海关以党建为引领，压紧压实责任，做好关区税政调研及政策宣讲，与地方政府签订永川港海关监管场所合作备忘录，发挥长江“黄金水道”作用推动永川港高质量发展，支持荣昌进境种猪隔离场建设，助力柠檬产业规模发展，压缩整体通关时长，持续优化口岸营商环境，推动永川综合保税区获国务院批复设立，强化成渝地区双城经济圈建设，探索成渝隶属海关间的资源共享、执法互助、优势互补等实质性合作，新增备案企业127家，高级认证企业1家，果园、蔬菜等基地备案6家，监管进出口货物24.3万吨，货值1.49亿美元。

【党的建设】永川海关有党员11人，设党总支1个、党支部3个。2021年，永川海关扎实推进党史学习教育，注重理论学习时效性、主动性，坚持用好红色资源，利用“茶竹讲堂”，以“焦桐常青，精神永存”为题，重温焦裕禄精神，组织“战斗英模”书画作品展，在“渝关新语”平台分享其抗战传奇故事，到邓小平故居、旷继勋纪念馆开展党史学习教育，学习革命先辈的辉煌事迹；扎实开展“我为群众办实事”，主动认领重庆海关党委重点任务清单16项目并建立本关4方面5个项目的清单，均已全部完成，同时成效明显，逐项推动解决涉及企业、地方政府和内部干部职工问题或诉求并得到一致好评。党委班子坚持“开门问计”，建立党委在基层党支部、基层科室的联系点，班子成员带队开展“三个走进”工作调研，了解区县政府、服务对象、关员的实际需求，高质量召开专题民主生活会和组织生活会，扎实开展会前学习和谈心谈话，坚持“团结—批评—团结”凝聚共识，梳理问题并制定措施；巩固党史学习教育成果，强化组织领导，党委以上率下，认真落实主体责任，对表政治要求开展风险分析研判和排查，进一步增强干部队伍政治意识和政治敏锐性。纵深推进全面从严治党，谋划全年中心工作，结合海关工作会议和全面从严治党工作会议要求，立足服务工作大局、促进高质量发展，把巩固党史学习成果同中心工作同部署同谋划同落实，压紧压实责任，定期召开全面从严治党、廉政形势分析、清廉海关建设等会议，对全面从严治党治关提出具体要求，推动重庆海关2021年全面从严治党工作会议重点任务落实落地。抓好巡察整改工作，成立领导小组，制订整改方案，针对3方面10个问题，明确50余条具体措施并全部整改到位。加强基层党建工作，深化“强基提质工程”，推进“支部建在科上”，逐步规范“三会一课”，在强化应知应会内容学习，联系岗位实际交流等方面提高质量，推行基层党组织工作清单化管理，认真谋划支部品牌，开展合格支部自评，建立党委基层党支部、基层科室联系点，高质量召开组织生活会，开展批评与自我批评，逐步发挥战斗堡垒作用，3个党支部均通过达标考核评定为“合格支部”，获评优秀共产党员2名、优秀党务工作者1名。推进党风廉政建设，开展“现场监管与外勤执法权力寻租”专项整治，开展纪法教育，深入调研企业40余家，面向22家重点企业及商务委召开6次专题座谈，21人开展违规事项个人申报、撰写心得体会、谈话，查找出33个风险点，整改问题8个；开展“警示教育月”活动，主动接受派驻纪检组监督，持续开展节前廉政提醒，坚持运用“第一种形态”，未出现违法违规的情事。

【税收征管】2021年，永川海关持续保持与企业有效沟通，及时跟进纳税企业的纳税进度，与企业核实最新情况，详细掌握本现场主要纳税企业申报、纳税进度和资金支付安排，确保应收税款按计划入库；强化税收安全意识，加大欠税催缴力度，深入推进属地纳税人管理，引导属地企业规范申报，进一步防范税收风险。做好减免税政策宣传，帮助企业用好减免税相关政策。切实做好关区企业税政调研工作，通过实地调研和行业摸底等多种形式，深入研究造纸行业的税收政策，聚焦进口造纸设备耗材，不断创新机制，在日常执法作业中与企业建立常态化调研上报机制，结合内控管理，与职能部门强化联系配合，精准选题，联合职能部门指导辖区企业针对造纸行业生产设备专用零部件申请关税调整。完成4条税政调整建议。2021年，永川海关全年税收入库1.14亿元，同比增长200%。

【监管业务】2021年，永川海关加强对永川港海关监管场所管理，通过现场巡查和视频监控巡查方式加强日常监管，完善监管设施设备管理维护，安排专人负责监管场所监控视频与重庆海关二级监控指挥中心视频连线，对摄像头、视频信号传输问题或故障及时解决，保证在线率。同时在节假日、洪涝、干旱等特殊时间节点加强对场站经营单位的监督提醒力度，严防风险隐患，保证安全生产秩序。严格做好口岸新冠肺炎疫情防控要求，定期对口岸一线查验人员开展工作培训，不折不扣落实各项疫情防控措施，执行“岗前检查、工作巡查、全程督查”和“双人作业、互相监督”的安全防护监督制度，对于安全防护工作中发现的问题形成问题清单并立即整改，通报全体查验关员并统一再次培训，严防因操作不当导致的职业暴露感染风险。

▲2021 年 7 月 12 日，永川海关对永川港集装箱作业人员开展个人防护培训

【检验检疫】2021 年，永川海关加强技术指导，积极收集国外产品标准和警示通报信息，持续开展日常果园实蝇、草地贪夜蛾等有害生物监测，对出口鲜果检疫发现的问题实施专项核查，指导企业进行问题整改，积极帮助企业快速恢复出口，助推柠檬出口种植基地建立标准化、规范化的质量管理体系。落实粮食安全行政首长责任制，加强与地方发改委、农业农村委等部门的联系配合，形成监管合力，指导相关单位提交粮食安全行政首长责任制相关材料；对进境粮食初审联系单和调运单采取线上预审核、现场快速签发的方式，有效压缩审批时长，保障企业生产原料供应；通过定期管理类核查对进口粮食运输、存放、加工、下脚料处理、疫情监测等全链条加强监管；不定期开展日常监管，指导企业完善进境粮食防疫制度及管理措施，履行安全风险管控主体责任。2021 年，进口粮食批准初审 19.2 万吨，调运 14.7 万吨，完成后续监管 10.8 万吨。特事特办、上门服务，帮助中储粮公司快速完成关区首批进口储备粮的紧急储备任务，共计 26,000 吨，实现渝西四区储备库备案“零”的突破。支持荣昌进境种猪隔离场建设，指导企业准备申报材料、提交申请，协调专家组考核，督促跟踪整改至符合要求，取得相关资质，配合职能部门、技术中心等，对隔离场周边开展疫情调查取证，确定疫情情况，暂停进口工作，避免疫情进一步扩大和企业遭受重大损失。

▲2021 年 7 月 23 日，永川海关到备案酒厂进行进口粮食后续监管

【海关统计】2021 年，永川海关接受报关单申报 594 票，同比增长 19.28%；货运量 24.3 万吨，同比增长 165.8%；货值 1.49 亿美元，同比增长 185.9%；征收税款 1.14 亿元，同比增长 200%。实施口岸查验 28 批，目的地查验 150 批，属地查验 1,242 批；办结稽查作业 6 家，核查作业 31 家。稽核查重大查获 2 起。

【企业管理和稽查】2021 年，永川海关助推辖区企业提升信用等级，开展政策宣讲，聚焦辖区"产业链供应链中龙头企业""专精特新企业""中欧班列"等重点企业，多渠道让处于信息末端的企业接触 AEO 享受的便利化措施信息；采用导向式培育，"一企一档"建清单，"一点一策"补短板，帮助企业建立健全相关管理制度，提高企业内部控制、贸易安全等方面的管理能力；与地方商务部门建立沟通协作机制，共同筛选、鼓励重点企业进一步完善自身管理制度，提升信用等级。全年对 20 余家企业开展信用培育约 50 次，新增高级认证企业 1 家，重新评估通过企业 1 家。通过稽核查作业，对企业进出口活动的真实性和合法性进行检查。通过全面检查，帮助企业完善进出口活动相关的管理制度和工作要求，提升企业进出口活动的规范性。加强主动披露政策宣传，办结 1 家主动披露作业，按照政策要求处理，让企业进一步享受主动披露政策红利。强化成渝地区双城经济圈建设，助力柠檬产业规模化，加强与内江、泸州、遂宁等海关协作配合，互派专家对重庆潼南、四川安岳柠檬种植基地开展联动认证考核，实行土壤、有害生物等 83 项指标一体监测，共享两地备案果园及生产企业名单，搭建企业互助沟通平台，共同打造成渝地区双城经济圈柠檬出口优质品牌。2021 年新增柠檬基地备案 4 家、面积 6,000 亩，累计备案 6 家、面积 13,650 亩。潼南柠檬实现鲜果和深加工食品双通道并行出口的局面，全年出口柠檬鲜果 4.9 万吨，实现柠檬深加工食品首次出口，监管出口柠檬蜜茶等 4 种产品至新加坡、马来西亚等东南亚市场。

【查缉走私】2021 年，永川海关推动"两简案件"办理提质增效，就"两简案件"办理、移交缉私线索等工作开展培训；对标巡察整改意见，落实立整立改、建立长效机制；强化风险防范，梳理学习案件办理相关法规制度，重点关注案件处罚幅度、证据标准和办案时限。认真落实国务院重大决策部署，党委对永川关区禁止"洋垃圾"进境、打击象牙等濒危动植物及其制品走私工作进行专题研究部署，扎实开展打击"洋垃圾"专项稽查，严守国门安全。

【支持重庆永川综合保税区建设发展】2021 年，永川海关将支持永川综合保税区建设发展作为一项重要任务，作为提升海关在引领地方经济发展作用的关键工作，支持地方用好用足各项政策，促进地方外贸实现长远发展。2021 年 7 月 6 日，国务院批复同意设立重庆永川综合保税区，使永川综合保税区成为全国第152个综合保税区，也是重庆市设立的第6个综合保税区。在国务院正式批复同意永川综合保税区建设后，永川海关将建设验收工作摆在首要位置，同时将信息化项目建设作为一项重要工作同步推进，加强与基础建设的衔接，将信息化建设一并纳入工期倒排表，督促地方政府紧紧围绕总署验收标准紧盯关键工程、关键工期，严格执行不打折扣，确保所有工期按时完成。同时永川海关多措施支持永川综合保税区建设发展，与永川综合保税区筹建工作领导小组办公室建立每周现场对接机制，收集反馈综合保税区建设及配合地方招商引资等方面存在的问题、困难；指定专人参与重庆海关推进万州、永川综合保税区建设发展工作专班，就永川综合保税区建设过程面临的具体问题进行汇报，及时协调解决问题，保证相关项目的建设得以不受阻碍继续推进；出台永川海关推进综合保税区建设工作专班方案，明确建设推进、信息宣传、业务保障和招商协调等责任分工，定期召开专班工作会议研究推进工作情况、组织专班成员开展学习交流；到其他综合保税区现场实地调研并与主管部门、驻地海关进行座谈，学习交流推进综保区建设发展工作经验。

▲2021年11月30日，永川海关调研综合保税区建设情况

【口岸营商环境】2021年，永川海关在持续压缩口岸整体通关时间方面，设置专人专岗落实报关单待放行列表日清机制，排查相关报关单，及时做好处置，避免人为因素造成长时间挂屏，与通关时间较长的经营单位加强沟通，及时掌握相关情况，鼓励和引导企业积极采用“提前申报”叠加“两步申报”或“一体化申报”等方式，实现政策组合优势，进一步压缩通关时长。加强原产地新政对企宣传，第一时间将RCEP原产地规则、原产地证书自助打印范围扩大等新政通过“关企业务群”广泛告知辖区内企业，并筛选出涉及相关国家的签证企业，进行点对点帮扶。在签证规则变动后，保证企业在国外海关能便利通关。组织进行辖区样本企业调查，成立调查小组收集国外贸易政策、技贸措施、检测标准要求变化，与重点企业建立日常联络机制，采取线上线下授课的方式，指导企业在线填写调查问卷，通过系统精准获取企业诉求，实地调查企业遇到的问题，“一对一”指导解决。

【队伍建设】2021年，永川海关注重掌握思想动态，各层级领导干部坚持开展常态化谈心谈话，每月坚持关长接待日制度，每季度召开“我为永川海关建言献策”座谈会，每半年开展思想动态调查问卷，畅通干部职工反映诉求和问题的渠道，及时准确掌握思想动态，加强心理疏导，及时化解矛盾。注重关心关爱，进一步激发干部职工干事创业的热情，细化并落实保护关心爱护疫情防控一线人员长效机制的工作措施，进一步配齐配强科级领导干部，开展科级领导干部选拔两批。注重管理培养，细化并落实进一步加强执法一线科长队伍建设的若干措施，提升一线科长带队伍抓管理促业务的能力，定期开展业务培训研讨，参加“海关 e 课堂”、“钉钉”培训班等，全面提高关员综合素养。

【安全生产】2021 年，永川海关成立安全生产工作领导小组，明确工作职责、工作要求，严格落实安全生产各项措施。在办公场所安全方面，关注燃气安全，强化安全意识，将燃气安全纳入安全生产领导小组工作职责，明确重要时间节点检查和日常安全排查的工作要求；吸取国内燃气安全事故教训，紧急联系永川区新城建管委会（以下简称“管委会”）并联合燃气公司对永川海关食堂燃气管道、阀门、气表等进行实地全面排查，通过测算食堂面积，协商管委会安装燃气安全设备，并派人定期检查，确保食堂和倒班房燃气泄漏报警器功能正常。关注烟道火灾风险，定期安排专业人员清洗油烟管道。2 次开展消防培训，向全体关员和从业人员普及燃气防爆安全知识并开展演练，组织从业人员参加 1 次燃气安全知识培训，学习《重庆海关安全生产工作手册》，提升人员燃气安全技能；制度机制方面，修订燃气泄漏应急处置预案，细化处置流程和责任人员，提升应急能力。用电管理方面，协商管委会对线路进行全面排查，加强检查，定期对配电间进行检查，对配电间堆放的杂物已全部清理并定期关注，做好设备更换，将前期使用的大功率烧水壶等更换为小功率设备。加强监管作业场所安全生产监督管理，制定永川港日常监督管理制度，并按照日常监督管理制度对场所开展每周一次实地巡查和每日视频检查。按要求建立场所安全管理应急处置制度，场所经营管理主体已签署安全生产管理责任书和承诺书。健全安全生产联防联控工作机制，加入永川区安全生产委员会，与永川区应急管理局联合召开安全生产联防联控工作会，就建立安全生产联防联控机制达成共识，与永川高新区港桥产业促进中心签署重庆永川港海关监管场所安全协作备忘录，共同做好重庆永川港海关监管场所安全生产工作，保障监管区域生产作业有序开展。在危化品安全监管方面，成立永川海关进出口危险品检验监管工作领导小组，由主要负责同志履行危险品安全管理第一责任人责任，进一步压紧压实危险品检验监管责任，制定责任清单，构建纵向到底的三级责任体系；搭建覆盖辖区 11 家主要危险化学品进出口企业、危险货物包装生产企业以及15个主要危险化学品和危险货物包装容器产品的“三维信息库”，实时掌握企业危险品质量安全控制动态，做到底数清、情况明、监管准；建立危险品检验监管“日查、周查、月查、季抽核”定期检查制度，实现全流程监督管理。

【政务管理】2021年，永川海关完善规章制度25项，规范收发文和档案管理工作，保证及时接收和分发来文，认真做好文件资料的收集、整理、归档、立卷。政务值班管理方面，做好岗前培训工作，每月进行值班情况公示，值班人员每日在工作群汇报值班情况。全面加强信息宣传工作，发现工作亮点，及时上报工作情况信息，调动人员主动性，整理信息采编情况，做好信息选题和撰写培训。全面落实保密工作，开展落实各项保密制度，在确保疫情防控安全的前提下，严密年度保密教育培训工作，组织关员、协管员、驾驶员、物业人员签订保密承诺书，确保大家了解保密义务和责任，熟悉保密承诺内容。

【财务及后勤保障】2021年，永川海关完善财务制度体系，严格落实“过紧日子”要求，严控一般性支出，严格落实资金使用审批报销制度、公车管理制度和采购制度，严格防范资金使用风险。关注上级部门对财务管理制度的更新情况，及时结合永川海关财务工作实际情况，评估、修订并完善现有财务管理制度，确保各项财务工作有序运转。及时推进预算执行进度，每月监控预算执行情况，通过推动重点项目建设、医疗保险、养老保险及公积金缴纳、督促各科及时报销等方式，确保关区的预算执行进度达标。对财务基础工作再梳理，完成各类资金保障任务。每月月末及时开展财务凭证录入和归档、数据统计等日常会计基础工作，确保单位各类人员经费和业务资金数据及时更新和准确，保障未来资金使用及时和准确。按时处理资产各项数据和手续。坚持定期计提资产折旧、上报资产月报数据、季报数据，完成年度行政事业单位国有资产报表编制和国有资产决算工作，形成完善的资产管理账目和报表数据。大力推动节约型机关建设，成立永川海关节约型机关创建领导小组，制订《永川海关节约型机关创建行动实施方案》《永川海关节电管理制度》《永川海关节水管理制度》等。持续做好疫情防控管理工作，加强办公场所管理工作，在办公场所设置临时会客厅和隔离室；增加大楼消毒频次，设置紧急隔离区，对就餐时间进一步细化，保证大厅工作人员错峰就餐，强化“一米线”的使用，减少食堂椅桌配比保证人员分散；结合“室长制”要求，督促各办公区域人员保持开窗通风；切实减少人员聚集，取消运动会等聚集性活动；加强后勤保障，安排专人对防疫物资进行管理，严格开展入库核验和出库登记，设置温湿度记录仪，对防疫物资进行全面清查和定期盘点，做好台账记录；严格领用审批，及时补充消毒液、防护服等物资以满足三个月工作需求。

【群团工作】2021 年，永川海关加强团支部工作，开展青年理论学习小组集中研讨 8 次，结合“茶竹讲堂”讲述党史小故事，利用“红色放映厅”播放爱国主义影片，充分利用现有条件和平台，改变理论学习内容枯燥单一的状态，不断增强理论学习的吸引力，做到入脑入心；突出党建引领，以党建带团建，3 名青年关员提交入党申请书；打造“茶吟竹颂 关声清韵”系列读书活动，举办“颂党恩，传家风”家书朗读和家风故事分享会，8 名青年党员团员分享家书或家风故事。以争创全国文明号为契机，开展“联学共建”，与永川人民银行和海事处等部门组织青年党团员开展“学党史、悟初心”党史故事分享活动，联合地方商务部门党支部到杨闇公烈士陵园、杨尚昆故居开展团建共建活动，围绕中心工作开展“体验式”学习。与内务规范强化月等工作相结合，开展“践悟百年党史锤炼准军铁风”主题活动，走进永川档案馆和永川预备役二团，感悟党组织发展史和军事化部队纪律作风。做好为青年办实事，做好“暖心聚力”工程，优化学习阵地，在政策允许范围内为青年干部职工工作生活提供便利，改造健身房、红色放映室、关员之家等活动阵地。不断丰富兴趣小组活动，建立兴趣小组 4 个，组织开展有关活动 12 次，丰富青年 8 小时以外业余生活。加强工会工作，严格工会经费拨付和使用，落实日常慰问，组织登山等工会活动，进一步增强干部队伍凝聚力。重视文明创建，2021 年 8 月 23 日，永川海关团支部荣获“第 20 届全国青年文明号”，成立青年文明号创建工作领导小组，“一把手”担任领导小组组长，提出“立足渝西、无私奉献、爱岗敬业、挥洒青春”的创建口号，明确“创一流服务、树窗口形象、展青年风采、扬海关精神”的创建目标，制订创建规划，清晰界定“责任田”；建立健全创建机制，以绩效考评为重点，细化任务、目标和标准，量化考评标准，强化内部管理，制订《永川海关创建青年文明号实施方案》和《创建青年文明号规划》等制度，将活动落实到人，逐条细化，在目标量化、日常监督、运行保障、绩效激励等方面形成一套有效的创建工作管理机制；营造创建氛围，充分调动团员的积极性，建立创建档案和卷宗，全员参与制作创建全国青年文明号服务卡片及宣传展板，在

▲2021 年 8 月 19 日，永川海关组织“茶吟竹颂 关声清韵”廉政读书会

报关大厅张贴创建口号和标识，向服务对象公示，自觉接受群众监督。

（撰稿人：刘世林　余　卓　黄禄杰　黄梦舟　王欣羽　苏　俊　柯弈炜　毛　非　黄盼盼　王　莹　黄凡雨）

涪陵海关

【概况】涪陵海关前身为重庆海关驻涪陵办事处，于2009年10月27日设立，管辖区域为涪陵区及其周边的南川、垫江、丰都、武隆、黔江、彭水、酉阳、秀山、石柱等10个区（县）。在2018年机构改革中，涪陵出入境检验检疫局划入。涪陵海关于2018年12月27日成立，辖区范围包括涪陵区、南川区、长寿区、垫江县、丰都县。内设6个科室：办公室、综合业务科、查检科、监控科、企业管理科、稽核科。主要职责：承担辖区进出境运输工具、货物、物品、动植物及其产品、食品、化妆品的单证审核、税收征管、保税监管，进口目的地检验、出口产地/组货地检验检疫，辖区企业管理及企业稽查、核查、贸易调查、市场调查等后续监管，辖区海关特殊监管区域的实际监管等工作事项。辖区内现有1个海关监管作业场所（黄旗码头）、1个综合保税区（涪陵综合保税区），另有2个在建海关监管作业场所（涪陵龙头港、长寿冯家湾作业区）。现有编制人数31人，关员31名，平均年龄33岁，其中党员23人，党员占比74.19%。

2021年，涪陵海关坚持以习近平新时代中国特色社会主义思想为指导，深入学习贯彻党的十九大及十九届历次全会精神。全面落实署关两级海关工作会议和全面从严治党工作会议要求，突出政治、思想、组织、作风、纪律、制度建设和反腐败斗争，加强疫情防控及安全工作，持续强化正面监管、提高查发质效、稳定外贸增长，先后荣获重庆海关2021年度“创建模范机关标兵单位”、重庆海关2021年度“先进基层党组织”“重庆市青年文明号”、重庆市优秀团支部书记、重庆市优秀共青团员、2021年度市直机关“绿色机关”建设优秀案例等集体或个人奖励。

【党的建设】2021年，涪陵海关坚持政治统领，强化管党治党。按照“学史明理、学史增信、学史崇德、学史力行”目标要求，引导全体干部职工“学党史、悟思想、办实事、开新局”，扎实开展党史学习教育。学习贯彻党的十九届六中全会精神，落实“第一议题”学习制度，立足党委班子第一时间“带头学”、党员“深入学”两个关键，拓展“学习强国”“钉钉”“海关e课堂”学习载体，建立“百年精神谱系”和党史重大事件学习阵地；搭建“听支部书记上党课”“云阅会”读书交流平台，学习贯彻习近平总书记重要讲话精神，开展主题学习18次，提升党员政治判断力、政治领悟力、政治执行力；坚持“真学、真懂、真信、真用”，开展“支部书记微党课”“班前一刻钟”“我来主持”“涪关开讲吧”等理论学习活动；坚持学史明理、学史增信、学史崇德、学史力行，开展清明线上祭英烈、参观烈士纪念馆、举办党史故事会、编创隔空对话舞台剧，创新党史学习教育。年内，获重庆海关党史故事分享会（第三片区）优秀团体奖，党史知识竞赛（第一片区）一等奖。持续开展“我为群众办实事”活动，为企业排难解困，“四两拨千斤——巧用区港联动解决大宗货物入区难题”案例获评重庆海关“我为群众办实事”十佳项目展播。发挥党委核心作用，提升党组织领导力，落实民主集中制，执行“三重一大”事项集体决策制度，坚持党建和业务同部署、同推进、同落实。实施“1+6”党建品牌创建工程，以“关陵两江、共筑五涪”党总支品牌为统领，推进6个党支部分别创建“红色连心轴”“企跑线”“稽本功”等特色品牌，实现“一支部一品牌一特色”，6个党支部均通过达标考核并被评定为“合格支部”。申报“书记项目”、组建党员突击队、设立党员示范岗，推动支部党建由“建在科上”向“强在科上”的转变。获得重庆市直机关“党课开讲啦”优胜奖、“重庆海关2021年度创建模范机关标兵单位”称号。涪陵海关党总支获评重庆海关先进基层党组织，5名同志获评重庆海关优秀共产党员，2名同志获评重庆海关优秀党务工作者。2021年，涪陵海关深化“鹤鸣生威、清风送福”廉政品牌内涵，打造廉政文化长廊，设立“歧路误终生”廉政警示教育专栏，开展“警示教育月”活动，深化特约监督员常态交流，签署家庭助廉承诺书，推动建立“单位守廉、社会督廉、家庭助廉”“三廉”机制。制作“书记晒廉政”“书记访谈”“微漫说廉”等廉政文创作品，开展反面案例警示教育和追忆入党初心、重温入党誓词、赠送政治生日贺卡活动，引导党员自觉遵守政治纪律和政治规矩。推进“现场监管与外勤执法权力寻租”专项整治，深化政法、纪法、警示教育，梳理廉政风险清单30条，制定措施，明确责任，限时整改。以问题为导向，定期开展“回头看”，持续抓好整改落实，实现问题整改“清零”。专题研究意识形态教育2次，坚定政治立场，把牢政治方向。召开党风廉政建设形势分析会2次，研判形势、防范风险。

【税收征管】2021年，涪陵海关落实减税降费政策，引导企业享受减免税各项优惠政策，推动西部鼓励项目、外资投资项目、“专精特新”项目发展，支持企业合理利用“起运港退税”“综保区保税”“一般纳税人”“一保多用”等政策，鼓励企业采取“两步申报＋汇总征税”政策叠加，享受最高56天税款缓缴政策红利；举办“线上＋线下”政策宣讲会30余次，联合地方商务部门“送策上门”80余次，推进原产地智能审核签证模式改革、原产地证书自助打印等便利化服务措施落地；推动原产地签证质量提升，帮助企业开展RCEP等自贸协定申报工作30余次，组织专题讲座20余次，签发原产地证书2,909份。通过税政调研工作机制反馈企业对全球协调制度意见建议2条，其中1条经总署审核通过并上报国务院。设立纳税人属地化管理专员，提供海关政策咨询，宣传贯彻通关贸易便利化措施，帮助企业提升办事便捷度和工作效率。2021年，税款入库3.11亿元，同比增长70.3%。

【监管业务】2021年，涪陵海关监管进出口值16.55亿美元，同比增长161.9%；监管进出口货运量70.4万吨，同比增长42.5%。坚持监管与服务并重，开展“保稳提质”工作，组织线上政策宣讲、开展“送教上门”，支持跨境电商、委内加工等新业态进区。推动辖区开放平台建设，将涪陵龙头港、长寿冯家湾作业区海关监管作业场所建设纳入“我为群众办实事”清单，专人负责跟进，支持推进信息化建设。助力长寿区、涪陵区稳定开行至钦州的西部陆海新通道班车，2021年监管西部陆海新通道出口集装箱7,875个，同比增长30%，助力辖区精己二酸、全地形车散件、榨菜等工农业产品扩大出口。加强进出口货物监管，开展“蓝天行动”等专项活动，打击固体废物走私，跨境电商货物查获57票。

▲2021年9月14日，涪陵海关关员在综保区卡口查验

【综合保税区发展】2021年，涪陵海关加大政策帮扶力度，助力涪陵综合保税区高质量差异化发展。围绕“绩效指标”促发展，开展综合保税区发展绩效评估指标政策解读和评估辅导，推动增值税一般纳税人资格试点、委内加工、跨境电商等快速增长，助力保税研发、保税维修、保税展示等“保税＋”新兴业态发展；提供招商“智囊”支持，建立7×24小时政策咨询服务机制，宣讲综保区政策，落实“首问负责＋问题清零”工作机制；建立沟通协调机制，搭建与辖区管委会、财政、税务、外汇等部门定期联席会议机制，共享监管信息，共同研判风险，为综保区发展保驾护航。探索启用“区港联动”模式，与口岸海关建立协作机制，解决大宗货物入区难题。与南京海关协作，设立“张家港海关—涪陵海关”布控查验跨关区配合示范点，解决区内企业通关效率难题。2021 年，涪陵综合保税区进出口值 122.9 亿元，同比增长 220.5%，占涪陵区进出口值 60% 以上。

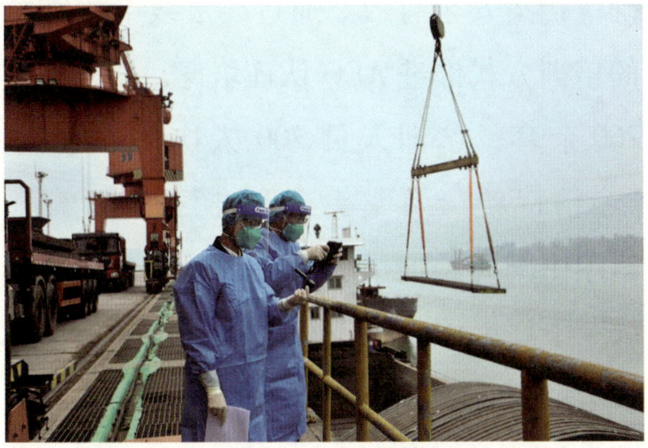

▲2021 年 12 月 30 日，涪陵海关顺利验放全国首票“长江经济带口岸属地海关跨关区布控查验”试点货物

【检验检疫】2021 年，涪陵海关持续强化属地检验检疫工作，推进建章立制，执行属地查验“双随机”机制，科学设定参数，实现电子随机选派，确保派单记录可追溯。实施“预约申报、集中查验”模式，缩减外出执法作业频次，提高查验效率。疫情期间落实防疫政策，采用“无接触式查验”，与企业人员保持安全社交距离，确保防疫、查验两不误。2021 年，出动执法人员 920 人次，完成检验检疫查验 2,514 批次，其中进口 99 批次，出口 2,415 批次，取样送检 732 批次，出具检验检疫证书 151 份，包装性能检验和使用鉴定 1,214 份，完成出口食品监督抽检 18 批次。在进境木质包装、集装箱中截获外来有害生物 18 种、28 种次。解决企业首次出口乙二胺、散装危化品出运、包装危包代码申请、企业出口箱舱紧张临时调整出运口岸等问题，新增出口产品 8 种，涉及 10 家企业，22 个国家和地区。成立“危包岗位练兵”工作专班，创新“重组织领导，重统筹兼顾，重学练结合，定学习时间、定学习内容、定学习进度、定辅导人员、定期测试反馈”“三重五定”工作法，强化队伍能力建设。2021 年，涪陵海关 19 人获得危化品及其包装安全监管资质、9 人获得动植物检疫现场查验岗资质、动植物检疫签证官 2 人、加工食品签证官 2 人。27 人参加总署“万人争先”线上练兵活动，3 人进入全国百强。开展境外动植物疫情信息收集上报工作，收集上报境外动植物疫情信息 25 条，被总署采用刊发 16 条。健全关区检验检疫应急保障体系，开展进出境重大动物疫情、进出境重大植物疫情应急处置演练 2 次。开展国门生物安全监测，执行出境水生动物疫病监测 2 批次，开展红火蚁监测 7 次，开展实蝇监测 42 家次，开展杂草监测 24 家次，严守国门生物安全。

【乡村振兴】2021 年，涪陵海关融入地方特色农业发展战略，以榨菜、火锅底料、西伯利亚鲟为抓手，助力乡村振兴。支持重庆打造全球泡（榨）菜出口基地，与地方政府开展“出口食品原料种植场”

专题政策培训，解读进口国质量标准体系，做好技贸措施信息收集和咨询服务工作，支持第四届榨菜产业国际博览会成功举办，支持保护“涪陵榨菜”“乌江榨菜”等知识产权品牌形象，强化关地协作，制定“一企一策”帮扶措施，支持成渝地区双城经济圈框架下榨菜产业链转型升级，组织专家现场指导采收、腌制、封装等重点环节，保障出口质量安全，助力企业充分利用RCEP生效红利，签发首张榨菜出口原产地证书。研究酱腌菜中韩标准差异，指导企业适应出口新规，开展通报核查，研究技贸措施6项，为榨菜产业提档升级营造良好营商环境，完成出口榨菜等重点产品调研分析报告2篇，监管榨菜出口货重12,180.11吨。开通鲜活易腐农产品快速查验通道，实时追踪查验及通关流程，保证24小时内签发检验检疫证书。支持水稻、活鱼、鸡蛋、火锅底料等特色农副产品走出国门。截至2021年年底，关区共有备案养殖场5家，食品原料备案基地13家，新增实际出口食品农产品企业6家，开拓国际市场11个。

▲2021年1月27日，涪陵海关调研传统风脱水榨菜制作工艺

【企业管理和稽查】2021年，涪陵海关夯实稽核查工作，强化作业标准、作业资质、现场取证和档案管理，关区稽核查岗位全员通过稽查执法岗前考试，档案实行“双人双控、共同管理、交叉检查”，确保档案安全有效。通过线上线下相结合的培训方式推进AEO认证培育，发放资料260余套，参训人员200人次，对16家“专精特新”及龙头企业进行重点培育，运用中国海关信用管理平台、助企纾困专线、下厂走访调研等渠道，强化AEO标准政策解读和信用宣传，引导企业规范运营，组织专家提供全程辅导，实现信用政策一键直达、定向推送，帮扶企业优化内控管理。2021年，关区新增AEO认证企业2家，高级认证企业数同比增加66.67%。支持进境粮食生产、加工、存放企业扩大进口，解决粮食滞港难题，指导企业进口玉米6,000吨，进口大麦7,000吨，为企业节约滞期费1,353.55万元。定期开展进境粮食指定生产、加工、存放企业管理核查，优化进口粮食装卸、运输、加工、厂区日常防疫等管理制度，帮助企业完善质量体系运行。严把国门生物安全关，加强进口粮食加工及下脚料处理监管，累计监管下脚料焚烧47吨；指导企业开展外来杂草监测，共发现并铲除检疫性杂草12株；监管进口转基因大豆52.6万吨，同比增长5.4%，货值22.07

亿元，同比增长5.4%；监管进口转基因玉米9,076.42吨，同比增长16.31%，货值1,590.71万元，同比增长100%。

【一区一策】2021年，涪陵海关实施“一区一策”工程，加强关地合作，解决地方外贸发展堵点痛点问题。针对涪陵区重点发展机器制造、化工、电子的情况，助力工业废气“变废为宝”扩大出口，培育信用改革后重庆关区首家AEO认证企业，聚焦涪陵榨菜优势产业，助力打造区域性榨菜出口分拨中心，新培育榨菜出口企业4家，支持榨菜龙头企业建设出口示范基地，创新监管模式，促进产业发展，出口量质齐增。针对长寿区重点发展危化品、生物医药的情况，优化属地查验流程，便捷危化品快速通关，帮扶制药企业出口抗艾药物。针对丰都县重点发展肉牛和农产品的情况，帮扶丰都活鱼实现出口，引导企业扩大鲟鱼等当地特色农产品出口。针对垫江县重点发展花卉和稻种的情况，助力垫江稻种常年出口“一带一路”沿线国家和地区，加快国家级杂交水稻制种基地建设。针对南川区重点发展矿业的情况，帮助矿产企业转关进口，降低通关成本。2021年涪陵海关辖区进出口贸易总额309亿元，同比增长25.6%。

【政务管理】2021年，涪陵海关制定信息工作管理规定，明确信宣工作职责划分，完善台账管理和考核机制，成立编辑部，通过分段模式成稿、“双人唱校”，提升信息质量。挖掘时事热点，编发《信息评荐》，组织写作与摄影培训，把握信息方向，提升新闻素养，运用绩效考核，实时动态通报，按季评选“信息宣传”之星，浓厚“齐抓共管、全员参与”的信息写作氛围。2021年被采用署级政务信息4条，被刊登署级新闻宣传稿件37条，其中包括《重庆新闻联播》1次、《中国国门时报》头版头条1篇。制发值班管理办法及实施细则，开展专题培训4次。强化执行值班纪律，开展现场巡查和电话抽查，确保关区政令畅通。开展疫情防控、系统中断、抢险救灾等突发事件实战演练3次，提升值班应急处置能力。推进档案电子化，梳理存档往年档案，开通自助查询，实现管理智能化和检索便利化。强化内部安全管理，开展办公区重点区域及重点岗位每日巡查，整改安全隐患2处。

【财务及后勤保障】2021年，涪陵海关落实“过紧日子”要求，严控一般性支出，创建节约型机关，人均耗电量较上年降低13%，耗水降低14%，改造节能路灯9个，张贴节能标识30余处，发布节能降碳倡议书，倡导绿色出行。强化财务内控建设，开展财经纪律警示教育，开展“三公”经费自查，修订财务相关制度7个。提升财务治理能力，以项目绩效目标为导向，定期通报项目执行情况。2021年，完成2021年度部门决算、2022年部门“一上”“二上”预算编制、2021年政府综合财务报告，预算调整1次、项目绩效自评5次、上报资产月报12次，资产季报4

次。强化后勤保障工作，推动日常修缮，加强机房检查，提高餐饮质量，改善办公、值班环境。

【督察内审】 2021年，涪陵海关将内控工作作为形势分析及工作督查例会固定议题，以强化内控主体责任为导向，以科室为单位汇报周查、月查情况，建立内控工作任务通报制度，完善内控机制，防范三大风险。以内控体系为核心，提升内控工作水平，捕捉风险“点”，覆盖监控“面”，强化执行控制，严格结果运用。以增强内控管理意识为抓手，强化内控队伍建设，促进内控成果转化运用。

【队伍建设】 2021年，涪陵海关推进准军事化纪律部队建设，坚持内涵学军，开展“内务规范月”活动，组织观看《海关内务规范》示范片，开展应知应会测试，采取“集中+碎片”双模式开展队列训练9次、小教员评比2次，培塑令行禁止、雷厉风行优秀作风，提升基层队伍精气神。成立内务管理督查小组，组织准军建设流动红旗评比活动，落实“周检查、月评分”，执行“现场检查+视频抽查”，开展纪律作风、内务规范突击检查7次，视频抽查5次。坚持问题导向，建立处科两级问题整改清单，立行立改，运用绩效考核，实行奖惩斗硬，确保整改取得实效。抓牢执法一线科长素能培养和表率作用，落实执法一线科长主体责任，发挥先锋模范作用，带头“上党课”6人次、支持进口冷链集中工作3人次、创建支部品牌4个；运用干部考核奖励机制，重点向优秀执法一线科长及所在科室倾斜，树立“有为才有位”选人用人导向。在职务职级选拔、评先评优中首要考虑政治素质，着重考察党建工作实绩，突出新任支部书记培训，每季度进行“党建之星”评选，荣誉上墙展示，形成正向激励引导，强化队伍建设。关注执法一线科长成长成材，2021年组织业务、党务类培训29次，参训人员600余人次，获评2021年度重庆海关优秀执法一线科长1名。建立家庭困难清单，关心关爱封闭管理人员生活和心理状态，开展心理健康辅导2次。

【口岸营商环境】 2021年，涪陵海关贯彻落实党中央、国务院关于贸易便利化相关整治要求，把不断优化营商环境作为首要任务，将贸易便利化优惠政策作为主要着力点，支持涪陵高新区、长寿经开区、垫江高新区成功入选首批10个重庆自贸试验区联动创新区，推动“长江经济带口岸属地海关跨关区布控查验”“助力鲟鱼农产品出口”“RCEP助力榨菜出口”等贸易便利化举措落地见成效。搭建通关时效联络专班，整合政府、港务公司等多方力量，保障通关秩序，建立日清机制，设置“绿、黄、红”预警，指定专职人员，监控通关流程，对异常情况早发现、早处置、早解决，不断压缩通关时效，为企业营造良好营商环境。多渠道宣讲重庆海关贸易便利化举措，帮助企业享受政策红利，开展“线上+线下”政策宣讲10

余次，宣传上门21次，参加地方外贸形势联席会议6次。将技贸措施作为主要攻克点，关注全球技贸措施及国外监管条件变化，为辖区榨菜、水产品等特色农产品出口保驾护航，为遭受技术性贸易壁垒的企业开展技贸措施宣讲12次，提供技贸措施议题2次。2021年，涪陵海关支持农产品走出去、持续压缩通关时效，全年进出口贸易额309亿元，同比增长25.6%，征收税款3.11亿元，同比增长70.3%，增强关区企业获得感，助推地方外向型经济。

【安全生产】2021年，涪陵海关落实安全生产主体责任，推动安全生产专项整治行动，组织“安全生产月”活动，深入企业开展专题学习会，组织集中观看新《安全生产法》，解读学习视频，印发涪陵海关安全生产工作手册，开展线上知识测试，抓严抓实行动部署，落实落细责任领导、科室负责人、经办关员“三级”主体责任。与涪陵区交通局开展安全生产联合检查，建立联防联控机制，与涪陵黄旗码头公司、涪陵综合保税区管委会建立“一对一”联络机制，签订安全生产管理责任承诺书、安全协作备忘录，明确安全主体责任，提高安全生产事故防控能力。组织“拉网式、全覆盖”安全隐患大排查，采取专项检查和日常排查相结合方式，对海关监管作业场所卡口、外网、视频监控和监管设施进行全面排查，开展视频和实地巡查61次，做到早预防、早发现、早整改，杜绝发生安全事故。开展查验人员个人职业暴露应急处置演练、进出境重大植物疫情应急处置演练、进口非冷链职业暴露突发事件应急演练3次，提高一线关员个人防控意识和应急处置能力。开展线下安全宣讲3次，在办公区、对外服务大厅、监管场所布设展板、播放宣传片、张贴宣传海报等方式广泛宣传。组织涪陵综合保税区管委会、监管作业场所经营人观看专题学习视频30人次，发放学习手册50余份。开展辖区危化品企业高温期间安全生产检查，从防晒、降温、储存等方面对20余家危化品企业进行拉网式排查，排除安全隐患8个。强化外勤执法防暑降温保障，为执法一线人员配备降温贴、清凉油等医药物资。加强疫情内部防控，严格出差出行管理、来访人员管理、中高风险地区往返人员排查，加强个人防护和健康检测，健全内部防控应急处置工作机制，坚持“政务应急+疫情防控”双值班、双报告制度，建立海关与地方政府联防联控合作机制，加强进口商品风险监测，严格规范落实冷链、非冷链高风险进口货物监管防控及查验防护措施。

【群团工作】2021年，涪陵海关团支部召开支部团员大会8次，组织团员教育评议2次，开展主题团课4次，加强团员思想政治教育，提升团组织凝聚力。创设“青悦学堂”学习阵地，提炼“五维共进，畅学党史”学习品牌，开展多维度、多层次党史学习教育活动。围绕喜迎建党100周年，开展“讲红色经典 悟党员初心”

党史故事会，组织青年积极参与“机关青年读书分享活动”接力，组建青年关员志愿服务队开展“学雷锋”志愿服务活动，进行交通文明劝导，引导市民和非机动车遵守交通规则，营造文明出行环境，宣传健康环保生活方式，清捡道路垃圾，发放垃圾分类宣传单500份，践行“绿水青山”理念，认领绿化责任林，义务种树20棵，用实际行动为生态文明建设增绿添彩。打造“涪关青苑”文化活动室，成立青年文明号创建专项工作小组，开展创建工作，获评“重庆市青年文明号”称号。涪陵海关工会委员会开展日常慰问，举办“三八”妇女节烘焙活动、学雷锋志愿服务、送党史故事进校园、线上拜年、中秋诗会等文体宣传活动，凝聚人心，鼓舞士气。

▲2021年7月2日，涪陵海关开展党史学习教育进校园活动

（撰稿人：蒙振虢　夏铭乾　李伟佳　沈　龙　高平宇　李杭洋　李　正　梁　平　何　丽　孟　佳　李学思　何佳秋　刘　斌）

万州海关

【概况】1995年5月国务院批准成立中华人民共和国万县海关，1998年6月26日正式开关。2003年6月18日，因行政区划调整，万县海关更名为万州海关。2018年4月20日，按照《中共中央关于深化党和国家机构改革的决定》和《深化党的国家机构改革方案》，国家检验检疫局职责队伍划入海关。万州海关现有6个内设科室：办公室（党委组织宣传部）、综合业务科、查检科、监管科、企业管理科、稽核科，核定编制人数31人，截至2021年年底在编干部26人，班子成员2人，正科5人，副科4人。2021年3月成立万州海关党总支，现有党员19人（含技术中心万州实验室2人），入党积极分子1人（藏族青年），下设5个党支部（办公室党支部、综合业务科党支部、查检科和稽核科联合党支部、监管科党支部、企业管理科党支部）。现有周家坝办公区、五桥百安办公区、江南沱口集装箱码头和万州机场旅检现场4处办公地点，辖区范围为渝东北三区六县，即万州区、开州区、梁平区、忠县、云阳县、奉节县、巫山县、巫溪县、城口县。承担辖区进出境运输工具、货物、物品、动植物及其产品、食品、化妆品和人员的单证审核、税收征管、减免税、保税监管等海关现场综合业务工作；承担辖区进出境运输工具、货物、物品、动植物及其产品、食品和化妆品的海关查验、检验、检疫工作；承担本辖区的物流监管；承担辖区海关监管作业场所（场地）、专业类场所（场地）及保税监管场所的实际监管；承担辖区企业管理工作；承担辖区企业稽查、核查、贸易调查、市场调查等后续监管工作；承担辖区行政处罚简易程序案件、简单案件；负责监控研判本关各类执法风险、管理风险和廉政风险并组织防范和化解，负责党的基层组织建设、干部队伍建设、财务管理等日常管理工作。

2021年，万州海关坚持以习近平新时代中国特色社会主义思想为指导，深入贯彻党的十九大和十九届历次全会精神，全面落实习近平总书记对重庆提出的重要指示要求，深化“五关”建设，围绕“五个更加”目标，深入开展党史学习教育，扎实推进“我为群众办实事”实践活动，积极推动万州综保区预验收通过、库区特色农产品扩大出口等各项工作。2021年，万州海关进出口报关单结关717份，同比下降22.32%；货运量13.94万吨，下降23.87%；监管货值1.07亿美元，下降67.69%；入库税收6,605.05万元，下降76.95%。

【党的建设】2021年，万州海关坚持以习近平新时代中国特色社会主义思想为指导，树牢“四个意识”，坚定“四个自信”，做到“两个维护”，以党的政治建设为统领，打造让党放心、让群众满意的模范机关，为辖区经济社会发展提供坚强保障。深入学习习近平新时代中国特色社会主义思想，认真贯彻党的十九大及十九届历次全会精神，第一时间召开党委会，组织专题学习班，坚持发挥“头雁”作用，坚决捍卫“两个确立”，增强“四个意识”、坚定“四个自信”、做到“两个维护”，牢记“国之大者”，不断提高政治判断力、政治领悟力、政治执行力。把党史学习教育作为重大政治任务，学深悟透习近平新时代中国特色社会主义思想，做好庆祝建党100周年各项工作，开展专题党课12次，举办“讲述身边的党史”活动，共50余人次参与，举办红色观影活动，召开总结大会、专题民主生活会，扎实推进“我为群众办实事”实践活动，引导党员干部做到学史明理、学史增信、学史崇德、学史力行。坚持“第一议题”制度，坚决迅速贯彻习近平总书记重要指示批示精神，落实“六稳”“六保”部署，落实乡村振兴战略扩大农产品出口，帮助1,100株中山杉种苗首次出口越南，实现了我国中山杉种苗出口“零突破”。抓好基层党建，党委负责人履行抓党建第一责任人职责，班子成员落实好“一岗双责”。党委、党总支和党支部每月专题研究党建和全面从严治党工作，制定《万州海关2021年党建工作要点》《万州海关2021年全面从严治党工作重点任务清单》和两个责任清单，细化关区35项全面从严治党主体责任清单，层层传导全面从严治党压力，确保全面从严治党落地落细。组建党总支和5个党支部，深化“一支部一品牌”，培育出“库区护航者”“万众一心”“幸福启航”等特色支部品牌。配齐配强党务干部，及时办理2名党员组织关系变动手续，按党员发展程序将1名预备党员转为正式党员，发展1名入党积极分子，上报3名入党申请人培养情况。认真做好党委理论学习中心组学习记录、党支部工作记录和智慧党建网络平台活动信息录入和组织、人员管理等日常维护工作，定期督促党员按时交纳党费。发挥党建引领作用，召开青年关员座谈会，成立青年理论学习小组、繁星青年志愿者服务队，激发青年关员干事创业源生动力。创建党建绿色菜园，各支部认领一块土地自行耕种，已收获的葱、玉米、辣椒等蔬菜供给食堂。

【党史学习教育】2021年，万州海关以“众心向党库区护航”为主题，常态化、制度化开展党史学习教育，第一时间制订《万州海关党史学习教育重点任务推进表》等方案，对5大类21项任务进行任务分解。坚持线上“每日党史学习”讲堂，达到人人学、人人讲、人人悟的学习效果。依托辖区特色红色资源——“刘伯承同志纪念馆”“江竹筠烈士生平事迹展”“下川东革命史展”等，就近就便追寻红岩精神、赓续红色血脉，线上同步开办“万州海关身边的党史”专栏、开展党史灯谜抢答、国家烈士纪念日悼念等，推动党史学习教育走深走实走心。开展“讲党史、学业务，强关有我”主题党日活动，讲述库区革命英雄先进事迹，弘扬革命先烈精神，凝聚奋进新时代力量。召开“传承百年共谱未来”新老党员交流会，通过老党员讲述人生故事、入党积极分子分享入党初心、年轻党员分享未来期许，传承和弘扬伟大建党精神。组织“看新旧万关忆峥嵘岁月”摄影征集展，以照片见证新旧时代变迁，接续奋斗传承红色基因。开设“党史百年阅读专柜”，配套上架中国共产党历史、党史人物传记等7大类200余册精品书籍。打造党史长廊，以党的百年历史为线索，以党的十九次全国代表大会为历史节点，制作党史学习教育学习展板，开辟党史学习教育新阵地，让党史“活起来”。组织观看《悬崖之上》《革命者》《王良军长》《长津湖》等红色影片和时代楷模王红旭先进事迹，回顾党的光辉历程，进一步增强广大党员攻坚克难的使命担当和以学促行的干事热情。围绕支持万州综合保税区建设、扩大农产品出口、参与乡村振兴等重点，落实“党委、总支、支部——三级清单”制度，列出《万州海关“我为群众办实事”实践活动重点民生项目清单》15项，已全部完成。其中，组建万州综合保税区建设工作专班，报送《关于加快推进万州综合保税区建设运营工作的建议》呈阅件得到时任重庆市委常委、万州区委书记批示肯定；帮扶企业顺利完成出口种苗基地备案，并顺利出口到越南；接续推进乡村振兴，设立多名专职人员负责对口乡村振兴工作，与帮扶镇村开展“城乡支部手拉手”支部联建并签订《支部共建协议》。

【税收征管】2021年，万州海关税政调研报告《关于调整加工贸易企业废棉纱线及棉的回收纤维进口关税率的调研报告》获税管局采用。开展税收征管质量检查，对涉税报关单及减免税单证的规范申报、归类、审价、减免政策等信息进行复核，确保企业在政策范围内足额纳税合理减税。坚决贯彻落实总署关于综合治税各项要求，圆满完成年度税收任务。2021年万州海关共计征收关税6,605.05万元。

【口岸疫情防控】2021年，万州海关落实疫情防控各项要求，制订《万州海关进口高风险非冷链集装箱货物口岸查验环节新冠病毒检测和预防性消毒实施方案》

《万州海关查验一线人员个人防护方案》。按照疫情防控工作要求规定人员及频次，组织开展“应检尽检”。2人进入重庆海关进口高风险非冷链集装箱货物口岸环节检测和消毒应急响应队伍，合计4人次参与非冷应急响应队伍“轮战”。1名关员参与进口冷链食品抽采样工作。2名关员个人防护、采样作业和消毒录证经重庆海关考核成绩合格。累计开展集中培训7次，49人次参与。开展采样及预防性消毒桌面推演1次、现场模拟实战演练1次。开展查验人员个人安全防护及职业暴露应急处置桌面推演1次。

【“现场监管与外勤执法权力寻租”专项整治】2021年，万州海关第一时间成立专项整治工作领导小组，对照制订万州海关专项整治工作方案。召开全关大会组织学习党纪法规和典型案例等内容。结合警示教育月，组织实地参观廉政教育基地和邀请监察室以案说纪进行警示教育。按规定完成谈心谈话、心得体会撰写和纪法教育知识考试。对照督导检查情况，形成关区“整改任务清单、自查问题整改清单、专项整治廉政风险清单”三张清单，列明具体问题、整改措施、整改进度等主要内容，并将责任落实到科室到人。2条任务需长期坚持，其余8条任务全部整改到位，建立健全制度机制3项。

【实际监管】2021年，万州海关对辖区危化品生产企业漏报线索和进口再生金属企业开展专项稽查，打击“洋垃圾”走私和虚报价格、伪报瞒报等走私违规行为。建立视频监控巡查制度，监管场所实行“双随机、一公开”巡查。联合动植检专业专家开展国门生物安全监测，260余批次杂草、昆虫等送实验室进一步鉴定。教学指导开展实蝇、红火蚁监测，累计送样60余次。开展口岸病媒生物监测工作40余次，重点掌握种类、数量等本底数值。对关区进境粮食企业开展外来有害生物监测，开展杂草监测8次。开展出口动物源性食品风险监测，完成26次猪样品风险监测抽采样工作。2021年，万州海关上报境外动物疫情信息9条，被总署采用5条；上报境外植物疫情信息13条，总署采用4条。对80批33.67万吨进境粮食实施中转监管。开展1次重大动物疫情应急处置桌面推演、1次重大植物疫情应急处置桌面推演，完成演练总结和演练效果评估报告。2021年，万州海关累计报送食品安全风险信息1,053条，收集到兄弟海关出口韩国榨菜类产品因标签标注及使用禁限用食品添加剂被韩国官方通报情事，跟进了解检出禁限用物质L苹果酸，将相关情况通报关区榨菜生产企业。2021年，万州海关关区现有出口危险化学品生产企业2家，出口危险化学品/货物包装使用企业2家，危险化学品包装生产企业1家。出口危险化学品为单水氢氧化锂（氢氧化锂）、2－氯吡啶，均属《危险化学品目录》（2015版）列明化学品，按照布控指令100%实施现场检验、实验室检测及包装使用鉴定。2021年，万州海关清查辖区进出口危化品企业；组织14人次参加危险化学品及其包装检验监管岗位练兵和资质考试。传达进出口危化品监管新要求，开展进出口危险品及其包装检验监管技能比武，制作培训课件讲稿、PPT，录制培训课件视频1个。2人承担全关区岗位练兵比武每日一练易错疑难题目解析值班专家4次。

【企业管理】2021年，万州海关开展打击跨境电商走私“断链刨根”专项整治行动，对辖区备案的跨境电商企业资质进行验核，对发现问题的企业进行注销、变更或移入异常企业名录库。做好企业资质管理，开展注册备案政策宣讲4次，“一对一”业务指导20次，开展问卷与电话摸底调研，帮助辖区87个企业顺利取得相应的出口资质。受理新增进出口收发货人注册备案44家，企业信息变更16家，企业注销31家。办理行政许可审批10家，其中出口果园和包装厂注册登记8家，出口种苗基地备案1家，出口竹木草注册登记企业1家。办理特定资质备案7家，其中进境粮食生产加工企业备案1家，出口食品原料基地备案2家，进口食品境内进口商备案3家。强化企业信用培育，先后联合万州、开州、忠县商务和农业农村委部门开展海关信用管理政策培训3次，参训企业60家，主动进企业开展信用培育6家。

【万州综合保税区】2021年1月15日，国务院正式批复同意设立重庆万州综合保税区，规划面积1.85平方千米，分2期建设。万州海关成立综保区工作建设专班，明确12条工作机制，支持万州综保区建设。提前收集整理综保区海关监管相关制度，先后派出3名关员赴自贸处长期跟班学习，2批8人次赴西永、两寸关跟班学习积累经验。关领导带队检查综保区建设进度，专班每周前往施工现场督导建设，协调职能部门加强指导，及时解决建设过程中的困难和问题，多部门协同联动加快施工，确保万州综保区如期建设完工。主动参与万州综保区招商工作，加强对有签约意向企业的宣传指导，确保招商引资成效。向区委区政府报送多篇推动万州综保区建设呈阅件，得到区委区政府领导高度重视和批示肯定。12月31日，重庆万州综合保税区（一期）顺利通过由重庆海关、重庆市商务委等8个部门组成的联合预验收组验收。

【开放平台建设】2021年，万州海关协助地方政府合理规划“一区两口岸”空间布局，抢抓“万达开”川渝统筹发展示范区建设新机遇，全力打造川渝地区对外开放“东大门”。分析研判“蓉达万”班列、“沪渝直达快线万州—上海”班轮发展前景，通过优化服务，确保企业快捷通关，实现“通道带物流、物流带经贸、经贸带产业”效应，助力铁水联运成为“万达开”川渝统筹发展示范区建设带来新的增长点。依托成渝两地海关三级工作机制，主动与成都海关开展减免税设备异地监管联系配合，和达州海关商定互访计划，共谋支持地方经济发展。充分发挥海关职能，实地调研为九龙万博等企业提供保税仓建设等政策支撑，推动外资外贸发展更稳。开展“万开云”同城化发展调研和保税仓库设立协调，收集并解决意见建议4条。协助推动万州航空口岸开放，研究海关监管和流程改造模式，为可研报告、联检办公楼和机场国际厅改扩建设计建言献策。

【安全生产】2021年，万州海关加强对监管场所的应急值守和巡查力度。建立视频监控巡查制度，实行专人值守，建立日巡查台账，开展视频监控巡查86次，监控在线率超过95%。在重大活动或节假日前，开展监管场所安全检查，共开展安全巡查32次，发现问题3个，整改3个。组织开展2021年口岸监管场所消防应急处置演练和生物涉恐应急处置实战演练。按照监管场所“双随机、一公开”巡查要求，对江南集装箱码头海关监管场所开展巡查13次，公示3次且做好视频存档。开展2021年“安全生产月”活动，制作发放海关监管场所安全生产知识宣传小册子300本，悬挂安全生产责任牌和张贴安全生产标语，梳理并按要求制定《万州海关安全生产制度措施清单》和《万州海关安全生产问题隐患清单》，整改完成率100%。

【稽查核查】2021年，万州海关开展稽查作业9起，其中常规稽查5起，专项稽查4起，已办结常规稽查5起，专项稽查3起，其中引入中介机构1家，移交缉私立案1起。剩余1起跨境电商专项稽查作业等待上级部门统一部署进行。共收到相关部门发起核查作业指令共计37条，已100%转化为核查指令，其中风险类7家（主要为企业信息核对及保税单耗核查），定期管理类30家（主要为企业信息核对和出口果园、进境粮食企业以及出境非食用动物产品企业的日常监管），其中查发问题11家（主要为企业信息变更和现场整改）。

【优化口岸营商环境】2021年，万州海关持续推广全国通关一体化、提前报关等通关便利措施，做好报关单“日清”工作，压缩通关时效。通过HLS2017系统动态监控通关时效及结关时间过长的报关单，确保报关单通关时间、结关时间处于正常合理区间；组织专班赴辖区金龙铜管、九龙万博等重点企业持续推广一体化、提前报关等通关便利措施，有效压缩通关时效；2021年万州海关报关单提前申报率88.19%；整体通关时间达标。

【农食产品出口】2021年，万州海关根据关区优势和农产品出口需求，指导出口企业合理规避国外技术性贸易壁垒，为关区213家农产品企业及种植物户送去国外检验检疫要求，为60余家企业开展集中政策宣讲培训，在基地备案、通关流程、检疫处理、风险监测等方面给予政策指导。2021年辖区7家出口食品原料基地和果园获得“重庆市出口农产品示范基地”

称号。根据关区优势农产品出口需求，主动收集研究国外对出口水果、木材等产品的技术贸易要求，编发技贸措施类宣传稿在总署12360海关热线、重庆海关发布等平台发布，指导出口企业合理规避国外技术性贸易壁垒。派员参与总署墨西哥输华马肉风险评估工作，充分发挥海关技术执法、技贸措施助力农产品扩大出口促“双稳”作用。参与编写发布技术指南6期，向地方政府报送柑橘产业分析专报1篇。帮助60吨云阳菊花和25吨忠县“忠橙”通过陆海贸易新通道走进新加坡，成为“中国西部—东盟”农业合作新示范；帮助万州玫瑰香橙出口菲律宾500吨，云阳红肉脐橙出口印度尼西亚125吨。忠县柑橘首次自营出口越南25吨，梁平区奇爽食品有限公司柚汁扩大东南亚市场并首次出口澳大利亚和葡萄牙，Q爽豆干首次出口至文莱，重庆市忠味堂有机食品有限公司粉丝首次出口至阿联酋、中国香港，忠州腐乳酿造有限公司豆腐乳首次出口至澳大利亚。注册登记重庆首家出口李子果园，备案重庆首家出口猪肉养殖场。推荐辖区7家出口食品原料基地和果园获得“重庆市出口农产品示范基地”称号，奉节、巫溪、巫山、城口等县均实现出口果园备案基地“零突破”。

【中山杉种苗首次出口】2021年，万州海关通过前置注册登记流程，派员指导企业种植地、加工包装管理，推动建立产品质量管理、疫情疫病防控体系，帮扶企

▲2021年12月28日，万州海关对云阳红肉脐橙首次出口新加坡进行现场查验

业获得全国首家出境中山杉种苗注册登记企业资质；整理越南等国种苗进口要求56条，明确关键风险控制点25个，指导企业规避国外技术性贸易壁垒；严格出口环节土壤、杂草及病害症状检疫，确保符合目的地国官方检疫要求。2021年4月9日，帮助重庆市林森耐水中山杉研发有限公司首批1,100株中山杉种苗，从万州顺利启运出口至越南，标志着三峡库区“绿色守护者”中山杉首次走出国门。此次出口是三峡库区中山杉首次走出国门，亦是中国优良树种中山杉首次走出国门。该项工作宣传信息相继被《中国国门时报》《重庆日报》等媒体采用。

【乡村振兴】2021年，万州海关与万州区长岭镇板桥村党支部签订结对共建协议书，进一步深化“城乡支部手拉手”结对共建活动。经实地走访掌握梨花路社区路灯老化严重、亮度不够且为老式路灯，节能环保性能不佳等问题，帮助梨花路社

▲2021 年 4 月 9 日，万州海关开展首次出口中山杉查验

区更换 18 盏新款太阳能路灯（LED 灯）。实地查看梨花路社区和长岭岗社区新时代文明实践站情况，调研板桥村果园基地生产情况。选派 3 名优秀年轻干部作为帮扶责任人，坚持每月到九池乡凤凰村上门走访，帮助修改完善农户基本信息 20 余条。前往荣馨夕阳红养老院慰问孤寡老人，做义务卫生，为养老院剪裁防雨布，改善养老院面貌。

▲2021 年 9 月 1 日，万州海关到长岭镇板桥村开展“乡村振兴”城乡支部手拉手结对共建活动

【队伍建设】2021 年 2 月，万州海关开展副科级领导干部选拔，提任 2 人为副科级领导干部。3 月，开展正科级领导干部调配。9 月，新关员 2 人到万州海关报到。12 月，三级高级主办 1 人、四级高级主办 1 人到龄退休。2021 年，万州海关 3 名执法一线科长当选支部书记，1 名执法一线副科长当选党总支委员，推荐报送优秀执法一线科长 1 名，季度绩效考核和年度评优评先适当向优秀执法一线科长及科室倾斜。召开青年关员座谈会，与年轻人畅谈初心使命；队伍平均年龄已由年初的 40.4 岁下降至 36.4 岁。按期转正 1 名试用期公务员，1 名关员成功遴选到职能部门。向地方申请保留“重庆市文明单位”荣誉称号，申报创建“无烟机关”。

（撰稿人：李开银　陈习珍　陈兴欣　任晓晨　林　轩　鲁　语　匡鸿皓）

黔江海关

【概况】重庆海关所属黔江海关（以下简称黔江海关）于2015年11月经中央机构编制委员会办公室批准设立；2017年12月28日经总署批复同意正式开关；2018年12月，按照党中央、国务院“将国家质量监督检验检疫总局的出入境检验检疫管理职责和队伍划入总署”的机构改革决策部署，完成黔江出入境检验检疫局职责和队伍转隶，负责渝东南黔江区、武隆区、石柱土家族自治县、秀山土家族苗族自治县、酉阳土家族苗族自治县、彭水苗族土家族自治县6个区县的属地业务。核定编制12人，实有关员11人；内设办公室（党委组织宣传部）、综合业务科和稽核科3个科室。其主要职责是：承担辖区进出境运输工具、货物的单证审核、税收征管工作，进口目的地检验、出口产地检验检疫工作以及辖区企业管理、稽查、核查、贸易调查、市场调查等后续监管工作。

2021年，黔江海关切实贯彻落实总署、重庆海关工作部署，纵深推进政治建关、改革强关、依法把关、科技兴关、从严治关，自身建设和促进对外开放取得新进展。选派1名处级干部参加全国海关西南片区党史知识竞赛获二等奖。加强关地合作，推动《重庆海关秀山县人民政府共同促进秀山县开放型经济发展合作备忘录》签署。推动关区建设高水平开放平台，实现渝东南地区首家保税仓库开仓运营。促进农产品“走出去”，助力乡村振兴，烤乳猪供中国香港、馅饼供美、空心胶囊供美、油辣子供新加坡等6类农产品实现首次出口，12类武陵山区特色农产品新拓展8个国际市场。2021年，关区进出口总值70亿元，比上年增长31.71%；其中出口占比53.47%，进口占比46.53%；监管货物总值8,534.8万元，同比增长9.2%。

【党的建设】2021年，黔江海关按照“学史明理、学史增信、学史崇德、学史力行”目标要求，引导全体干部职工学党史、悟思想、办实事、开新局，扎实开展党史学习教育。关党委、关青年理论学习小组、各支部、各科室，运用8种形式（党委班子带头学、统筹兼顾认真学、你讲我说探讨学、掌上生活随时学、知识竞赛督促学、红色资源参观学、支部共建交流学、走访调研促进学），围绕指定四本书目、“七一”重要讲话等内容深学细研，组织党委理论学习中心组学习19次，开展党史知识每日一学、党史故事每周一讲，运用渝东南红色资源开展实践教育5次，同系统内外12个党支部开展联学联建，选派3名关员参加重庆海关庆祝建党100周年党史知识竞赛和演讲比赛并取得较好成绩。深入开展“我为群众办实事”实践活动，关领导带队走访黔江区、石柱县、彭水县和秀山县党政领导，对接辖区商务部门，开展企业调研20次，聚焦企业“痛点、堵点、难点”梳理出企业、群众急难愁盼问题10项，列出重点帮扶企业名单13家。成立“我为群众办实事”青年工作组，建立“精准帮扶、分析研判、跟踪反馈”解决问题长效机制。梳理形成《黔江海关党委“我为群众办实事”实践活动重点民生项目清单》9项，推动其中4项重点民生项目落地落实；其中构建全方位帮扶体系，助推黔江衡生药用胶囊出口案例获评重庆海关“我为群众办实事”十佳项目展播。2021年，黔江海关全面推进“支部建在科上”，探索建立“联合党支部”，新成立办公室和综合业务科联合党支部、稽核科党支部。完成党总支、各支部换届选举，配齐党总支部委员，2个党支部均通过达标考核并被评定为“合格支部”。拓展“武陵先锋”支部品牌体系内涵，开展党支部活动阵地规范化建设，指导办公室和综合业务科联合党支部打造“扎根边关、服务发展”支部品牌，稽核科党支部打造“稽先锋”支部品牌。2名同志获评重庆海关优秀共产党员，稽核科党支部获评重庆海关先进基层党组织。2021年，黔江海关深入推进全面从严治党工作，制定全面从严治党重点任务50项并逐项落实，建立全面从严治党“事前立责、事后督查”责任链条，研究制定加强对“一把手”和领导班子监督工作措施20项。逐级组织签订全面从严治党承诺书，组织全体关员签订杜绝酒驾醉驾承诺书。关党委会、支委会6次专题研究部署意识形态工作，党委班子成员同一线关员开展意识形态领域谈心谈话30次。组织开展个人事项申报及干部配偶、子女及其配偶从业自查并全面合规。通过召开一次警示教育大会、开展一次廉政专题党日活动、讲一次廉政微党课、开展一次谈心谈话、做好一次节前廉政提醒、剖析一批典型案例、办好一批实事等“七个一”推进“警示教育月”活动，深化纪法教育、警示教育，持续擦亮“关廉武陵”党风廉政品牌。召开2次党风廉政建设形势分析会，在研判形势、分析不足的基础上推进部署重点任务。开展特约监督员换届，新增聘1名特约监督员，特约监督员总数达3名。扎实开展“现场监管与外勤执法权力寻租”专项整治，党委班子先后8次组织学习，确定高风险岗位3个、高风险人员3名，制定3个整改清单，细化整改措施51项，累计整改3大方面51项任务，建立健全2项制度，完善廉政风险点40个。2021年4月8日至5月14日，黔江海关接受重庆海关党委第三巡察组常规巡察，巡察组于2021年7月6日反馈10项巡察意见。黔江海关党委第一时间召开巡察整改专题民主生活会，研究制发《黔江海关党委落实重庆海关党委第三巡察组巡察反馈意见整改方案》，针对10项问题，按照“照单全收、全面整改”的原则，发挥“一次整改、长效发力”的系统性作用，把巡察整改作为重大政治任务，制定33项整改措施。2项立行立改问题及3项限时整改问题均按时整改完毕，长期整改任务持续推进并取得进展。

▲2021年6月24日，黔江海关参加重庆海关庆祝建党100周年党史知识竞赛

【税收征管】2021年，黔江海关拓展重点税源，建立与辖区企业的信息沟通机制。加大专业人才培养力度，选派1名优秀年轻干部到总署关税司集中工作1年，以干代训，提升税收征管业务水平。着力强化关区归类纠错，开展同品名异归类监控、高货值商品归类监控。联系关区税源企业，特别是进口需求大、税收缴纳多的企业，对其在报关通关、税收缴纳等环节所遇问题进行指导，鼓励企业开展属地化报关。深入实施减税降费，为纳税企业开辟绿色通道。开展优惠贸易协定培训，引导企业用好用足关税政策。

【检验检疫】2021年，黔江海关持续强化属地检验检疫工作，关区检验检疫出口货物175批次，货值1,242.19万美元，比上年增长262.44%。开展属地查检58批次，货值278.75万美元；其中出口属地查检49批次，目的地事中查检9次；查检产品主要涉及药用胶囊、火锅底料、医疗器械等，共出具检验检疫证书100余份。加大帮扶力度，助推辖区特色食品、农产品走出国门，2021年助推火锅底料、蚕丝、魔芋粉、药用胶囊等特色食品农产品出口131批次，货值903万美元。支持辖区企业引进8批次医疗器械设备，货值255万美元。指导企业完善内部质量管理体系、制订进境粮食运输计划，实地监督企业进境粮食卸货，完成渝东南首家进口粮食企业2,408吨进境小麦及700吨进境大麦的后续监管。做好国门生物安全监测工作，严防松材线虫、加拿大一枝黄花等疫情疫病通过跨境贸易渠道传入、扩散、蔓延，前往黔江三磊果园种植基地开展实蝇监测12次，番茄褐色皱果病毒监测12次；对进境医疗器械木质包装开展松材线虫抽样送检3次，未发现异常情况。加强进出口食品安全预警和风险监测，强化国外通报调查，2021年收集、整理、上报境外不合格食品信息140条，被总署采用刊发3条。加大境外动植物疫情信息收集上报工作力度，2021年收集上报境外动植物疫情信息19条，被总署采用刊发17条。健全关区检验检疫应急保障体系，提升应急处置能力，开展进出境重大动物疫情、进出境重大植物疫情应急处置实操演练2次。

【海关统计】2021年，黔江海关着力发挥海关数据优势、信息优势，靠前服务领导决策，积极为地方政府建言献策。开展《助力渝东南地区农产品出口促进双循环新发展格局的思考》课题研究；参与地方政府《区域合作和对外开放》课题调研，为地方政府呈报3次外贸情势分析。加强数据安全管理，通过全关大会、党员大会等方式进行提醒，强调统计数据安全，组织对海关业务数据存储、传送、使用等各环节进行自查，及时发现和消除风险隐患和安全漏洞。

【企业管理和稽查】2021年，黔江海关梳理辖区重点企业信息，建立重点企业数据库，并形成动态更新机制，对企业进行全面摸排了解。推进“注销便利化”，与黔江区市场监管部门建立健全联系配合机制。组建信用培育小组，着力对3家重点企业开展高级认证企业培育。结合作业指令完成出口备案食品生产企业、报关单位等24家企业的稽核查及后续监管，查发异常情况14家并指导企业整改完毕。

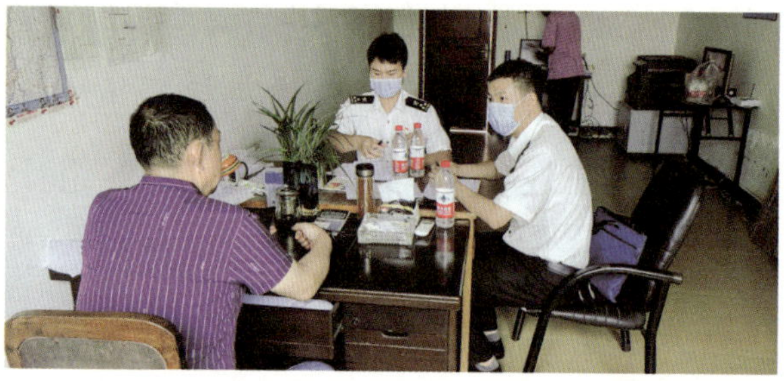

▲2021年7月27日，黔江海关开展企业定期管理核查

【查缉走私】2021年，黔江海关建立健全科室内部管理机制，完善执法管理制度，加强典型案例的学习与分析，根据不同案件的性质特点，谋划打私措施。加强与职能部门以及其他现场的联系沟通，强化与属地公安部门的信息共享。关注新业态、新模式下的走私风险，提升分析研判能力和查发能力。发挥主观能动性，建立积极有效的沟通机制，针对具体问题积极主动与相关部门联系，排查进出口各环节的监管风险。

【政务管理】2021年，黔江海关对标模范机关强化制度建设，提升基层政务水平。修订党委工作规则等决策制度机制2项，制订并完成党委年度工作计划80项，建立党史学习教育等重要工作机制4项。制定《黔江海关关长办公会管理办法（试行）》《黔江海关档案管理办法（试行）》等制度9项，修订《中共黔江海关委员会工作规则》《黔江海关贯彻落实“三重一大”决策制度实施办法》等制度9项，年内新增、修订制度18项，制度存量比上年增长65%。加快完善黔江海关突发事件应急管理暂行办法、进出境重大动物疫情应急处置预案、进出境重大植物疫情应急处置预案、进出口食品安全突发事件应急预案、缉私突发事件应急预案、网络安全事件应急预案等应急预案“1+5”体系。召开形势分析及工作督查例会12次，落实“第一议题”制度，建立“班子领学、科室带学、会后督学”的闭环机制。加强督查督办，制定《黔江海关督查工作实施细则》，2021年推动落实督办事项100余项，制发400余个任务单。加强档案管理工作，选派1名档案管理兼职工作人员到重庆海关档案管理部门跟班学习2周，提升档案管理水平，2021年归档档案文件4卷、148件。2021年，黔江海关从严从紧抓好新冠肺炎疫情内部防控，制修订10项内部防控制度，并根据总署、重庆海关防控要求，对制度进行动态更新。成立疫情防控工作领导小组、安全防护监督队伍、流调工作队伍，明确各科室和相关人员职责。与物业服务公司签订疫情防控协议，设置来访人员会客区和进出路线，制作工作人员出入证，实施“进出必有证”的出入制度。坚持每日健康状况、出差和出行情况、中高风险地区旅居史情况、共同居住人境外回国情况、居住小区确诊病例情况、渝康码状况及共同居住人健康、健康码、行程码状况等7方面内容开展健康排查。坚持每日3次对办公区域、食堂、宿舍等区域消毒，并进行消毒效果评价。推进疫苗接种，关员、协管员及第三方工作人员疫苗全程接种率达100%，符合加强针接种条件人员第三针接种率达100%。制定《黔江海关一线工作人员安全防护管理规定》，完善安全防护监督机制，设立三级安全防护监督员3名，全面落实“岗前检查、工作巡查、全程督查”和“双人作业、互相监督”工作要求，开展安全防护监督9次。安排专人对防疫物资进行管理，严格出入库台账记录，确保防疫物资储备动态保持可使用3个月以上。开展查验人员安全防护专题培训10次，岗前安全防护培训4次。落实“应检尽检”措施，根据重庆海关及属地要求及时调整人员核酸检测频次，按时上报“应检尽检”开展情况。

【财务及后勤保障】2021年，黔江海关按照关区财务工作“起好步、打基础、强规范、上水平”的总思路，强化财务制度建设，抓好财务问题整改，新修订财务制度5项，财务制度总数达17项。落实“过紧日子”要求，压缩非必要支出。推进节约型机关建设，节约型机关自评得分89分。结合关区实际制订节能宣传周和全国低碳日活动实施方案，面向全体干部职工和来访群众广泛开展宣传贯彻活动，累计受众30余人次。创新开展“我为群众办实事”绿色兑换活动、“光盘行动”监督员体验周等活动，推送生活、办公节能小妙招20余条。发布节能降碳倡议书，倡导绿色出行，全国低碳日停开办公区域空调1天。利用微信群、宣传栏、宣传单等方式倡导绿色办公理念、低碳生活方式，普及节能知识，宣传全国公共机构节能宣传周主题和重点，组织30余人次参与线上启动仪式、论坛和宣教活动等，发布节能宣传周政务信息1条。

【督查内审】2021年，黔江海关落实“一把手”抓内控和“全员内控”工作机制，成立以“一把手”任组长，分管关领导任副组长，各科室负责人任组员的内控工作领导小组。选派2人参与督审条线培训，邀请内控专家到关区指导工作。召开内控专题工作会议2次，完成内控节点40个，新海廉补税2次、补证15次，向督审处上报内控信息2篇、新海廉专项成果2篇。建立科室和岗位职能职责两级清单，全面梳理各科室职能职责62项，逐步建立线索移交、案件审理、单证管理等业务运行制度体系，全面清理移交业务类档案27份。围绕关键业务领域设置23个指标。梳理编制《黔江海关稽核查作业操作规范》《黔江海关办理行政处罚简易程序案件、简单案件、案件线索移交操作细则》等8项作业流程。

【队伍建设】2021年，黔江海关建立准军考核标准、考评机制、流动红旗和标兵制度，开展考评学12次，评选准军标兵12人次。完成4人次跨关区交流及集中工作，1人获评重庆海关岗位能手。开展2名2020年新录用公务员试用期满转正考核工作和1名高级主办职级晋升工作。建立“人人课堂”学习机制，举办4期。组织全体关员参加2021年度全员培训，学时学分均达标。2021年，2名同志年度考核为优秀等次并获重庆海关个人嘉奖，1名同志荣立重庆海关三等功。确定1名入党积极分子，继续做好党员培养和发展工作。组织关员参加各类岗位资质考试，11人次获得动植检岗位资质，4人次获得危化品监管资质，2人次获得加工食品签证官资质。加强一线执法科长建设，党委班子成员累计与执法一线科长谈心谈话12次，及时掌握思想动态和工作情况，发现问题及时纠正；定期听取执法一线科长工作情况汇报，听取基层关员和行政相对人对执法一线科长的评价，建立工作档案。1名执法一线科长获评重庆海关2021年度优秀执法一线科长。

【乡村振兴】2021年，黔江海关按照“以外贸振兴带动产业振兴，以产业振兴引领乡村振兴”的思路，先后3次召开党委会专题研究乡村振兴工作，关领导带队走遍关区6个区县，走访企业23家，开展农产品出口专题调研7次，形成外贸形势分析报告4篇。围绕石柱莼菜、黔江蚕丝、酉阳油茶、武陵蔬菜、秀山山银花、彭水苕粉等特色产业，引导构建“一区一特、一乡一业、一村一品”的产业格局。鼓励企业开展农村产业合作化模式，运用“公司+农户”“承包+流转”的方式，推动秀山县发展千亩山银花和千亩银杏林，支持黔江区新增千亩特色油茶和千亩优质水稻，形成特色产业集中连片规模优势。协同重庆海关职能处室解决水产养殖饲料来源渠道、虾苗育苗等多项难题，助力建成澳洲龙虾养殖基地100亩。先后5次到秀山县川河村调研，同重庆海关驻秀山县涌洞乡川河村“第一书记”对接，做好后勤保障，建立本级乡村振兴工作机制。成立乡村振兴工作小组，研究制定《黔江海关助力乡村振兴重点任务推进表》，建立助推乡村振兴总体框架，探索支部党建共建、产业发展共创、技术帮扶共通、消费支持共促的4个专项工作方案。选派1名三级高级主办担任驻村工作队员，派驻黔江区五里乡甘溪村开展乡村振兴工作。面向企业、农户组织多次种养殖技术培训，累计培训受益120人次。帮助黔江区三磊果园建立实蝇监测体系。持续开展农产品安全风险监控计划、有害生物监测计划、食品安全监督抽检及风险监测计划，检测指标100余项。结合农田标准化建设，全程指导种植基地建设，关区出口食品农产品种养殖基地达13个，其中重庆市农产品出口示范基地4个。推广邮寄方式办理企业注册、签核单证等业务，建立“精准服务、分析研判、跟踪反馈”问题解决长效机制，解决企业难题30余项。紧贴川河村发展需求，配合重庆海关动植处、技术中心开展“乡村振兴高山生态种养殖技术”课题研究。前往2个帮扶村小学开展3次学习用品和书籍捐赠活动，组织2次教育扶贫款项捐赠，通过“采购＋消费”等形式采购贫困地区农特产品。

▲2021年9月15日，黔江海关开展彭水特色晶丝苕粉出口生产企业实地指导

【口岸营商环境】2021年，黔江海关围绕促进跨境贸易便利化水平提升，抓好政策宣讲解读，通过上门宣讲、外勤执法、现场调研，对涉企政策开展指导解读9次。强化产品风险排查，聚焦辖区特色食品农产品，开展主要国家监管体系、法律法规、技术贸易措施研究。结合境外食品信息不合格通报事件，及时向相关企业进行推送，帮助企业掌握出口国相关标准。举办2期渝东南企业管理工作交流会、AEO认证企业培育政策宣讲会，就海关促进国际贸易便利化措施进行通报解读。联合重庆海关食品处和石柱县政府开展食品安全周活动，向30家企业宣讲进出口食品监管政策。推行“进企下厂”培训，累计受益企业40家。探索知识产权保护与常规稽查、专项稽查结合，优化核查运行机制。严格落实“双公示”制度，对因进出口侵权货物被海关行政处罚的企业，在行政处罚决定作出之日起7个工作日内通过重庆海关门户网站公开处罚决定。落实“谁执法谁普法”普法责任制，通过集中宣讲、微信推送、“面对面”解读等多种形式向企业开展知识产权保护宣传。根据不同类型企业的不同特点，实施“一企一策”，开展个性化指导与服务，对我国及贸易对象法律法规、政策制度、监管体系、适用标准等开展贯通性宣讲5次。

【安全生产】2021年，黔江海关自觉强化安全生产责任制，先后5次召开安全生产会议，深入学习领会习近平总书记关于安全生产的重要论述，传达全国安全生产电视电话会议精神，重温《安全生产法》，通报国务院公布的安全生产事故典型案例，5次把安全生产工作纳入督办清单。组织对办公区域、食堂、倒班房、机房、车辆开展安全生产风险隐患排查7次，累计排查发现安全风险隐患22个，并全部整改完毕。购置、安装烟雾报警器50个、灭火器14个、灭火毯2个、消防水带1个。组织开展消防应急疏散演练2次，与黔江区消防支队联合开展主体党日活动，以党建促安全，安全生产工作获重庆海关领导肯定性批示。

【开放平台建设】2021年，黔江海关与秀山县政府多次沟通交流、现场检查指导，帮助做好开放平台建设规划。联合重庆海关自贸处等职能部门就保税仓库布局设计、建设标准、验收流程等方面给予大力指导。指派专人“一对一”对其建设和申报情况进行帮扶，确保年内渝东南首个公用型保税仓库（秀山华渝保税仓库）正式封关运行。

【群团工作】2021年，黔江海关针对年轻关员居多的现实状况，继续推进团支部标准化建设，制订党建带团建工作计划，依托“智慧团建”系统，明确“凝聚青年、服务大局”的基调。依托青年理论学习小组，组织团员深化理论武装。创新宣传方式，依托公告栏、LED屏幕、“渝关新语”微信公众号等载体，宣传、展示青年工作风采。着力发挥工会服务基层、服务职工的作用，组织开展“为党庆生”“迎金秋爱运动”工会活动，为在职女职工购买特殊疾病保险，提升队伍凝聚力。加强工会经费收支管理，严格预算、慰问支持、活动支出、报销流程及财务管理，使工会经费更好地为工会工作服务、为职工群众服务。

（撰稿人：王海锋　王长洋　李　盟）

第七篇

事业单位

数据分中心

【概况】中国电子口岸数据中心重庆分中心（以下简称数据分中心）于2003年10月成立。2019年6月，重庆海关“三定”明确数据分中心为总署委托重庆海关管理的事业单位，核定主要职责、内设机构及人员编制。核定内设机构编制数2个：综合业务部、项目运行部；核定人员编制数10名。截至2021年12月31日，数据分中心实有事业编制人员4人，合同制聘用员工18人。数据分中心的主要职责及业务范围：面向电子口岸开展业务办理；面向重庆海关关区提供信息技术保障；面向社会拓展市场化经营业务。数据分中心所属企业1家：重庆智贸通科技有限责任公司，于2015年8月成立，注册资金100万元。该公司经营范围为计算机软件开发、计算机系统集成、计算机软硬件及电子产品销售、计算机技术咨询服务等。

2021年，数据分中心在开展党史学习教育、推进便企服务措施、强化电子口岸运维保障、提升科技保障和信息化支撑能力、落实疫情防控和安全生产等方面取得成效。

【党的建设】2021年，数据分中心把开展党史学习教育作为重大政治任务，研究制订党史学习教育方案和学习计划，按照“学史明理、学史增信、学史崇德、学史力行”要求，着力“六个注重”，发挥党员领导干部的领学、促学作用。结合数据分中心只有2名党员的实际，将党史学习教育延伸到非党员干部职工及聘用人员中，组织全体干部职工分组学习，采取“集中导学+个人自学”方式，规定动作达到全覆盖，通过数据分中心主任会议、办公会、学习会等方式，开展集中导学10余次。组织集中观看庆祝中国共产党成立100周年大会。充分运用“钉钉”“学习强国”“智慧党建”等新媒体平台进行全覆盖线上培训。参加重庆海关“颂歌献给党”歌咏大会。认真贯彻落实总署、重庆海关两级党委2021年全面从严治党工作会议精神和政治建关总体要求，结合“警示教育月”活动，开展政治教育、纪法教育、警示教育，坚持日常和节前廉洁提醒。落实一岗双责，结合数据分中心实际，修订完善内设科室职责和各岗位职责，明确主要负责人、分管负责人、科室负责人和岗位人员职责，各级责任主体在党风廉政建设中找准定位，形成关系清楚、责任明确、横向到边、纵向到底的责任体系。

【便企服务】 2021 年，数据分中心持续推进“关银一 KEY 通”项目。以“数据多跑路、企业少跑腿”为目标，加强与建设银行重庆市分行紧密协作，集中商讨工作方案，帮助增设制卡代理点的资料准备，进行现场调研评估和业务培训。逐步开通制卡业务代理点，保证业务正常开展。2021 年，建设银行重庆市分行在重庆辖区建成 12 个业务制卡网点，其中包括涪陵、江津、璧山等主城以外区县。2021 年，银行代理点受理企业电子口岸业务 317 家，其中新办企业 255 家，制发共享盾 578 套。参与实施“关银一 KEY 通”川渝一体化创新举措。2021 年 9 月 8 日，数据分中心、成都分中心、建设银行重庆市分行、建设银行四川省分行通过线上网络签约方式，共同签署“关银一 KEY 通”川渝一体化合作备忘录，举行项目启动仪式并向首批 2 家项目试点企业发放“电子口岸卡”。实现川渝两地数据分中心系统互通，两地企业可根据业务实际需要自行选择在重庆或四川地区办理包括制发共享盾、新增、解锁、信息变更、证书更新等电子口岸业务。实现川渝两地“海关 + 银行”跨窗口多点办、“政务 + 金融”跨领域一站办、“重庆 + 四川”跨关区就近办。开展“我为群众办实事”实践活动，围绕“国门安全”“便民利企”“暖心聚力”三大工程，制定完成项目清单 3 项，召开专题研究会议 2 次，工作推进会议 3 次。建立“逐项销号”工作机制，聚焦企业诉求，推行便企措施，助力贸易便利化，其中所参与的“关银一 KEY 通”川渝一体化创新举措被总署纳入全国海关“‘我为群众办实事’百佳项目”；聚焦海关一线工作人员信息化建设建议及诉求，结合科技人员跟班作业活动，深入业务一线提供技术支持，着力解决科技应用中存在的堵点、难点、空白点。在 2021 年跟班作业活动中，涉及企业申报问题 10 个，包括货物申报、加工贸易、电子支付、原产地等问题，涉及电子口岸入网问题 9 个，均及时有效解决、答复。完善快速反应联系协调机制，成立电子口岸制卡服务和电子口岸专网系统运维保障两个专班组，与地方电子口岸部门、相关单位、企业及第三方技术服务商建立畅通联系机制，实施 7 × 24 小时系统运行监控，及时响应企业诉求，解决企业在开展跨境电商、税费支付、金关二期特殊监管区域等系统业务技术问题，以及业务相关咨询、故障处理、答疑解惑等。优化技术服务保障措施，在“618”“双 11”等跨境电商业务高峰时段，安排专人 7 × 24 小时值守，着力优化和调整系统传输参数，提升数据交换系统报文处理效率；加强与总署数据中心、重庆市口岸物流办电子口岸中心协调联系，提升数据分中心至总署数据中心专线和数据分中心至重庆市口岸物流办电子口岸中心专线网络带宽，采用电信、移动双链路模式，保证数据传输稳定畅通。

【口岸保障】2021 年，数据分中心开展电子口岸专网运维。对数据分中心核心业务系统数据交换平台进行日常巡检，做好数据安全和网络防护，优化数据交换平台处理能力，完成直连总署数据中心 MQ 通道相关配置变更。2021 年，完成数据分中心电子口岸专网机房巡检 105 次，处置各类问题 4 次，备份业务数据 51 次，升级 IPS 攻击规则库版本 30 次，处置各类网络安全事件 7 次，修复高危漏洞 2 次，协助排查高危漏洞事件 4 次。协助乌鲁木齐分中心和重庆电子口岸解决报文跨节点交换问题。数据分中心口岸专网节点新增直连对接企业 14 家，累计直连企业达 117 家。向企业提供相关业务咨询和服务，帮助企业解决申报相关问题和困难。2021 年，解答企业疑问 322 次，处置企业异常问题 68 起，处理“单一窗口运行服务平台”工单 113 单，转发企业申报跨境进口清单 3,196 万单，同比增长 18%，跨境出口清单 50 万单，接收企业申报金关二期特殊监管区域系统报文 124 万份，业务涵盖重庆关区企业金关二期加工贸易、跨境电商等业务的申报数据、回执数据交换。2021 年数据分中心制卡业务窗口受理企业电子口岸业务 2,337 家，其中新增电子口岸入网企业 1,310 家，资料预录入 1,938 次，制发卡 3,318 张，更换新卡 775 张，变更信息 408 次，接听电子口岸各类咨询电话 8,400 余起。

▲2021 年 11 月 8 日，数据分中心指导电子口岸网数据交换平台优化工作

【技术支撑】2021 年，数据分中心开展网络安全运行保障，组织学习网络安全相关规章制度；参与重庆海关 2021 年度网络安全攻防实战演习、重庆海关建党 100 周年网络安全保障等重大任务；完成重庆海关机房动环系统等日巡检 252 次，处理运管平台告警 351 次，处理机房空调、UPS、配电柜告警信息 29 次，处理服务器、存储、交换机故障 21 次，处理 HB2012 故障 33 次，处理 12360 热线管理平台系统故障及处置 26 次；部署虚拟化平台应用服务器 22 台；上架服务器及安全设备、网络设备 19 台次；更换存在安全隐患设备电源 57 台。信息化技术服务方面完成两批次共计 177 台国产计算机系统替代的前期测试与后续设备的安装调试工作，包

括设备验收、国产操作系统及应用软件的安装调试、问题收集和相关技术培训。完成重庆港海关新办公场所信息化设备和网络环境的安装调试及监控指挥中心、视频会议室、无纸化会议室操作终端的搬迁调试，解决新旧监控指挥中心视频切换难题，接入重庆港海关监控指挥中心329个监控点位，向重庆海关监控指挥中心推送80个监控点位。完成两江海关搬迁前的网络设备调试及搬迁后的设备安装调试工作。协助完成技术中心LIMS系统入网方案的撰写及技术分中心实验室设备入网的实地勘查调研。协助职能部门完成审计、巡查、公务员招录、执法资格考试等所需办公终端布置及技术保障。做好视频会议保障和办公终端日常运维，2021年完成维护工作1,829次。推动信息化应用系统开发，根据职能部门的需求，开发“统计数据应用子系统（重庆海关）数据服务自动汇总模块”“风险预警子系统（重庆海关）非贸一体化风险防控分析应用”“中新（重庆）海关数字边境小程序”“监管作业场（场地）巡查‘双随机’派单系统”“技术中心门户网站和风险信息收集系统（二期）”等辅助系统软件12个，给予信息化技术服务支持。

【疫情防控】2021年，数据分中心为重庆海关疫情防控提供技术支持。协助承担重庆海关“疫情防控作业系统”运维保障，完成该系统重大更新1次，数据维护12次，参与数据分析3次。完成冷链系统接口开发，完善冷链货物展示系统海关端的数据接口，参与实施连通重庆海关与市场监督管理局、地方电子口岸的数据交互链路技术，为冷链系统相关业务、疫情防控期间物流溯源等提供大数据支撑。做好数据分中心内部疫情管控。及时传达总署、重庆海关疫情防控工作会议精神，贯彻落实最新工作要求。严格内部疫情防控管理，严格遵守重庆海关和属地疫情防控要求，确保防控不乱、工作不断。严密制卡业务窗口疫情防控措施，规范业务办理人员工作流程，加强外来人员管理，做好外来人员信息登记，规范佩戴口罩、测量体温，核验健康码、行程码，定期进行通风、消毒处理。

【安全生产】2021年，数据分中心贯彻落实总署和重庆海关两级党委关于安全工作的指示要求。树牢责任意识，严格遵守各项安全管理规定，明确数据分中心主要负责人为本单位安全生产第一责任人，制定安全防范措施，按区域指定“室长”、安全员等安全责任人，明确责任，不留死角，至上而下层层压实责任。落实排查整改，对职责范围内的办公场所、机房、库房、业务窗口等区域进行全面自查，在制卡门面场所增配烟感报警装置和视频监控设备，对所维护的各楼层配线间机柜、配线架、网络设备及网络布线进行排查，清理废旧网络线路，消除安全隐患。开展安全培训，组织开展生产安全、数据安全、网络安全和信息保密教育，组织全体人员签订保密承诺书、保密协议及网络安全承诺书，增强干部职工网络安全意识、数据安全意识和保密意识，夯实安全基础防线。

▲2021 年 5 月 17 日，数据分中心排查电子口岸业务办理场所安全隐患

【队伍建设】2021 年，数据分中心规范选人用人机制，制订《中国电子口岸数据中心数据分中心岗位设置和实施工作方案》，明确管理岗位和专技岗位选拔聘用条件、工作程序、实施步骤。增强激励约束机制，制定《中国电子口岸数据分中心绩效考核实施细则》，对事业编制人员的德、能、勤、绩、廉等方面进行综合考核，并与绩效工资挂钩，修订完善制度 13 项，用制度规范和约束人员工作行为，促进各项工作开展操作规范、程序合规。重视技术团队培养，通过理论考试、技能测试、综合评判等手段，把技术人员选派到合适的岗位上，通过日常业务培训、“钉钉”线上培训、操作实践交流等方式，提升技术人才业务能力，鼓励员工自主学习，获取更高的技术证书或业务资质。强化队伍日常管理，明确工作任务和目标要求，对完成质量和实效进行量化考核，对遵章守纪和制度执行情况进行监督检查，着力打造一支政治坚定、业务精通、敢于担当、勇于奉献的信息化技术保障队伍。

（撰稿人：李海洲　吴萌萌）

后勤管理中心

【综述】2018年3月，海关机构改革、关检业务融合，2019年5月5日，经总署批准，重庆出入境检验检疫局机关服务中心和重庆海关后勤管理中心整合为重庆海关后勤管理中心（以下简称后管中心），系具有独立法人资格的正处级事业单位。后管中心内设办公室、财务科、人事政工科、后勤采供科、物业管理科、资产管理科、生活服务科、安全运行科、企业监管科、第一分中心10个科室；核定编制数43人，实际在编25人。后管中心主要职责是：承担办公区域物业管理、安全保卫、基建维修、固定资产管理及公有住房管理、公务车辆管理、企业管理、物资存储和发放、涉案财物存放保管，以及提供用餐服务、会议接待服务、洗衣服务、理发服务、招待所住宿服务等职能。

2021年，重庆海关后勤管理中心紧紧围绕"管理提升年"的工作要求，牢固树立"过紧日子"思想，积极推进节约型海关建设，不断优化后勤管理，持续深化后勤社会化服务改革，着力提升后勤服务水平，为广大干部职工尤其是疫情防控工作提供强有力的后勤保障。后管中心党支部被评为"重庆海关先进基层党组织"，继续保留"'四强'支部"和"合格支部"称号。

【党建工作】2021年，后管中心始终坚持党建引领，把党史学习教育作为重大政治任务，制定《后勤管理中心党史学习教育计划表》和研读原著任务清单，采取"线上+线下""集中学习+个人自学"相结合的方式，重温党史、新中国史、改革开放史，深学笃用习近平新时代中国特色社会主义思想。依托"三会一课"、主题党日，通过派员参加企事业单位片区的重庆海关党史知识竞赛暨党史故事分享会，引导干部职工传承红色基因、赓续精神血脉，坚决捍卫"两个确立"、做到"两个维护"。结合党史学习教育，扎实开展"我为群众办实事"实践活动，着力解决干部职工急难愁盼问题，完成总关卫生间空调改造和总关、红黄路办公区直饮水改造。年内，召开支委会12次，举办主题党日活动12次，分管关领导、支部书记、支部委员讲党课4次，支部书记谈心谈话19

人次；开展支部共建活动2次，安排参观红色教育基地2次、观看红色电影2次，组织党员谈心得体会28人次。2021年，后管中心4人被评为重庆海关“优秀党务工作者”“优秀共产党员”，15人受到集体嘉奖和统筹表彰。

▲2021年4月23日，重庆海关后管中心党支部召开党史学习教育主题党日活动

【日常保障】2021年，后管中心为总关和红黄路两个办公区提供用餐服务约28.3万人次。助力乡村振兴，完成90.02万元帮扶采购额度，执行进度107.04%，完成14万地方定点帮扶采购份额。做好关区物业管理，以及消防配套设施、电梯、空调、发电机等大型电力设施设备的维护保养，定期对配电室、柴油发电室、强弱电井等进行安全检查，确保设施设备安全运行。做好关区安全保卫、卫生保洁、环境绿化等工作。2021年，按采购制度执行重点采购项目及日常采购，通过招标采购、协议供货和网络采购等方式基本覆盖所有采购，完成后勤类物资采购216批次，发放卫生用品等约18.9万件，采购、发放制服及配饰约3.4万件。做好执勤执法、疫情防控、闭环管理、工作检查等工作用车保障。保障关区会议1,200余场次。

【防疫保障】2021年，后管中心做好闭环管理工作的各项后勤保障工作，完成集中封闭管理酒店的实地调研和选址，做好闭环管理期间的用餐服务、用车保障、房间消杀、安全保卫、环境清扫等工作。2021年，防疫物资累计验收入库17万余件，出库38.72万余件，共发放口罩、酒精等防疫物资约9.14万件。加强防疫物资库房建设及管理，重庆海关6处累计300多平方米的防疫物资库房基本满足存储需要，按照离墙离地、恒温恒湿、严防“四害”等要求存储防疫物资，并增加人手专门负责防疫物资管理。每日上报防疫物资出入库情况并建好防疫物资台账，确保账实相符。每月对防疫物资进行盘点，上报临期物资，及时调整处理，确保全年无一起因存储保存不当引起的物资变质。落实办公区域全封闭式管理要求，确保办公区域安保人员24小时在岗，加强进出人员管控，督促门卫落实查验“两码”、测量体温、佩戴口罩等防疫要求，要求外来人员提供24小时核酸检测证明，做好人员信息登记，明确因私来访人员一律不准进入办公区域，全年管控外来人员进入总关9,493人次。每日对公共区域尤其是电梯、食堂、会议室、茶水间、卫生间等重点区域进行消杀，日消杀总面积约26,000平方米。每天对使用后的公务车辆进行内外全面消毒，累计消杀公务车辆4,298车次。督促后勤工作人员“应检尽检”“应接尽接”，落实“非必要不离渝”要求，加强后勤在编职工、聘用人员、劳务外包人员出差出行管理。抓好疫情期间食堂就餐管理工作，采取分时段、分批次、一人一桌的自助用餐方式，设置消毒区、一米线，并通过张贴宣传画，提醒就餐人员规范佩戴口罩、餐前洗手消毒、取餐就餐保持安全距离、就餐时避免交谈、用餐结束快速离开，杜绝人员聚集可能引发的疫情风险。

▲2021 年 6 月 24 日，重庆海关后管中心开展办公区域消杀

【厉行节约】2021 年，后管中心牢固树立“过紧日子”思想，坚持厉行节约、反对浪费。倡导“光盘行动”，从食品采购、存储、领用、加工、用餐等环节入手，减少食材浪费，年内厨余垃圾减少2/3左右。坚决落实中央八项规定精神，加强对公务用餐管理，执行无公函不接待的规定，按标准提供配餐，不搞特殊接待、超规格接待。推进节能降耗，在总关大楼配电系统安装建筑能耗分项计量系统、光伏发电系统、集中式热水系统；完成总关大楼卫生间传统水龙头更换为节能型感应式水龙头 30 套、增设绿化带节能浇灌喷淋头 10 套、完成总关办公区域传统照明灯具更换为新型一体化节能灯具 951 套。对总关食堂 8 个灶芯进行节能改造，争创“节约型机关”示范单位建设。

【安全管理】2021 年，后管中心牢固树立“安全重于泰山、生命高于一切”的责任意识，落实安全管理责任制。2021 年以来，组织维保人员每月对消防系统、视频监控系统、报警系统、门禁系统等进行巡查检修和维护保养。2021 年，总关办公区进行消防系统维保维保 64 次，出具消防维护报告 12 次，红黄路办公区进行消防系统维保 20 次，出具消防维修报告 12 次；总关进行视频监控、车辆道闸维保 39 次，红黄路办公区进行视频监控系统维保 20 次；对总关门禁系统进行不定期维护保养，全年维修保养 117 次。门禁开通授权或变更录入 366 人次，车辆进出道闸系统变更、新增、取消等授权 920 车次，收费车辆延续授权 465 车次。2021 年完成总关和红黄路两个办公区消防设施设备更新及消防管网改造；组织开展消防安全、配电安全、燃气安全、食品安全等领域的安全风险排查工作，协助配合对办公区域进行消防安全大检查 41 次，发现安全隐患 59 项，均在规定时间内全部完成整改；组织全关干部职工开展消防知识培训 2 次，消防实地演练 1 次，提升全员安全防范意识。

按照关区统一安排，制订涉及后管中心关键领域的8项应急预案，提高应急处置能力。组织物业公司开展岗位危险源辨识，不断提升安全风险防范意识和能力。坚持每日开展安全巡查，确保用水、用电、用气安全。加强各岗位安全风险隐患排查和日常监管，确保办公区域一方平安。

▲2021年5月21日，重庆海关后管中心开展关区消防安全灭火演练

【基建维修】2021年，后管中心完成老海关宿舍一户一表电力改造，通过与江北区政府相关部门特别是供电局沟通协调，并与小区住户逐一对接，年底前按照“弃管小区”政策，完成144户电力一户一表改造工作。及时消除因电路老化、长期超负荷运转带来的安全隐患，妥善解决老旧小区停电频繁问题，不仅保障住户用电安全，而且通过沟通协调，商定该项目改造费用由江北区供电局自筹，为关区节约改造资金120万元，每年节约差额电费补贴约20万元。完成总关二食堂改造、招待所翻新、电梯更新、关史陈列室改造等一系列项目。完成委托招标采购项目15项、中心采购项目27项，实行项目归口管理，把控项目流程，规范政府采购、非政府采购及工程采购行为，防范廉政风险。同时，在项目推进过程中，指定专人跟进，确保工期、工程质量和预算执行。

【资产管理】2021年，后管中心通过与地方相关部门及装修方沟通协调，完成89套还建房验收工作，为有需求的干部职工提供公有住房60人次。通过资格审查、信息公示、签订住房协议、开展水电气日常安全检查等措施，加强公有住房管理。盘活国有资产，提高资产使用率，通过向社会公开招租，出租3处闲置房产，并按市场价收取租金，避免出现因房产闲置倒贴物业费的情况。建立资产电子台账，对各类固定资产进行统计梳理，进一步完善登记造册工作，实现固定资产台账电子化，同时利用资产管理工具对实物进行信息化管理，提高资产管理工作质效。按照规定和需求，采购、调配、运输、安装办公家具，不断满足干部职工的办公需求。

【企业管理】2021年，后管中心按照总署的统一部署，对其控股企业重庆正浩兴检实业有限公司进行清算注销工作。按照国家相关法律法规，认真做好资产评估、盘点、处置及分配工作，切实履行股东监督职能，主张股东权益，按照出资比例，保证投资收益收回，并做好人员补偿和相关人员经费补缴工作。进一步规范全资控股企业金钥匙公司的管理，聘请职业经理，制定公司内部管理制度，理顺内部管理机制，规范租车流程，在保障关区干部职工租车、用车的同时，不断拓展社会租赁业务，减少企业亏损。积极推进投资企业改革，完善法人治理机制。

【内部管理】 2021年，后管中心以“管理提升年”为契机，在2020年修订完成47项规范制度的基础上，新增1项管理办法，并印刷成册，成为指导后勤管理的“工具书”。强化财务管理，编制财务预算，把控报销审批程序和票据审核。坚持事前审批制度，填写“事项审批单”，经批准确认后，再按程序“花钱”和“报销”。落实准军事化管理要求，进一步加强后勤管理队伍建设，着力打造“讲政治、守纪律、懂规矩、有能力、会办事”的后勤保障队伍。采取层层签订廉政承诺书、健全规章制度、严格规范项目审批流程、采购环节相互制约等举措，建立起覆盖后勤各岗位的廉政风险防控机制。制定聘用人员绩效考核管理办法，进一步规范薪酬标准、工作纪律、日常请销假、周末节假日加班等事项，建立健全聘用人员个人档案、晋升机制和解聘规定，充分调动聘用人员工作的积极性。落实绩效考核，采取分类管理、集中考核的方式，按比例表彰先进并实施绩效奖励。实行人性化管理，落实“五险一金”、工会关怀、带薪休假、健康体检、看望慰问等人文关怀等制度举措，保障聘用人员福利待遇，增强其责任感与归属感。继续推进后勤服务社会化，实行物业、食堂等后勤服务外包，引入市场竞争机制，降低行政运行成本。坚持每月对第三方外包公司进行考核，督促提升后勤服务质量。

（撰稿人：吴圆圆　江爱华）

技术中心

【概况】重庆海关技术中心前身为重庆出入境检验检疫局检验检疫技术中心，成立于1999年10月，2018年4月20日划归重庆海关，2019年4月30日整合组建为重庆海关技术中心，为公益二类事业单位，财政补助编制62名。主要承担重庆海关关区进出境的实验室检测、隔离检疫、化验鉴定、研究咨询与风险分析；承担科技与技术开发、服务，提供技术指导，开展有关海关技术法规、标准的制修订；按照有关规定，提供委托检验、检测、校准、鉴定、认证、检疫处理、培训、咨询、开发与转让等服务。内设部门7个，分别为综合管理部、财务管理部、市场客服部、食品安全检测分中心、动植物检疫分中心、化验鉴定及环境安全检测分中心、消费品安全检测分中心，下设全资子公司重庆玉成产品质量检测有限公司。2021年，重庆海关技术中心有人员147人（包括玉成公司13人），其中正高级职称人员6名，副高级职称人员23名。

2021年，重庆海关技术中心围绕重庆海关工作部署，扎实推动全面从严治党和党史学习教育，着力提升技术支撑、科技创新、核心竞争和品牌影响等能力，抓牢抓细疫情常态化防控，从严从实做好安全生产管理。全年完成法定检验4,410批次，其中货贸法检2,853批次，旅邮检截获物、口岸卫生监督、专项检测等法检任务1,557批次；开展社会公共服务，为国家市场监督管理总局、重庆市市场监督管理局、重庆市农业农村委员会、重庆市生态环境局等政府机构及企事业单位开展委托检测28,929批次。积极申报各级科研项目及标准制修订项目45项，获批省部级20项，厅局级5项，获得2020年度重庆市科学技术进步奖三等奖1项。完成CNAS（中国合格评定国家认可委员会）与CMA（检验检测机构资质认定）二合一扩项+变更评审，通过CATL（重庆市农产品质量安全检测机构考核）复评审，提升技术支撑能力，法检自检率提高到98.53%（按项次计）。与海科中心签署战略合作协议，共建牛结节性皮肤病研究室（重庆海关），成为首批进出境濒危物种鉴定实验室联盟成员单位、仪器验证与综合评价认证平台成员单位，为海关系统内首家开启“1+X”合作模式机构。1人被评为重庆市市直机关优秀党务工作者，36人次获得重庆海关集体嘉奖和个人嘉奖。

▲2021年12月15日，重庆海关与海科中心签署战略合作协议

【党的建设】2021年，重庆海关技术中心始终以习近平新时代中国特色社会主义思想为指引，坚持全面从严治党，落实党风廉政建设主体责任，持续做好基层党组织建设各项工作，坚持党建引领，落实一岗双责，做到党建与中心工作统筹协调推进，确保各项工作落实到位。有序推进三级党委落实，7月29日成立技术中心党委和三个所属党支部，党员47人，选举党委委员7人。落地落实巡察整改效果，全面完成3个方面、10个问题点、35项整改任务的整改工作。对标对表重庆海关2021年全面从严治党工作会议53项重点任务，扎实推进全面从严治党向纵深发展。扎实开展“四史”学习教育和习近平总书记“七一”重要讲话、十九届六中全会精神等学习研讨活动，中心党委开展学习研讨、支部活动等60次。组织开展企事业单位片区的重庆海关党史知识竞赛暨党史故事分享会，深入推进开展“现场监管与外勤执法权力寻租”专项整治，开展“以案促改遵规守纪”警示教育月活动，举办“学史崇廉、廉洁齐家”系列活动，紧盯重要时间节点，坚持做好节前廉政提醒。对标党建“三大工程”，国门生物安全进学校、进社区7次；开展“秀山山银花指纹图谱研究及病虫害综合防控”项目研究，实地调研并开展技术指导，科技助力乡村振兴；坚决贯彻落实“放管服”改革、优化营商环境、涉企减税降费等政策。

▲2021年6月2日，重庆海关技术中心组织开展重庆海关党史知识竞赛暨党史故事分享会（企事业单位片区）

【检验检疫】2021年，重庆海关技术中心支撑执法把关取得显著成效。打击“洋垃圾”，保护濒危物种资源，全年完成涉税分类鉴定样品55批次，命中29批次；完成固体废物属性鉴定样品51批次，检出固体废物样品2批次；完成153批次濒危

物种鉴定，鉴定出象牙制品139批次、红珊瑚11批次，检出鳄鱼皮3批次，首次在重庆口岸鉴定出巨齿鲨牙齿化石1批次。筑牢检疫防线，守卫国门生物安全，全年检出各类有害生物143种685种次，鉴定出活体青鳉鱼、大麻种子、特纳草等外来物种，被总署作为典型案例通报；首次检出进口牛黄布鲁氏杆菌核酸阳性1批次，大麻种子3批次；首次在重庆口岸检出进境食用油转基因成分3批次；完成6项国门生物安全监测工作，鉴定各类有害生物3万余头（株），监测到6种检疫性杂草，8种检疫性实蝇。严把食品质量安全关，全年完成进出口食品货贸检测358批，检出6批次不合格；口岸卫生监督检测117批，检出4批次不合格；开展进出口食品、饲料风险监测任务71批，937项次，无不合格情况。强化危化品检验，全年完成危险品及包装鉴定578批次，检出7批次不合格；完成大宗资源类铬矿石样品鉴定523批次。开发扩展新的检测项目，优化检测程序，缩短检测时长，完成CNAS与CMA二合一扩项+变更评审，新增检测参数508项，变更标准31项；扩大检测领域，为发展增添新动力，截至2021年，重庆海关技术中心取得检测能力52大类、9,443个参数，校准能力4大类、127个参数；通过CATL复评审，农产品检测能力2大领域和77项检测参数获批，通过能力验证、测量审核44项。持续提升国家级进出口商品质量安全风险评估中心（重庆）和2个总署进出口商品风险监测点建设水平，收集风险信息5,300条，形成风险信息分析和风险评估报告22份，总署采纳11份；完成重点敏感商品风险监测170批，检出不合格12批；完成总署指派的2021年全国进口儿童用品质量安全风险评估任务，相关内容在总署网站发布，并被媒体广泛报道。

【科技发展】2021年，重庆海关技术中心加快科技创新步伐，不断提升原始创新能力，营造良好创新环境，坚持把科技创新摆在工作全局位置，秉承科技兴关理念，优化科研团队，做好科研攻关，突破技术瓶颈，打造有力技术支撑。申报海关技术规范27项，获批立项13项；申报科研项目18项，其中获批省部级项目7项，获批厅局级项目5项。1项NQI子课题，2项省部级项目结题验收；作为主持单位完成国家标准1项（《GB/T 39602—2020 牛结节性皮肤病诊断技术》），海关技术规范3项（《SN/T 5483.3—2022 境外动物卫生状况评估规程第3部分：禽流感》《SN/T 5488—2022 猪衣原体病检疫技术规范》《SN/T 5444—2022 出口植物源食品中咪鲜胺及其代谢产物的测定液相色谱—质谱/质谱法》）；作为主要起草单位完成国家标准1项（GB/T 39934—2021 家具中挥发性有机化合物的筛查检测方法　气相色谱—质谱法）；发表论文17篇；获得软件著作权1项（《进出口纺织服装商品数据管理及分析软件V1.0》）；获得专利授权5项，其中发明专利2项（《BTV—11型、17型、20型、23型、24型基因型分型鉴别的多重RT—PCR试剂盒及其检测方法》《蓝舌病病毒基因型分型鉴别的多重RT—PCR试剂盒及其检测方法》）、实用新型专利3项（《集装箱智能监控检疫锁》《具有眼部卫生检疫防护功能的智能护目镜》《一种用于鉴定人参真伪的试剂盒结构》）；《进出口高附加值农产品有害生物检测与除害处理技术标准体系建立及应用》获2020年度重庆市科技进步三等奖（获奖人员：孙涛、滕少娜、孔德英），《进境动物重大疫病风险控制关键技术研发和应用》获总署三级科技成果评定（获奖人员：李应国、聂福平、王昱）；发挥重庆市科普基地及总署科普基地平台作用，多元开展科普传播，开展“国门卫士体验”等科普活动6次，受众5万多人次，在《人民日报》、《中国国门时报》、“学习强国”等媒体报道3条次；与重庆市食品药品检验检测研究院、西南大学联合共建市场监管总局调味品监管技术重点实验室，并成功获批；积极推进禽畜肉应急实验室建设、牛结节性皮肤病OIE（世界动物卫生组织）参考实验室建设，与海科中心合作开展牛结节性皮肤病能力验证工作。成功入围农业农村部外来入侵物种普查机构。

▲2021年5月23日，重庆海关技术中心在重庆市科技活动周上进行科普知识宣传

【政务管理】2021年，重庆海关技术中心持续推进建章立制，制修订《重庆海关技术中心工作规则》《重庆海关技术中心“三重一大”决策管理办法》《重庆海关技术中心印章管理办法》《重庆海关技术中心经济合同管理办法》《重庆海关技术中心全资子公司管理办法（试行）》等16项中心管理制度，进一步规范行政管理、财务管理、后勤保障、安全生产等工作。不断强化质量管理，完成中心体系文件F版修订、培训与实施、内审和外审工作，管理体系持续有效运行，通过质量/环境/职业健康/诚信/合规“五体系”认证。发布重庆海关政务信息32篇、图片新闻18篇，各类新媒体稿件34篇，有效提升中心影响力。

【财务及后勤保障】2021年，重庆海关技术中心建立“过紧日子”长效机制，落实总署关于涉企收费相关政策，配合总署对重庆海关开展经济责任审计、审计署对总署开展经济责任审计相关工作。全年验收并投入使用新设备82台（套），无安全事故发生，有力支撑法检采样、送样、有害生物监测等工作。精心策划滚动施工方案，按照保进度、保质量、保安全、保概算、保廉洁的工作要求，高质高效推进实验室改造工作，红黄路办公区九楼、十楼、十一楼、十二楼通过江北区建管中心阶段性验收并投入使用，其余楼层的改造工作按计划推进。

【队伍建设】2021 年，重庆海关技术中心完成新组建后事业单位首次岗位设置和聘用工作，专技岗聘用44 人、管理岗位聘用7 人。开展职称评审工作，2021 年新晋升正高二级职称 1 人、正高职称 3 人、副高职称 5 人、中级职称 2 人。完成 2 名科级领导干部试用期满任职工作，完成2020 年新招聘 8 名在编人员见习期（初期）满考核及转正工作。开展“内务规范月”活动，中心及各分部组织准军集训 9 次。开展实验室认可及检验检测机构资质认定内审员初始培训及内审员持续培训，33 人获得内审员资格。开展保密教育、心理健康教育、疫情防控知识培训等内部培训 16 次 1, 192 人次。开展商检领域进出口危险品及其包装检验监督岗位技能比武活动，12 名一线检测人员参加，2 名人员参与全国海关团体决赛。

【疫情防控及安全生产】2021 年，重庆海关技术中心持续抓好疫情防控工作，设立疫情防控安全防护监督员，制修订内部防控制度 14 项，发布防控通知 33 条，开展疫情防控知识培训 10 次。认真落实“日报告、零报告”制度，持续保持实验室新冠病毒核酸检测能力。严格按照生物安全三级防护的操作流程进行进口冷链食品、农产品检测作业。持续强化安全生产管理，调整完善中心安全生产工作小组人员，编制印发《重庆海关技术中心实验室安全管理文件》。全员签订重庆海关技术中心安全责任书，组织开展《安全生产法》学习、消防安全等培训 7 次、考试 3 次，生物安全应急演练 1 次，消防演练 1 次。严格落实室长责任制，制定岗位日自查、部门周检查、中心月督查三级安全检查机制。修订实验室体系文件，完善实验室账号权限的开通和注销审批流程，堵住数据安全隐患漏洞。

【群团工作】2021 年，重庆海关技术中心工会有会员 141 人，开展丰富文体活动，做好党群桥梁纽带，6 人参加重庆海关“颂歌献给党”庆祝建党 100 周年歌咏大会活动，开展红色电影《悬崖之上》《长津湖》等集中观影活动 3 次。举办“学党史、铭初心”党史知识竞赛活动、“‘衍’续红色精神，传承优良家风”手工制作活动、“三八”妇女节“巾帼学党史，春日送芬芳”讲座交流活动、“六一”儿童节“童心向党薪火相传”活动。开展技术中心 2020 年度线上表彰会。7 个工会小组、2 个兴趣小组举办活动 10 次，151 人次参加。参加 2021 年万州海关秋季运动会，增进与关区其他单位沟通交流，展现技术中心昂扬向上的精神姿态。为 154 名会员购买职工互助保障险，为 126 名在职女职工和男职工配偶购买特殊疾病保险。

开展会员节日慰问 896 人次、生日慰问 152 人次、日常慰问（结婚、生育、生病等）29 人次、春节困难职工慰问 1 人次，发放慰问金 29.22 万元。强化青年政治引领，8 月 31 日成立技术中心团支部，团员 22 人，选举团委委员 3 人。组织青年理论学习小组 27 人活动 4 次。技术中心团支部落实“三会两制一课”制度，带领青年团员参与各级团组织活动开展。参加离退休党支部三季度支部大会暨主题党日活动，参加由重庆市税务局机关团委及重庆海关团委联合主办的“继承辛亥革命理想担当时代青年责任——纪念辛亥革命 110 周年主题读书分享会”，开展“书香传情·冬衣暖身”捐赠活动，加强与重庆海关及重庆市其他团组织的交流互动。

（撰稿人：刘　磊　赵延轲　彭　源　刘生峰　陈丽华　陈菁梅）

保健中心

【概况】重庆国际旅行卫生保健中心（以下简称保健中心）成立于1999年10月，前身为重庆出入境检验检疫局下属事业单位。2011年8月由重庆市卫健委批准医疗机构执业注册。2016年11月确定为公益二类事业单位。2018年4月20日起按照国务院机构改革转隶划归重庆海关。2019年5月由总署批复更名为重庆国际旅行卫生保健中心（重庆海关口岸门诊部），财政补助编制32名。主要承担重庆关区口岸传染病流行趋势监测与预警，参与总署境外传染病监测哨点工作，参与总署、重庆海关组织的口岸及输入性疾病调查处理；口岸医学媒介生物鉴定、病原微生物检验检测和常见毒物、污染物的检验鉴定等与口岸卫生检疫执法相关的公共卫生检验检测任务；卫生检疫实验室建设、运维和管理等工作；建立口岸传染病防控技术保障机制，参与总署、重庆海关组织的口岸突发公共卫生事件的应急处置、防控工作；组织开展国际旅行健康教育和培训，实施国际旅行卫生健康咨询，组织实施出入境预防接种，开展出入境人员传染病监测与健康体检及传染病后续管理，提供其他社会委托人员的传染病筛查、健康检查和预防接种。为出入境人员和境外中资机构、组织提供公共卫生指导和医疗救助；开展口岸卫生检疫技术研发与技术服务，提供卫生检疫相关技术指导。开展国际旅行医学科学研究，参与旅行医学国际交流与合作。内设部门5个，分别为办公室、财务部、健康管理部、旅行医学部和口岸工作部。2021年，保健中心有人员70人，正式编制人员30人，专业技术人员占比77%，其中副高级职称人员6人，中级职称21人，涵盖临床医学、医学影像、公共卫生、卫生检验及临床检验、护理、农艺植保、财会等专业。

2021年，保健中心坚持以习近平新时代中国特色社会主义思想为指导，深入贯彻落实党的十九大和十九届历次全会精神及习近平总书记“七一”重要讲话精神，围绕重庆海关工作部署，扎实推动全面从严治党和党史学习教育，着力提升技术支撑、科技创新、核心竞争和品牌影响能力。加强疫情防控不松懈、不怠慢。统筹发展与安全，强化全员安全意识，开展安全生产大排查，做到安全事故零发生。保健中心持续做好口岸新冠肺炎疫情常态化防控工作，为守卫国门安全提供技术支撑，高效完成新冠病毒核酸检测 110,303 份，与去年同期相比增长 740%，无漏检，高质量完成 14,508 人传染病监测检测，无违法违规签发各类证书报告。2021 年实现事业收入 2,354.3 万元。保健中心坚持科技是核心战斗力的思想，积极组织科研人员参与各级课题研究，申报总署、重庆市科技局及重庆海关科研项目及标准制定 10 余项，获批重庆海关关级科研项目 3 项，获批检验检疫行业标准 1 项，申报并获取实用新型专利 21 项。科研团队主持主研的课题《出入境病媒生物及传染病防控项目》获 2020 年度重庆市科技进步三等奖。

【党的建设】 2021 年，保健中心党支部始终以习近平新时代中国特色社会主义思想为指引，深入学习贯彻习近平新时代中国特色社会主义思想，坚持全面从严治党，落实党风廉政建设主体责任，要求班子成员在承担业务工作的同时，切实负责起职责范围内的党风廉政建设责任，形成党风廉政建设人人皆知、人人有责、互相监督的氛围。党支部以“情系旅行健康服务国门安全”理念服务广大出入境人员，强化口岸传染病防控工作。持续做好党支部建设各项工作；坚持党建引领，落实一岗双责，落实主体责任。围绕党史学习教育这条主线，增强做到“两个维护”的政治自觉。认真贯彻落实党中央决策部署，总署、重庆海关党史学习教育工作要求，将党史学习教育作为贯穿全年的重大政治任务抓紧抓实，用功学习上好党史“必修课”，突出领导班子学习的龙头作用和引领作用。做到党建与中心工作统筹协调推进，确保各项工作落实到位。坚持做好巡察的“后半篇文章”，根据重庆海关党委第三巡察组关于巡察保健中心的反馈意见要求，按照“坚持问题导向、突出整改落实、推动各项工作、完善制度机制”的原则，直面问题，剖析原因，查找症结。制订《重庆海关保健中心落实重庆海关党委第三巡察组巡察反馈意见整改方案》，针对巡察反馈的 3 大方面 9 个问题逐项细化分解，逐一梳理，明确牵头领导、牵头部门、责任人和整改时限。扎实开展党史学习教育专题组织生活会，支部书记上好专题党课，聚焦“我为群众办实事”实践活动重点民生项目清单、开展红色基地教育、参观重庆海关“百年大党 风华正茂”党史专题展和关史陈列馆、与卫生处等部门联合开展主题党日活动。深入推进开展“现场监管与外勤执法权力寻租”专项整治，制订工作方案，梳理风险项目，制定自查清单，张贴专项整治工作海报，设立意见箱，组织谈心谈话，上报重点项目目前在岗人员个人剖析材料，组织专项整治重点人员进行“学习教育答题考试”。结合落实“三会一课”“主题党日”等组织生活制度，将廉政案例学习、廉政警示教育片的观看融入日常学习中，组织集中学习。对照“政治坚定、业务精通、令行禁止、担当奉献”的标准，制定保健中心管理制度，组建准军建设工作联合检查组，严格执行《海关内务规范》及《保健中心内务管理实施细则》。

▲2021 年 5 月 15 日，保健中心党支部开展红色基地教育活动

【检验检疫】2021 年，保健中心持续做好口岸新冠肺炎疫情常态化防控工作，为守卫国门安全提供技术支撑，高效率完成新冠病毒检测 110,303 份，包括入境人员样本 10,037 人份，入境商品样本 36,723 份，关区工作人员 50,332 人次，社区人员 13,211 人次。全力保障国门生物安全，加强口岸病媒生物监测工作，完成各类标本 10,000 余只的分类鉴定，完成截获病媒生物 30 余批次鉴定，共计完成 6 个口岸本底调查及截获媒介生物鉴定，首次检出蓝翠蝇。完成 14,508 人传染病监测检测工作，检出 HIV 阳性 11 例，梅毒抗体阳性 134 例，乙肝表面抗原阳性 516 例，丙肝抗体阳性 21 例，戊肝抗体阳性 8 例。检出非传染性疾病 7,920 例。诊断并网络上报传染病 104 例，其中 11 例 HIV，46 例乙型肝炎，6 例丙型肝炎，41 例梅毒。完成社会体检 13,114 人，开拓了从业体检“线上预约 + 现场核实”相结合的工作模式。万州职业病体检设点工作顺利完成，大大满足了万州片区职业病体检的需求。参与渝北区新冠病毒疫苗接种工作，共完成新冠病毒疫苗接种 5,691 人次，其他疫苗 22,406 人次，增设新冠病毒疫苗接种记录翻译业务。

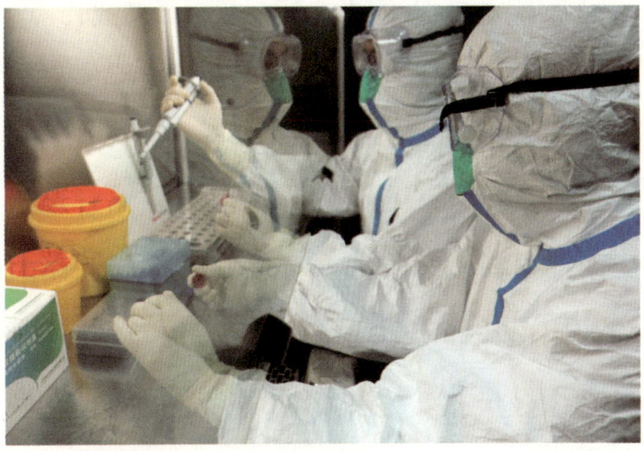

▲2021 年 3 月 14 日，技术人员在负压实验室进行新冠病毒核酸检测

【科技发展】2021 年，保健中心坚持科技兴关理念，把科技创新摆在工作全局位置，加快科技创新步伐，优化科研团队，做好科研攻关，突破技术瓶颈，营造良好创新环境，打造有力技术支撑。申报总署、重庆市科技局及重庆海关科研项目及标准制定 10 余项，获批重庆海关关级科研项目 3 项，获批检验检疫行业标准 1 项，申报并获取实用新型专利 21 项。科研团队主持主研的课题《出入境病媒生物及传染病防控项目》获 2020 年度重庆市科技进步三等奖。新建1个移动实验室，并通过验收，获得重庆市渝北区卫健委生物安全2级实验室备案，开展试运行工作。完成机场PCR实验室及污水处理系统改造，已通过竣工验收，投入使用；完成机场实验室设备采购，共采购各类设备8台，多项设备已经补充至实验室新冠肺炎疫情防控工作一线。目前实验室共有3个负压实验室投入使用，实验室检测能力完成大跨步提升。完成对卫生检疫实验室和国家虫媒传染病检测重点实验室区城重新规划，增加负压采样亭2台，建立完善的生物安全管理流程和记录，全年无安全事故。

【重庆海关保健中心获批】2021年，重庆海关保健中心进出境卫生检疫体验中心利用口岸虫媒专业特色，结合实验室发展，积极申报，获批2020年度重庆市科普基地挂牌。

▲2021年5月22日，保健中心进出境卫生检疫体验中心获批2020年度重庆市科普基地挂牌

【政务管理】2021年，保健中心持续推进建章立制，制修订重庆国际旅行卫生保健中心内部规章制度管理办法、工作规则、贯彻落实“三重一大”决策制度实施细则、会议费管理办法、国内公务接待实施细则、业务接待管理办法等30项中心管理制度，进一步规范行政管理、财务管理、后勤保障、安全生产等工作。完成实验室体系文件修订、培训与实施、内审和外审工作，实验室管理体系持续有效运行。发布重庆海关政务信息6篇（其中图片新闻1篇），“学习强国”、《中国国门时报》、重庆海关发布各类新媒体稿件17篇，有效提升中心影响力。

【财务及后勤保障】保健中心是重庆海关下设三级预算单位，经费保障渠道主要为中央财政拨款、事业收入弥补。按照保进度、保质量、保安全、保概算、保廉洁的工作要求，高质高效推进专用配电房建设（EPC）项目，保健中心业务技术用房改造项目初设方案和投资概算获总署批复，核定改造面积6,496平方米，项目施工总承包招标已完成。

【队伍建设】2021年，保健中心完成转隶后事业单位首次岗位设置和聘用工作，专技岗聘用18人、管理岗位聘用7人，未定岗5人。开展职称申报工作，2021年新晋升副高职称2人。完成2020年新招聘8名在编人员见习期（初期）满考核及转正工作。2021年完成3名管理七级干部的试用期考核及转正工作。开展“内务规范月”活动，中心及各分地点组织准军集训3次。完善青年文明号和巾帼文明岗管理团队，保健中心全国青年文明号创建于2009年，集体现有成员59人，35岁及以下青年占比76.27%，岗位设立号长1名，副号长4名，秘书1名。2021年开展（协助开展）形式多样的活动共计9次。巾帼文明岗创建于2014年，2019年获评“全国巾帼文明岗”。现有成员48名，其中女性人数44人，占92%，设立岗组负责人1名。2021年开展（协助开展）形式多样的活动共计9次。开展不同形式的应急演练活动4次，分别为“样本溢洒处置应急演练”“实验室溢洒事故应急处置演练”“新型冠状病毒职业暴露管理应急演练”“新型冠状病毒检测实验室应急演练”，合计参加人数32人。开展职业技能培训3次，分别为“职业病、疑似职业病上报培训”“防护服穿脱流程培训”“船员体检设备操作培训”，合计参加人数36人，不断提升工作人员的专业技术水平。预防接种人员全员通过渝北区疾病预防控制中心组织的预防接种上岗培训并取得接种资格。职业病诊断医师全员通过重庆市医师协会举办的2021年度职业性尘肺病诊断培训，确保资质的延续性。聘请专业人员对前台工作人员进行礼仪培训，从内到外增强服务意识、提高服务质量。实验室2人参加重庆市临检中心组织的《临床基因扩增实验室技术人员培训班》，取得PCR上岗证书，1人取得《新型冠状病毒核酸检测培训证书》，开展实验室生物安全培训、应急演练、个人防护装备穿脱10余次。

【疫情防控及安全生产】2021年，保健中心持续抓好疫情防控工作，设立每周疫情防控安全防护监督员。认真落实“日报告、零报告”制度，持续保持实验室新冠病毒核酸检测能力。持续强化安全生产管理，调整完善中心安全生产工作小组人员。组织开展《安全生产法》学习、消防安全等培训3次、消防演练1次。严格落实室长责任制，制定岗位日自查、部门周检查、中心月督查三级安全检查机制。修订实验室体系文件，完善实验室账号权限的开通和注销审批流程。

【群团工作】2021年，保健中心工会有会员61人，开展丰富文体活动，做好党群桥梁纽带，走进红石支路社区开展“终结结核流行自由健康呼吸”世界结核病防治日宣讲活动；开展“筑牢口岸检疫防线守护国门生物安全”国家安全教育日宣讲活动；开展“防止输入再传播巩固消除疟疾成果”实践疟疾日走进红石支路社区宣讲活动；开展“世界艾滋病日”走进红石支路宣讲活动；到秀山县涌洞乡川河村开展“健康宣讲＋义诊”活动；开展红色电影《悬崖之上》《长津湖》等集中观影活动。举办“阅读启心智思辨见真知”读书活动、举办读书分享会、“三八”妇女节化妆活动、“六一”儿童节“童心向党薪火相传”活动。开展保健中心2021年团建活动。开展会员节日慰问、生日慰问、日常慰问（结婚、生育、生病、医师节、护士节等）。9 月 29 日成立保健中心团支部，团员 12 人，选举团委委员 3 人。组织青年理论学习 3 次。探索推行“以老带新”模式，持续开展青年理论学习和特色活动，帮助青年队伍尽快成长。参加离退休党支部三季度支部大会暨主题党日活动，开展“书香传情 · 冬衣暖身”捐赠活动，合计捐衣 37 件，捐书 19 本。

▲2021 年 4 月 26 日，保健中心开展“世界疟疾日”宣传活动

（撰稿人：郝玉通　刘启军
黄丽莉　倪丹妮）

第八篇

大事记

2021年重庆海关大事记

1月

▲1日　重庆海关保障2021年中欧班列（成渝）重庆首列发车。

▲8日　关长山巍、副关长王忠文到两路寸滩保税港区管委会调研。其间，与重庆保税港区开发管理有限公司总经理黄杰就技术中心实验室建设等事宜交换意见。

重庆海关与重庆市市场监管局签订《重庆海关重庆市市场监管局关于进口冷链食品疫情风险防控合作协议》。副关长刘浩宇代表重庆海关与重庆市市场监管局副局长杨光签署合作协议。

▲11日　重庆海关与重庆市科技局签署《共同推动科技创新合作备忘录》。关长山巍代表重庆海关与重庆市科技局局长许洪斌签署合作备忘录。

▲14日　关长山巍参加全国疫情防控工作电视电话会议。

▲15日　国务院批复同意设立重庆万州综合保税区（国函〔2021〕14号）。

▲19日　重庆市副市长郑向东在重庆海关分会场参加总署促进跨境贸易便利化专项行动部署会。关长山巍、副关长刘浩宇和重庆市口岸物流办主任巴川江参会。

2021年第一次关区形势分析及工作督查例会召开。

重庆海关参加2020年重庆外贸进出口情况新闻发布会。

▲22日　重庆海关查获中欧班列（重庆）开行以来最大一宗侵犯知识产权案件，该批货物共6万件。

▲23日　关长山巍参加全国安全生产电视电话会议。

▲28日　关领导参加2021年全国海关工作会议和全面从严治党工作会议。

关长山巍参加总署领导班子和领导干部年度考核暨总署党委干部选拔任用工作“一报告两评议”。

▲29日　纪检组组长赖伟忠参加2021年全国海关纪检监察工作会议。

2月

▲1日　2021年重庆海关工作会议召开。关长、党委书记山巍作题为《永葆初

心接续奋斗牢记使命更上层楼　推动重庆海关事业在新起点上取得新突破》的主报告。

2021 年重庆海关全面从严治党工作会议召开。传达全国海关全面从严治党工作会议精神，党委书记、关长山巍作题为《危机中育先机　变局中开新局　深入推进全面从严治党高质量发展》的主报告，对 2021 年关区工作任务进行全面部署。纪检组组长、党委委员赖伟忠作题为《牢牢把握政治定位始终心怀国之大者　坚定不移推进全面从严治党向纵深发展》的讲话。

总署公布国家牛病检测重点实验室（重庆）通过核查验收，为重庆海关第四个国家重点实验室。

▲2 日　重庆海关召开 2021 年重庆海关纪检监察工作会议。

▲3 日　关党委召开 2020 年度民主生活会。

▲7 日　关长山巍、缉私局局长张黎明参加 2021 年全国海关缉私工作会议暨全国打私办主任会议。

▲8 日　关长山巍、缉私局局长张黎明参加 2021 年关区缉私工作会议。

关长山巍、政治部主任孙伟、副关长王忠文参加重庆海关安全生产工作会议。

▲24 日　政治部主任孙伟参加 2021 年全国海关政治部主任会议。

▲25 日　2021 年第二次关区形势分析及工作督查例会召开。

副关长刘浩宇参加全国海关政策研究及统计工作会议。

▲26 日　党委理论学习中心组（扩大）集中学习习近平总书记在中国—中东欧国家领导人峰会上的主旨讲话以及党史学习教育动员大会上的重要讲话精神，审议通过《关于开展“现场监管与外勤执法权力寻租”专项整治工作的实施方案》。

政治部主任孙伟参加 2021 年全国海关办公室工作会议。

3 月

▲1—19 日　财政部重庆监管局对重庆海关 2020 年度部门决算编制开展专项审核。

▲2 日　总署党委 2 月 4 日研究决定：王宏翰任重庆海关副关长（署任发〔2021〕21 号）。

副关长王忠文参加 2021 年全国海关动植物检疫工作会议。

▲3—5 日　关长山巍带队到昆明海关、贵阳海关调研。其间，分别与昆明海关关长靳延勇、贵阳海关关长王松青就加强两关合作、共建西部陆海新通道等工作进行座谈交流。

▲3 日　副关长王忠文参加 2021 年全国海关商品检验工作会议。

▲4 日　副关长刘浩宇参加 2021 年全国海关综合业务工作会议。

▲8 日　副关长王宏翰参加 2021 年全国海关科技工作会议。

▲10 日　关长山巍、副关长王忠文与荣昌区区长高洪波、副区长刘菊华就支持荣昌区扩大特色农产品出口、物流通道及平台建设、进口种猪指定隔离检疫场建设等工作进行座谈交流。

▲11 日　关长山巍、副关长王忠文到重庆市口岸物流办与主任巴川江、副主任肖文军、王荆就推动口岸建设等工作进行座谈交流。

▲15 日　关领导参加全国海关党史学习教育动员会。

▲18 日　副关长刘浩宇参加 2021 年全国海关进出口食品安全工作会议。

▲19—31 日　关领导到联系部门单位开展“现场监管与外勤执法权力寻租”专项整治督导工作。

▲24 日　总署批复通过重庆两路寸滩综合保税区验收结果（署贸函〔2021〕65 号）。

▲25—26 日　关长山巍到万州调研。其间，分别与重庆市委常委、万州区委书记莫恭明，万州区区长聂红焰就加快综保区建设、推进口岸开放等工作进行座谈交流。

副关长刘浩宇参加 2021 年全国海关法治工作会议。

▲27 日　关党委会审议通过《重庆海关党委关于巩固深化“不忘初心、牢记使命”主题教育成果的实施细则》等有关事宜。

巡察工作领导小组审议通过《重庆海关党委 2021 年巡察工作计划》等有关事宜。

▲30 日　党委理论学习中心组（扩大）学习会议暨 2021 年度第三次关区形势分析及工作督查例会召开。传达学习习近平总书记近期重要指示批示精神，研究部署贯彻落实上级工作部署、常态化疫情防控、落实“六稳”“六保”、重庆市综合保税区及果园港建设等工作。

▲31 日—4 月 2 日　关长山巍参加 2021 年全国海关督察内审工作会议。

4 月

▲7 日　重庆海关与乌鲁木齐海关签署《乌鲁木齐海关重庆海关推进中哈“关铁通”项目实施合作备忘录》。关长山巍、副关长刘浩宇和乌鲁木齐海关关长沈扬、副关长吴卫出席签署仪式，刘浩宇副关长代表重庆海关与吴卫副关长签署备忘录。

▲7—9 日　副关长王忠文参加全国海关财务工作会议。

▲8—9 日　重庆海关中欧班列（渝新欧）信息专报获重庆市委书记陈敏尔，重庆市市长唐良智、副市长蔡允革批示。

▲8 日　总署缉私局副局长陈涛到重庆海关缉私局调研，缉私局局长张黎明就缉私工作情况作汇报。

▲9 日　重庆海关副关长王宏翰与中国海关出版社有限公司执行董事韩钢一行就党建、文化知识服务等工作进行座谈交流。

▲12—30 日 总署经济责任审计组对重庆海关开展审计工作。

▲18 日 技术中心通过中国合格评定国家认可委员会（CNAS）认可扩项和变更现场评审，获 10 大类检测资质新增和 539 项检测参数变更扩项。

▲20—22 日 总署副署长王令浚在重庆调研促外贸稳增长和科技发展等工作，关长山巍、副关长王宏翰参加调研。

▲22 日 重庆海关参加公安部组织的 2021 年度网络安全攻防实战演习，成功捕获一次网络攻击，在得分的五个直属海关中列第三名。

▲26 日 “重庆海关依申请保护摩托车整车专利权案”入选《2020 年中国海关知识产权保护典型案例》。

▲27 日 2021 年度第四次关区形势分析及工作督查例会召开，传达学习习近平总书记近期重要指示精神，研究部署贯彻落实上级工作部署、常态化疫情防控、强化监管提高重大查获工作情况、关区党史学习教育等工作。

副关长曹少雄参加全国海关卫生检疫工作会议。

▲29 日 重庆海关举办党史学习教育专题宣讲活动，重庆市委直属机关工委常务副书记张国忠作题为“以情感讲党史”专题宣讲。

5 月

▲11 日 关长山巍、副关长王忠文与重庆市农业农村委员会主任路伟就落实合作备忘录，推动农产品贸易发展、农产品安全体系构建以及农业技术合作等工作进行座谈交流。

▲19 日 关党委会审议通过《重庆海关党委关于进一步贯彻落实中央八项规定精神持续解决形式主义问题为基层减负的细化措施》等制度文件。

关长山巍、副关长王宏翰到人民日报社重庆分社与王斌来社长就新闻宣传工作进行座谈交流。

副关长曹少雄、刘浩宇参加全国海关企业管理和稽查工作会议。

▲20—21 日 驻总署纪检监察组组长、总署党委委员陶治国在重庆海关调研，听取关党委和党委纪检组落实全面从严治党“两个责任”情况汇报，实地调研涪陵海关和风控分局。关长山巍、纪检组组长赖伟忠参加调研。

▲25 日 关务会审议通过重庆海关 2021 年度会议计划及《重庆海关重大查获绩效考核实施细则》等 5 项制度。

▲26 日 党委理论学习中心组（扩大）学习会议暨 2021 年度第五次关区形势分析及工作督查例会召开。

▲28 日 重庆海关与成都海关签署《重庆海关缉私局成都海关缉私局共同支持成渝地区双城经济圈建设合作备忘录》。关长山巍、缉私局局长张黎明、副关长刘浩宇和成都海关关长冉辉、缉私局局长虞阳、副关长李海帆出席签署仪式，张黎明

局长代表重庆海关与虞阳局长共同签署合作备忘录。

6 月

▲4 日　关长山巍到两江新区管委会座谈，与两江新区党工委副书记、管委会主任罗蔺就加强关地合作推动共同发展进行座谈交流。

▲7 日　审计署驻重庆特派办审计组对重庆海关关税及进出口环节税征管等情况开展国家审计。

▲9 日　副关长王忠文参加全国海关口岸监管工作会议。

▲10 日　中央第十三督导组组长于广洲到重庆海关督导缉私部门教育整顿工作。关长山巍、缉私局局长张黎明作汇报。

▲15 日　关领导参加总署党史学习教育专题党课视频会议。

▲17 日　关长山巍参加全国安全生产电视电话会议。

▲18 日　总署副署长胡伟对《重庆海关缉私局侦办的“2023”走私普通货物案大幅扩案》（缉私要情第 73 期）作出肯定批示。

关党委集中学习习近平总书记关于安全生产重要论述，传达国务院安委会、重庆市安委会安全生产工作会议精神，部署关区安全生产工作。

▲22 日　巡察工作领导小组审议通过《重庆海关党委巡察组绩效考核办法（试行）》等 3 项规章制度。

▲24 日　党委书记山巍讲党史学习教育专题党课。

▲25 日　2021 年度第六次关区形势分析及工作督查例会召开。

▲29 日　重庆海关举行庆祝建党 100 周年“永远跟党走”歌咏大会，表彰“两优一先”先进个人及集体，向“光荣在党 50 年”党员代表颁发纪念章。

▲30 日—7 月 30 日　关领导到分管联系部门单位开展“现场监管与外勤执法权力寻租”专项整治督导工作，参加相关部门单位巡察整改专题民主生活会。

7 月

▲2 日　总署副署长邹志武、孙玉宁对重庆海关呈报的《“三智”合作理念引领中新（重庆）关际合作再上新台阶》作出肯定批示。

党委理论学习中心组专题学习研讨习近平总书记在庆祝中国共产党成立 100 周年大会上的重要讲话精神。

▲6 日　国务院印发《关于同意设立重庆永川综合保税区的批复》（国函〔2021〕70 号）。

▲15 日　关长山巍与永川区委书记滕宏伟、区人民政府区长张果就永川综合保税区建设等工作进行座谈交流。

▲16 日　关党委参加总署配合国家审计工作专题视频会议和“现场监管与外勤执法权力寻租”专项整治第二批第三检查

组实地检查重庆海关见面沟通视频会。

▲19 日 重庆海关参加 2021 年上半年重庆市外贸进出口情况新闻发布会。

▲27 日 关党委会传达学习全国海关系统纪检机构精准规范问责、强化政治责任视频会议精神，专题研究重庆海关党史学习教育阶段工作等事项。

▲28 日 2021 年上半年廉政形势分析、清廉海关建设暨警示教育电视电话会议召开。

▲29 日 2021 年度第七次关区形势分析及工作督查例会召开。

关长山巍，副关长王忠文、刘浩宇与中新示范项目管理局局长曾菁华、副局长孙熙勇就果园港海关监管、农产品直供基地建设、新航（重庆）保税航材调拨中心创新政策支持等工作进行座谈交流。

▲30 日 副关长刘浩宇参加全国海关自贸区和特殊区域发展工作会议。

8 月

▲2 日 关长山巍主持召开重庆海关加强新冠肺炎疫情个人防护工作专题会议，传达总署、重庆市委市政府工作要求，研究部署加强关区新冠肺炎疫情个人防护相关工作。

▲4 日 关长山巍参加全国疫情防控工作电视电话会议。

▲6—9 日 国务院联防联控机制综合组第十七工作组对重庆海关疫情防控工作开展督导检查。副关长王忠文、曹少雄、刘浩宇参加相关工作。

▲6 日 关党委参加全国海关疫情防控工作视频会议。

▲17 日 重庆市副市长蔡允革对《重庆海关量身定制业务模式支持服务业扩大开放综合试点取得新突破》（渝关呈字〔2021〕28 号）作出肯定批示。

关党委理论学习中心组（扩大）学习贯彻习近平总书记“七一”重要讲话精神。

关长山巍、副关长刘浩宇与两江新区党工委副书记、管委会主任罗蔺就寸滩国际新城展示中心建设项目等工作进行座谈交流。

重庆市打私办常务副主任、缉私局局长张黎明主持召开 2021 年重庆市打击走私综合治理工作会议。

▲19 日 关长山巍，政治部主任孙伟，副关长王忠文、曹少雄参加海关事业单位所属企业脱钩工作视频会议。

▲20 日 缉私局局长张黎明参加总署缉私局第二批缉私队伍教育整顿动员部署会议暨专题党课。

▲23 日 关党委参加总署学习贯彻习近平总书记“七一”重要讲话精神宣讲报告视频会。

▲24 日 重庆海关与秀山县人民政府签署《重庆海关秀山县人民政府共同促进秀山县开放型经济发展合作备忘录》。关长山巍、副关长王宏翰和秀山县县长马文森、副县长林成芳出席签署仪式，王宏翰

副关长代表重庆海关与林成芳副县长签署合作备忘录。

▲30 日　党委理论学习中心组（扩大）学习会暨 2021 年度第八次关区形势分析及工作督查例会召开。

9 月

▲1 日　关党委参加总署学习贯彻习近平总书记“七一”重要讲话精神读书班暨宣讲交流会。

▲7 日　关务会审议通过《重庆海关综合督查通报工作规则》等 8 项制度。

▲8 日　公安部党委委员、副部长刘钊到重庆海关缉私局调研并现场督导教育整顿工作，肯定重庆海关及缉私局各项工作。

重庆海关与成都海关共同举办“关银一 KEY 通”川渝一体化项目合作备忘录线上签约仪式，副关长刘浩宇、成都海关副关长李宣彤、建设银行重庆市分行副行长曹颖、建设银行四川省分行副行长戴虎林出席签约仪式。

▲10 日　关长山巍向重庆市政协副主席屈谦汇报口岸疫情防控等工作。

重庆海关保障全国首趟“铁路快通”模式进出境中欧班列发运。

▲14 日　政治部主任孙伟与重庆市委直属机关工委常务副书记冉华章就机关党建工作和思想政治工作进行座谈交流。

▲17 日　关长山巍到西永海关辖区企业调研，与西永微电子产业园区开发有限公司党委书记、董事长吴道藩召开“我为群众办实事”现场座谈交流，现场办公解决企业困难问题。

▲23—26 日　全国政法队伍教育整顿中央第十三督导组、总署缉私局第五督导组现场督导重庆海关缉私局第二批教育整顿相关工作。

▲24 日　党委理论学习中心组（扩大）学习会议暨 2021 年第九次关区形势分析及工作督查例会召开。

重庆海关派员组队参加 2021 年度全国海关科普讲解比赛，获“全国海关十佳科普讲解员”奖。

▲26 日　关长山巍到涪陵海关辖区调研，其间，与丰都县委书记张国忠，县委副书记、县人民政府县长唐守渊就丰都区外向型经济发展、深入推进关地协作等工作进行座谈交流。

▲27 日　重庆市政协副主席屈谦带队到重庆海关开展防疫专业技术监督工作。

▲28 日　重庆港海关办公场所搬迁至果园港，正式对外办理海关业务。

▲29 日　关党委会研究“现场监管与外勤执法权力寻租”专项整治整改阶段性情况等工作，审议相关事项。

重庆海关向重庆市市场监管综合行政执法总队移交现存查获走私冻品，走私冻品归口地方处置政策完全落地。

10 月

▲9 日　关长山巍、副关长刘浩宇到

江北区座谈，与区委书记滕宏伟，区长陶世祥、副区长何勇就共同推动江北区开放平台建设、促进开放型经济发展等工作进行座谈交流。

▲11—12 日　总署党史学习教育第三巡回指导组到重庆海关调研，肯定重庆海关党史学习教育、党建工作培训、基层“强基提质工程”等工作。

▲13—15 日　关长山巍到万州区、奉节县调研。其间，与万州区委副书记、区长聂红焰就推进开放平台建设、促进外向型经济发展等工作进行座谈交流；与奉节县委书记张果、副县长袁正领就加强关地合作、帮扶农产品出口、支持招商引资等工作进行交流。

▲19 日　政治部主任孙伟同重庆市直机关工委常务副书记冉华章调研重庆海关机关党建工作。

▲20 日　重庆市委常委、两江新区党工委书记段成刚到重庆海关隶属重庆港海关调研。

关长山巍、副关长刘浩宇到渝中区座谈，与区委书记赵世庆，区委副书记、代理区长黄茂军，副区长邓光怀就持续深化双方合作、共同推动渝中区开放型经济发展等工作进行座谈交流。

▲20—22 日　关长山巍到秀山县调研。其间，与秀山县政府县长马文森就推进开放平台建设、深化巩固拓展乡村脱贫攻坚成果等工作进行交流。

▲21—22 日　副关长王忠文参加总署打击跨境电商进口走私“断链刨根”专项整治行动现场会。

▲27 日　党委理论学习中心组（扩大）学习会议暨 2021 年度第十次关区形势分析及工作督查例会召开。

重庆海关“‘一 KEY’破解‘蜀道难’”入选总署“‘我为群众办实事’百佳项目”。

▲29 日　重庆海关与新加坡关税局关际合作 2021 年度工作会议召开。关长山巍、新加坡关税局副局长林泽龙共同主持，副关长王宏翰、新加坡关税局国际关系司司长张安琪作会议小结，会议以“加强‘三智’合作促进‘陆海新通道’发展”为主题，就年内签署 2021—2022 年度关际合作工作计划达成共识。总署国际司、重庆市商务委、重庆市中新示范项目管理局，新加坡关税局、贸易及工业部、企业发展局等相关部门代表参加会议。

关长山巍，副关长王忠文、曹少雄、王宏翰、刘浩宇参加全国海关疫情防控工作视频会议、关区疫情防控工作部署会。

11 月

▲2 日　重庆海关与璧山区人民政府签署《共同促进璧山区开放型经济发展合作备忘录》，关长山巍、副关长王忠文与璧山区委书记秦文敏、区政府常务副区长张献强出席签署仪式。王忠文副关长代表重庆海关与张献强常务副区长签署备忘录。

▲**4 日**　关党委会审议通过《重庆海关党委关于进一步加强新冠肺炎疫情内部防控工作的有关意见》。

▲**5 日**　重庆海关助推总署印发《海关支持成渝地区双城经济圈建设重点措施》。

▲**8 日**　缉私局局长张黎明参加总署缉私局政治督察组工作汇报会。

▲**12 日**　关党委会传达学习党的十九届六中全会公报精神，审议通过《重庆海关贯彻落实“三重一大”决策制度实施办法》等重要事项。

▲**18 日**　关长山巍、副关长刘浩宇到两路寸滩保税港区管委会与重庆保税港区集团党委书记、董事长颜伟，总经理王端平就深化双方合作、探索外贸新模式新业态等工作进行座谈交流。

▲**23 日**　重庆海关召开 2021 年度党建述职评议考核暨“一把手”述责述廉评议电视电话会。

▲**25 日**　关领导参加总署党委理论学习中心组（扩大）学习暨党的十九届六中全会精神专题学习班开班仪式。

党委理论学习中心组（扩大）学习会议暨 2021 年度第十一次关区形势分析及工作督查例会召开。

重庆市 12345 政务服务便民热线重庆海关分中心正式启用。

▲**29 日**　重庆海关派员参加全国海关商检领域岗位练兵，4 名同志进入全国百强，整体成绩列全国八强，入围全国总决赛。

12 月

▲**1 日**　关领导参加总署党委理论学习中心组（扩大）学习暨党的十九届六中全会精神专题学习班专题宣讲会。

▲**4 日**　重庆海关保障中老铁路（成渝—万象）首列国际货运班列顺利开行。

▲**6 日**　重庆市文明办批复重庆海关继续保留“重庆市文明单位”称号。

▲**9 日**　关长山巍、政治部主任孙伟参加全国海关落实国家审计整改工作专题视频会议。

▲**10 日**　关领导参加重庆海关 2021 年国家安全暨保密工作会议。

副关长曹少雄参加重庆市突发公共卫生事件专家咨询委员会成立暨重庆市突发公共卫生事件应急指挥部联席会议，重庆海关 5 人被聘为重庆市突发公共卫生事件专家。

▲**13—17 日**　重庆海关开展党委理论学习中心组（扩大）学习暨党的十九届六中全会专题学习班。党委书记、关长山巍作全会精神宣讲和动员讲话。

▲**14 日**　巡察工作领导小组审议通过《重庆海关党委巡察干部队伍管理考核办法（修订）》《重庆海关党委 2021 年第二轮巡察整改督导工作实施方案》以及第二轮巡察工作情况报告。

▲**15 日**　重庆海关与海科中心签署战略合作协议，“进出境濒危物种鉴定实验

室联盟成员单位”“仪器验证与综合评价认证平台”“牛结节性皮肤病研究室（重庆海关）”揭牌，为全国海关系统内首家与海科中心实行 1 + X 合作模式单位。关长山巍，副关长曹少雄、王宏翰与海科中心主任宋悦谦、副主任常亮出席仪式。王宏翰副关长代表重庆海关与常亮副主任签署协议。

重庆海关启动全国海关跨境电商零售进口“商品条码”应用改革试点。

▲19 日 关党委会专题研究重庆海关全面从严治党暨清廉海关建设、意识形态工作，听取关于安全生产情况汇报，审议相关事项。

▲20 日 副关长王宏翰参加第二次中波（兰）海关合作年度工作会议。

▲21 日 全国中央政法队伍中央第十三督导组组长于广洲一行到缉私局现场督导教育整顿工作，肯定该局相关工作。督导组重庆小组组长李志路，关长山巍，缉私局局长张黎明、副关长王宏翰，重庆市政法委政治部主任莫绍勇参加调研。

关党委会研究重庆海关 2021 年度国家审计整改工作，审议有关事项。

▲22 日 副关长刘浩宇参加全国海关“三智”国际合作工作会议。

▲27 日 副关长王忠文、曹少雄、刘浩宇参加总署打击跨境电商进口走私“断链刨根”专项整治行动总结视频会。

▲28 日 关领导参加直属海关单位党委书记述责述廉述党建会议。

▲29 日 重庆港口岸扩大开放果园港区顺利通过国家验收组验收。

▲30 日 党委理论学习中心组（扩大）学习会议暨 2021 年第十二次关区形势分析及工作督查例会召开。

2021 年下半年廉政形势分析暨清廉海关建设会议召开。

关务会审议通过《重庆海关突发事件应急管理暂行办法（修订）》等 7 项制度。

西永综合保税区调规（调减面积）顺利通过验收。

重庆海关验放全国首票“长江经济带口岸属地海关跨关区布控查验”试点货物。

▲31 日 关领导参加全国海关党史学习教育总结会。

万州综合保税区（一期）顺利通过预验收。

第九篇

人物荣誉

重庆海关首次荣获“光荣在党50年”纪念章名单

（24 人）

王长贵	宋定明	陈敦礼	王锡玉	任和贵	应宗树
陈贵全	谢　勇	刘厚荣	简官成	周裕海	黄学武
孙朝良	安　强	任安良	王定德	陈宗义	秦传弟
杨治钦	唐清云	黄起鹏	邢永忠	胡开淑	王淑君

2021年国务院“授衔令”（二级关务监督及以上）

一、《国务院关于授予和晋升曹大海等607名同志海关关衔的命令》（国函〔2021〕24号）

（一）授予以下同志一级关务监督关衔

邓明辉　重庆海关一级巡视员

（二）授予以下同志二级关务监督关衔

张　斌　重庆海关二级巡视员

陈　华　重庆海关二级巡视员

王文燕　重庆海关二级巡视员

曲　炼　重庆海关二级巡视员

庞　敏　重庆海关二级巡视员

李　进　重庆海关所属两路寸滩海关督办

（三）以下同志由三级关务监督关衔晋升为二级关务监督关衔

唐明江　重庆海关所属涪陵海关督办

二、《国务院关于授予和晋升陆春明等145名同志海关关衔的命令》（国函〔2021〕65号）

以下同志由三级关务监督关衔晋升为二级关务监督关衔

王宏翰　重庆海关副关长

附录

2021年重庆关区货运监管税收业务统计表

指标名称	单位	2021 年 1 月至 2021 年 12 月	
		累计	同比 ± %
进出口货运量	吨	7,733,725	7.6
进口	吨	4,263,911	1.9
出口	吨	3,469,814	15.6
监管运输工具		—	—
火车	节	95,059	-5.3
飞机	架	5,494	-14.2
实际入库税收额	亿元	173.9	26.8

重庆市进出口商品总值表（月度表）

单位：亿元人民币

年月	进出口		出口		进口	
	金额	同比（%）	金额	同比（%）	金额	同比（%）
全年合计	8,000.588,9	22.828,5	5,168.33	23.429	2,832.26	21.747,5
2021.01	625.771,9	47.188,4	393.875	41.805,7	231.897	57.331,9
2021.02	537.930,7	109.194,4	326.702	205.045	211.229	40.777,4
2021.03	640.597,1	45.144	400.57	57.522,8	240.027	28.316
2021.04	654.027,3	22.268,1	408.206	12.545,2	245.822	42.746,3
2021.05	587.743,2	13.035,7	364.369	10.139,8	223.375	18.100,9
2021.06	719.244,5	28.942,5	424.054	20.224,9	295.191	43.935,6
2021.07	659.800,3	5.275,4	444.049	5.269,6	215.751	5.287,3
2021.08	651.494,4	15.965,5	437.355	16.300,5	214.139	15.287,2
2021.09	692.821,3	11.932,4	455.433	20.202,6	237.388	-1.119,5
2021.10	664.614	9.788,6	460.04	12.444,5	204.574	4.251,3
2021.11	769.253,6	16.207,8	514.89	10.556,9	254.363	29.618,9
2021.12	797.290,6	13.496,6	538.783	19.656,3	258.507	2.499,4

重庆市进出口商品贸易方式总值表

单位：亿元人民币

	进出口		出口		进口	
	2021 年 1 月至 2021 年 12 月		2021 年 1 月至 2021 年 12 月		2021 年 1 月至 2021 年 12 月	
贸易方式	金额	同比（%）	金额	同比（%）	金额	同比（%）
合计	8,000.588,9	22.828,5	5,168.327	23.429	2,832.261,9	21.747,5
一般贸易	2,687.555	33.470,4	1,581.004,3	30.989,3	1,106.550,7	37.182,8
国家间、国际组织间无偿援助和赠送的物资	0.081,1	0.538	0.081,1	0.538	0	—
其他捐赠物资	0.011,6	-98.291,2	0.007,6	-97.885	0.003,9	-98.756,7
来料加工贸易	212.535,4	-2.514,7	66.213,9	21.447	146.321,5	-10.505,1
进料加工贸易	3,417.488,4	15.287,5	3,018.066,8	14.868,9	399.421,5	18.551,7
寄售代销贸易	0.155,1	—	0.155,1	—	0	—
边境小额贸易	0	-100	0	-100	0	—
加工贸易进口设备	0	—	0	—	0	—
对外承包工程出口货物	0.294,1	38.922,6	0.294,1	38.922,6	0	—
租赁贸易	0.018,4	-84.527	0.018,4	-84.527	0	—
外商投资企业作为投资进口的设备、物品	4.148,9	145.362,9	0	—	4.148,9	145.362,9
出料加工贸易	0	-100	0	-100	0	-100
保税监管场所进出境货物	99.218,5	28.942,2	49.752,3	101.779,2	49.466,2	-5.402,5
海关特殊监管区域物流货物	1,552.490,5	28.448,3	449.089	68.484	1,103.401,5	17.121,1
海关特殊监管区域进口设备	17.481,1	2.072,4	0	—	17.481,1	2.072,4
其他贸易	9.110,9	-25.028,1	3.644,3	-43.064,7	5.466,6	-4.955,5

重庆市进出口商品主要国别（地区）总值表

单位：亿元人民币

产终国（地区）	进出口		出口		进口	
	2021 年 1 月至 2021 年 12 月		2021 年 1 月至 2021 年 12 月		2021 年 1 月至 2021 年 12 月	
	金额	同比（%）	金额	同比（%）	金额	同比（%）
合计	8,000.588,85	22.8	5,168.326,97	23.4	2,832.261,88	21.7
亚洲	4,248.501,66	25.2	2,041.432,19	34.3	2,207.069,47	17.9
非洲	173.383,07	46	143.387,79	57.7	29.995,28	7.6
欧洲	1,568.577,03	20.3	1,281.689,63	15.4	286.887,4	48.9
拉丁美洲	494.116,37	32.5	391.831,71	46.9	102.284,65	-3.7
北美洲	1,299.303,59	11.9	1,223.193,64	10.4	76.109,95	44.5
大洋洲	216.196,27	31.7	86.792,02	-3.5	129.404,26	74.5
其他	0.510,86	-20.6	0	-99.9	0.510,86	-20.5
阿富汗	0.224,7	179.1	0.224,58	185.3	0.000,12	-93.3
巴林	1.281,21	0.8	1.262,47	75.6	0.018,74	-96.6
孟加拉国	14.826,11	101.3	14.763,57	102.7	0.062,54	-21.1
不丹	0.003,4	1,062.8	0.003,4	1,062.8	0	—
文莱	0.337,34	-69.3	0.141,97	35	0.195,37	-80.3
缅甸	10.765,32	-46.4	9.902,46	-48.4	0.862,86	-1.4
柬埔寨	8.109,64	76.2	7.999,58	79.6	0.110,05	-25.6
塞浦路斯	0.189,07	11.1	0.188,11	10.5	0.000,96	—
朝鲜	0.003,25	-60.8	0.003,25	-60.8	0	—
中国香港	731.315,44	69.7	729.811,83	69.6	1.503,61	214.7
印度	212.667,81	51.3	202.956,74	54.6	9.711,07	4.5
印度尼西亚	132.688,54	75.1	81.810,14	57	50.878,39	114.8
伊朗	5.412,04	-10.6	5.403,83	-10.7	0.008,21	—
伊拉克	7.266,76	88.1	7.190,02	86.2	0.076,74	—

续表

产终国(地区)	进出口		出口		进口	
	2021 年 1 月至 2021 年 12 月		2021 年 1 月至 2021 年 12 月		2021 年 1 月至 2021 年 12 月	
	金额	同比(%)	金额	同比(%)	金额	同比(%)
以色列	8.879,19	4.2	7.267,21	3.6	1.611,98	7.4
日本	341.854,77	21.1	149.815,95	-8.2	192.038,82	61.3
约旦	2.848,98	44.5	2.848,7	44.7	0.000,27	-91
科威特	3.511,28	-51.9	3.511,27	-51.9	0	—
老挝	3.850,3	14	3.832,93	14.6	0.017,37	-47.9
黎巴嫩	0.678,08	170.1	0.678,08	180.7	0	-100
中国澳门	0.561,64	28.4	0.561,64	28.4	0	—
马来西亚	247.124,46	8.5	58.325,8	18.9	188.798,66	5.7
马尔代夫	0.223,59	239.7	0.223,59	241.7	0	-100
蒙古	15.315,9	145.8	0.909,19	-9	14.406,71	175.4
尼泊尔联邦民主共和国	2.404,57	221.1	2.404,57	221.1	0	—
阿曼	3.546,26	332.7	1.939,12	137.6	1.607,14	46,421.4
巴基斯坦	43.974,31	39.2	43.654,4	39.2	0.319,91	38.8
巴勒斯坦	0.096,02	-40.6	0.096,02	-40.6	0	—
菲律宾	90.879,89	35.3	58.769,63	52	32.110,26	12.6
卡塔尔	3.099,81	126.7	2.484,71	87.6	0.615,09	1,341.8
沙特阿拉伯	39.890,26	28	38.481,12	30.2	1.409,13	-12.3
新加坡	75.381,73	-8	49.260,8	-18	26.120,92	19.3
韩国	519.289,7	9.1	141.656,77	-2.1	377.632,93	14
斯里兰卡	3.166,02	52.5	3.150,55	59.7	0.015,46	-85
叙利亚	0.357,47	-63.4	0.357,47	-63.1	0	-100
泰国	211.107,28	40.7	67.900,51	53.1	143.206,77	35.5
土耳其	40.978	24.4	39.479,23	26	1.498,77	-7.3
阿联酋	62.889,83	24.7	58.505,4	20.8	4.384,43	120.7
也门	0.700,58	-33.2	0.700,58	-33.2	0	—
越南	512.089,76	4.6	133.404,36	43.9	378.685,4	-4.6
中国	217.083,68	-2.3	0	—	217.083,68	-2.3
中国台湾	646.947,63	25.9	102.718,87	8.7	544.228,75	29.8
东帝汶	0.129,14	90.7	0.129,14	96	0	-100
哈萨克斯坦	22.773,31	259.2	4.925,03	-21.6	17.848,28	28,662.9
吉尔吉斯斯坦	0.158,07	208.1	0.158,07	208.6	0	-100
塔吉克斯坦	0.039,53	68.9	0.039,53	121.4	0	-100
土库曼斯坦	0.085,14	11	0.085,14	11	0	—
乌兹别克斯坦	1.494,9	-10	1.494,84	-10	0.000,05	—
阿尔及利亚	2.283,7	27.4	2.283,68	27.4	0.000,03	-81.3

续表

产终国(地区)	进出口		出口		进口	
	2021年1月至2021年12月		2021年1月至2021年12月		2021年1月至2021年12月	
	金额	同比(%)	金额	同比(%)	金额	同比(%)
安哥拉	2.799,85	203.6	2.799,85	204.9	0	-100
贝宁	1.143,85	11.4	1.143,82	11.4	0.000,03	-41.3
博茨瓦纳	0.055,92	-34.5	0.055,92	-34.5	0	—
布隆迪	0.161,24	-36.8	0.161,24	-36.8	0	—
喀麦隆	1.350,63	27.1	1.350,36	33.9	0.000,27	-99.5
加那利群岛	0.000,62	10,820.6	0.000,62	10,820.6	0	—
佛得角	0.023,85	59.4	0.023,85	59.4	0	—
中非	0.144,2	434.7	0.144,2	434.7	0	—
乍得	0.340,18	389.2	0.340,18	389.2	0	—
科摩罗	0.028	270.1	0.028	270.1	0	—
刚果(布)	0.169,6	-41.4	0.169,6	14.8	0	-100
吉布提	0.623,52	-0.4	0.623,52	-0.4	0	—
埃及	11.764,79	65.1	11.415,51	69	0.349,28	-5.4
赤道几内亚	0.019,01	-76	0.019,01	37.3	0	-100
埃塞俄比亚	4.731,93	100.4	1.866,99	42	2.864,94	173.7
加蓬	2.730,51	-5.3	0.280,35	100.1	2.450,16	-10.7
冈比亚	0.642,95	278.8	0.642,95	278.8	0	—
加纳	5.604,55	3	5.354,23	16	0.250,32	-69.6
几内亚	4.404,04	255.5	2.130,77	72	2.273,27	12,990,023
几内亚比绍	0.156,99	611.8	0.156,99	611.8	0	—
科特迪瓦	5.868,29	25.2	4.031,33	83.8	1.836,96	-26.3
肯尼亚	5.245,66	43.2	5.244,96	43.9	0.000,7	-96.4
利比里亚	0.659,85	134.4	0.659,85	134.4	0	—
利比亚	2.428,88	75.5	2.428,88	75.5	0	—
马达加斯加	1.782,71	79.4	1.779,95	85.7	0.002,76	-92.1
马拉维	0.642,98	158.2	0.642,98	158.2	0	—
马里	2.178,13	81.2	2.178,09	99.5	0.000,04	-100
毛里塔尼亚	0.579,75	251.4	0.579,75	251.4	0	—
毛里求斯	0.760,26	66.3	0.760,23	67.9	0.000,03	-99.3
摩洛哥	7.573,37	13.5	7.465	13.8	0.108,38	-5.9
莫桑比克	12.331,36	176.4	6.058,51	83.3	6.272,84	442.3
纳米比亚	1.919,53	273.8	1.792,59	1,558.7	0.126,94	-68.7
尼日尔	0.428,06	15.6	0.428,06	15.6	0	—
尼日利亚	26.750,75	63.4	26.725,71	63.5	0.025,05	1.7
留尼汪	0.268,72	225.6	0.268,72	225.6	0	—

续表

产终国(地区)	进出口		出口		进口	
	2021 年 1 月至 2021 年 12 月		2021 年 1 月至 2021 年 12 月		2021 年 1 月至 2021 年 12 月	
	金额	同比(%)	金额	同比(%)	金额	同比(%)
卢旺达	0.813,25	27.9	0.813,25	27.9	0	—
圣多美和普林西比	0.018,1	178.4	0.018,1	178.4	0	—
塞内加尔	5.131,88	176.2	5.131,88	176.3	0	-100
塞舌尔	0.014,32	-51.3	0.014,32	-51.3	0	—
塞拉利昂	0.722,87	616.8	0.301,19	198.7	0.421,67	—
索马里	0.793,61	18	0.793,61	18.3	0	-100
南非	29.553,78	15.6	22.443,2	46.4	7.110,59	-30.5
苏丹	0.861,86	13	0.861,86	14	0	-100
坦桑尼亚	4.127,41	96	3.404,84	68.8	0.722,57	713.6
多哥	4.757,47	23.1	4.744,99	22.8	0.012,47	10,310.6
突尼斯	2.930,18	39.4	2.819,37	38.6	0.110,81	64.9
乌干达	0.712,07	57.1	0.658,18	45.2	0.053,89	—
布基纳法索	3.435,21	31.8	3.435,21	31.8	0	-100
刚果(金)	7.603,67	-11.3	3.488,17	75.2	4.115,51	-37.5
赞比亚	1.501,9	-5.6	0.616,13	94.1	0.885,76	-30.5
津巴布韦	1.734,01	123.9	1.734,01	123.9	0	-100
莱索托	0.024,49	1,092.5	0.024,49	1,092.5	0	—
斯威士兰	0.000,01	27.4	0.000,01	27.4	0	—
厄立特里亚	0	-100	0	-100	0	—
马约特	0.015,65	598.7	0.015,65	598.7	0	—
南苏丹共和国	0.033,1	3.2	0.033,1	3.2	0	—
比利时	19.431,04	3.9	17.708	16.8	1.723,04	-51.3
丹麦	4.559,27	-0.7	2.794,97	-10.5	1.764,29	19.9
英国	132.015,71	10.2	121.311,49	9.2	10.704,22	23
德国	580.402,74	31.8	503.372,11	28.2	77.030,63	61.6
法国	101.509,11	18.3	65.495,58	29.6	36.013,53	2.1
爱尔兰	7.017,92	77.8	5.774,21	186	1.243,71	-35.5
意大利	60.785,03	28.1	48.391,29	28.3	12.393,74	27.3
卢森堡	1.880,01	174.6	0.035,74	-63.1	1.844,28	213.8
荷兰	142.117,9	-17.5	135.344,8	-18	6.773,1	-6.8
希腊	21.591,96	-21.1	21.583,03	-21.1	0.008,93	-77.3
葡萄牙	9.338,27	34	8.597,27	35.8	0.741	15.9
西班牙	30.987,07	17	24.097,63	16.9	6.889,45	17.5
阿尔巴尼亚	0.469,75	-19.6	0.428,24	-21.5	0.041,51	8.1
安道尔	0	-100	0	-100	0	—

续表

产终国(地区)	进出口		出口		进口	
	2021年1月至2021年12月		2021年1月至2021年12月		2021年1月至2021年12月	
	金额	同比(%)	金额	同比(%)	金额	同比(%)
奥地利	9.345,08	20.2	3.314,03	53.6	6.031,05	7.4
保加利亚	4.254,57	144.3	1.244,8	28.8	3.009,77	288.2
芬兰	6.357,34	37.6	3.028,83	20.4	3.328,51	58.2
直布罗陀	0.000,01	-99.6	0	-99.9	0.000,01	—
匈牙利	27.789,65	144.3	26.915,33	157	0.874,32	-3.4
冰岛	0.076,13	344.1	0.069,54	357.8	0.006,59	237.5
列支敦士登	0.021,51	-84.6	0.003,49	42,440.9	0.018,02	-87.1
马耳他	0.796,2	-12.5	0.270,13	44.8	0.526,07	-27.2
摩纳哥	0.001,75	-27	0.000,01	-59	0.001,73	-26.6
挪威	2.467,5	2.8	1.563,05	-4.9	0.904,45	19.2
波兰	87.469,78	36	84.292,72	36.9	3.177,07	16.5
罗马尼亚	13.711,74	62.5	11.532,4	56.4	2.179,34	105.5
圣马力诺	0.000,03	-99.7	0	-100	0.000,03	-40.5
瑞典	13.857,71	-35.6	9.367,17	7.1	4.490,54	-64.8
瑞士	20.023,85	-40.6	12.322,94	-53.1	7.700,91	3.4
爱沙尼亚	1.050,54	-15	0.970,78	-15.8	0.079,76	-4
拉脱维亚	1.358,51	-10.8	1.343,57	-11.4	0.014,94	133.1
立陶宛	2.334,35	-9.5	2.331,01	-9.5	0.003,34	-38.2
格鲁吉亚	1.725,12	4.6	1.711,29	3.9	0.013,83	346.9
亚美尼亚	0.156,08	36.6	0.156,08	43.9	0	-100
阿塞拜疆	1.601,29	61	1.601,29	61	0	—
白俄罗斯	3.211,63	-48.5	2.126,18	-22.4	1.085,46	-69
摩尔多瓦	0.179,99	-49.8	0.173,64	-51.3	0.006,35	270.9
俄罗斯联邦	146.311,64	66.3	81.387,18	18	64.924,46	241.3
乌克兰	17.742,89	114.2	10.800,74	36.6	6.942,16	1,732.6
斯洛文尼亚	2.536,93	17.6	1.853,11	-11.2	0.683,82	851.4
克罗地亚	2.355,33	-26	2.339,75	-23.2	0.015,58	-88.5
捷克	61.570,42	2	57.825,42	0.3	3.745	36.4
斯洛伐克	25.187,64	127.6	5.369,65	150.7	19.817,99	122
北马其顿共和国	0.457,25	-15.6	0.348,67	-30.5	0.108,58	170.6
波黑	0.244,56	47.2	0.231,19	46.3	0.013,37	65.7
法罗群岛	0.005,15	6,672.8	0.000,01	-91.2	0.005,14	—
塞尔维亚	2.227,6	-29.3	2.219,86	-29.4	0.007,74	42.3
黑山	0.041,49	282.4	0.041,43	281.9	0.000,05	—
安提瓜和巴布达	0.003,16	1,138.5	0.003,16	1,138.5	0	—

续表

产终国(地区)	进出口		出口		进口	
	2021年1月至2021年12月		2021年1月至2021年12月		2021年1月至2021年12月	
	金额	同比(%)	金额	同比(%)	金额	同比(%)
阿根廷	16.466,89	45.3	12.930,2	74.3	3.536,69	-9.7
阿鲁巴	0.099,54	54.3	0.099,54	54.3	0	—
巴哈马	0.033,58	118.4	0.033,58	118.4	0	—
巴巴多斯	0.022,63	21.3	0.022,63	21.3	0	—
伯利兹	0.298,84	142.9	0.298,84	142.9	0	—
多民族玻利维亚国	3.063,55	76.3	3.002,64	81.4	0.060,92	-26.3
巴西	104.659,86	60.5	48.987,09	33.1	55.672,77	96
开曼群岛	0.166,52	23.8	0.166,52	23.8	0	—
智利	75.357,11	15	59.243,39	118.3	16.113,71	-58
哥伦比亚	41.400,4	45.8	41.288,27	47.7	0.112,14	-74.4
多米尼克	0.029,9	206.9	0.029,9	206.9	0	—
哥斯达黎加	4.246,49	124.6	4.157,44	129.8	0.089,05	9
古巴	0.444,62	-14.3	0.444,62	-14.3	0	—
库腊索岛	0.020,22	-45	0.020,22	-45	0	—
多米尼加共和国	4.970,47	95	4.970,41	95.3	0.000,06	-98.3
厄瓜多尔	13.848,7	104.7	13.023,26	106.1	0.825,44	83.8
法属圭亚那	0.000,06	-99.6	0.000,01	-99.9	0.000,04	—
格林纳达	0.003,73	144.3	0.003,73	144.3	0	—
瓜德罗普	0.004,73	-70.3	0.004,73	-70.3	0	—
危地马拉	8.346,19	59	8.345,99	59.3	0.000,2	-97.7
圭亚那	0.632,36	-64.1	0.418,19	-43.6	0.214,17	-79
海地	1.134,18	66	1.133,77	66	0.000,41	29.8
洪都拉斯	4.832,07	81.9	4.822,69	84.8	0.009,38	-80.2
牙买加	0.394,8	81.2	0.313,17	43.7	0.081,63	—
马提尼克	0.029,11	20.7	0.029,11	20.7	0	—
墨西哥	128.483,06	6.1	118.780,44	20.1	9.702,62	-56.3
尼加拉瓜	1.737,63	101.9	1.737,63	101.9	0	-100
巴拿马	14.333,12	-10.2	14.200,46	-11	0.132,66	—
巴拉圭	4.928,3	95.7	4.926,31	95.7	0.001,99	188.4
秘鲁	46.260,92	53.9	39.554,55	74.1	6.706,36	-8.7
波多黎各	1.041,68	255.9	1.037,39	257.3	0.004,29	80.1
圣卢西亚	0.004,52	-60.3	0.004,52	-60.3	0	—
圣马丁岛	0.004,04	96.6	0.004,04	96.6	0	—
圣文森特和格林纳丁斯	0.019,93	26.6	0.019,93	26.6	0	—
萨尔瓦多	2.402,72	105.6	2.401,14	105.9	0.001,58	-39.9

续表

产终国(地区)	进出口		出口		进口	
	2021年1月至2021年12月		2021年1月至2021年12月		2021年1月至2021年12月	
	金额	同比(%)	金额	同比(%)	金额	同比(%)
苏里南	0.156,53	3.7	0.156,53	39.1	0	-100
特立尼达和多巴哥	0.122,74	18.3	0.122,68	18.2	0.000,06	—
特克斯和凯科斯群岛	0.002,34	5,082.7	0.002,34	5,082.7	0	—
乌拉圭	12.266,91	131.8	3.262,87	116.4	9.004,05	138
委内瑞拉	1.834,26	273.9	1.819,83	273	0.014,44	424.2
英属维尔京群岛	0.001,77	151,235.9	0.001,77	151,236	0	—
圣其茨和尼维斯	0.002,25	-11.1	0.002,25	-11.1	0	—
圣皮埃尔和密克隆	0	-100	0	-100	0	—
荷属安地列斯	0.000,29	4.7	0.000,29	4.7	0	—
拉丁美洲其他国家(地区)	0.003,67	3.9	0.003,67	3.9	0	—
加拿大	99.954,28	18	80.420,99	1.4	19.533,29	261.3
美国	1,199.347,08	11.4	1,142.770,42	11	56.576,66	19.7
格陵兰	0.000,01	-83.7	0.000,01	-83.7	0	—
百慕大	0.002,22	173.2	0.002,22	173.2	0	—
北美洲其他国家(地区)	0	-100	0	-100	0	—
澳大利亚	177.689,72	32.7	72.481,4	-5.8	105.208,32	84.7
库克群岛	0.000,25	-39	0.000,25	3,579.9	0	-100
斐济	0.145,63	40.7	0.145,63	40.7	0	—
瑙鲁	0.007,54	966,362.8	0.007,54	966,363	0	—
新喀里多尼亚	0.164,78	-66.2	0.161,92	-5	0.002,86	-99.1
瓦努阿图	0.060,12	8.3	0.060,12	8.3	0	—
新西兰	36.929,5	28.5	12.770,99	7.1	24.158,51	43.6
诺福克岛	0	-100	0	-100	0	—
巴布亚新几内亚	0.570,26	73.8	0.570,26	73.8	0	—
所罗门群岛	0.137,4	63.7	0.137,4	63.7	0	—
汤加	0.017,43	-24.3	0.017,43	-24.3	0	—
萨摩亚	0.003,14	205.3	0.003,14	205.3	0	—
基里巴斯	0.207,14	124.5	0.207,14	124.5	0	—
图瓦卢	0.015,83	26.4	0.015,83	26.4	0	—
密克罗尼西亚联邦	0.009,93	93.6	0.009,93	93.6	0	—
马绍尔群岛	0.050,61	-6.4	0.050,61	-6.4	0	—
帕劳	0.002,39	-95.2	0.002,39	-95.2	0	—
法属波利尼西亚	0.139,98	30.6	0.105,41	45.9	0.034,57	-1.1

续表

产终国(地区)	进出口		出口		进口	
	2021 年 1 月至 2021 年 12 月		2021 年 1 月至 2021 年 12 月		2021 年 1 月至 2021 年 12 月	
	金额	同比(%)	金额	同比(%)	金额	同比(%)
瓦利斯和浮图纳	0.000,52	-65	0.000,52	-65	0	—
大洋洲其他国家(地区)	0.044,11	80.9	0.044,11	80.9	0	—
国别(地区)不详	0.510,86	-20.5	0	-95.9	0.510,86	-20.5
亚太经济合作组织(APEC)	5,637.003,77	21.3	3,181.596,27	23.1	2,455.407,49	19.1
东盟(10 国)	1,292.334,25	15.2	471.348,19	29.5	820.986,07	8.4
欧盟(27 国,不含英国)	1,239.785,19	19.5	1,045.381,44	18.1	194.403,75	27.3

重庆市进出口商品主要企业性质总值表

单位：亿元人民币

	进出口		出口		进口	
	2021 年 1 月至 2021 年 12 月		2021 年 1 月至 2021 年 12 月		2021 年 1 月至 2021 年 12 月	
企业性质	金额	同比（%）	金额	同比（%）	金额	同比（%）
合计	8,000.588,9	22.828,5	5,168.327	23.429	2,832.261,9	21.747,5
国有企业	675.537,5	32.103,6	180.410,7	35.879	495.126,9	30.779,6
外商投资企业	3,825.059,4	9.367,2	2,650.125,7	11.374	1,174.933,7	5.096
民营企业	3,493.956,4	40.014,6	2,335.758,3	39.877,9	1,158.198	40.291
其他	6.035,6	-35.714,2	2.032,3	-60.728,5	4.003,3	-4.993,8

基层党组织体系

序号	类别	序号	机构名称	成立时间
1		1	重庆海关机关党委	1988.8.4
2	内设机构	1	办公室党支部	2019.2.21
3		2	法综处党支部	2019.3.1
4		3	自贸处党支部	2019.3.4
5		4	关税处党支部	2019.2.28
6		5	卫生处党支部	2019.3.15
7		6	动植处党支部	2019.3.21
8		7	食品处党支部	2019.3.6
9		8	商检处党支部	2019.3.4
10		9	监管处党支部	2019.3.4
11		10	统计处党支部	2019.3.4
12		11	企管处党支部	2019.3.1
13		12	财务处党支部	2019.3.4
14		13	科技处党支部	2019.2.28
15		14	督审处党支部	2019.3.1
16		15	人教处党支部	2019.2.28
17		16	机关党委党支部	2019.3.11
18		17	监察室党支部	2019.2.28
19		18	离退办党支部	2019.3.11
20		19	巡察办党支部	2021.6.17
21	隶属海关	1	重庆江北机场海关党总支	
22		2	重庆海关党委第一派驻纪检组党支部	2021.4.23
23		3	重庆江北机场海关办公室党支部	2021.4.28
24		4	重庆江北机场海关业务运行监控科党支部	2021.4.27
25		5	重庆江北机场海关人事政工科党支部	2021.4.29
26		6	重庆江北机场海关财务科党支部	2021.4.27
27		7	重庆江北机场海关综合业务科党支部	2021.4.22
28		8	重庆江北机场海关物流管理科党支部	2021.4.22

续表

序号	类别	序号	机构名称	成立时间
29	隶属海关	9	重庆江北机场海关卫生监督科党支部	2021. 4. 27
30		10	重庆江北机场海关旅检一科党支部	2021. 4. 23
31		11	重庆江北机场海关旅检二科党支部	2021. 4. 25
32		12	重庆江北机场海关旅检三科党支部	2021. 4. 24
33		13	重庆江北机场海关旅检四科党支部	2021. 4. 22
34		14	重庆江北机场海关值机科党支部	2021. 4. 22
35		15	重庆江北机场海关快件科党支部	2021. 4. 26
36		16	重庆江北机场海关货物查验科党支部	2019. 2. 27
37		17	重庆港海关党总支	2019. 3. 11
38		18	重庆海关党委第二派驻纪检组党支部	2021. 4. 26
39		19	重庆港海关办公室党支部	2021. 4. 26
40		20	重庆港海关综合业务科党支部	2021. 4. 27
41		21	重庆港海关物流管理科党支部	2021. 4. 27
42		22	重庆港海关业务运行监控科党支部	2021. 4. 27
43		23	重庆港海关货物查验科党支部	2021. 4. 27
44		24	重庆港海关集中审像科党支部	2021. 4. 27
45		25	重庆邮局海关党总支	2021. 4. 26
46		26	重庆邮局海关办公室党支部	2021. 4. 26
47		27	重庆邮局海关综合业务科党支部	2021. 4. 26
48		28	重庆邮局海关监管一科党支部	2021. 4. 27
49		29	重庆邮局海关业务运行监控科和监管二科联合党支部	2021. 4. 26
50		30	两路寸滩海关党总支	2019. 3. 7
51		31	两路寸滩海关办公室党支部	2021. 5. 6
52		32	两路寸滩海关人事政工科党支部	2021. 5. 7
53		33	两路寸滩海关综合业务科党支部	2021. 4. 29
54		34	两路寸滩海关备案科党支部	2021. 4. 28
55		35	两路寸滩海关查检科党支部	2021. 4. 30
56		36	两路寸滩海关企业管理科党支部	2021. 9. 13
57		37	两路寸滩海关稽（核）查审核科党支部	2021. 4. 28
58		38	两路寸滩海关稽（核）查执行科党支部	2021. 4. 26
59		39	两路寸滩海关跨境电商监管科党支部	2021. 4. 25
60		40	两路寸滩海关监控科党支部	2021. 5. 24
61		41	重庆海关党委第三派驻纪检组党支部	2021. 9. 13
62		42	两江海关党总支	2019. 2. 28
63		43	重庆海关党委第四派驻纪检组党支部	2021. 4. 27
64		44	两江海关办公室党支部	2021. 4. 27
65		45	两江海关人事政工科党支部	2021. 4. 26

续表

序号	类别	序号	机构名称	成立时间
66	隶属海关	46	两江海关单证验估科党支部	2021.4.26
67		47	两江海关集中审核一科党支部	2021.4.26
68		48	两江海关集中审核二科党支部	2021.4.26
69		49	两江海关综合业务科党支部	2021.4.27
70		50	两江海关查检科党支部	2021.4.26
71		51	两江海关监控科党支部	2021.4.27
72		52	两江海关稽核科党支部	2021.4.26
73		53	西永海关党总支	2019.3.7
74		54	重庆海关党委第五派驻纪检组党支部	2021.4.26
75		55	西永海关办公室党支部	2021.4.25
76		56	西永海关人事政工科党支部	2021.4.25
77		57	西永海关综合业务科党支部	2021.4.23
78		58	西永海关备案科党支部	2021.4.26
79		59	西永海关查检科党支部	2021.4.26
80		60	西永海关监控一科党支部	2019.2.28
81		61	西永海关监控二科党支部	2021.4.27
82		62	西永海关企业管理科党支部	2021.4.26
83		63	西永海关稽（核）查审核科党支部	2021.4.26
84		64	西永海关稽（核）查执行科党支部	2021.4.26
85		65	西永海关跨境电商监管科党支部	2021.4.26
86		66	渝州海关党总支	2021.4.23
87		67	渝州海关办公室党支部	2021.4.26
88		68	渝州海关监管科党支部	2021.4.26
89		69	渝州海关综合业务科党支部	2021.4.26
90		70	渝州海关查检科党支部	2021.4.26
91		71	渝州海关监控科党支部	2021.4.26
92		72	渝州海关稽核科党支部	2021.4.25
93		73	永川海关党总支	2021.4.29
94		74	永川海关稽核科党支部	2021.4.29
95		75	永川海关查检科党支部	2021.4.29
96		76	永川海关办公室和综合业务科联合党支部	2021.4.29
97		77	涪陵海关党总支	2021.4.22
98		78	重庆海关党委第六派驻纪检组党支部	2021.4.27
99		79	涪陵海关办公室党支部	2021.4.26
100		80	涪陵海关综合业务科和监控科联合党支部	2021.4.27
101		81	涪陵海关企业管理科党支部	2021.4.26
102		82	涪陵海关稽核科党支部	2021.4.26

续表

序号	类别	序号	机构名称	成立时间
103	隶属海关	83	涪陵海关查检科党支部	2021.4.28
104		84	万州海关党总支	2021.4.26
105		85	万州海关综合业务科党支部	2021.4.27
106		86	万州海关监管科党支部	2021.4.26
107		87	万州海关办公室党支部	2021.4.26
108		88	万州海关查检科和稽核科联合党支部	2021.4.27
109		89	万州海关企业管理科党支部	2021.4.27
110		90	黔江海关党总支	2021.4.26
111		91	黔江海关办公室和综合业务科联合党支部	2021.4.26
112		92	黔江海关稽核科党支部	2021.4.26
113		93	风险防控分局党支部	2019.3.1
114	离退休干部	1	离退休第一党支部	2019.3.1
115		2	离退休第二党支部	2019.3.5
116		3	离退休第三党支部	2019.3.5
117		4	离退休第四党支部	2019.3.6
118	企事业单位	1	后管中心党委（2022.7.21）	2020.3.25
119		2	后管中心第一党支部	2022.7.21
120		3	后管中心第二党支部	2022.7.21
121		4	后管中心第三党支部	2022.7.21
122		5	技术中心党委	2021.7.23
123		6	技术中心第一党支部	2021.7.23
124		7	技术中心第二党支部	2021.7.23
125		8	技术中心第三党支部	2021.7.23
126		9	保健中心党委（2022.7.21）	2021.1.13
127		10	保健中心第一党支部	2022.7.21
128		11	保健中心第二党支部	2022.7.21
129		12	保健中心第三党支部	2022.7.21
130		13	数据分中心	2022.4.25
131		14	中检公司党支部	2020.7.20

续表

序号	类别	序号	机构名称	成立时间
132	缉私局	1	重庆海关缉私局机关党委	2020. 12. 29
133		2	办公室党支部	2018. 6. 1
134		3	政治处党支部	2018. 6. 1
135		4	法制处党支部	2018. 6. 1
136		5	侦查处党支部	2018. 6. 1
137		6	情报技术处党支部	2018. 6. 1
138		7	查私处党支部	2018. 6. 1
139		8	刑事技术处党支部	2022. 6. 24
140		9	重庆江北机场海关缉私分局党支部	2013. 11. 13
141		10	两路寸滩海关缉私分局党支部	2016. 4. 12

2021年重庆海关公告目录

渝关公告〔2021〕1号	中华人民共和国重庆海关公告	缉私局
渝关公告〔2021〕2号	中华人民共和国重庆海关公告（收缴侵权物品）	法规和综合业务处
渝关公告〔2021〕3号	中华人民共和国重庆海关公告（收缴侵权物品清单）	法规和综合业务处
渝关公告〔2021〕4号	中华人民共和国重庆海关公告	缉私局
渝关公告〔2021〕5号	中华人民共和国重庆海关公告	缉私局
渝关公告〔2021〕6号	中华人民共和国重庆海关公告	缉私局
渝关公告〔2021〕7号	中华人民共和国重庆海关公告	缉私局
渝关公告〔2021〕8号	中华人民共和国重庆海关公告（重庆港海关办公场所搬迁）	法规和综合业务处
渝关公告〔2021〕9号	重庆海关关于送达《中华人民共和国重庆海关企业信用等级认定决定书》（渝关企认〔2021〕11号）的公告	企业管理和稽查处
渝关公告〔2021〕10号	重庆海关关于送达《中华人民共和国重庆海关企业信用等级认定决定书》（渝关企认〔2021〕15号）的公告	企业管理和稽查处
渝关公告〔2021〕11号	重庆海关关于送达《中华人民共和国重庆海关企业信用等级认定决定书》（渝关企认〔2021〕12号）的公告	企业管理和稽查处
渝关公告〔2021〕12号	重庆海关关于送达《中华人民共和国重庆海关企业信用等级认定决定书》（渝关企认〔2021〕16号）的公告	企业管理和稽查处
渝关公告〔2021〕13号	中华人民共和国重庆海关公告（关于明确部分常见进口检验检疫单证电子化提交方式的公告）	法规和综合业务处
渝关公告〔2021〕14号	重庆海关关于12345政务服务热线重庆海关分中心正式启用的公告	办公室（党委办公室）
渝关公告〔2021〕15号	中华人民共和国重庆海关公告（关于规范跨境电商零售进口申报商品条码的公告）	关税处
渝关公告〔2021〕16号	重庆海关关于废止《中华人民共和国重庆海关公告（2017年第25号）》的公告	企业管理和稽查处

海关高级认证企业名单

序号	企业海关编码	企业中文名称	注册海关	等级认定时间
1	5002940003	华通电脑（重庆）有限公司	涪陵海关	2021－12－28
2	500266000G	重庆天狗国际物流有限公司	涪陵海关	2021－10－29
3	50056602LS	重庆圣悉贸易有限公司	两路寸滩海关	2021－10－18
4	501264Z001	仁宝电脑（重庆）有限公司两江新区分公司	两路寸滩海关	2021－10－14
5	5083940624	重庆西胜电子科技有限公司	永川海关	2021－03－26
6	5009210008	重庆京东方电子科技有限公司	两路寸滩海关	2021－02－19
7	5013930954	重庆惠科金渝光电科技有限公司	两江海关	2021－02－10
8	5005980055	重庆欣海报关服务有限公司	两路寸滩海关	2021－01－25
9	508193088D	重庆耐世特转向系统有限公司	西永海关	2021－01－22
10	500664001K	达功（重庆）电脑有限公司	西永海关	2021－01－22
11	5012640008	纬腾（重庆）信息技术服务有限公司	两路寸滩海关	2021－01－13
12	500923000A	重庆万国半导体科技有限公司	两路寸滩海关	2021－01－08
13	5005240017	菲特尔莫古（重庆）摩擦材料有限公司	两路寸滩海关	2020－12－31
14	500696080G	联合微电子中心有限责任公司	西永海关	2020－12－11
15	5006980005	重庆鑫达报关服务有限公司	西永海关	2020－12－11
16	5005260088	重庆市中基进出口有限公司	两路寸滩海关	2020－12－09
17	500926004D	重庆莱宝科技有限公司	两路寸滩海关	2020－11－05
18	5006660017	重庆飞力现代物流有限公司	西永海关	2020－11－05
19	500693098C	华润微电子（重庆）有限公司	西永海关	2020－11－05
20	500926005E	重庆京东方显示照明有限公司	两路寸滩海关	2020－09－30
21	50073608FU	台晶（重庆）电子有限公司	西永海关	2020－09－29
22	5006640001	全球物流（重庆）有限公司	西永海关	2020－09－29
23	5081960534	重庆润通科技有限公司	西永海关	2020－09－23
24	5006960466	重庆小康进出口有限公司	渝州海关	2020－09－22
25	5007960574	重庆隆鑫进出口有限公司	西永海关	2020－09－21
26	5005260072	重庆智飞生物制品股份有限公司	两路寸滩海关	2020－09－18

续表

序号	企业海关编码	企业中文名称	注册海关	等级认定时间
27	5003980029	重庆安捷国际运输代理有限公司	两路寸滩海关	2020－09－16
28	5009260080	重庆京东方智慧电子系统有限公司	两路寸滩海关	2020－09－14
29	500924000B	康宁显示科技（重庆）有限公司	两路寸滩海关	2020－09－04
30	500666002M	重庆富桂电子有限公司	西永海关	2020－09－03
31	50122604BM	重庆唯品会电子商务有限公司	两路寸滩海关	2020－08－20
32	500698Z001	上海东泽国际物流有限公司重庆分公司	渝州海关	2019－02－18
33	500596Z001	北京现代汽车有限公司重庆分公司	两路寸滩海关	2019－02－15
34	5083930001	重庆理文卫生用纸制造有限公司	永川海关	2017－12－25
35	5002940714	伍尔特电子（重庆）有限公司	涪陵海关	2017－01－12
36	5002940718	凯高玩具（重庆）有限公司	涪陵海关	2017－01－12
37	5006660001	重庆新宁物流有限公司	西永海关	2016－11－04
38	5013960493	重庆美利信科技股份有限公司	两江海关	2016－10－24
39	5006660002	重庆直通物流有限公司	西永海关	2016－10－18
40	5006640004	新普科技（重庆）有限公司	西永海关	2016－10－18
41	500664001D	重庆市鸿腾科技有限公司	西永海关	2016－10－18
42	501266000G	重庆新宁捷通物流有限公司	两路寸滩海关	2016－09－26
43	5012640003	仁宝电脑（重庆）有限公司	两路寸滩海关	2016－09－26
44	500823135B	巩诚电装（重庆）有限公司	两江海关	2016－09－26
45	5013960219	重庆宗申通用动力机械有限公司	两江海关	2016－09－19
46	5008960404	重庆力宏精细化工有限公司	两江海关	2016－08－02
47	5012640002	纬创资通（重庆）有限公司	两路寸滩海关	2016－08－02
48	5012210030	重庆对外经贸（集团）有限公司	两路寸滩海关	2016－06－30
49	5012640005	凯全电子（重庆）有限公司	两路寸滩海关	2016－05－16
50	5083931316	重庆理文造纸有限公司	永川海关	2015－12－17
51	500664001A	爱思开海力士半导体（重庆）有限公司	西永海关	2015－08－13
52	5005240012	奥特斯科技（重庆）有限公司	两路寸滩海关	2015－08－13
53	5009210005	重庆京东方光电科技有限公司	两路寸滩海关	2015－04－07
54	500528Z002	海程邦达国际物流有限公司重庆分公司	两路寸滩海关	2014－12－23
55	5012660001	重庆飞力达供应链管理有限公司	两路寸滩海关	2014－12－10
56	5081931340	玖龙纸业（重庆）有限公司	西永海关	2014－12－03
57	5007960162	重庆鑫源摩托车股份有限公司	西永海关	2014－12－03
58	5006640011	达伟（重庆）物流有限公司	西永海关	2014－10－30
59	5013960335	重庆宗申发动机制造有限公司	两江海关	2014－10－30
60	5006640003	达丰（重庆）电脑有限公司	西永海关	2014－10－13
61	5012610001	重庆及时达国际物流有限公司	两路寸滩海关	2014－09－04

续表

序号	企业海关编码	企业中文名称	注册海关	等级认定时间
62	5006640005	鸿富锦精密电子（重庆）有限公司	西永海关	2014－01－24
63	5006640002	英业达（重庆）有限公司	西永海关	2013－11－26
64	5013960494	重庆航天巴山摩托车制造有限公司	两江海关	2013－10－24
65	5005260114	重庆新途进出口贸易有限公司	两路寸滩海关	2013－09－13
66	5005210016	重庆长安汽车股份有限公司	两路寸滩海关	2013－09－05
67	5012640001	旭硕科技（重庆）有限公司	两路寸滩海关	2013－09－04
68	5005210002	重庆长安汽车国际销售服务有限公司	两路寸滩海关	2013－04－27
69	5006940745	惠普（重庆）有限公司	西永海关	2013－03－11
70	5012210028	国家电投集团远达环保工程有限公司	两路寸滩海关	2013－02－22
71	5012230035	长安福特汽车有限公司	两路寸滩海关	2011－11－17
72	5007960565	隆鑫通用动力股份有限公司	西永海关	2011－01－06
73	5006960006	重庆力帆实业（集团）进出口有限公司	渝州海关	2008－11－23
74	5003910253	重庆对外贸易进口有限公司	两路寸滩海关	2008－10－15
75	5013930661	重庆铃耀汽车有限公司	两江海关	2008－10－15
76	5021260004	重庆环松工业（集团）有限公司	涪陵海关	2004－11－19